# 實是學舍散藁

## 韓國學의 底邊

李 佑 成 著

창작과비평사

1995

# 序

　1990년 8월, 나는 정년퇴직으로 30년의 명륜골〔明倫洞〕 생활을 끝내고 대학 연구실에 있던 나의 책들을 강남(江南)의 '실시학사(實是學舍)'로 옮겨, 그곳에서 나의 제이의 삶의 터전을 삼았다.

　실시(實是)란 것은 실사구시(實事求是)의 준말이다. 실사구시는 중국 고전에서 나온 말이지만 우리나라 실학(實學)과 관련하여 그동안 많이 사용되어왔고 요즘은 중국에서 새로운 정치적 의미를 부여하면서 사용하고 있기도 하다. 이제 실사구시는 유행어(流行語)가 되다시피 하여 새삼 이야기할 것이 없지만 나는 여기 약간의 변(辨)이 필요하다.

　실사구시는 협의(狹義)와 광의(廣義)의 두 가지로 봐야 한다. 나는 우리나라 실학의 유파(流派)를 셋으로 나누면서 김정희(金正喜)와 같은 경서(經書)·전고(典故)·금석(金石) 등 고증(考證) 쪽에 속한 학자를 실사구시파(實事求是派)로 규정하였다. 이것은 청대(清代) 고증학자(考證學者)들의 용례(用例)에 따른 것이다. 다시 말하면 협의의 실사구시이다. 그러나 형이상학적(形而上學的) 사변적(思辨的) 학풍의 비생산적 논쟁과 어떤 일정한 이념과 체제에 묶여 시대현실에서 멀어지게 될 때에 그것을 극복하고 현실에 즉한, 실제 사정(實際事情)에 대한 과학적 파악(科學的把握)으로 문제 해결을 추구하는 것을 또한 실사구시라고 하는 것이다. 영조조(英祖朝)에 양덕중(梁德中)이 개혁(改革)을 건의하면서 실사구시를 강조함과 같은 것이다. 이것은 광의의 실사구시이다.

　내가 종전 실학에 관한 유파(流派)의 구분에서 주로 협의의 실사구시를 말해왔고 지금도 그 점에 대해서는 변함이 없지만 여기 '실시학사'의 명칭으로서의 실사구시는 협의를 포함하면서 좀더 광의로 이해해주기를 바라는 바이다.

오늘날 우리 민족은 분단 반세기 동안에 냉전시대의 잔존관계로 지구상 어느 곳에서도 보기 드문 두 개의 이데올로기의 첨예한 대립으로 시종(始終)해왔다. 이념(理念)이 명분화(名分化)되고 명분이 실리(實利)에 앞서는 상황에서 가장 절실하게 요구되는 것이 실사구시 정신이다. '지금' '이곳' 우리 민족이 놓여진 처지에서 가장 올바른 방향이 무엇인가를 추구함에 있어서 제도(制度)에 발목이 매인 정치인들보다 상대적으로 자유로운 입장에 있는 학자 지식인이 앞장서서 생각하고 노력해야 하는 것이다. 나의 이 조그마한 장소(場所)와 시설(施設)에 걸맞지 않는 명칭을 붙인 것은 우리 시대의 역사적 명제(命題)에 누구나 함께 참여해야 한다고 여겼기 때문이다.

그럭저럭 나는 칠십고개를 올라서게 되었다. 요즘 칠십이라면 노인 축에 끼지도 못하지만 고희(古稀)라는 관용어(慣用語) 때문인지 친구와 후배, 그리고 자질(子姪)들이 송수(頌壽)의 자리를 마련하려고 한다. 그러나 나 스스로 돌아보아, 칠십 평생 이루어놓은 것이 별로 없고 "생각은 있어도 행동이 따르지 못하는 체질"로서 이제 오직 회한(悔恨)이 남아 있을 뿐이다. 옛어른들이 종종 쓰시던 '백수궁려(白首窮廬)' '무궁자도(撫躬自悼)'라는 말씀이 지금의 나의 심경을 그대로 나타내주고 있다. 떳떳이 수주(壽酒)의 잔을 들 기분이 아닌 바에 차라리 다른 무엇인가로 나를 사랑하여주신 고마운 벗님들께 기념으로 드릴 것이 없을까 하고 궁리해낸 것이 곧 이 책의 출판이다.

이 책은 체계적으로 서술한 일반 저서(著書)가 아니고 그동안 쌓여 있었던 나의 여러 종류의 글들을 모아서 엮은 것이므로 산고(散藁)라고 한 것이다. 실시학사의 이름을 사용한 것은 비록 이 글들이 모두 실시학사에서 씌어진 것이 아니고 또 그 내용이 하나같이 실사구시 정신에 부합한 것인지도 의문이지만 적어도 나의 생활 터전이 거기 있고 나의 지향점(指向點)이 또한 그쪽에 있음을 말하려 한 것이다.

이 책의 편차(編次)에서 제1부 논설(論說)은 한두 가지 외엔 모두 내가 평소에 존경하는 선현(先賢)·선학(先學) 들의 학문과 업적을 다룬 것이다. 그런데도 학술적 연구라는 견지(見地)에서 서술 태도를 객관화(客觀化)시키기 위해 그 제목에 선생(先生)이라는 경칭(敬稱)을 모두 생략하였다. 반대로 제3부 비문(碑文)에서는 제목에서부터 그 주인공들을 선생이라고 썼다. 원래 비문이라는 글의 성격이 그 주인공을 칭송하기 위해 쓰는 것이기 때문이다. 그리하여 몇몇 동시대(同時代)의 분들을 빼고는 웬만한 분이면 모두 선생이라는 호칭을 쓰기로 하였다. 젊은 세대들은 나의 이러한 해명이 왜 필요한지 알 턱이 없겠지만 나의 생장 환경이나 공부한 과정을 아는 분들은 곧 이해해주실 것이다.

끝으로 이 책의 출판을 쾌히 수락해주신 창작과비평사의 백낙청(白樂晴) 형과 편집·교정에 많은 수고를 해주신 정해렴(丁海廉) 동학(同學)에게 감사를 드린다. 그리고 당초부터 자료를 수집 보충하고 체재(體裁)를 정돈한 송재소(宋載邵)·임형택(林熒澤)·김시업(金時鄴) 세 교수와 실시학사의 나종면(羅鍾冕)·이철희(李澈熙) 등 조교 제군에게 아울러 사의(謝意)를 표해둔다.

1995년 淸明節에

李 佑 成

# 實是學舍散藁／차례

## 제 1 부   論   說

## 제 2 부　序・記

# 제3부 碑 文

## 제4부  雜 文

제 I 부

# 論 說

# 新羅 律令國家說의 檢討
## 高麗土地·課役관계 '判·制'의 성격과 관련하여

### 1

동아시아 제국(諸國)의 고유법(固有法)과 수입법(受入法)[1]과의 관계, 특히 당대율령(唐代律令)의 결정적 영향을 받은 이후의 법제도에 관한 사적 고찰은 단순히 법제사적 문제에 그치지 않고 국가체제 및 국가성격을 파악하는 중요 작업으로 여겨지고 있다. 특히 일본학계에서 그러하다. 제국의 고유법이 압도당하고 수입법으로서의 당(唐)의 율령(律令)이 지배적 형태를 띠게 된 국가를 율령국가(律令國家)라고 하는 동시에 율령국가를 고대국가로 규정하고 당을 중심으로 한 신라·일본·베트남 등을 율령국가군(律令國家群)으로 설명하고 있음은 다 아는 바와 같다.

신라가 당의 율령을 받아들였다고 하여 과연 일본학계에서 말하는 율령국가의 범주에 해당하여 율령국가군의 일원(一員)으로 위치지어도 좋은 것인가? 『삼국사기(三國史記)』에 의하면 법흥왕(法興王) 7년(520)에 "율령을 반시(頒示)하고 비로소 백관(百官)의 공복(公服)의 주자지질(朱紫之秩)을 정했다"라고 되어 있고 태종무열왕

---

1) 日本學者들은 繼受法이라는 말을 쓰고 있으나 新羅와 唐의 경우에 동시대의 交流關係에 있었으므로 '繼'字가 安當치 않은 것 같아, 受入法이라는 말을 쓰기로 했다.

(太宗武烈王) 원년(654)에 "율령을 상작(詳酌)하여 이방부격(理方府格) 60여조(條)를 수정했다"라는 기록이 있다. 특히 전자에 대해서는 신라인들이 역사상 기념적 사실로 여겨, "아법흥왕단율조팔재야(我法興王剟律條八載也)"라는 식으로 기년(紀年)에 사용하기까지 하였다. 그러나 6세기 초엽에 반시된 율령은 시대적으로 당왕조에 앞서는 것이어서 당의 율령과 관계가 없음은 물론이고 얼마만큼 당 이전의 중국율령을 받아들였던가도 알 수 없게 되어 있다. 1978년에 발견된 단양적성비(丹陽赤城碑; 眞興王 때[540~576]의 것으로 추정됨)에 '전사법(佃舍法)'이라는 말이 나와서 학자들은 성급하게 신라율령을 운운했지만[2] '전사법'은 고유법에 속하는 것이고 율령법=수입법(受入法)으로 볼 수는 없다. 또 1988년에 새로 발견된 울진거벌모라비(蔚珍居伐牟羅碑[3]; 法興王 11년[524]의 것으로 추정됨)에 '노인법(奴人法)'이라는 말이 나와 역시 주목을 끈 바 있다. 그러나 '노인법' 또한 고유법에 속하는 것으로 보인다. 다만 적성비에 전사법과 더불어 소녀(小女)·소자(小子)라는 말이 보이고 거벌모라비에 노인법과 더불어 장육십(杖六十)·장백(杖百) 등의 말이 있어, 중국율령의 흔적을 엿볼 수 있을 뿐이다.

여기서 우리가 새삼 음미해야 할 것은 위의 법흥왕단율조에서의 '단(剟)'자의 뜻이다. 자전(字典)에 의하면 '단(剟)은 단야(斷也) 제야(齊也)'의 뜻이라고 한다. 여러 조문(條文) 중에서 필요한 것은 단취(斷取; 切取)하고 여러가지 오랜 관행과 새로 도입된 제도간의 이러저러한 모순을 정제(整齊)시키려 한 것이 단(剟)이었다고 생각

2) 『史學志』 第12輯(단국大學校 史學科), 丹陽赤城碑特輯號 所收 諸論考 및 座談會.
3) 筆者는 처음 이 碑의 명칭을 임시로 '蔚珍鳳坪碑'라고 썼으나 이 論稿가 완성되어 인쇄에 넘길 무렵, 李基白敎授의 「蔚珍居伐牟羅碑에 對한 考察」(『아시아문화』 제4호, 翰林大學 아시아문화연구소)이 나와, 필자는 그것을 본 뒤 그 의견에 따라 고쳐 쓰기로 했다.

된다. 수입법을 취하면서도 한편으로 고유법을 보존하였다. 전사법·노인법 등이 좋은 예이다.

그런데 무열왕 원년에 율령을 상작(詳酌)하여 이방부격(理方府格) 60여조를 수정(修整)했다는 것은 눈여겨봐야 할 일이다. 대체로 율령이 먼저 마련되고서 격(格)이 생기게 된다는 점을 생각해볼 때 이방부격을 수정했다는 사실은, 이 시기에 오면 일단 율령법이 일부에서나마 시행되고 있었음을 인정해야 할 것이 아닌가 한다. 따라서 그 상작했다는 율령이 중국의 것을 그대로 가져와서 사용했던 것이 아니고 신라가 독자적 입장에서 그것을 단(刪)했던 율령으로 보는 것이 또한 옳지 않을까 한다. 여기서 한걸음 나아가 문무왕(文武王) 21년(681)의 유조(遺詔) 중에 "율령격식(律令格式)이 불편한 것이 있거든 즉시 개장(改張)하라"고 한 구절이 있음을 보면 수입법에 대한 신라의 단(刪)의 태도와 신라율령의 일정한 독자성을 의심할 여지가 없다고 생각되기도 한다. 다만 신라율령의 조문이 현재 남아 있지 않고 또 이 시기의 당령(唐令)은 무덕령(武德令)·정관령(貞觀令)·영휘령(永徽令) 등이 모법(母法)으로 작용했을 테지만 이 영(令)들이 또한 현재 그 몇몇 단편만 남아 있어 상호관계를 짐작하기 어렵다. 현재 당령은 주로 개원령(開元令)을 가지고 말하는데 개원령은 문무왕의 유조가 나온 뒤 30여 년 후의 것이다. 그 뒤 애장왕(哀莊王) 6년(805)에 공식(公式) 20여조를 반시(頒示)했다는 기록이 있었을 뿐, 신라가 망할 때까지 율령에 관한 기록은 다시 나타나지 않는다.[4]

결국 신라율령의 구체적 내용 내지 당율령과의 관계는 알 길이 없다. 오직 고려시대의 판(判)·제(制) 등을 통하여 소급 추정해 볼 수밖에 없는 것이다.

---

[4] 新羅의 律令에 관한 記錄을 시대순으로 정리해둔 것으로 武田幸男「朝鮮の律令制」(『世界歷史』 6, 1971년 東京)가 있다.

## 2

고려의 건국은 918년, 그러니까 당제국이 멸망한 지 11년 뒤였다. 이때 거란(契丹)을 위시한 북방민족의 활동이 두드러지고 중국대륙은 오대(五代)의 혼란기에 빠져 있었다. 나라 내부에 있어서는 신라왕조의 쇠락과 지방호족의 분쟁으로 어수선했지만 고려는 결국 반도통일(半島統一)에 성공하는 동시에 신라왕의 납토귀항(納土歸降)으로 신라의 정치문물을 고스란히 물려받게 되었다. 반면 중국대륙과는 후진(後晉)의 사절(使節)이 진작 온 적이 있었고, 그 뒤 후주(後周)와도 간헐적으로 인물의 왕래가 있어, 쌍기(雙冀)와 같은 인사로부터 과거제(科擧制)를 받아들인 바도 있었지만, 송(宋)이 중원을 지배하기까지 고려가 대륙문화를 본격적으로 접할 수는 없었다.

이러한 상황인지라, 고려는 정치문화면에 있어서 당과 직접적 연관이 있을 수 없었음은 물론, 그 초기에 있어서는 간접적 영향조차 용이한 형편이 아니었다. 그런데도 고려는 제반 법제도에 있어서 당을 본보기로 삼았다. 뒤에 송과 통교하면서 송의 영향을 받기도 하여, 고려말기의 한 학자는 고려왕조를 '법당체송(法唐體宋)'이라 하여 당을 본보기로 삼고 송을 체득하였다라고 말하기도 했지만,[5] 『고려사(高麗史)』의 찬자(撰者)들은 고려 일대(一代)의 법제도를 설명하면서 '대저방당제(大抵倣唐制)'라 하여 식화지(食貨志)·형법지(刑法志)·백관지(百官志) 등 제지(諸志)의 첫머리에 반드시 당제(唐制)를 방(倣)했음을 말해놓았다. 그것은 사실(事實)에 어긋난 것이 아니라고 여겨진다. 물론 오대(五代)로부터 송 일대(宋一代)에 걸쳐, 특히 송의 법제도를 직접 들여온 것이 있기도 했지만 그

---

5) 李穀『稼亭集』卷9,「賀崔寺丞登科詩序」.

것은 훨씬 뒤에 와서의 일이고 초기 국가기구의 정비과정에서는 당제(唐制)를 방(倣)한 것이 골간(骨幹)을 이루었다고 여겨진다.

생각건대, 이 당제는 고려가 당시 대륙 쪽으로부터 간접적으로 들여온 것일 가능성을 전혀 배제할 수는 없지만 그것보다도 신라의 정치문물을 고스란히 승계하면서 신라가 보유하고 있었던 당문화를 그대로 이어받았던 것이 아닐까 한다.

신라가 보유하고 있었던 당문화, 그것은 신라 자체의 정치사회적 특성, 특히 귀족지배계급의 골품제 조직(骨品制組織)과 농민층의 공동체적 유제(遺制)의 강인(强靭)함 때문에 율령법의 실시에 많은 제약이 있었고, 결국 신라의 짙은 고유색(固有色) 속에 부분적으로 수요(需要)되었던 당문화였다고 생각된다.

고려는 골품제 정치원리를 부정한 지평(地平) 위에 성립된 국가이고 동시에 신라의 '촌적(村籍)'식 농민 파악방식의 해체와 더불어 호적(戶籍)에 의한 농민의 호별 파악(戶別把握)이 가능하여, 신라가 단(刪)한 율령을 참고하고 시행하면서 결과적으로 신라보다 더 많이 당의 것을 섭취하게 되었던 것이 아닐까 한다.

고려는 국초(國初) 이래의 법 또는 관행을 '전제(前制)'라고 하고 '전제' 이전의 것을 '구제(舊制)'라고 했던 것 같다. 현종(顯宗) 11년(1020) 5월에 다음과 같은 기사(紀事)가 보인다.[6]

노부모 봉양을 위하여 자식에게 역(役)을 면제해주는 제도로서 80세 이상 부모에게는 자식 1명을, 90세 이상자에게는 2명을, 100세자에게는 5명을 면역(免役)해주게 되는데, 오직 정방인(征防人) 즉 군사(軍士)들에게는 이 혜택을 주지 못한다는 것이다. 이것이 '전제(前制)'의 규정이라는 것이다. 이에 대하여 유사(有司)가 주청

---

6) 『高麗史』 卷八一 兵一 五軍. 有司奏, 前制, 凡人年八十以上及篤疾者 給侍丁一名 九十以上二名 百歲者五名 唯征防人 不與焉 謹按丁酉年間 淸州人成允 罪當移鄕 以其父年滿七十 除流侍養 況父子 俱無罪責 而父母年七八十者 豈謂禮文所無而不許侍丁 古今孝心 無貴賤一也 請依舊制 征防人 亦免役養親

(奏請)하기를, 사람의 효심은 고금(古今)과 귀천(貴賤)을 막론하고 마찬가지이니 어찌 '예문(禮文)'에 없는 것이라 하여 군인들에게는 그 혜택을 주지 않을 수 있겠는가. 청컨대 '구제'에 의하여 군사에게도 노부모 봉양의 기회를 주자라고 한 것이다. 비록 '전제'에는 규정이 없지만 '전제'의 불합리성을 시정하고 '구제'로 돌아가 군사도 일반 백성과 같이 대우하자는 것이다. 위에 나오는 '예문'은 '전제' 그것과 관련되는 것으로, 지금 자세히 알 수 없지만 아마 국초(國初) 이래의 제규정(諸規定)을 모은 것인 듯하다. 뒤에 인종조(仁宗朝)에 와서 『상정예문(詳定禮文)』이라는 방대한 책자가 편찬된 것[7]을 보면 위의 예문(禮文)은 인종조의 상정(詳定)이 있기 이전의 것이다. 이 『상정예문』은 다시 그 뒤 최씨정권(崔氏政權)에 의하여 『고금상정예문(古今詳定禮文)』으로 개편되고 강화시대(江華時代)에 활자로 인쇄까지 한 것을 보면 그것이 국가적으로 대단히 중요했던 것임을 짐작하겠다.

다시 이 유사(有司)의 주청(奏請)을 살펴보기로 하자. '전제'에 군사에 대한 급시(給侍)의 규정이 없음을 비판하고 아래에 가서 '예문'에 없다고 하여 군사에게도 혜택을 안 줄 수 없다고 한 것이다. 따라서 '예문'은 곧 '전제' 그것을 뜻하는 것이다. 그러니까 전제(前制)＝예문(禮文)에 없는 것을 '구제(舊制)'로 돌아가 바로잡아야 한다는 것이다.

그러면 '구제(舊制)'는 구체적으로 어느 것을 가리키는 것인가. '전제(前制)'에 앞서 있던 것, 당 또는 신라의 율령 그것이 아닌가 한다. 실은 당의 호령(戶令)에도 급시규정(給侍規定)은 고려의 '전제'와 같이 군사에 관한 혜택이 보이지 않는다. 그런데 『당육전(唐六典)』 권5 병부낭중조(兵部郎中條)에 "조부모와 부모의 노병(老病) 중에 가족으로 시양(侍養)할 다른 남정(男丁)이 없을 경우에

---

7) 新序詳定禮文 跋尾, 崔怡.

군사에게 병역을 면제시켜 준다"라고 하였다.[8] 이것이 ·신라율령 속
에 있었는지 없었는지 확실히 알 도리가 없지만 이른바 '구제'가 이
조항(條項)을 말한 것임에 틀림없다고 여겨진다.

　다만 '예문'이라는 것이 단순히 의례(儀禮)의 조문(條文)인가 아
니면 예(禮)=주례(周禮)와 같이 일반 제도까지 포괄하는 것인가.
급시규정이 담겨 있음을 보면 단순한 의례는 아닌 것 같다. 혹시
'영문(令文)'과 같은 것인지도 모르겠다. 『고려사』 및 고려시대의
문헌에는 영문이라는 말이 몇번이나 나온다. 신라로부터 내려오는
영(令)의 조문인지 혹은 바로 당령(唐令) 그것인지 단언할 수 없지
만 『고려사』에 보이는 율령 관계 기록의 자구(字句)가 당의 율령의
원문(原文)과 조금씩 다른 것이 있음에 비추어 전자의 것으로 보고
자 한다.[9]

### 3

　고려는 신라와 달리, 국가기구를 중국식으로 정비하고 명칭도 그
대로 받아들였다. 토지제도·군사제도·과역(課役)제도·형법(刑法)
제도 등 다방면에 걸쳐 당령(唐令)을 모법(母法)으로 한 율령법(律
令法)의 영향이 나타난다. 그런데 고려 조정은 그때 그때 판(判)·
제(制)의 형식으로 처리한 것이고 어떤 것은 단발(單發)로 끝나기
도 한다. 고려에 있어서 율령은 이미 행정의 한 지침에 불과했던
것이다. 그러나 그 운용(運用)의 기본정신은 '전제' 또는 '구제'에

---

8) 若父兄子弟 不並遣之 若祖父母父母俱老疾 家無兼丁 免征行及番上(仁井田陞,
　『唐令拾遺』軍防令 參照)

9) 令文이라는 말만으로 어느 쪽의 것인지 단정할 수 없음이 사실이다. 日本學
　者 중에는 이것을 唐令으로 斷言하고 있지만(北村秀人, 「朝鮮に於ける律令制
　の變質」) 너무 一傍的인 느낌이 있다. 이는 입장과 관점의 문제이므로 여기서
　길게 말하지 않는다.

바탕을 둔 것으로, 고려의 판·제를 통하여 신라의 것을 어느정도 이해할 수 있다고 본다.

　오늘 이 발표에서는 범위를 좁혀 토지·과역(課役) 부문에서 한 번 고찰하기로 한다. 먼저 해당 당령(唐令)을 들고 다음에 고려의 여러 규정(規定), 특히 판(判)·제(制)를 대비시켜 그 영향관계를 확인해본다.

　⑴ 職分田과 科田

　당은 중앙의 문무(文武) 현직관료들에게 직분전(職分田)을 분급(分給)하되 9등급으로 나누어, 일품(一品)에서 구품(九品)까지 차등(差等) 있게 주었다.[10] 그런데 고려 목종(穆宗) 원년(998)에 개정한 전시과(田柴科)의 과전(科田)을 보면, 문무 양반 및 군인에게 제일과(第一科)로부터 제십팔과(第十八科)에 이르기까지 역시 차등 있게 분급(分給)했다는 것이다.[11] 당의 직분전이 9등급임에 비하여 고려는 18등급으로 나누는 것이 매우 다른 것 같지만 사실은 1품에서 9품까지를 정(正)·종(從)으로 나누면 18등급이 되는 것이므로 그 원리는 같은 것이다.

　⑵ 官人永業田과 功蔭田柴

　당은 귀족과 관인(官人)들에게 직분전(職分田)과는 별도로 관인영업전(官人永業田)을 주었는데 정일품(正一品)에서 종오품(從五

---

10) 大唐開元二十五年令, 諸京官文武職事職分田, 一品十二頃, 二品十頃, 三品九頃, 四品七頃, 五品六頃, 六品四頃, 七品三頃五十畝, 八品二頃五十畝, 九品二頃(下略,『通典』卷二 食貨二 田制下)

11) 穆宗元年十二月 改定文武兩班及軍人田柴科 第一科 田一百結, 柴七十結, 第二科 田九十五結 柴六十五結, 第三科 田九十結 柴六十結, 第四科 田八十五結 柴五十五結(中略), 第十七科 田二十三結, 第十八科 田二十結(下略,『高麗史』卷七十八 食貨一 田制 田柴科)

品) 이상자에게 한하였다. 직분전이 일품에서 구품까지 전관료에게
주어졌던 것과는 아주 다르다.[12] 그런데 고려 문종 3년(1049)에 나
온 양반공음전시법(兩班功蔭田柴法)이 이와 매우 유사하다.

과전(科田)이 문무양반과 군인에게 두루 주어졌던 것과는 달리,
공음전시는 오품(五品) 이상자에게만 지급했던 것이다.[13]

당의 관인영업전은 직분전과 달리 자손에게 세전(世傳)할 수 있
었다. 자손에게 세전(世傳)할 수 있는 이 영업전(永業田)은 특별한
배려를 받았다. 자손이 설혹 제명죄(除名罪)를 범했더라도 그가 물
려받은 토지는 몰수하지 않는다는 것이다.[14] 고려의 공음전(功蔭田)
도 '전지자손(傳之子孫)'이라 하였고 범죄(犯罪)의 경우에도 비슷하
였다.

이 공음전은 대역죄(大逆罪)와 공사죄목(公私罪目)으로 제명(除
名)된 자 외에는 비록 그 아들이 죄가 있더라도 그 손자가 무죄일
경우 3분의 1을 주게 된다고 하여 당의 것에 비하면 약간 더 엄격
한 듯이 보인다. 그러나 세전(世傳)의 특권이 보장되는 점에서 당
의 것과 다를 바 없고 무자(無子)한 사람의 경우에 여서(女婿) 이
하 의자(義子)·양자(養子)에게까지 전해줄 수 있다고 하였다.[15]

---

12) 凡官人 受永業田 親王百頃 職事官正一品 六十頃 郡王及職事官從一品 各五十
頃 國公若職事官正二品 各四十頃 郡公若職事官從二品 各三十五頃 縣公若職事
官正三品 各二十五頃 職事官從三品 二十頃 侯若職事官正四品 各十四頃 伯若職
事官從四品 各十頃 子若職事官正五品 各八頃 男若職事官從五品 各五頃(『唐六
典』卷三 戶部郎中員外郎條)

13) 文宗三年五月 定兩班功蔭田柴法 一品門下侍郎平章事以上 田二十五結 柴十五
結 二品參政以上 田二十二結 柴十二結 三品 田二十結 柴十結 四品 田十七結
柴八結 五品 田十五結 柴五結(『高麗史』卷七十八 食貨一 功蔭田柴)

14) 大唐開元二十五年令……諸永業田 皆傳子孫 不在收授之限 即子孫犯除名者 所
承之地 亦不追(『通典』卷二 食貨二 田制下)

15) 文宗三年五月定……受功蔭田者之子孫 謀危社稷 謀叛大逆延坐 及雜犯公私罪
除名外 雖其子有罪 其孫無罪 則給功蔭田柴三分之一. 二十七年正月判 無子人功

### (3) 損  免

당은 수(水)·한(旱)·충(蟲)·상(霜)으로 재해(災害)를 입은 농민에게 상황에 따라 조세(租稅)·부역(賦役) 등을 감면해주었다.[16] 고려도 성종(成宗) 7년(998)의 판(判)에 이것을 그대로 적용하였다.[17]

### (4) 編  戶

당은 모든 인호(人戶)를 그 자산(資産)에 따라 상상호(上上戶)·상중호(上中戶) 등으로 9등급을 매겨 부역을 정하였다.[18] 고려에도 9등호제(戶制)가 시행되었다.

그런데 같은 9등호제이면서 크게 다른 점이 있었다. 당에서는 등급을 정하는 기준을 자산(資産)으로 했는데 고려에서는 자산이 아니고 인정(人丁)의 다과(多寡)로써 등급을 정했던 것이다. 인정이 자산으로 평가될 수 있는 시대이기도 했지만 고려와 당의 이러한 차이는 검토할 필요가 있을 것 같다.[19]

### (5) 丁·老

당은 국민 개개인에 대한 파악을 위하여, 황(黃)·소(小)·중(中)·정(丁)·노(老)의 5단계로 구분하여 매세(每歲)에 계장(計帳)을 만들고 3년마다 호적(戶籍)을 만듦으로써 빠짐없이 등재(登

---

蔭田 傳給女婿親姪養子義子(『高麗史』 卷七十八 食貨一 功蔭田柴)

16) 武德七年始定律令……凡水旱蟲霜爲災 十分損四分已上免租 損六已上免租調 損七已上課役俱免(『舊唐書』 四十八 食貨志)

17) 成宗七年十二月判 水旱蟲霜爲災田 損四分以上免租 損六分免租布 七分租布役俱免(『高麗史』 卷八十 食貨三 賑恤 災免之制)

18) 武德七年 始定律令 凡天下人戶 量其資産 定爲九等(『舊唐書』 四十八 食貨志)

19) 編戶 以人丁多寡 分爲九等 定其賦役(『高麗史』 卷八十四 刑法一 戶婚)

載)하게 되었다.[20] 고려에서는 황・소・중에 대한 것은 보이지 않고
다만 정・노에 대한 규정과 역(役)에 관계되는 연령기간(年齡期間)
만 다루었다.[21] 그리고 정・노의 구분 파악은 병역과 부역의 동원에
근거자료로 삼기 위함인 것이다.[22]

4

이상의 무잡(蕪雜)한 서술을 요약하여 결론을 대신해둔다.

(1) 신라는 6세기 초엽으로부터 율령(律令)의 이야기가 나오기
시작하여 7세기 이후 율령격식(律令格式)의 수정(修整) 개장(改張)
이 거론되기도 하였다. 『삼국사기』의 기록을 불신할 이유가 없는
마당에 우리는 신라가 중국의 역조(歷朝) 내지 당의 율령을 받아들
여 국가통치에 보강수단(補强手段)을 삼으려 했던 것으로 믿는다.
특히 7세기 이후 그러했을 것이다.

(2) 신라율령의 내용은 알 길이 없지만 신라의 유산을 물려받은
고려왕조의 법제도, 특히 판(判)・제(制)에 나타난 사례들로 보아
신라의 것을 짐작해볼 것이다.

고려의 판・제는 율령을 준거(準據)로 삼았던 것임이 분명하지만
그것은 단순히 하나의 행정지침으로 삼아, 그때 그때 활용하고 있
었을 뿐, 그 이상의 의미는 부여될 수 없는 것이었다.

(3) 신라가 국제환경과 문화교류면에서 일정한 정도의 수입법
── 율령법을 받아들였다고 하더라도 그것이 반드시 국가체제 및
국가성격으로 직결된다고 보지 않는다. 실제에 있어 신라에는 고유

---

20) 武德七年始定律令……男女始生者爲黃 四歲爲小 十六爲中 二十一爲丁 六十爲
老(『舊唐書』四十八 食貨志)

21) 國制 民年十六爲丁 始服國役 六十爲老而免役(『高麗史』卷七十九 食貨三 戶
口)

22) 每歲 計口籍民 貢于戶部 凡徵兵調役 以戶籍抄定(上同)

법이 강하게 작용하고 있었고,  수입법(受入法)＝율령법(律令法)이
지배적 형태를 띠지 못했기 때문이다.

무엇보다 신라는 전국의 자연촌락(自然村落)을 통치의 기반으로
삼고 있었다.  신라장적(新羅帳籍)에서 본 바와 같이 자연촌락을 하
나의 단위로 인구 및 우마(牛馬)·과수(果樹) 등의 숫자를 기록해
놓았고 행정적으로 편성된 향리제(鄕里制)가 아니었다.  그리고 균
전제(均田制)를 시행한 분명한 증거도 발견되지 않는다.  율령법·
율령체제의 기축(機軸)이 되는 향리제·균전제를 신라는 취하지 않
았다.

(4) 이런 점에서 신라를 일본과 같이 율령국가(律令國家)로 보는
데에 회의적이다.  따라서 일본학계에서 말하는 율령국가군 속에 신
라가 그 일원으로 참여함이 적격이 아니라고 여겨진다.  신라가 그
러한 바에 고려는 말할 필요도 없다.

(5) 신라가 율령법·율령체제를 완벽하게 갖춘 국가가 아니라고
하여 정치적·사회적으로 미숙하다거나 후진성을 뜻하는 것은 결코
아니다.  신라는 고유법의 바탕 위에 수입법을 보강수단으로 삼아
국부병강(國富兵强)에다가 찬란한 문화를 꽃피웠던 것이다.  외국인
들이 신라에 율령이 갖추어지지 않았다고 하여 신라를 폄시(貶視)
하는 듯한 어조를 농(弄)하는 것이나 우리나라 학자들이 신라에 율
령이 갖추어져 있었다고 주장하는 것 등은 모두 불필요한 일이다.
우리가 오늘날 역사적 의미에서 말하고 있는 '율령'이라는 것은 어
디까지나 수입법으로서의 율령법·율령체제 그것을 말하는 것이고
신라 자체의 고유법의 법제도와는 다른 것이다.

우리는 동아시아사의 파악에 있어서 공통성을 추구하면서 동시에
좀더 그 개별성에 유의해야 할 것이다.

<大東文化硏究 제23집,  1989>

# 高麗史 및 李朝文獻 記錄과 圃隱의 재평가
## 圃隱의 政治的 處身에 대한 새로운 究明을 위하여

### 1. 問題의 所在

포은(圃隱) 정몽주선생(鄭夢周先生 ; 1337~1392)은 '동방이학지조
(東方理學之祖)'로서 충절(忠節)을 겸하여 문묘(文廟)에 배향(配享)
된 우리나라 최고 유현(儒賢)의 한분이다. 그런데 포은에 대한 비
판의 소리는 이씨조선 5백년을 지나 오늘에 이르기까지 끊이지 않
고 있다. 일제관학자(日帝官學者) 이마니시 류우(今西龍 : 당시 경성
제대 교수)가 그의 『조선사개설(朝鮮史槪說)』에서

이성계·정몽주 등은……마침내 우왕(禑王)을 왕씨(王氏)가 아니고 그
들이 증오하는 신돈(辛旽)의 아들이라 하여 백일하(白日下)에 이왕(二王 ;
禑와 昌)을 참(斬)한 대역무도(大逆無道)를 행하였다. ……조선에
들어와 정몽주를 왕씨의 사직에 순사(殉死)한 충신이라고 칭송하
면서 존숭을 극진히하였다. ……충신 몽주가 참여한 이왕의 살해
는 이왕이 신씨이기 때문에 처형된 것이라고 한다. 설령 이왕이
신씨였다고 하더라도 영년(永年) 신사(臣事)하던 주군(主君)을
일조(一朝)에 살해한 것은 극악(極惡)을 면치 못할 것이다. (『朝鮮
史の栞』 188면)

라고 하였다. 이에 대하여 당시 개성(開城)사람인 미술사가(美術史

家) 고유섭(高裕燮)씨가 적극 동조한 바 있었다. 그러나 이것은 학
술논문(學術論文)도 아니고 일시적 임의적인 논평에 불과한 것이기
때문에 학계나 유림계(儒林界)에 별로 반향을 환기(喚起)하지 못하
였다. 그런데 근년에 대구의 문모(文某)씨가 이마니시의 설을 답습
하여 어느 학술지에 "포은은 고려의 역적이고 이조의 충신"이라는
과격한 말을 함으로써 물의를 일으켰다. 이미 이재호(李載浩) 교수
에 의하여 상세히 변파(辨破)되기도 했지만 그렇다고 완전히 문제
가 해소된 것은 아니다. 왜냐하면 이재호 교수는 주로 문씨가 전통
적 윤리관을 부정한 것에 대해 논박(論駁)한 것이고 포은 자체의
행위와 심사를 들어 사리에 맞게 분석하고 변파한 것이 아니기 때
문이다.

　이마니시와 그 추종자들의 말은 우리가 별로 관심을 갖지 않아도
좋을지 모른다. 그러나 우리 선유(先儒)들의 여러가지 견해에 대해
서는 외면할 수가 없다. 우선 중종조(中宗朝)에 포은의 문묘배향에
관한 논의가 진행될 때에 대신(大臣)들 가운데 반대하는 이가 적지
않았다. 그 취지는 대체로 아래와 같다.

　　우왕과 그의 아들 창왕이 모두 신씨인데 고려왕씨의 신하인 포은이 그
　를 섬긴 것이 큰 결점이다. 건국 이래 우리 열조(列朝)에서 문묘에 배향
　하지 않았던 것이 그 때문인 것이다.

　문묘배향은 젊은 사림파(士林派) 관료들에 의해 실현이 되었지만
그것은 유학자로서의 공적과 공양왕(恭讓王) 때의 죽음을 높이 평
가하여 이루어진 것이다. 결국 우창(禑昌) 문제에 관해서는 해결을
보지 못하고 그대로 덮어둔 채 넘어간 셈이다.

　이리하여 이에 대한 의문은 후학들에게 끊임없이 일어났다. 그
대표적인 것이 한강(寒岡)과 퇴계(退溪)의 문답이다. 한강(鄭逑,
1543～1620)은

남명(南冥 ; 曹植, 1501~1572) 선생이 일찍이 정포은의 출처(出處)를 의심하였는데, 저의 생각도 정포은의 일사(一死)는 자못 가소롭습니다. 공민왕(恭愍王)의 신하(臣下)가 된 지가 30년인데, '불가(不可)하면 벼슬을 그만두어야 한다'는 도(道)에 있어서도 이미 부끄러운 것입니다. 또한 신우부자(辛禑父子)를 섬겼는데 신씨를 왕씨로 생각하고서 벼슬하였다면 다음날에 방출(放出)하는 데 참여한 것은 무슨 까닭입니까? 10년을 섬기다가 하루아침에 죽여 없애는 것이 옳은 것입니까? 만약 왕씨가 아닌데도 나가 벼슬하였다면 여정(呂政)이 서고 영씨(嬴氏)가 이미 망했는데도 이에 여전히 탈이 없고 또 좇아서 그의 녹을 먹었습니다. 이와같으므로 후일의 죽음은 심히 납득하지 못할 바가 있습니다. 1)

라고 하여, 공민왕 때에 오래 벼슬을 하여 '불가즉지(不可則止)'라는 관점에서 보면 이미 부끄러운 일이다. 또 신우 부자를 섬겼는데 신(辛)이 아니고 왕씨라고 여겼다면 후일 방살(後日放殺) 때에 자기도 참여한 것은 무슨 까닭인가. 10년을 섬기다가 하루아침에 죽여 없애는 것이 옳은 일인가. 만약 왕씨가 아닌 줄 알았다면 여정(呂政)이 서고 영씨(嬴氏)가 이미 망했는데 그래도 별일 없이 지냈다. 후일의 그의 죽음은 알 수 없다는 것이다. 퇴계(李滉, 1501~1570)는 이에 대하여

정자(程子)가 말하기를 사람은 마땅히 허물이 있는 중에서도 허물이 없는 쪽으로 봐야 되고 허물이 없는데 허물을 찾아내는 것은 마땅치 않은 것이다. 포은의 한결같은 충성과 큰 절개는 천지의 경위(經緯)며 우주의

1) 南冥先生 嘗以鄭圃隱出處爲疑 鄙意鄭圃隱一死 頗可笑 爲恭愍朝大臣三十年 於 不可則止之道 已爲可愧 又事辛禑父子 謂以辛 爲王出歟 則他日放出 已亦與焉何 也 十年服事 一朝放殺 是可乎 如非王出 則呂政之立 嬴氏已亡 而乃尙無恙 又從 而食其祿 如是而有後日之死 深所未曉(『退溪全書』 2, 291면 下段左右, 大東文 化研究院版)

동량(棟梁)이라고 할 만한데도, 세상 사람들이 남의 약점을 들추어내어
공격하기를 좋아하고 남의 좋은 점이 드러나는 것을 즐겨하지 않아 쓸데
없는 말이 그치지 않는다. 나는 매양 귀를 막고 그런 것을 들으려 하지
않는데 군(君)이 또한 이런 병통이 있다는 것은 뜻밖이다.[2]

라고 하여, 정자의 말씀과 같이 과실이 있는 사람에게 과실이 없는
쪽으로 봐야 하지 과실이 없는 사람에게 과실이 있는 쪽으로 봐서
는 안된다라고 책망한 것이다.

　퇴계의 이 답은 포은의 구체적인 문제를 해명해준 것이 아니고
다만 포은의 충절을 높이 칭양(稱揚)하면서 포은과 같은 어른에게
결점을 찾으려 하지 말라고 하여 한강의 입을 막았을 뿐이었다. 따
라서 한강의 의문은 하나도 풀린 것이 없는 채 그대로 내려왔다.

　그러니까 문제의 소재는 두 가지 점이라고 할 수 있다. 첫째, 포
은이 우창(禑昌)을 왕씨라고 생각했을까? 그러면 어찌해서 우창
(禑昌)의 천방(遷放)과 살해에 동조했느냐 하는 것이다.

　둘째, 포은은 우창(禑昌)이 신씨인 줄 알았을까? 그러면 어찌해
서 왕씨의 신하로서 그들을 섬겼느냐 하는 것이다. 위의 문제가 해
명되지 않으면 포은은 유학에 관한 공적이 아무리 훌륭하고 마지막
죽음이 아무리 장렬했다고 하더라도 그의 출처에 대한 오해가 풀어
지지 않을 것이다.

　이 논고는 이 점에 착안하여, 약간의 사료(史料)를 동원하여 자
설(自說)을 세워보고자 한다.

---

2) 程子曰　人當於有過中　求無過　不當於無過中　求有過　以圃隱之精忠大節　可謂經
緯天地　棟樑宇宙　而世之好議論喜攻發　不樂成人之美者　曉曉不已　混每欲掩耳而
不聞　不意君亦有此病也(同上)

## 2. 先儒들의 批判

이씨조선 5백년간 포은의 출처를 논한 선유들의 논조를 살필 때
에 우리는 먼저 유의해야 할 것이 있다. 그것은 우창(禑昌)에 대한
관점이 이조 전기와 후기에 크게 달라졌다는 것이다. 이조 전기에
는 건국한 지 오래되지도 않아, 여말(麗末)과 국초(國初) 이래 우
창을 신씨(辛氏)로 규정했던 것이 큰 흐름을 이루고 있었다. 이씨
왕조의 출발이 거기서부터 시작되었던 것으로, 왕조에서 편찬한 국
고문헌(國故文獻)이 모두 그렇게 되어 있고 특히 정사(正史)인 『고
려사(高麗史)』에 우창을 왕조연대기(王朝年代記)인 세가(世家)에서
뽑아내어 반역열전(叛逆列傳)에 실을 정도였으니까. 사대부(士大
夫)들은 재조·재야(在朝在野)를 막론하고 공히 이견(異見)을 품을
수 없었고, 또 부지불식간에 문견(聞見)에 젖어, 자연 그렇게 생각
하게 되기도 하였다.

그러나 이조 후기에 와서는 이미 시대가 멀어졌고 왕실에서조차
그 문제에 신경을 쓰지도 않았기 때문에 학자들은 역사를 객관적으
로 이야기할 수 있게 되고 또 서독(書牘)·필기(筆記) 등 사적(私
的) 기록물에서 우창이 왕씨라는 생각을 점차 노출하게 되었다. 무
엇보다 이태조의 창업과정에 반룡부봉(攀龍附鳳)한 개국공신(開國
功臣)들의 부도덕성과 정도전(鄭道傳)·정인지(鄭麟趾) 등의 곡학
아세(曲學阿世)한 사책(史册)에 큰 불만을 가지면서 그로 인한 반
대심리(反對心理)가 우창은 신씨로 날조된 것이라고 판단했던 것이
다. 상촌(象村) 신흠(申欽, 1523~1597)은 그 좋은 예이다. 원천석
(元天錫)에 대한 상촌의 기록으로 다음과 같은 것이 있다.

원천석은 고려인으로 공민왕 때 벼슬하지 않고 원주(原州)에 살았다.
…… 그의 유고(遺稿) 가운데 당시의 사적(事迹)으로 후세에 알 수 없는

바를 바르게 실었는데, 신우(辛禑)를 공민왕의 아들이라고 한 것은 그의 직필(直筆) 중에 직필이다. ……시어(詩語)는 비록 질박(質朴)해서 말이 제대로 되지 않은 것이 많으나 사실에 있어서는 바르게 쓰고 숨기는 것이 없어서 정인지의 『고려사』에 비하면 해와 별의 밝음을 무지개의 밝음에 비(比)할 수 없을 정도이다. ……대저 고려가 망한 것은 무진(戊辰)년에 우왕(禑王)을 폐한 것에서 연유되었는데 우왕을 폐한 후에 목은(牧隱) 같은 분들이 상존(尙存)해 있어서 한 줄기 공의(公議)가 없어지지 않았다. 그러므로 그때에 정도전·윤소종(尹紹宗) 무리들이 왕씨가 아니라고 하면 충(忠)이고 왕씨라고 하면 역(逆)이라는 논의를 주창하여 조정을 속이고 인심을 현혹시켜, 드디어 사류(士流)를 살육하고 사람들의 입을 막아버렸는데 겨우 5년이 지나 나라가 망하고 말았다. 그 때에 태어나서 정직하게 스스로를 세운 사람들은 살아가면서 신고(辛苦)와 전패(顚沛)가 어떠했겠는가? 그런데도 인심(人心)이 모두 현혹되지 않았고 인구(人口)도 모두 막히지는 않아 초야(草野)에서도 동호(董狐)와 같은 직필(直筆)이 있었으니, 어찌 돌을 눌러놓아도 죽순(竹筍)은 곁으로 솟아나오는 것이 아니겠는가? [3]

원천석이 우(禑)를 공민왕의 자(子)라고 한 것은 그의 직필 중의 가장 직필에 해당하는 것이라고 말하고 그의 시·사(詩史)가 정인지의 『고려사』에 비하면 해와 별처럼 빛나는 것이라고 하였다. 고려말에 정도전·윤소종의 무리가 우창을 "신씨라고 하면 충이고 왕

---

3) 元天錫 高麗人 恭愍時 不仕 居原州 ……其遺稿中 直載當時事迹 後世所不能知者 以辛禑爲恭愍子者 此其直筆之尤者 ……詩語雖質朴 多不成語 而事則直書無隱 比之麟趾之麗史 不啻日星蟛蜞之相懸 ……大抵麗之亡 由於戊辰之廢主 廢主之後 如牧隱僑流尙存 一脈公議未泯 故其時道傳紹宗輩 倡爲非王氏者爲忠 謂王氏者爲逆之論 簧鼓朝廷 眩惑人心 遂得以魚肉士流 箝制口舌 僅五年而國亡矣 生乎其時而正直自樹者 其爲生 辛苦顚沛 當如何也 然而人心未盡眩 人口未盡箝 草野之間 有此董狐之筆 豈非石壓筍斜出者耶(『象村稿』 卷五二, 晴窓軟談 下 343면, 民推版)

씨라고 하면 역"이라고 하여 인구를 겸제(箝制)하고 인심을 현혹시
켰지만 초야에 묻힌 사람 중에 원천석과 같은 동호(董狐)의 직필
(直筆)이 있는 것은 돌을 눌러놓아도 죽순은 솟아나오고 마는 이치
라고까지 말하였다.

이런 까닭에 이조 전기와 후기에 포은에 대한 비판의 기준이 또
한 매우 달라졌다. 우선 이조 전기의 비판설을 살펴보자. 중종조에
정광필(鄭光弼)이 포은의 '사신(事辛)'을 들어 문묘배향에 신중론을
주장하면서 "이것은 신(臣) 등이 사사로이 논한 것이 아니라 곧 선
유(先儒)가 논한 바입니다"[4] 라고 한 것이 있는데, 이 선유는 누구
를 가리킨 것인지 모르지만 이미 앞선 시기에 포은이 우왕을 섬긴
것을 비난한 유자들이 있었던 것이다. 그중에 추강(秋江) 남효온
(南孝溫, 1454~1492)도 들어 있다. 추강은 금오산(金烏山)을 지나
면서 다음과 같은 시를 지었다.

　　　신조(辛朝) 때의 문하주서(門下注書) 길야은(吉冶隱)은
　　　그 절개 된서리보다 빼어났고 얼음보다 맑았다네
　　　목숨이란 홍모(鴻毛)같이 가볍고 의리는 산(山)과 같이 무거운 것
　　　길야은과 정달가(鄭達可) 이같은 이치 알 터인데
　　　달가(達可)는 몸소 왕씨(王氏)와 신씨(辛氏)를 섬겼으니
　　　기자(杞梓) 같은 재목(材木)이 썩은 데 있고 거울에 흠집이 생겼네.
　　　(下略)
　　　辛朝注書吉冶隱　秀於嚴霜清於氷
　　　命輕鴻毛義重山　公與達可知此理
　　　達可身經二姓王　杞梓寸朽鑑中疵

이 시는 야은을 '신조주서(辛朝注書)'라고 하여 야은이 신우(辛
禑)·신창(辛昌)의 신하로서 공양왕 때 사직 환향(辭職還鄉)한 것

---

4) 此非臣等私議 乃先儒之議也(『中宗實錄』卷29, 12年 8月 甲寅條)

을 칭찬한 반면, 포은은 이성(二姓)의 임금(왕씨와 신씨)을 섬겨서 기자(杞梓) 같은 미재(美材)에 촌후(寸朽)가 있고 거울에 흠집이 있다고 한 것이다. 추강의 이 시는 뒷날 우복(愚伏) 정경세(鄭經世)로부터 호된 지적을 당했지만 요는 포은이 '신조(辛朝)'에 벼슬한 것을 결점으로 여긴 것이다.

퇴계는 앞에서 본 바와 같이 포은을 극구 칭양(稱揚)하였다. 그러나 포은의 출처에 대해서는 의문을 숨기지 않았다.

포은 정몽주와 야은 길재는 출처에 알지 못할 곳이 있다. 우와 창이 이미 신성(辛姓)이라면 두 사람은 어떤 연유로 시종(始終) 위질(委質)하고서 떠나가지 않았는지 이는 의심할 만한 것이다.[5]

우창이 신씨인 바에 두 분이 어찌해서 그에게 위질위신(委質爲臣)하여 끝내 가버리지 않았을까 알 수 없는 일이라고 한 것이다. 그러나 퇴계는 포은을 변해하기를 잊지 않았다. 이덕홍(李德弘)은 아래와 같이 물었다.

전조(前朝) 공민왕의 뒤에 그것을 이은 것이 신씨인데 포은선생이 섬기고 떠나가지 않았으니 뒤에 비록 공이 있더라도 어찌 속죄가 될 수 있겠는가?[6]

라고 하였다. 즉 전조(前朝) 왕씨(공민왕)의 뒤를 이은 것이 신씨인데 포은이 그를 섬기고 가지 않았으니 뒤에 비록 고려 사직을 위해 몸바친 공로가 있다고 하더라도 어찌 속죄가 되겠느냐고 한 것이

---

5) 鄭圃隱吉冶隱 出處有不可知處 禑昌旣爲辛姓 則二公緣何 終始委質而不去也 是可疑也(『退溪全書』4, 97면, 大東文化研究院版)

6) 前朝王氏之後 繼立者 辛氏 而圃隱先生 事之不去 後雖有功 何足贖哉(同上 96면)

다. 퇴계는 그렇지 않다고 하면서

그 뒤를 이은 것이 비록 신씨이나 왕씨의 조정이 아직 망하지 않았다. 그러므로 포은이 오히려 그를 섬긴 것은 마치 진(秦)나라의 여씨(呂氏)나 진(晋)나라의 우씨(牛氏)와 같은 것이요 『강목(綱目)』에서도 왕도(王導) 의 무리를 배척해 말하지 않았으니 포은이 정히 이 뜻을 얻은 것이다. [7]

라고 하여 왕위(王位)를 이은 자가 비록 신(辛)이지만 왕씨종사(王 氏宗社)가 망하지 않고 종전 그대로 있으므로 포은은 그대로 왕으 로 섬겼다는 것이다. 진(秦)나라의 여(呂), 또는 진(晋)나라의 우 (牛)와 같다. 주자강목(朱子綱目)에 왕도(王導)의 무리를 배척해 말하지 않았는데 포은이 바로 이 의(義)를 얻었다는 것이다. 퇴계 의 이 말은 정암(靜菴; 趙光祖, 1482~1519)의 의견과도 상통한다. 정암은

적인걸(狄仁傑)이 주무후(周武后)를 섬겨 마침내 당실(唐室)을 회복하 였다. 정몽주가 적인걸의 마음을 자기의 마음으로 삼지 않았다고 말할 수 있겠는가? [8]

라고 하여 적인걸이 주무후를 섬기면서 마침내 당나라 종통을 회복 한 것과 같이 포은의 우창을 섬긴 것도 언젠가 왕씨 종통(王氏宗 統)을 회복하기 위해 참고 지낸 것으로 봐야 한다는 것이다. 실제 로 여말의 당사자(當事者)의 한 분인 목은(牧隱; 李穡, 1328 ~1396)은 그 스스로 비슷한 말을 한 적이 있었다.

---

7) 繼之者 雖辛 而王氏宗社未亡 故圃隱 猶事之 正如秦之呂 晋之牛 而綱目 不斥 言王導之流 圃隱 正得此義(同上 97면)

8) 狄仁傑 事武后而 終復唐室 安知夢周 不以狄公之心 爲心乎(『中宗實錄』 卷29, 12년 8월 甲寅條)

　이색(李穡)이 일찍이 다른 사람에게 "옛날 진원제(晋元帝)가 대통(大
統)을 이었는데 치당(致堂) 호인(胡寅)이 '원제(元帝)의 성은 우씨(牛氏)
인데도 외람되이 사마씨(司馬氏)인 진(晋)의 종실(宗室)에 붙었으니 동진
(東晋)의 군신(君臣)들이 어떻게 이를 그대로 두고 바꾸지 않았는가? 이
는 필시 호갈(胡羯)이 번갈아 침입하여 국방이 미약하므로 만약 구업(舊
業)에 의지하지 않는다면 인심을 안정시킬 수 없었을 것이다. 그대로 이
어받는 것과 새로 세우는 것은 그 난이(難易)가 크게 다른 것이다. 이 또
한 형세를 따라 취사선택할 적에 부득이하여 한 것이다. 내가 신씨(辛氏)
를 세울 적에 감히 다른 의견을 내지 않은 것도 이러한 뜻에서이다. [9]

라고 하였다. 즉 진원제(晋元帝)가 우성(牛姓)이지만 동진 군신(東
晋君臣)이 어려운 상황 속에 구업(舊業)의 유지를 위해 그대로 섬
겼는데 목은 자신이 신씨를 세울 때 반대를 하지 않은 것은 같은
뜻이라는 것이다.
　요컨대 정암과 퇴계가 모두 우창이 신돈의 자여손(子與孫)임을
전제로 해놓고 포은이 신조(辛朝)에 벼슬한 것을 두둔하고 합리화
시키려 한 것이다. 그러나 누가 보아도 이것은 군속한 변명이 아닐
수 없다. 우창이 신종(辛種)인 줄 알면서 고려 사직의 연장을 위
해, 또는 왕씨 종통을 회복시키기 위해 그 밑에서 신하 노릇을 했
다는 것은 아무래도 납득이 가지 않는 것이다. 이덕홍(李德弘)과
같은 견해가 좀체로 수그러들지 않았다.
　이와같이 이조 전기의 학자들의 포은에 대한 비판은 주로 포은이
우창(禑昌)을 섬긴 것을 부당하다고 여기는 데에 모아졌다. 그런데

---

9) 穡嘗語人曰 昔晋元帝 入繼大統 致堂胡氏 以爲元帝姓牛 冒屬晋宗 東晋君臣 何
　以安之而不革也 必以胡羯交侵 江左微弱 若不憑依舊業 安能系屬人心 舍而創造
　難易絶矣 此亦乘勢取舍 不得已而爲之者也 穡於立辛氏 不敢異議 亦此意也(『東
　史綱目』三, 453면, 景仁文化社版)

이조 후기에 와서는 반대로, 학자들의 대다수가 포은이 우창(禑昌)을 저버린 것을 아주 못마땅하게 여겼다. 계곡(谿谷) 장유(張維)가 그 대표적인 분이다.

우리나라에 대유(大儒)가 두 분 계신데 모두 크게 의심할 만한 곳이 있다. 정포은은 죽음으로써 순국하였으나 우창의 천방(遷放)과 살해에 능히 수립(樹立)한 바가 없었고 9공신(九功臣)의 서열에 들었으니 이것은 하나의 의심될 만한 것이다. 점필재(佔畢齋)의 경우는…… 문충공(文忠公)으로 문묘에 종사된 이후부터는 후학들이 감히 그 득실을 다시 의논하지 못하였다.[10]

라고 하여 우창의 폐륙(廢戮 : 遷放과 살해)에 포은이 수립(樹立)한 바가 없고 도리어 9공신(九功臣)의 한 사람이 되었다는 것이다. 수립이란 것은 대의명분을 내걸고 절개를 세운다는 뜻이다. 우왕은 공민왕의 아들이고 창왕은 우의 아들인데 그를 천방하고 살해하는데 대해 포은은 신하로서 아무런 수립이 없고 도리어 그 거사(擧事)에 공신이 되었다는 것이다. 위화도 회군(威化島回軍) 뒤 이태조의 거사에 포은은 아무 이의 없이 오직 거기에 가담한 인상을 주었기 때문이다. 계곡과 같이 직접 포은의 이름을 들지는 않았지만 상촌(象村)도 함축적인 말로 한 것이 있다. 앞에서 보았지만 "정도전·윤소종의 무리가 사류(士流)를 어육(魚肉)으로 만들고 사람의 입을 겸제(箝制)하여 모두 침묵과 타협으로 구차히 세월을 보내는데, 그 시기에 살면서 정직하고 자기를 지키려는 사람으로서는 그 삶이 얼마나 고통스럽고 낭패스러울 것인가"라고 했는데 이는 분명 포은을 가리킨 것으로 보인다. 원천석을 격찬한 것은 간접적으로

---

10) 我東 有二大儒 皆有重名於斯文 而皆有大可疑處 圃隱能以死殉國 而禑昌之廢
戮 不能有所樹立 至列於九功臣 此一可疑也 佔畢齋 ……自文忠從祀文廟 後學不
敢復議其得失(『谿谷漫筆』 596~597면)

암시한 바가 있는 것이다.

이조 전기에는 우창을 섬겼다고 비판하다가 후기에 와서는 우창을 저버렸다고 비판하고 있다. 전기에는 우창을 신씨로 보았기 때문이고 후기에는 우창을 왕씨로 보았기 때문이다. 어느 쪽이 옳은 것인가. 아니면 포은의 입장을 잘 모르고 다 틀린 소리를 한 것인가. 우리는 당시의 역사 상황을 냉철히 검토하고 그 속에 위치한 포은의 처신을 새로이 구명해보아야 할 것이다.


### 3. 歷史의 再檢討


우왕(禑王)은 과연 누구의 소생일까? 역사에 있어서 개인의 출생이 문제가 되는 경우는 극히 드물다. 그러나 왕통의 상속에 관한 경우에는 그것이 결정적인 문제로 될 수 있다. 바로 우(禑)의 경우가 그러하다. 그런데 우의 출생은 정말 미궁 속이다. 『고려사』열전 신우 일(辛禑一)에

신우(辛禑)의 소자(小字)는 모니노(牟尼奴)인데 신돈(辛旽)의 비첩(婢妾)인 반야(般若)의 소생이다. ……공민왕이 일찍이 후사가 없는 것을 걱정하다가 하루는 미행(微行)하여 신돈의 집에 이르렀다. 신돈이 그 아이를 가리키며 말하기를 "원컨대 전하께서는 양자를 삼아서 후사를 세우십시오" 하니 왕이 힐끗 보고 웃으면서 대답하지 않았으나 마음속으로는 그것을 허락하였다. ……신돈이 수원에 유배됨에 이르러 왕이 근신(近臣)에게 "내가 일찍이 돈의 집에 가서 그 비를 사랑하여 아이를 낳았으니 경동(驚動)케 하지 말고 잘 보호하라"고 하였다. 신돈이 주살된 뒤에 왕이 모니노를 불러 명덕태후전(明德太后殿)에 들게 하고 수시중(守侍中)인 이인임(李仁任)에게 "원자(元子)가 있으니 나는 걱정이 없다"라 하였다. 그리고 "아름다운 여자가 돈의 집에 있는데 그가 자식을 잘 낳으리라는 것을

듣고 드디어 사랑하여 이에 이 아이를 낳았다"고 하였다. 뒤에 왕이 모니
노를 후사로 삼으려고 취학(就學)하기를 요청하였더니 태후가 불긍(不肯)
하면서 "조금 커서 취학시키더라도 늦지 않다"라고 하였다.[11]

전(傳)의 첫머리에 시작하면서부터 우(禑)는 신돈의 비첩 반야의
소생이라는 것이다. 그런데 신돈을 수원으로 유배시킬 때 공민왕은
신돈의 집에서 자라나고 있는 모니노를 왕자라고 하여 경동시키지
말라고 명령하고 신돈을 죽인 뒤에는 모니노를 궁중으로 불러들여
명덕태후전에 바치고 수시중 이인임에게 원자가 있으니 후사에 걱
정이 없다고 했다는 것이다. 그러나 왕이 정식으로 후계자를 삼아
취학을 시키려 했을 때 태후는 선뜻 동의를 하지 않고 좀더 기다려
보자고 했다는 것이다. 이조 후기의 학자들은 이 기사의 첫 구절에
신뢰를 두지 않고 다음의 기사에 좀더 비중을 두었던 듯하다.

왕이 지신사(知申事)인 권중화(權仲和)에게 명하여 전 정당(政堂)인 이
색(李穡)의 집에 가서 문신(文臣)을 모아 모니노(牟尼奴)의 이름을 고칠
것을 논의케 하였다. 이에 여덟 자를 써서 바치니 왕이 우(禑)라고 명하
고 시중(侍中) 경부흥(慶復興), 밀직제학(密直提學) 염흥방(廉興邦), 정
당문학(政堂文學) 백문보(白文寶)를 불러 의논하여 우를 강녕부원대군(江
寧府院大君)으로 봉하고 백문보(白文寶) 및 전녹생(田祿生)·정추(鄭樞)
등으로 하여금 스승이 되게 하였다. 23년 9월에 왕이 우를 고(故) 궁인
(宮人) 한씨(韓氏)의 소생이라 모칭(冒稱)하고 한씨의 삼대(三代) 및 그
외조(外祖)까지 추증(追贈)하였다.[12]

---

11) 辛禑 小字 牟尼奴 旽婢妾般若之出也 ……恭愍王 嘗憂無嗣 一日 微行至旽家
旽指其兒曰 願殿下 爲養子以立後 王睨而笑不答 然心許之 ……及旽流水原 王語
近臣曰 予嘗至旽家 幸其婢生子 無令驚動 善保護之 旽旣誅 王召牟尼奴 納明德
太后殿 謂守侍中李仁任曰 元子在 吾無憂矣 因言有美婦 在旽家 聞其宜子 遂幸
之 乃有此兒 後王欲以牟尼奴 爲嗣 請就學 太后不欲曰 稍長就學未晚(『高麗史』
下 865면, 延大版)

왕은 문신들로 하여금 목은의 집에 모여, 모니노의 개명을 의논하여 몇개의 시안(試案)을 보고케 한 다음 친히 그중에서 골라 우(禑)라고 명명(命名)하고 다시 경부흥·백문보 등 대신들과 의논하여 우를 강녕부원대군으로 봉한 뒤에 백문보·전녹생·정추 등 당시 일류 쟁쟁한 명사들을 가려서 사부가 되게 했다는 것이다. 그리고 우(禑)를 고(故) 궁인 한씨 소생으로 격상시켜, 한씨의 삼대와 그 외조에게까지 벼슬을 추증했다는 것이다. 왕의 이러한 일련의 조치는 우를 친자로 확인하고 왕통을 잇게 하려는 것이다.

그러다가 공민왕이 뜻밖에 갑자기 피시(被弑)하자 태후는 우와 함께 침전에 들어갔으나 국가의 위기를 느낀 듯 비밀에 붙여 발상(發喪)을 유보했다가 이틀 만에 우가 재추(宰樞)들과 비로소 발상했다고 한다. 다음날 태후와 경부흥은 약간 이견이 있었으나 종친인 영녕군(永寧君) 왕유(王瑜)의 발언과 이인임(李仁任)의 강력한 뒷받침에 의해 우는 아무런 장애 없이 왕위에 올랐다.

공민왕 자신이 이미 우를 친자로 확인하였고 왕의 시해 뒤에 궁중에서 성장했던 강녕부원대군 우가 태후와 함께 발상하는 처지에 있었으니 우가 후계자가 되는 것은 자연스러운 형세였다. 당시 만조백관(滿朝百官)들은 경축의 의전(儀典)에 열을 올렸고 겨우 성균관 사성(成均館司成)을 지낸 중견관료(中堅官僚)에 불과했던 포은이 또한 이런 분위기에 싸여 있었을 것이다. 하물며 이 시기는 국내적으로 정치와 경제가 난마(亂麻)처럼 흐트러져 있고 국제적으로 남왜북로(南倭北虜)에 시달리는 가운데서 특히 친원(親元)·친명(親明)의 정책 갈등이 심각한 상태였다. 이와같이 급급(岌岌)한 고

---

12) 王命知申事權仲和 往前政堂李穡第 會文臣 議改牟尼奴名 乃書八字以進 王以禑命之 仍召侍中慶復興密直提學廉興邦政堂文學白文寶議 封禑江寧府院大君 使文寶及田祿生鄭樞等 傅之 二十三年九月 冒稱禑故宮人韓氏出 追贈韓氏三代 及其外祖(同上)

려왕조는 이제 어린 신왕(新王)을 받들고 군신 상하(君臣上下)가 일치 협력하여 만난(萬難)을 타개해야 할 때이다. 이런 판국에 누가 새삼스럽게 선왕의 뜻을 거역해가면서 신왕의 출생 문제를 따져서 평지풍파(平地風波)를 일으키려 하겠는가. 이것은 상식 밖의 일이다. 포은도 마찬가지였을 것이다. 따라서 포은이 우왕을 섬기는 것 또한 자연스러운 일이었다.

그런데 위화도 회군과 더불어 우왕이 왕위에서 물러나 강화로 가고 아들 창(昌)이 왕위를 계승할 때에 포은은 왜 말이 없었는가. 세상에서는 일반적으로 우왕이 내침을 받은 것은 신돈의 아들이기 때문이라고 생각하는 듯하지만 전혀 그런 것이 아니다. 성호 이익(星湖 李瀷)의 이에 관한 의견과 설명이 『동사강목(東史綱目)』에 수록되어 있다.

신우(辛禑)의 일은 가만히 생각해보면 의심나는 점이 있다. 목은이 비록 그 말의 비중이 크다고 하더라도 만약 신씨라고 해서 우를 폐했다면 어찌 목은의 말에 따라서 그 아들을 세웠을 것인가. 그리고 우를 폐할 때도 조민수(曺敏修)가 참여하고 창을 세울 때도 조민수가 참여한 까닭은 무엇인가? 나는 우를 폐한 것이 북벌(北伐) 때문이라고 생각한다. 그때에 비록 신씨라는 설이 있었다고 하더라도 모두가 사사로이 주고받을 정도의 말이지 공명정대한 논의에서 나온 것은 아니었기 때문에 그 아들 창을 세웠는데도 모두 반대가 없이 조용했던 것이다. 이것은 역사에 의해 증명할 수 있는 것이다. 사세가 한 번 기울어지자 구설(口舌)이 더욱 번거롭게 되면서 부화뇌동(附和雷同)하여 깨뜨릴 수 없는 정론(定論)으로 되고 사가(史家)들도 여기에 의거해 필삭(筆削)하여 후세에 전함으로써 다시는 식별조차 할 수 없게 된 것이다. 그렇지 않았다면 폐출(廢黜)할 때를 당하여 어찌하여 왕씨가 아니라는 사실로 대의를 부르짖고 사방에 명백하게 고하지 않았는가? 만약 그렇게 했더라면 "마땅히 전왕(前王)의 아들을 세워야 한다"는 의론을 목은 또한 감히 발설하지 못했을 것이다. 창왕이 왕위에 오른 뒤에 와서 신씨라는 말을 빙자하여 폐한 것은 무슨

까닭인가? [13)]

우왕(禑王)을 내치고 후계자를 의논할 때 목은이 "당립전왕지자(當立前王之子)"라고 하여 드디어 창을 세웠다고 했는데 만약 신씨라는 이유로 내친 것이라면 아무리 목은의 말이라도 창을 세울 수 없었을 것이다. 그러므로 우를 내친 것은 '북벌(北伐)' 때문이다. 신씨라는 말이 그때 있기는 했으나 모두 사적(私的)으로 주고받은 이야기에 불과했고 명백하게 말할 성질이 못되었기 때문에 창이 왕위에 오르자 모두 말이 없었다. 역사에 근거하여 증명할 수 있는 것이라고 하였다.

다시 말하면 우왕의 퇴위는 '북벌(北伐)' 즉 공료(攻遼) 때문에 책임을 지고 물러난 것이다. 당시 명나라에 대한 고려왕조의 입장은 그렇게밖에 할 수 없었던 것이다. 우왕의 이름으로 명나라 황제에게 사죄한 소장(疏章)을 보면 이해할 수 있는 것이다. 그러나 우왕은 그냥 폐출된 것이 아니고 뚜렷이 상왕(上王)으로 추대된 형식을 취하였다. 그의 생신(生辰)에는 중앙의 신료(臣僚)들이 대표를 파견하여 축하절차(祝賀節次)를 행하고 가벼운 죄수를 석방시키기도 하였다. 그리고 상왕은 현왕(現王)에게 정치를 잘하라고 훈계편지를 내리기도 하였다. 그러니까 우왕이 물러난 것은 그의 존재가 완전히 말살된 것이 아니다. 적어도 외관상 아들에게 자리를 넘겨준 선양(禪讓)에 해당했던 것이다.

친명정책(親明政策)을 강력히 주장한 신진사대부(新進士大夫),

---

13) 辛禑事 竊有疑焉 牧隱雖曰 言重 若果以辛氏而廢 則豈合從其意 復立其子 其廢也 曹敏修與焉 而立昌者 又敏修 何也 余謂廢也 爲北伐也 其時 雖有辛氏之說 皆私相酬答而非明正說出 故昌立而亦皆寂然 據史可證 事勢一傾 口舌益繁 鼓煽和附 牢不可破 史家依此筆削 以垂後世 不復可以識別矣 不然 當廢黜之時 何不以非劉 倡作大義 明告四方 若然則 "當立前王之子"之論 牧隱 亦不敢發矣 至昌立然後 藉口而廢之 何也(『東史綱目』三 453~454면,  景仁文化社版)

그 대표인 포은의 입장은 우왕이 물러나서 대명관계(對明關係)의
난문제(難問題)가 해결되는 것을 고려 종사(高麗宗社)를 위해 불행
중 다행이라고 생각했을지도 모를 일이다. 그러나 문제는 이제부터
시작이다. 우왕의 출생 문제가 그후 갈수록 시끄러워지는 것이다.
앞에 성호의 논설에서 보았듯이 종래 사석에서 극히 비공식으로 주
고받던 이야기가 이제 공공연히 세상에 유포되고 온갖 비밀이 드러
남에 따라, 많은 사람들이 그것을 시인하게 되어, 이제 '뇌불가파
(牢不可破)'가 된 것이다. 국내에서뿐 아니라 명나라에서 문제를 삼
고 약점을 잡아 힐책이 끊이지 않았다.

목은을 위시한 몇몇 인사들이 창의 왕위를 지키기 위해, 명나라
에 사신으로 가서 왕관(王官)의 감국(監國)과 자제(子弟)의 입학
(入學)을 청하고 또 창의 친조(親朝)를 교섭하였다. 특히 창의 친
조는 명나라 황제의 인정을 받음으로써 국내에서의 왕위의 유지에
외원(外援)을 얻어보려는 것이다. 그러나 그럴 적마다 명나라에서
는 너희들 마음대로 "축기부 입기자(逐其父 立其子)"해놓고 "우리
의 도움을 얻으려느냐"고 하여 번번이 거절하였다. 그때마다 창을
"동자불필내조(童子不必來朝)"라고 하여 한 나라의 왕으로 보지 않
고 일개 동자(一個童子)로 취급하였다. 한가지만 예시해둔다.

　윤승순(尹承順)과 권근(權近)이 명경(明京)으로부터 돌아왔다. ……삼
가 명나라 황제의 성지(聖旨)를 받들어 보니 다음과 같다. "고려국중이
다사(多事)한데 배신(陪臣)된 자가 충(忠)과 역(逆)이 섞여서 하는 것이
모두 좋은 책모(策謀)가 아니고, 임금의 자리는 왕씨가 피살됨으로부터
후사가 끊어지고 뒤에 비록 이성(異姓)으로써 왕씨를 가장(假裝)하여 임
금을 삼았으나 또한 삼한(三韓)의 대대로 지키는 양법(良法)이 아니다.
……예부(禮部)의 이문(移文)이 먼저 갔으니 동자는 반드시 황경(皇京)에
올 것이 없다. 과연 현명하고 지혜로운 배신(陪臣)이 자리에 있어 위에서
군신(君臣)의 직분을 정하고 나라의 백성을 편안하게 할 계책을 만든다

면, 비록 수십년을 조회하지 않더라도 또한 무엇을 근심할 것이며 매년 와서 조회하더라도 또한 무엇을 싫어하리요?"[14]

창은 내조(來朝)할 필요도 없다는 것이고 달리 현지(賢智)를 갖춘 배신이 왕위에 앉아 위로 대국(大國)에 군신지분(君臣之分)을 정하고 아래로 나라 안에서 백성을 안정시킨다면 수십년 친조(親朝)를 하지 않아도 좋고 또 매년 내조(來朝)해도 좋다는 것이다. 이성(異姓)으로 왕씨성(王氏姓)을 빌려 왕위에 두는 것은 삼한의 세수(世守)해온 양법(良法)이 아니라는 것이다. 이것은 우창이 왕씨가 아니란 것을 고려 조정에 공식으로 선언하고 만천하에 공개하는 것이다.

국내·국외 통틀어 사세가 이에 이르게 되고 보니 포은은 이제 우창이 왕씨가 아니란 것을 분명히 시인하게 되었고 일단 시인하게 된 이상 그것을 바로잡아야 한다는 절박한 사명감을 갖게 되었던 것이다. 이때의 포은은 이미 고위 관료로서 국가에 책임을 질 위치에 있었기 때문이다. 여기에 포은은 부귀공명을 탐하는 생각은 추호도 없으면서 9공신의 한 사람이 되었던 것이다. 이태조와 그 심복 부하인 정도전·윤소종의 무리의 정치적 야망을 모르는 바 아니면서도 우창 문제(禑昌問題)를 해결하지 않고서는 대내외로 아무 일도 할 수 없었던 상황이었다. 이것이 포은으로 하여금 오월동주(吳越同舟)의 운명에 처하게 했던 것이다.

---

14) 尹承順權近…… 還自京師…… 欽奉聖旨 高麗國中多事 爲陪臣者 忠逆混淆 所爲皆非良謀 君位自王氏被弑絶嗣後 雖假王氏 以異姓爲之 亦非三韓世守之良法 …… 禮部移文前去 童子不必赴京 果有賢智陪臣在位 定君臣之分於上 造安民之計於國 雖數十歲不朝 亦何患哉 連歲來朝 又何厭哉(高麗史列傳 辛禑五,『高麗史』下 968면, 延大版)

## 4. 結　語

이제 간단히 결론을 짓겠다. 결론은 아주 평범한 것이다.

포은은 우왕을 왕씨라고 믿었기 때문에 섬겨왔고 창왕이 즉위한 후에 왕씨가 아님이 드러났기 때문에 우창을 내치는 데 동참하였다.

전자로써 이조 전기 학자들의 비판에 해답을 주고 후자로써 이조 후기 학자들에게 해답을 줄 수 있는 것이다.

옛글에 군자(君子)는 세상 일에 대하여 모르는 것이 있을 수 있고 속는 것(기만당하는 것)이 있을 수도 있다고 하였다. 물론 그것은 칭찬받을 일은 아니다. 그러나 자기 양심에 비추어 한점의 부끄러움이 없을 수는 있다. 오직 성실 정직하게 자기 양심의 가리킴에 따라 임무를 다할 뿐이다. 여기에서 포은의 마지막 죽음이 그의 일관된 우국충정에서 나온 것으로, 우창 문제 그것은 결코 불연속선상에서 다루어져서는 안된다는 것을 이해할 수 있을 것이다.

<圃隱思想研究院 發表要旨, 1993.4>

# 乙巳士禍와 晦齋의 現實對處方式

## 1. 머 리 말

"온 하늘 아래 왕의 땅 아닌 것 없고 온 왕토 안에 왕의 신하 아닌 자 없다. (普天之下 莫非王土, 率土之濱 莫非王臣)"라고 한 말은 동양의 군주전제주의의 이념적 표현으로 가장 극대화된 것이며 한 사람의 황제나 왕이 이 왕토왕신(王土王臣)을 지배하기 위해서는 군주의 지배권을 하늘이 내린 명령 즉 '천명(天命)'으로, 그 신성성이 보장되어야 하였다. 집권자들은 그 신성성을 보장하기 위해서 여러가지 법적 장치를 마련해두고 있지만 또한 유교의 '충(忠)' 사상이 법에 앞서 기본윤리로 강조되고 있었다.

동양의 군주전제주의는 예외없이 우리나라에서도 잘 구현되어왔지만 이씨조선왕조에 이르러 사대부사회가 완성되고 주자학적 도덕질서가 정비되면서 더욱 절대화하였다.

그런데 군주전제주의의 최대의 약점은 왕위(王位)의 상속과정에 있었다. 세습제하에 있어서 부자상속은 문제가 없지만 아들이 없거나 형제간의 경쟁이 생길 경우에 신료집단(臣僚集團)에 엄청난 환난을 불러일으킨다. 군주의 지배권이 갖는 권위와 힘이 너무도 크기 때문에 이 지배권을 둘러싼 세력다툼이 또한 극렬할 수밖에 없는 것이다.

주자학적 도덕질서가 존중되는 조선왕조에 있어서 세력다툼에 나선 신료집단은 상대편에 대해서 먼저 자파가 명분과 의리를 확보해야 하였다. 이 명분과 의리는 무엇보다 민감한 군주의 지배권에 결부되어 있는 것이었다. 자파가 군주의 지배권을 옹호하는 입장에 있고 상대편은 그 반대라고 몰아붙여야 하는 것이었다. 이러할 때에 상대편은 군주지배권의 신성성을 부인하는 자이며 반역자가 되기도 하는 것이다. 따라서 무서운 처벌을 받게 되는 것이다.

대체로 세력다툼의 주동자들은 부귀영화를 탐내는 속류 정략가와 그 추종배지만 또한 많은 사림(士林)이 관련되어 본의 아니게 이 세력다툼의 희생자가 되는 경우도 한두 번이 아니다. 군주지배권의 신성성을 등에 업고 명분과 의리를 내세워 상대편을 무참하게 숙청(肅淸)할 때에 당하는 쪽은 어떠한 방법도 강구할 수 없고 오직 속수취사(束手就死)할 뿐이었다. 많은 사림(士林)이 연루되어 부당하게 희생된 것을 '사화(士禍)'라고 말하거니와 1545년 인종의 훙서(薨逝)와 명종의 즉위를 전후한 신료집단의 대립과 거기 따른 환난, 소위 을사사화(乙巳士禍)는 그 전형적인 것이다.

속류 정략가 내지 추종배와는 달리, 신료집단 가운데는 양심적인 사(士)로서 진심으로 국사를 걱정하는 학자적 관인(官人)들이 있을 수 있다. 회재(晦齋) 이언적(李彦迪) 선생은 바로 그중의 한분이다. 이러한 분들은 거의 전부 화를 당하는 쪽에 서게 마련이다. 무엇보다 당시 상황 속에서 어떻게 자신의 역할을 수행해나갔는가. 군주전제주의 체제를 대전제로 하는 중세사회, 특히 명분과 의리가 모든 것을 좌우하는 유교사회에 있어서 주어진 현실에 어떻게 대처해나갔던가. 여기 을사사화에 있어서 회재의 출처(出處) 문제를 한번 살펴보기로 한다. 이것은 역사에 대한 한 인간의 대응이라는 관점에서 의미 있는 고찰이 될 뿐 아니라, 이를 통해서 을사사화라는 역사적 사건의 본질과 그 경위를 좀더 상세하게 파악할 수 있을 것이다.

## 2. 乙巳士禍와 晦齋의 現實對處方式

### ⑴ 을사사화의 원인과 그 시말

조선왕조 제12대인 인종(仁宗)의 훙서(薨逝)는 많은 문제를 남겼
다. 부왕인 중종(中宗)의 뒤를 이어 왕위에 오른 지 겨우 8개월 만
에 세상을 떠난 인종은 친아들이 없어, 유명(遺命)으로 그의 이복
(異腹)동생인 경원대군(慶原大君)에게 왕위를 물려주었다. 경원대
군이 곧 명종(明宗)이다.

여기 문제가 있는 것은 인종과 명종의 이복형제간의 서로 다른
외가쪽 세력, 즉 외척간의 세력다툼이다. 인종의 모친인 장경왕후
(章敬王后)는 일찍 죽었지만 왕후의 친정 남동생, 즉 인종의 외삼
촌인 윤임(尹任)이 있어, 중종 때 이미 세자인 인종을 보호한다는
입장에서 정치적으로 중요한 위치에 있었고 명종의 모친인 문정왕
후(文定王后)는 중종의 계비(繼妃)로서 중종 만년으로부터 국모의
자리에서 또한 친정 남동생 윤원로(尹元老)·윤원형(尹元衡) 형제
를 측근으로 삼아 세력을 부식(扶植)하고 있었다. 여기 우선 『명종
실록』 속의 사신(史臣)의 논평을 들어본다.

　　사신은 논한다. 정유년 이후부터 조정 안에 대윤·소윤이란 말이 있었
　　는데 일을 만들어내기 좋아하는 여러 소인들이 많은 말을 덧붙여 꾸며내
　　서 당류를 갈라놓았던 것이다. [1]

정유(丁酉)는 중종 32년이고 대소윤(大小尹)은 윤임(尹任)을 대
윤(大尹), 윤원로(尹元老)·윤원형(尹元衡)을 소윤(小尹)이라고 한

---

1) 史臣曰 自丁酉之後 朝廷之間 有大小尹之說 喜事群小 附會多言 指分黨類(『朝
　　鮮王朝實錄』 19, 333면, 下段 左葉)

것이다. 이 대소윤을 주축으로 여러 소인배가 두 개의 당류를 형성
하여 온갖 말썽을 빚고 있었다는 것이다. 중종은 세자인 인종에게
당연히 왕위를 전하기로 되어 있지만 계비 문정왕후에게 애정을 주
고 있었고 그 몸에서 난 경원대군——명종을 무척 사랑하였다. 이
러한 상황에서 대윤·소윤은 서로 중상모략을 일삼았다. 다시『명
종실록』에 나오는 사신의 기록을 살펴본다.

　당초 인종이 세자로 있을 때에 대비는 그를 박대하였고, 명종은 또 중
종의 사랑을 받고 있었기 때문에 조정에서는 바야흐로 의구심을 품게 되
었다. 대비의 동생 윤원로는 흉악스럽기 짝이 없는 자로서 인종의 외숙인
윤임과 권세를 다투다가 마침내는 원수가 되었다. 훗날 세자가 즉위하고
윤임이 때를 만나게 되면 자신에게 불리하게 될 것을 걱정하여 몰래 세자
의 지위를 흔들어놓을 뜻을 품고 친한 사람을 만날 적마다 세자의 단점을
말하였다. '내지(內旨)'라고 가탁하며 방자한 말을 많이 했지만, 대비가
그 계략에 관여하여 알고 있었는지는 외부 사람들이 실제로 듣지 못했
다.[2]

　인종이 세자로 동궁에 있을 때 문정왕후가 세자를 자못 박대했다
는 것이다. 놀라운 사실이 아닐 수 없다. 이것은 문정왕후가 중종
의 애정을 그만큼 믿을 수 있었기 때문이다. 따라서 명종에 대한
부왕의 사랑은 언제 그 형을 밀어내고 대신 세자의 자리에 오르게
할지도 모르는 일이다. 게다가 윤원로 형제는 장차 인종이 등극하
여 윤임이 득세하면 자기네가 설 땅이 없게 될 것으로 예측하고 세
자의 자리를 바꿔치기 위해 가만히 획책하고 있었다는 것이다. 이

---

2) 初 仁宗在震宮時 大妃待之頗薄 明宗又見愛於中廟 朝廷方懷疑懼 妃之弟 尹元
　老 凶悖無狀 與仁廟之舅尹任 爭權 遂成讐敵 恐他日 東宮卽祚 尹任得時 不利於
　己 陰蓄動搖國本之意 對所親 每說東宮之短 托以內旨 多言放肆 而妃之與知其謀
　外人實不聞也(『朝鮮王朝實錄』19, 314면, 下段 右葉)

에 대해 윤임은 어떠한 태도를 취했던가. 다시 사신의 기록을 본
다.

　　윤임은 또한 틈만 있으면 유언비어를 많이 만들어 조정을 동요시켰다.
　이리하여 여러 사람들은 의혹을 가지고 모두들 세자를 바꿔 세우는 변란
　이 조석간에 터질 것이라고 생각하였다. 당시 충직한 신하들은 분개하여
　주먹을 쥐고 탄식하지 않는 이가 없었고 위태로운 말과 격한 의논들이 사
　대부들 사이에 물끓듯 하였다.[3]

　　즉 윤임은 윤원로·윤원형에 대해 맞불 작전으로 여러가지 비어
(飛語)를 만들어서 조정에 흘렸고 조정 관인들은 그 말에 현혹(眩
惑)되어 불원간(不遠間) 세자를 갈아치우는 변고가 발생할 것으로
생각하였다. 당시의 충직한 신하들은 모두 인종을 위해 분통을 터
뜨렸고 사대부 사이에 격론이 비등(沸騰)했다는 것이다. 문정왕후
는 이러한 외간(外間)의 동향을 윤원로·윤원형에게 듣고서 크게
반감을 품고 주론자들에게 절치부심(切齒腐心)했다고 한다.
　1544년 11월, 중종이 죽고 인종이 즉위함으로써 문정왕후는 분풀
이를 할 수 없음은 물론, 형세가 더욱 불리해졌다. 인종은 천성이
인후하고 학문을 좋아하는 임금이라 죽은 부왕에게 효심이 극진하
고 계모인 문정왕후에게도 도리를 다하여 섬겼다. 그런데도 윤원
로·원형 형제와 그 당류는 자기네의 지위에 불안을 느껴, 갖은 수
법으로 사단(事端)을 만들려고 하였다. 이 소윤의 당류 중에 이기
(李芑)·임백령(林百齡) 등이 특히 윤원형의 심복으로 활동하였다.
인종 즉위초에 이기는 정승에 올랐으나 대간의 논박으로 체임(遞
任)되었고 원형은 도승지로서 공조참판에 올랐으나 또한 대간에 의
해 박체(駁遞)되었다. 이들은 원한이 더욱 심했다. 윤원형은 목멱

---

　3) 尹任 又乘隙 多造飛語 以動朝廷 於是群聽疑惑 皆以爲易樹元子之變 發於朝夕
　　當時 忠直之臣 無不扼腕相歎 危言激論 沸於搢紳之間(同上, 左葉)

산(木覓山)의 신좌(神座) 앞에 분향(焚香) 정례(頂禮)로써 인종의
단명(短命)을 기구하고 궁중에 목우(木偶)를 묻어 인종에게 주술
(呪術)로써 해를 끼치려고 했던 한편 문정왕후에게는 온갖 참소(讒
訴)로써 그를 공동(恐動)시켰다.

　　윤원형 등이 대비에게 참소하기를 "윤임이 필시 역사(力士)를 시켜 대
　군을 해치려 할 것이니 삼가 보호하여 화를 피하도록 해야 합니다"라고
　하였다. 때문에 대군은 언제나 잘 때에는 몰래 높은 전각으로 옮기는 한
　편 늙은 궁녀를 시켜 문가에 누워 있게 하였다. 만약 위급한 고비에 부닥
　치면 궁녀가 대신 죽도록 하기 위함이었다. [4]

　　윤임이 역사를 보내 대군(명종)을 살해할 염려가 있다고 말을 만
　든 원형은 명종을 밤마다 침소를 옮기게 하고 또 궁인으로 하여금
　문앞에 누웠다가 창졸간 일이 생길 경우 대신 죽게 하려 했다는 것
　이다.

　　이리하여 대군은 겁에 질려 어쩔 줄을 몰라하면서 정신이 휘황하는 데
　까지 이르렀다. [5]

어린 명종은 이러한 농락(弄絡) 속에 빠져 자칫 정신이상이 될
뻔하였다. 이는 모두 윤원형이 간교한 술책으로 자기 위치를 굳히
고 그러기 위해 문정왕후를 자기에게 긴밀히 연결하려는 짓이었다.
당시 윤임은 왕의 외삼촌으로 높은 벼슬을 누리며 세상을 굽어보고
있었다. 심지어 문정왕후가 공주를 두고 윤임의 손자로써 부마를
삼고자 했는데도 윤임은 전일의 감정으로 보기좋게 거절하였다. 문

---

4) 元衡等 讒於妃(文定)日 尹任 必使力士 來害大君 宜謹護避禍 故 大君每當夕欲
　　寢 輒潛移高閣 又使老宮人 當門而臥 若有倉猝 宮人 將代死也(同上, 左葉)
5) 以此 大君驚惶罔措 幾至喪心(同上)

정왕후가 마음속 깊이 보복할 뜻을 새겼던 것은 말할 필요도 없다.

윤임은 원래 무인 출신으로 일반 문신들과는 친교가 적었다. 다만 윤임의 사위 이덕응(李德應)이 재명이 있었고 이덕응의 재종형 이휘(李煇)가 또한 성망이 있어, 일시 명사들이 덕응과 휘에게 사귀고 지냈으나 실은 윤임에게 추부(趨附)한 것은 아니었으며 오직 고위관인 가운데 유인숙(柳仁淑)이 윤임의 조카와 혼인의 의를 맺었을 뿐이었다. 그러나 인종이 현명한 군주로서 일국 신민의 경애하는 바 되고 회재(晦齋)를 위시한 현재철보(賢宰哲輔)와 제제다사(濟濟多士)들이 진출하여 지치(至治)를 기대하는 즈음이라, 윤임은 그중에서 자연 안부존영(安富尊榮)을 향유하면서 많은 사람의 향앙(嚮仰)이 있게 마련이었다. 인종의 발탁(拔擢)으로 좌의정이 된 유관(柳灌)과 같은 이도 직위상 윤임과 무난하게 지내게 되었다.

그러나 윤임에게 깊은 걱정이 있었다. 인종이 나이 30에 후사를 얻지 못한 것이다. 게다가 인종은 부왕의 상을 당하여 지나치게 상훼(喪毁)하고 예제(禮制)를 지킴이 또한 엄격하여 건강이 매우 나빠져 있었다. 왕을 더욱 괴롭히고 있는 것은 문정왕후의 끊임없는 갈등 조작이었다. 비록 생모는 아니지만 왕대비의 지체는 대단히 존중되어야 하고 또 인종의 착한 마음에서 효도를 다하는 처지였으므로 윤임은 벙어리 냉가슴을 앓고 있었다. 여기에서 '택현지설(擇賢之說)'이 나오게 되었다. '택현(擇賢)'이란 왕족 중에서 어진 왕자를 골라 차기의 왕이 될 후보자를 삼는다는 것이다. 인종이 후사가 없어 그의 사후에 왕위는 당연히 명종에게 돌아가게 되어 있다. 형망제급(兄亡弟及)의 원칙에 따라 중종의 제2의 적자인 명종이 왕통을 이어받는 것은 누구에게나 정당시되는 일이다. 그런데 이 택현지설은

　　대개 인종에게 아들이 없으니 인종이 돌아간 뒤에 반드시 대군에게 왕위를 물려줄 필요가 없고 종실 중에서 어진 이를 가려 세워야 한다는 것

이다. [6]

라 하여 인종의 사후에 꼭 대군(명종)에게 전위할 필요가 없고 다른 왕자를 고른다는 것이다.

이는 바로 윤임의 뜻이면서 이휘가 한 말이었는데, 이 말을 들은 사람은 실제로 적었다. [7]

라고 하여 워낙 중대한 문제이므로 윤임이 그런 뜻을 가지고 가까운 사람에게 발설은 했으나 일반 신료집단의 거센 거부감을 고려하여 공공연히 논의된 바는 없었던 모양이다. 그러나 인종의 마지막 날까지 명종은 단지 대군으로 있었을 뿐, 세제(世弟)로 책봉(冊封)된 일이 없었다. 이는 윤임의 의도와 무관치 않다고 여겨진다. 어쨌든 이 민감한 '택현지설'이 반대파에게 알려지지 않을 리 없었다. 마침내 후일 여러 왕자를 죽게 만들고 자신도 반역으로 몰리게 될 씨앗을 뿌려놓은 셈이다.

어느 날 대비가 홀로 된 자기와 약한 아들이 보전하기 어렵다는 말로 듣기 거북한 말씀을 내리니 임금이 그 말을 듣고 송구함을 이기지 못하여 아침 처마에 따가운 햇살이 쪼이는데 땅에 오래 엎드려서 대비를 위로하면서 성의로 감동시킨 연후에야 대비가 약간 안색을 풀었다. [8]

---

6) 蓋以仁廟(仁宗)無嗣 萬世後 不必傳位於大君(明宗) 當擇宗室之賢者而立之也(同上, 315면, 上段 右葉)

7) 乃尹任之意 而李輝言之 聞者實少(同上)

8) 一日 慈殿(文定王后) 以寡妾弱子難保之說 多下未安之敎 上(仁宗) 承敎 不勝未安 朝簷盛陽 伏地移時 慰安慈殿 誠意感動 然後 慈殿 略降辭色(『幽憤錄』, 『燃藜室記述』卷九, 仁宗朝故事本末 所收)

이것은 윤임의 의도에 대한 윤원로·윤원형의 사활적 대결이 문
정왕후를 통해 노골적으로 나타난 것이다. 문정왕후는 자신과 대군
(명종)을 '과첩약자(寡妾弱子)'로 표현하고 신명(身命)의 보전이 어
렵게 되었다는 말을 왕과 신료들에게 하교한 것이다. 인종은 송구
한 마음으로 아침 햇살 따가운 처마밑에서 땅에 엎드려 한참 동안
이나 성의를 다해 문정왕후를 위안시켰다. 문정왕후는 약간 사색을
누그러뜨렸으나 종시 석연치 않았다. 인종은 이런 일로 심려가 많
아, 상중 과애(過哀)의 탓으로 몸이 좋지 않던 나머지 더욱 쇠약해
져서 병이 침중(沈重)해갔다. 조신 가운데 "하루 빨리 명종을 세제
로 책봉하여 궁중의 갈등을 해소시키자"는 의견이 나오고 모두 거
기에 동조했으나 정식으로 계청(啓請)을 하기 전에 인종은 하세(下
世)하고 말았다.

인종의 훙서는 윤임에게 더할 수 없는 큰 타격일 뿐 아니라 조정
전체에 엄청난 변고를 몰고 왔다. 인종의 임종시에 윤임이 그 아들
흥의(興義)와 함께 대내(大內)에서 왕의 병상을 지키면서 문정왕후
의 문병까지 거절할 정도로 최후까지 버티었지만 결국 별 대안을
마련하지 못한 채, 인종의 유명(遺命)에 의한 명종의 보위(寶位)
승계가 실현되었다. 그런데 이때 명종은 나이 겨우 12세에 불과한
유충(幼冲)한 임금이라 문정왕후가 수렴청정(垂簾聽政)으로 실권을
쥐게 되었다. 윤원로·원형 형제와 그의 당류들의 오랜 소망이 달
성된 것이다.

그런데 정부 육조에서 윤원로를 탄핵하는 계청이 나왔다. 조정의
중론이 문정왕후의 수렴과 함께 윤원로를 거세할 필요가 있다고 생
각한 것이다. 윤가 형제 중에 원로가 더욱 흉험했기 때문이다. 문
정왕후는 몇 차례 완강하게 거절하다가 신정 초기에 조정 중론을
끝내 거역하기 어려워, 본의 아니게 윤원로를 멀리 유배시켰다. 이
때 문정왕후는 더욱 윤임에 대한 보복을 마음먹게 되었다. 그리고
윤원로를 배척한 정부 육조의 신료들, 특히 정부 육조의 정승 판서

로 있는 유관(柳灌)·유인숙(柳仁淑)을 윤임과 함께 처치하기로 작
정하였다. 이들이 모두 윤임과 한패라고 보았기 때문이다. 실은 유
관·유인숙은 정직한 사람으로 윤임과 정치적 운명을 같이 할 사정
이 아니었다. 유인숙은 윤임과 사가간(査家間)이기도 하지만 유관
은 그런 관계도 아니므로, 정승인 그가 객관적 입장에서 명종의 신
정의 출발을 가다듬기 위해, 대소윤의 외척들을 함께 배척했더라면
성공 여부는 차치하고 명분이 뚜렷해지는 동시에 문정왕후의 체면
도 덜 깎이게 되었을 것이다. 수렴청정을 시작하자마자, 윤임은 그
대로 둔 채, 제일착으로 친정 남동생인 윤원로가 강제축출을 당하
게 되었을 때 문정왕후의 심경은 벌써 보복의 일념으로 불타고 있
었을 것이다. 여기에서 이른바 '을사사화(乙巳士禍)'가 일어난 것이
다.

윤원로가 유배된 뒤에 윤원형이 본격적으로 음모를 꾸몄다. 그의
심복은 이기·임백령 외에 또 한 사람 정순붕(鄭順朋)이 있었다.
우선 윤원형이 말을 퍼뜨리기를 "인종 위독시에 윤임이 경원대군(명
종) 대신 계림군(桂林君) 유(瑠)를 왕으로 추대하려 했는데 유관·
유인숙이 거기에 협조했다"라고 하는가 하면 "윤임이 인종의 왕비
에게 올리는 편지"를 위조하여 그것을 고의로 궐정에 떨어뜨려 문
정왕후의 손에 들어가게 하였다. 편지의 내용은 윤임 자신이 "언제
죽음을 당할지 몰라 날로 체읍하고 있으며 유관·유인숙에게 뜻을
통하여 왕위를 봉성군(鳳城君) 완(岏)에게로 옮길 것을 추진하고
있다"라는 것이다. 문정왕후는 이 편지를 발견하고 하교하기를 "궁
중에 언문편지가 비밀스럽게 왕래되다가 이제 노출된 것이 있다"라
고 하여 윤임과 인종왕비를 한꺼번에 궁지에 몰아넣었다. 편지를
십분 정략적으로 이용한 것이다.

1545년 음력 8월, 인종이 훙서한 지 겨우 한 달 만에 문정왕후는
드디어 비밀지시를 예조참의 윤원형에게 내렸다. 윤임·유관·유인
숙 세 사람에게 죄를 주라는 것이다. 윤원형이 그러한 권한이 있었

던 것이 아니지만 그의 심복들과 의논하여 일을 꾸미라는 것이다. 종사의 화가 박두한 형편인데도 조정에서는 아무도 문제를 제기하는 사람이 없으니 지금 곧 서두르라는 것이다. 이것이 유명한 '밀지(密旨)' 사건이다.

처음 윤원형은 이 밀지를 가지고 대사헌 민제인(閔齊仁)과 대사간 김광준(金光準)을 움직여 조정의 관례에 따라 먼저 양사에서 문제를 일으키게 하려 했다. 민·김 양인은 여러 동료들을 모아놓고 논의했으나 기묘사화를 겪은 지 얼마 되지 않은 사림 출신들은 분노한 가운데 이구동성으로 반대하였다. 밀지를 받들어 일을 꾸미는 것은 기묘사화 때 남곤(南袞)·심정(沈貞)의 하던 수법이므로 결코 따를 수 없다는 것이다. 이에 당황한 윤원형은 그의 심복들을 동원하여 고변의 형식으로, 나라에 대사가 생겼으니 대신과 고위관인들을 소집해야 한다고 계청하였다. 병조판서 이기, 지중추부사 정순붕, 호조판서 임백령 등이 직접 나선 것이다.

이리하여 영의정 윤인경(尹仁鏡), 영중추부사 홍언필(洪彦弼), 좌찬성 이언적(李彦迪), 원상 권벌(權橃), 좌참찬 정옥형(丁玉亨), 우참찬 신광한(申光漢) 등등이 모두 패초(牌招)를 받고 달려와서 문정왕후와 명종의 어전에서 회의를 열었다. 장소가 후원의 충순당(忠順堂)이므로 이날의 모임을 '충순당 인대(忠順堂引對)'라 하여 우리나라 사화사(士禍史)에 길이 일컫고 있는 것이다. 먼저 이기가 입을 열었다. "형조판서 윤임이 중종조로부터 실체(失體)가 많았는데 근래에도 스스로 불안한 마음을 가지고 있고 좌의정 유관, 이조판서 유인숙이 또한 '형적(形迹)'(의심쩍은 태도와 자취)이 있으니 이네들을 먼 곳으로 내쳐버림이 좋겠다"라고 하였다. 문정왕후가 그 말을 받아 심중을 토로하고 분위기를 조성하였다. "윤임의 간흉은 오래 전에 알려져왔지만 근래에도 재상을 체결(締結)하고 궁중에 교통하고 있다. 요즘 궁중에 변고가 생겨, 나는 울고만 있다. 오늘 조정에서 이같이 계청함은 천지 조종의 도움에서 온 것이다. 종사를 위해 죄인을 크게 다스려야 한다"라고 강조하였다.

그동안 대소윤의 오랜 반목과 문정왕후의 굳은 작심을 잘 알고 있는 신료들은 이미 막을 수 없는 사태임을 판단하고 어떻게든 환난을 최소화시키려고 갖은 애를 썼다. 문정왕후의 뜻을 어느정도 받아들이고 사건을 빨리 종결하여 파급을 차단하려 하였다. 문정왕후 쪽에서는 또한 윤임과 유관·유인숙의 죄상이 누구나 믿을 만큼 명백하게 드러난 것이 없어, 처치가 용이치 않고 조정중론도 무시할 수 없어 우선 타협을 한 것이다. 문정왕후는 영중추부사 홍언필, 영의정 윤인경 등 대신의 의견을 좇아, "윤임은 도하에 있지 말고 밖으로 귀양보내기로 하되 별도로 죄를 가하지 않고, 유인숙은 물론(여론)에 약간 형적이 있다고 하므로 그 직을 파하고, 유관은 그 마음을 알 수 없으나 물론에 또한 형적이 있다고 하니 그 직을 바꾸기로 한다." 이렇게 한 뒤에는 어떤 잡언이 있더라도 위에서(왕후와 군주) 동요하지 말고 그것을 진정시킬 것이며 또 아래에서도(신료) 다른 논의가 없어야 한다고 다짐하였다. 신정 초기에 무엇보다 인심을 안정시키는 것이 중요하다는 데에 상하가 견해를 같이 하고 명분을 공유한 것이지만 실은 일반 신료들의 입장에서 무엇보다 사건의 확대를 방지하자는 데에 목적이 있었다. 윤임은 별문제로 하고 유관·유인숙에 대해서 그런 문책이 정당하다고 생각지 않으면서도 하는 수 없었던 것이다. 문정왕후는 위의 결정을 즉시 시행할 것을 촉구하면서 그 죄명이 명시되지 않음을 아쉽게 여겨 윤임은 종사에 관계되는 무근지언(無根之言)을 만든 죄로, 그리고 유관·유인숙은 권간(權奸)을 교결한 죄로 정하는 것이 어떠하냐고 말했다. 이에 대해 대신 등은 그런 죄명을 명시하면 인심이 더욱 흔들린다고 하여 다만 찬축(竄逐)(윤임)·체차(遞差)(유관)·파직(罷職)(유인숙)으로만 하자고 하였다. 문정왕후도 이를 따랐다.

이와같이 상하가 합의점을 얻어 이 사건은 가까스로 일단 마무리되게 되었다. 윤임은 서울에서 추방된 것뿐이고 유인숙은 파직에 그쳤으며 유관은 체차에 의해 판중추부사로 전임되기도 하였다.

그런데 여기 꺼지려던 불에 다시 기름을 부어 재연시킨 일이 생겼다. 헌납(獻納) 백인걸(白仁傑)이 단독으로 소장을 올린 것이다. 이 소는 ① 문정왕후가 밀지를 윤원형에게 내린 것이 큰 잘못이고 ② 윤원형이 문정왕후에게 밀지의 부당성을 말하여 당초부터 방지하지 못한 것이 잘못이고 ③ 대사헌 민제인과 대사간 김광준이 윤원형의 잘못을 문정왕후에게 면대했을 때 박주(駁奏)하지 않은 것이 잘못이고 ④ 더욱이 민제인은 사헌부의 장으로서 밀지 이야기를 듣고 재상가에 분주히 다니면서 전령군졸과 같이 행동하여 대간의 체통이 말이 아니었고 ⑤ 집의(執義) 송희규(宋希奎), 사간(司諫) 박광우(朴光佑), 정언(正言) 김난상(金鸞祥)·유희춘(柳希春) 등은 백인걸과 생각이 같으면서도 단호한 태도로 상소하지 못하고 오직 사피(辭避)를 일삼아 준순(逡巡)한 작태를 면치 못했으니 민제인과 함께 체직을 함이 마땅하다는 것이다.

밀지 문제는 후술한 바와 같이 '충순당 인대'의 자리에서 이미 회재를 위시한 여러 신료들이 심각히 비판하였고 문정왕후도 그 비판에 대한 해명을 되풀이한 바 있었는데 이제 백인걸이 다시 정면으로 문제를 삼으면서 날카롭게 지적하였고 윤원형을 공격하여 문정왕후의 가장 아픈 데를 건드렸다. 특히 민제인을 전령군졸과 같다고 한 것은 밀지 그 자체를 기모(譏侮)한 것같이 보이기도 했다. 이에 충격을 받은 문정왕후는 영의정 윤인경(尹仁鏡)에게 비망기(備忘記)를 내려 밀지의 부득이했음을 다시 장황하게 설명하고 백인걸의 소를 오직 해악(駭愕)할 뿐이며 '불승통심(不勝痛心)'이라고 한 뒤에 백인걸을 간신과 연결한 자로 규정, 의금부에 잡아넣어 추국(推鞫)하라고 명하였다. 그리고 이런 자들이 감히 떠드는 것은 윤임 일당에 대한 처벌이 너무 가벼웠기 때문이라고 하여, 그들에게 '의율정죄(依律定罪)'할 것을 선언하였다.

문정왕후는 비망기를 다시 내려 윤임은 절도안치(絶島安置)시키고 유관은 중도부처(中道付處)하고 유인숙은 원방부처(遠方付處)하고 윤흥인(임의 자)은 원방찬축(遠方竄逐)하라고 시달하였다. 그리고 그 죄목을 윤임에게는 "역모를 꾸며 국모를 해치고 동궁에 불지른 뒤 일을 일으키고자 한 일(謀危國母 東宮火災後 所爲之事)"로, 유관·유인숙에게는 "권세 있는 간신들과 몰래 결탁해서 종사를 해치려 하는 일(陰結權奸 謀危宗社)"로 규정하였다.

대신들은 전일 면대시에 "이렇게 죄를 확정한 이후에는 다시 논의하지 않기로 함(如此定罪之後 更無所議)"이라고 한 상하의 합의 사항이 변개되어서는 곤란하다고 간곡히 진언했지만 이미 소용이 없었다.

그러나 '의율정죄'라고 하면서 더구나 죄목을 '모위국모(謀危國母)' '모위종사(謀危宗社)'라고 규정하면서도 한 사람도 처형되지는 않았다. 당시의 조정 중론이 모두 그 죄명의 과중함을 말하여 분운함이 그치지 않았고 또 대신들의 융통성 있는 주선이 있었기 때문이라고 여겨진다.

여기에서 이 사건은 일단락이 난 것처럼 보였다. 그러나 또 한 차례의 파란이 일어났다. 병조판서 권벌(權橃)이 상소한 것이다. 권벌은 호가 충재(冲齋)이며 안동인으로 회재와 가장 친근한 정인군자이다. 천성이 강의(剛毅)하여 직언당론(直言讜論)으로 국사에 진력한 분이다. 그는 이 소에서 여론을 무시하고 위에서 독단으로 처리하는 것이 잘못이라고 강조하여 문정왕후의 실덕을 직진하고 ① 윤임은 중죄를 입어 족히 애석할 것이 없지만 왕대비(인종왕비)가 이 일로 상심하여 병이 될 우려가 있으니 주상(명종)에게는 모의 위치에 있는 분(왕대비이므로)이라 잘 생각해야 할 것이며 ② 유관은 본래 복병(腹病)이 있고 유인숙은 상기증(上氣證)이 있는지 오래인데 이 늙고 병든 유생이 인신으로 최고위에 앉아 무엇이 부족해 딴 마음을 품겠는가. 지금 원행하다가 중로에서 쓰러지면 이는 국가가 죽이는 것이니 다시 생각해야 한다는 것이다.

　권벌의 소가 나오자 여론이 크게 그것을 지지하였다. 윤원형의
무리들의 기세가 다소 꺾인 듯 임백령까지도 유관·유인숙에 대한
'모위종사(謀危宗社)'란 죄명은 지나치다고 말하였다. 자칫 사태가
변전될까 염려한 원형당은 드디어 정순붕으로 하여금 권벌을 정면
으로 반박하게 하였다. 정순붕은 윤임 일파를 '간적구란(奸賊構亂)
모복종사(謀覆宗社)'라고 말하고 "인심을 진정시키고 종사를 안정시
키기 위해 경중에 따라 죄를 주는 것으로 그쳤는데, 그 뒤 사의(邪
議)가 병기하고 인심이 흔들리므로 그 추종자를 도하(都下)에 그대
로 둘 수 없어 찬축해버리고 나머지는 불문에 붙임으로써 다시 말
썽이 없어야 할 것이다. 그런데 권벌이 유악중신(帷幄重臣: 왕의 측
근에서 자문에 응하는 중신)으로서 저들(윤임 일파)을 구태여 신구하고 있
으니 참으로 한심한 일이다. 윤임이 중종 정유년간에 삼흉(許沆·蔡
無擇·金安老)과 결탁하여 국모(문정왕후)를 시해하려고 했으니 만약
그대로 되었더라면 오늘의 주상(명종)이 있었겠는가. 그 뒤에 계속
권신과 손을 잡고 불궤를 꾀하는데도 유관이 고명대신(顧命大臣)으
로서 가만히 윤임의 편을 들고 왕후(문정)와 왕의 모자를 고립시켰
다. 처음 인종이 홍서할 때에 유관이 "누구를 세워야 할 것인가"
했는데 이것은 주상(명종)의 존재를 부인한 것이다. 유인숙은 윤임
과 결탁한 지 오랜 처지이며 주상께서 즉위하던 날 인숙이 잠저(潛
邸) 때의 사부(師傅)를 불러 주상의 현부를 물었다. 만약 '현(賢)'
하지 않았다면 어떻게 하려 했단 말인가. 수렴의 날에도 한두 하관
(下官: 李霖 등)이 저들의 지휘를 받아 자전(문정왕후)에게 생살지권
(生殺之權)이 돌아가지 않도록 공공연히 창설(唱說)했으니 이것도
흉모의 일단이다. 마땅히 저들 3인의 죄상을 분명하게 기록하여 중
외에 널리 알려야 한다"라고 하였다.

　문정왕후는 정순붕의 소를 받아쥐고 곧 정부 6조의 신료들을 소
집하여 순붕의 소를 내놓았다. 이제 윤임·유관·유인숙은 종사를
전복하려던 반역도배로 낙인찍힌 것이다. 한걸음 나아가 궁중 언문

편지(윤원형이 위조한 것)를 공개하여 윤임과 인종왕비 사이의 편지를 사실인 것으로 인식시켰다. 신료들은 할 말이 없을뿐더러 모두 자기 변명에 급급하였다. 형세는 완전히 일방적으로 낙착된 것이다.

드디어 왕의 명령으로 윤임·유관·유인숙 3인을 국법에 의해 사형에 처하게 하였다. 관련자(李霖)는 극변에 안치하고 권벌은 우선 체직을 시켰다. 그리고 종사에 관한 대사가 이제 해결되었으므로 논공행상과 아울러 대사령(大赦令)을 내리고 근정문(勤政門) 밖에서 재상 이하 백관이 모인 가운데 교서를 반포하였다.

윤임·유관·유인숙이 반역도배로 국법에 의해 사사되니 이로부터 많은 연루자가 줄줄이 나왔다. 참혹한 사화(士禍)가 시작된 것이다.

(2) 회재의 상황인식과 대처자세

회재는 천품이 안중단상(安重端詳)한데다가 일찍부터 도학에 뜻을 두고 연구와 수양에 정진하여 20대에 이미 무극태극설(無極太極說) 등 우주의 본체론(本體論)과 인간의 심성(心性)에 관한 독자적 견해를 피력(披瀝)할 정도로 대학자의 규모가 잡혔다. 그는 16세기의 우리나라 신진사림의 한 사람으로 사림파(士林派) 철학의 최초의 정초작업을 한 분이다. '수제치평(修齊治平)'을 기본 이념으로 삼고 있는 유교사상은 사림파 철학을 실천적 방향으로 강하게 끌어주었다. 특히 그 초기에 있어서 그러하다. 따라서 회재의 학문은 형이상적 사변적 이론에 바탕을 두면서도 그것을 어떻게 시대현실에 적용하느냐에 큰 비중을 두었다. 그가 24세에 과거에 급제했을 때 모재(慕齋) 김안국(金安國)이 그 논책(論策)을 보고 '왕좌재야(王佐才也)'라고 감탄했다는 기록이 있거니와 지금 우리가 회재의 많은 소차(疏箚)들을 읽어보면 그의 경세적 식견이 얼마나 주밀하고 탁월했던가를 알 수 있다. 그러나 그는 신진기예한 인사들과는 달리 매사에 신중하게 시세를 헤아리며 실지로 나라에 비익(裨益)

이 되게 하였다. 회재는 29세 때에 기묘사화(己卯士禍)를 겪었다. 그때 그는 부친상으로 거려중(居廬中)에 있어서 화를 면했지만 많은 선류(善類)들이 무참히 죽고 또 방축되어 사림이 여지없이 정치적 패배를 당하는 것을 목도하였다. 기묘사화는 물론 소인배의 모략과 군주의 오류에 의해 빚어진 것이지만 사림 쪽에도 잘못한 점이 적지 않았다. 지나친 명분주의와 괴격(乖激)한 기풍이 화기(禍機)를 촉발시킨 것을 부인할 수 없는 일이다. 그리하여 허다한 인재를 없애고 국가의 원기가 소삭(消鑠)하여 민족적 사회적 손실을 초래하였다. 회재는 기묘사화의 이러한 실패를 거울로 삼지 않을 수 없었던 것이다.

회재는 32세(중종 17년)에 세자시강원 설서(世子侍講院說書)가 되어 인종이 세자로 있을 때 이미 세자의 교육 성취에 관심을 기울였다. 군주전제주의 체제하에서 장래의 군주가 될 세자에게 먼저 예를 익히고 덕을 길러주자는 것이다. 이때 '보양저이지도(輔養儲貳之道)'에 관한 상소가 그것이다. 이것은 세자의 보양에 관한 일반론이 될 수 있지만 1538년(중종 33년) 전주부윤으로 있을 때 올린 유명한 「일강십목소(一綱十目疏)」 중에 첫째 '엄가정(嚴家政)', 둘째 '양국본(養國本)'으로 되어 있는 것은 좀더 구체적 의미가 있는 것 같다. 가정을 엄하게 하라는 것은 문정왕후를 중심으로 궁금(宮禁)의 기강을 확립하기 위한 것이고, 국본(國本 : 세자)을 보양하라는 것은 인종의 동궁생활을 더욱 충실하게 하여 세자로서의 위상을 높이려는 것이다. 이때 이미 대소윤의 대립이 첨예화되어 있는 중이라 문정왕후에게 여러 간사한 무리가 직간접으로 드나들면서 불순한 말을 빚고 있어, 만약 그로 인해 국본(세자)이 흔들리면 나라 전체에 큰 피해가 올 수 있으므로 회재는 엄가정·양국본을 가장 앞세웠던 것이다.

그러나 회재는 윤원로·원형 형제와는 물론 윤임과도 아무런 관계가 없었다. 대체로 사림들이 외척을 좋아하지 않지만 회재는 더욱 자기를 지킴이 견결(堅潔)하였다. 다만 불필요한 질시(嫉視)와 마찰을 피함으로써 구태여 반감을 사지는 않았을 뿐이다.

회재는 동궁시절의 인종을 적극 위했던 것과 같이 인종 훙서 후에 어린 명종을 주위의 위의(危疑) 속에 다시 적극 받들었다. 맨처음 명종을 경연에서 보고 나온 회재는 동료들에게 주상이 영명하다라고 전하면서 군신의 불안을 덜어주었다. (뒤에 이것이 문제되기도 했음) 어린 명종의 정사를 돌보기 위해 수렴(垂簾)을 정할 때에도 회재는 사심없이 주장하였다. 위로 대왕대비(문정왕후)와 왕대비(인종왕비)가 있으니 누구를 수렴하게 하느냐가 문제였다. 빈청(賓廳)에 모인 제재(諸宰)들이 영의정 윤인경의 물음에 대해 모두 묵연히 있었다. 이때의 일언이 자칫 잘못 정권의 이동에 따라 생사가 좌우되기 때문이다. 회재는 고사를 인증하였다. 송나라 철종 때에 태황태후(太皇太后)가 함께 청정한 고례가 있다. 지금 의문을 가질 필요가 없다. 또 왕대비와 주상은 수숙간(嫂叔間)이니 어찌 수숙이 한자리에 앉아 함께 청정을 하겠느냐. 대왕대비(문정왕후)의 수렴이 옳다라고 하여 조정에서 아무 이의없이 그대로 시행하였다. 문정왕후는 곧 다음날 을사사화를 일으킨 장본인이지만 회재의 이 주장은 객관적으로 타당한 것이었다. 충재 권벌도 같은 주장을 했다고 한다.

그러나 회재는 어린 명종을 둘러싼 불순세력 가운데서 명종을 어떻게 옳은 방향으로 인도할 수 있을까 하는 것이 큰 과제였다. 무엇보다 경연을 통해 강학을 하는 것이 급선무라고 생각하였다. 그리하여 인종의 졸곡(卒哭) 전인데도 서둘러 경연을 열게 하였다.

임금이 처음으로 충순당에서 경연을 열어 소학을 강론하다가 "정자(程子)는 이르기를 '옛사람은 밥을 먹을 줄 알고 말을 할 수 있을 때부터 가르쳤다'고 하였다."라는 대목에 이르러 지경연사 이언적(知經筵事李彦迪)이 말하였다. "정자는 바로 송나라의 신하였던 정이(程頤)로서 정호(程顥)의 동생인데 형제가 다 도학을 창도하였습니다. 철종이 10살에 임금의 자리에 오르고 선인황후가 수렴청정을 하던 시기에 정이가 숭정전 설서(崇政殿說書) 벼슬로 있었기 때문에 이러한 말을 한 것입니다. 철종의 나이가 어리므로 그 덕을 보양해주어야 하겠기 때문이었으니 이는 매우 절실 적당한 말이었습니다. "[9]

『소학』을 강독하다가 정자의 이야기가 나오자 회재는 곧 송나라 철종의 10세 때 선인황후(宣仁皇后)의 수렴과 정이천(程伊川)의 설교(說敎)를 소개하여 오늘의 상황과의 유사함 속에서 자기 성찰을 유도하려 한 것이다. 회재는 먼저 궁중의 착잡(錯雜)한 기류를 정돈(整頓) 정화(淨化)시킴으로써 명종의 심지를 바로잡아 줄 수 있다고 여겼다. 그러기 위해서는 먼저 명종에게 효제지도(孝悌之道)를 일깨워서 대행대왕(大行大王 : 인종)과 왕대비(王大妃 : 인종왕비)에게 간격이 없도록 되면 나머지 문제는 자연히 따라서 풀리리라고 보았다. 그는 『소학』 강독에서 그 점을 역설하였다.

언적이 아뢰었다. "즉위하신 초기에 반드시 『소학』을 먼저 강론하는 것은 『소학』의 일이 효성과 우애의 도리보다 앞서는 것이 없기 때문입니다. 따라서 『소학』을 읽는 것은 효성과 우애의 도리를 행하기 위함입니다. ……수신·제가·치국·평천하하는 문제가 비록 큰일이기는 하지만 효제로부터 비롯되지 않은 것이 없습니다. ……그러므로 '요순의 도는 효제뿐이다' 하였으니 ……이번에 세상을 떠나신 선왕께서 전하께 왕위를 물려주셔서 아버지의 도리를 하신 것이니 전하로서는 응당 자식으로서의 도리를 다하셔야 할 것이며 왕대비께는 친어머니처럼 섬기셔야 할 것입니다. 이것이 바로 효제의 도리인 것입니다. 지금 먼저 힘써야 할 것 가운데 이보다 더 큰일은 없습니다. "[10]

---

9) 上 始御經筵於忠順堂 講小學 至程子曰 古之人 自能食能言而敎之 知經筵事 李彦迪曰 程子 乃宋臣程頤而顥之弟 兄弟爲道學倡 當哲宗十歲卽位 宣仁皇后之垂簾聽政也 頤爲崇政殿說書 故 有此等語者 以哲宗年幼 當輔養其德故耳 此甚切當之言也(『朝鮮王朝實錄』 19, 286면, 上段 左葉)

이 『소학』에 의한 효제지도의 강의가 우원(迂遠)한 일 같지만 당시의 당면 과제가 그보다 더 급한 것이 없다고 생각한 사람은 회재만이 아니었다. 경연에 참여한 모든 신료들이 공통된 생각을 가졌다. 문정왕후와 원형당이 언제 무슨 일을 꾸밀지 모르며 그 일은 반드시 윤임에 대한 것으로, 나아가 왕대비(인종왕비)에게까지 누를 끼치게 될 것이고 거기 따른 사건의 확대는 많은 조신들의 희생으로 이어져 국사가 엉망이 될 가능성을 배제할 수 없기 때문에 어떻든 명종에게 효제지도를 깊이 느끼게 하여 인종재천지령(仁宗在天之靈)과 왕대비(王大妃)의 심정을 체득함으로써 행여 화기(禍機)를 소융(消融)하게 될 것을 바랐던 것이다.

어찌 뜻하였으랴, 명종이 아직 주체적으로 사리를 판단할 수도 없는 즉위년 8월달에, 즉 명종이 즉위한 지 한 달 만에 문정왕후는 이미 숙원을 갚을 계획에 착수한 것이다.

문정왕후의 밀지가 내려지고 충순당 인대가 이루어졌을 때 벌써 사태는 주판지세(走坂之勢)가 된 것이다. 대신의 의견이 받아들여져 윤임·유관·유인숙에 대한 일차적 처리가 비교적 가볍게 정해지자 회재는 대사헌 김광준(金光準)의 말에 이어 밀지에 대한 비판을 가했다. 사람에게 죄주는 일은 반드시 '광명정대(光明正大)'해야 한다는 뼈있는 말을 하였다. 이 광명정대라는 것은 윤원형의 무리가 궁중에 교결하여 음모를 진행해왔음을 지척(指斥)한 것이다. 문정왕후가 사정이 절박하여 부득이한 것이었다고 말하자 회재는

　　"예로부터 간악한 무리들이 국권을 잡고 난동을 부릴 때는 간혹 권도로 제거한 경우가 있었습니다. 그러나 지금은 온 나라가 한마음으로 단합되

---

10) 彦迪曰 卽位之初 必先進講小學者 小學之事 莫先於孝悌之道也 故 讀小學者 欲爲孝悌也……修身齊家治國平天下 其事雖大 莫不由孝悌 始……故曰堯舜之道 孝悌而已……今大行大王 傳位於殿下 而有父道焉 殿下則亦當盡子道 而於王大妃 事之如親母 此孝悌之道也 今之先務 無大於此也(同上, 下段 右葉)

어 있는데 어찌 사특한 생각이 있겠으며 일개 윤임을 죄주는 것이야 또 무엇이 어렵겠습니까. 내지(內旨)는 마땅히 승정원으로 내려보내야 할 것이었는데 다른 곳에 내려보냈기 때문에 사람들이 온당치 않게 여기는 것입니다. 그 까닭은 이런 문제로 하여 사람들에게 화가 미치지 않을까 하는 염려에서입니다."[11]

라 하여 내지가 승정원에 시달되지 않고 비밀스럽게 타처(윤원형)에 내려진 것이 외부 여론을 나쁘게 했는데 그것은 이러한 일이 자칫 사람들에게 화를 가져올 우려가 있기 때문이란 것이다. 옛날 간흉이 집권하여 처치가 어려울 때에 권도로 그것을 제거키 위해 밀지를 이용하는 경우가 있지만 지금 일국일심(一國一心)으로 사념(邪念)을 가진 자가 없는데 윤임 한 사람을 죄주는 것이 무어 어려워서 밀지를 내린 거냐고 따졌다. 회재는 윤임에 대한 저죄(抵罪)는 별로 문제삼지 않고 오직 사화의 방지에 주력한 것이다. 회재는 이 사건의 배경을 너무나 잘 알고 있기 때문에 주어진 체제하에서 어떻게 할 방법이 없음을 또한 잘 알고 있었다. 일국의 이상(貳相)에다가 원상(院相)의 요직까지 맡은 자기의 처지에서 한 장의 사표를 던지고 표연히 환산(還山)할 수 없는 일이거니와 또한 일개 골경지신(骨鯁之臣)으로 자기 목소리나 내고 국사가 어찌되든 불관하는 그런 사람이 되어서도 안되는 것이다. 여기 은인자중(隱忍自重), 사태의 추이를 지켜보면서 사화로 번질 계기를 막기 위해 자기로서 최선을 다하기로 한 것이다.

회재는 윤임・유관・유인숙에 대한 일차적 조치가 끝남으로써 일단 이 사건의 종결이 가능하며 따라서 수습국면에 접어들 것으로 여겼던 것 같다. 그러나 백인걸의 소가 나오자 윤임이 찬축에서 절

---

11) 自古奸兇 執國權難動 則或以權宜除去者有之 今者 一國一心 豈有邪念 罪一尹任又何難焉 內旨 宜下政院而下于他處 物議以爲未安 所以未安者 如此之事 於士林 恐不能無禍耳(同上, 296면 上段 左葉)

도안치로, 유관의 '체(遞)'와 유인숙의 '파(罷)'가 모두 부처(付處)
로 바뀌었고 다시 권벌의 소가 나오자 3인이 모두 반역으로 참수되
었다. 그간에 역옥(逆獄)이 계속 만연되어 수많은 사람이 억울하게
죽어가는 가운데 갈수록 사정은 악화일로로 치달을 뿐이었다. 백인
걸과 권벌은 다같이 의롭고 충당(忠讜)한 학자적 관인이며 특히 권
벌은 회재와 동심동덕(同心同德)으로 거취를 같이 할 분이었다. 그
러나 회재와 성격이 달랐다. 회재는 종용하고 온건한 가운데 사태
의 본질을 파악하고 합리적 해결책을 추구하려는 데에 반하여 권벌
은 열렬한 정의감으로 현실에 과감히 부딪쳐 나갔다. 그가 윤임 일
파를 신구(伸救)하는 소의 본래 초고에는

> 대비는 한 부인의 몸이고 임금은 육척(六尺)에 불과한 어린 처지인데
> 선왕조의 대신을 귀양보내 내쫓으면서 그 죄명이 분명치도 않으니 하늘이
> 진노할까봐 두렵습니다. ……또 윤임이 만약 두 마음을 품었었다면 어찌
> 하여 어전에 입시하여 5, 6일 동안을 지내면서 다른 왕자를 추대하지 않
> 고 지금 왕위가 정해진 뒤에 와서 감히 다른 계획을 하겠습니까.[12]

등의 구절이 있었다. 윤임이 만약 이심(二心)이 있었다면 어찌하여
인종 위독시 입시 5, 6일 동안에 다른 왕자를 추대하지 않고 지금
천위(명종의 왕위)가 이미 정해진 뒤에 와서 엉뚱한 계획을 하겠는가
라는 것이다.

회재가 원상으로 승정원에 있던 차에 이 소초(疎草)를 보고 붓을
들어 위의 구절들을 말소해버렸다. 그리고 권벌에게

> 자네는 어찌 시세(時勢)를 헤아려보지도 않는가. 윤임은 구원할 수가

---

12) 大妃(文定王后)一歸人 主上六尺之兒 竄逐先朝大臣 其罪不爲分明 恐天意震怒
(中略) 且任 若懷二心 則何不於入侍五六日之時 而當此天位已定之後 敢生他計
乎(同上, 305면 下段 右葉)

없다. 득이 없고 해만 있을 따름이다. [13)]

라고 하였다. 시세를 헤아리지 않고 유해무익(有害無益)한 말을 하고 있다. 윤임은 지금 구할 수 없다고 한 것이다. 이에 대하여 권벌은 그런 구절을 다 빼어버리면 소를 올릴 의미가 없지 않은가라고 말했다는 것이다. 사신(史臣)은 아래의 기록을 남겼다.

　권벌의 뜻은 아마 윤임의 무죄를 말할 수 없다면 소를 올려 무슨 도움이 되겠는가라는 것이다. 만약 이기(李芑)의 무리들이 이것을 알았더라면 이언적과 권벌이 모두 큰 화를 면치 못했을 것이다. [14)]

즉 권벌의 생각은 윤임의 무죄를 말하지 못할 바에는 아예 말하지 않는 것이 좋겠다는 것이다. 결국 권벌은 회재의 충고에 따라 위의 구절들을 빼고 다시 소를 써서 올렸던 것이다. 사신의 말과 같이 이기의 무리가 알았더라면 회재와 권벌이 다 대화를 면치 못했을 것이다.

을사사화의 결정타가 된 정순붕의 소가 바로 권벌의 소에 대한 반박에서 나온 것임은 앞에서 말한 바와 같다. 이때 회재는 더 이상의 여망이 없음을 알면서도 회의석상에서 다시 성의를 다해 문정왕후와 왕에게 마지막으로 호소하였다.

　이언적이 눈물을 흘리면서 말했다. "살리기를 좋아하고 죽이기를 싫어함은 임금님의 미덕입니다. 정식으로 명령이 내려지면 아무도 감히 다시 말씀드릴 수 없사오니 상황을 참작하여 죄를 정하시기를 바라옵니다." [15)]

---

13) 君何不計時耶 尹任不可救也 無益而有害(同上)
14) 其意以爲若不得言任無罪 啓之何益云也 若使芑輩知之 迪與橃 皆不免大禍矣 (同上)
15) 李彦迪 垂涕而言曰 好生惡殺 人主之美德 成命一下 不敢更請 願斟酌罪之(同

라고 하면서 임금의 미덕으로 그들을 죽이지 말고 살려주라고 하였다. 이에 대하여 문정왕후는 "경 등에게 상의해서 하려는 것이 아니고 나의 뜻을 말하고 그대로 처리하려고 하니 이제 모두 물러가라"[16]고 했다. 사신은 이 장면을 묘사하면서 문정왕후의 사색이 극히 '분려(奮勵)'하여 아무도 말 못한 채 차례로 물러나오고 말았다고 하였다.

회재는 자기의 노력이 한계에 이르렀음을 느꼈다. 그 해 12월에 사장성친(辭狀省親)을 했고 이듬해(병오) 3월에 다시 귀성을 위해 정사(呈辭)를 하였다. 귀향 후에 세 차례에 걸쳐 사장을 내어, 7월에 판중추부사로 체직되었고 9월에 드디어 이기·윤원형의 배척으로 훈작이 삭탈되었다. 그리고 그 다음해인 정미년 윤9월에 저 멀리 평안도 강계부(江界府)에 유배되었다.


## 3. 晦齋의 現實對處方式에 대한 批判과 反批判

회재에 대한 최초의 비판자는 아마 이기일 것이다. 이기를 소인이라고 하여 그의 말을 무시해도 좋다고 생각해서는 안된다. 이기는 문식(文識)이 있고 상당한 정략가이다. 그가 회재를 공격한 것은 을사사화가 대체로 끝난 병오년 9월경이다. 먼저 그는 회재의 동궁보양론(東宮輔養論)을 신랄하게 지적하였다.

이언적은 평소에 물망도 있고 또 학문이 뛰어나서 참으로 범연한 사람이 아닙니다. 그러나 그의 마음은 한쪽으로 치우치지 않은 적이 없었습니다. 전주부윤으로 있을 적에 소(疏)를 올려 세자를 보양해야 한다고 말하였습니다. 신이 그때에 여러 동료들에게 "……세자께선 스스로 평안하신

上, 334면 上段 右葉)
16) 非欲與卿等 議而爲之 只言予意而欲處之 宜速出去(同上)

데 또 무엇을 보양하라는 말인가? 그 마음을 알 수 없다. …… 주상이 계시는데 또 세자에게 아부하려고 드니 이는 두 마음을 품고 있는 것이 아니겠는가?"하였습니다. [17]

"이언적이 학문은 넉넉하지만 그 마음이 편벽되고 한쪽으로 치우친다. 전주부윤으로 있을 때 소를 올려, 동궁의 보양을 말했다. 동궁은 이미 스스로 안정되어 있는데 또 무엇을 보양한단 말인가. 그 마음을 알 수 없다. 주상이 계신데 또 세자에게 아부하고자 한다. 이것은 이심(二心)을 품은 것 아닌가"라고 한 것이다. 뿐만 아니라 그는 회재의 행적을 일일이 헐뜯었다.

그리고 동궁에 불이 났을 적에도 언적이 화재가 발생하게 된 근원이 있을 것이라고 하면서 그 뿌리를 캐내고자 하였으니 이는 은밀히 모해할 생각을 품은 것이어서 그 논의 자체가 이미 올바르지 않았습니다. 또 주상께서 즉위하신 뒤에는 인심이 자연히 진정될 것인데도 십조(十條)의 계(戒)를 올렸는데 그 중에 내강(內降)은 봉해서 돌려보내라 하기까지 하였으니, 이는 다 언적과 유관이 함께 한 일입니다. [18]

"인종이 동궁에 있을 때 동궁에 불이 났는데 언적은 화재의 근원을 추궁해야 한다고 말했다. (윤원로·원형 등의 소행으로 의심한 것) 이는 문정왕후를 음해할 마음이다. 또 주상이 즉위한 뒤에 십조지계(十條之戒)를 바쳤는데 그중에 내강(內降: 궁중내정에서 내려오는 청탁)은

---

17) 李彦迪 素有物望 而學問旣優 固非偶然人也 然 其心未嘗不偏一 全州府尹時 上疏 以輔養東宮爲言 臣於其時 言諸同列曰……東宮自安矣 又何輔養 此心未可 知也……主上在矣 而又欲阿附世子 此非懷二心者乎(同上, 450면 上段 左葉)

18) 且東宮失火 彦迪以爲火根有在 欲推其所自出 乃懷陰害之心 其論已不正 且主 上卽位之後 人心當自定也 乃爲十條之戒 至封還內降 是皆彦迪與柳灌共爲之事也 (同上)

도로 봉해서 돌려주라고 했다. 이것은 언적이 유관과 함께 만든 일
이다"라고 한 것이다.

　이기의 이러한 비판들은 비판이라기보다 중상모략이다. 회재의
훈작을 삭탈하기 위해 이러한 수작을 늘어놓은 것이다. 이에 대해
당시의 사신은 어떻게 논평했는지 한번 살펴보자.

　사신은 논한다. 이기는 평생 사림의 대열에 끼여보지 못했기 때문에 울
분을 품어온 지가 오래되었다. 이언적은 학술과 품행이 사림의 영수 격이
었으므로 이기가 그를 가장 시기하고 미워하여 위험과 재앙에 빠뜨리려
한 것이다. 동궁을 보양한다는 것은 곧 옛 성현의 밝은 법도요, 언적이
처음 창안해서 주장한 것이 아니다. 대윤·소윤이 서로 싸울 때에 세자에
게도 염려되는 바가 없지 않았으므로 정론을 펴는 자는 세자를 우려했는
데, 이를 아부하고 두 마음을 품은 것이라고 하니, 또한 심하지 않은가.
불이 난 까닭을 캐내려는 것은 곧 나라의 당연한 법도인데 더구나 이처럼
혹심한 재앙을 만났는데도 도리어 덮어두고 묻지 않는다면 이는 더더욱
간교하고 잘못된 행위가 아니겠는가.

　10조에서 진계한 말은 대개 어린 임금이 왕위에 있고 나라의 정사가 미
덥지 않아서 어질고 어질지 않음과 바르고 바르지 않음을 가려 인재를 나
오게 하고 물러나게 하는 일을 신중히 하지 않을 수 없다는 것이었으니,
오히려 이기와 같은 큰 간흉이 사특한 지름길을 통해 기를 쓰고 나오지나
않을까 두렵다는 것이었다. 내강은 봉해서 돌리라 했다는 것은 곧 전시대
역사의 미담인데도 이기가 죄없는 정직한 사람에게 죄를 씌우려고 그 말
을 주워다가 극렬하게 공박하였다. 흉악한 무리들의 훈적(勳籍)에서 언적
의 이름이 삭제되는 것은 실로 언적에게 크게 다행한 일이며 또한 사림에
게도 큰 다행인 것을 어찌 알겠는가.[19]

---

19) 史臣曰 李芑平生不見齒於士林 含憤久矣 彦迪學術操行 爲士林領袖 此芑所最
　　忌嫉 而欲中以危禍也 輔養東宮 乃古聖賢明法 非彦迪創見而言之也 大小尹交鬨
　　之際 東宮亦不無虞疑 故 持正論者 爲之憂慮 乃指阿附而懷二心 不亦甚哉 欲推
　　失火之由 乃國之常典 況遇如是酷變 反委置勿問 是奸邪之尤也 十條陳戒之辭 蓋

동궁을 보양하자는 것은 옛 성현의 법이고 화재의 이유를 추문
(推問)하자는 것은 국가의 상전(常典)인데 이것으로 두 마음을 품
었다고 한 것은 너무 심하다. 십조진계(十條陳戒)는 현사(賢邪)를
가려 이기와 같은 대간흉이 사경(邪逕)으로 진출함을 막으려 한 것
이고 '봉환내강(封還內降)'은 전사(前史)의 미담이다. 이기가 무죄
한 정인군자에게 가죄하기 위해 온갖 일들을 주워모아 지껄인 것이
다.

실은 흉도의 훈적에서 삭명된 것은 언적의 대행(大幸)일 뿐 아니
라 또한 사림의 대행이란 것이다. 이 기록을 남긴 사신의 성명을
알 수 없지만 참으로 정론이다. 특히 끝에 가서 화재가 흉도의 위
훈(僞勳) 명적에서 삭명된 것을 회재의 대행이고 나아가 사림의 대
행이라고 한 것은 당시 사림의 심정을 대변해주는 것으로 여겨진
다. 회재는 종묘 제향에 가 있는 동안에 권벌과 함께 대신들의 훈
적 속에 녹명되어 있음을 알고 그것을 거절하기 위해 몇 차례나 소
차(疏箚)를 내었으나 받아들여지지 않았다. 흉도들이 이언적·권벌
과 같은 정인군자를 훈적 속에 동참시킴으로써 자기들의 행위를 정
당화하려는 수단이었다. 그런데 회재와 권벌이 끝내 동조자가 되어
주지 않기 때문에 결국 삭탈하게 된 것이지만 사림들은 그것을 도
리어 크게 기뻐했던 것이다.

이기와 달리 우리나라의 통유대현(通儒大賢)으로 추앙되는 율곡
이이(李珥)도 회재를 대단히 비판하였다. 그는 『경연일기(經筵日
記)』에 다음과 같이 적었다.

이언적(李彦迪)은 학문이 넓고 문장에 능하며 지극한 효성으로 부모를

幼冲在位 朝政未孚 賢否邪正之進退 不可不謹 猶恐如芑之大奸兇 或由邪逕而冒
進也 封還內降 乃前史之美談 芑欲加罪於無罪之正人 撫拾而極言之 殊不知削名
於兇徒之勳籍 乃實彦迪之大幸 抑亦士林大幸也(同上, 450면 下段 左葉~451면
上段 右葉)

섬기며 성리학 서적을 읽기 좋아하여 손에는 늘 책을 놓지 않고 몸가짐이
장중하며 말은 가리고 버릴 것이 없었다. 저술이 많은데 그의 조예가 깊
이 정미(精微)함에 이르러 학문하는 이들이 또한 도학자(道學者)로 추대
하였다. 다만 경세제민(經世濟民)의 큰 재주와 조정 대신으로서 큰 절도
(節度)가 없었다. 을사년의 난국에 이언적은 주선하여 음으로 사류(士類)
들을 구하려 했기 때문에 직언으로 잘못을 바로잡지 못하고 권세 있는 간
신들에게 눌려, 본의 아니게 추관(推官)이 되어 선량한 사람들을 고문함
으로써 공신록에 오르게까지 되었다.[20]

이 기록을 읽어보면 어쩐지 앞뒤가 맞지 않는 것 같다. 그리고
수연(粹然)한 심지와 공평한 태도에서 나온 것 같지 않다. '사친지
효(事親至孝) 지신장중(持身莊重)' 등은 고사하고 '심조정미(深造精
微)'라는 것은 도학의 깊은 경지를 가리키는 말인데 바로 그 다음에
'학자역이도학추지(學者亦以道學推之)'라고 하여 '역(亦)'자를 넣음
으로써 현저하게 폄하하는 느낌이다. 그리고 회재는 경세제민(經世
濟民)의 대재가 없다고 했는데 회재의 경세적 식견에 대해 회재의
모든 저술(소차를 포함)을 두루 읽어보고 한 말인지 의심스럽다. 다만
회재의 시대는 사림의 세력이 크게 박해를 받고 있는 때여서 어떠
한 경륜도 펼치기 어려웠다. 회재의 생애를 일별하면 알 것이다.
이것을 '대재(大才)'가 없는 탓으로 돌릴 수 있겠는가. 율곡 자신은
사림정치가 시작된 시대를 맞이했음에도 불구하고 그의 포부를 옳
게 실현시킬 수 없었던 것을 생각한다면 회재를 이해하고도 남을
것이다. 을사사화에서 회재가 주선하여 음(陰)으로 사류를 구해낼
뜻으로, 직언으로 광구(匡救)하지도 못하고 권간들에게 끌리어 추

---

20) 李彦迪 博學能文 事親至孝 好玩性理之書 手不釋卷 持身莊重 口無擇言 多所
   著述 深造精微 學者亦以道學推之 但無經濟大才 及立朝大節 乙巳之難 彦迪欲周
   旋陰救士類 故不能直言匡救 而迫于權奸 作推官 拷訊善類 至於錄功(『栗谷全書』
   卷28, 『經筵日記』李彦迪條)

관이 되고 인하여 선류들을 고신(拷訊)하기까지 했다라고 했는데 이것도 회재에 대해 처음부터 이해해보려는 생각이 아니고 자신의 높은 재식과 안목으로 손쉽게 남을 평하는 습성에서 온 것으로 보인다. 을사사화에서 직언광구(直言匡救)한 대표적 인사가 백인걸과 권벌이다. 백·권 두 분의 직언을 나무랄 사람은 아무도 없다. 그러나 결과는 어떠했는가. 회재가 또 한 사람의 직언자로서 사태를 더욱 어렵게 하는 것이 과연 현명한 일이겠는가. 율곡의 말과 같이 주선을 통해 음으로 사류를 구하려고 한 것이 옳은 일이겠는가. 회재가 충재(冲齋)의 소에서 위언직설(危言直說)을 말소시킨 것을 보더라도 그 참담한 고심을 알 것이다. 회재가 추관이 되어 선류들을 고신(고문)했다는 것은 사실을 잘못 알고 한 말이다. 율곡의 이 말은 아마 곽순(郭珣) 관계 이야기를 두고 한 것 같다.

   곽순(郭珣)은 심문을 당하면서 이언적이 추관으로 앉아 있는 것을 쳐다보고는 탄식하기를 "어찌 알았으랴, 우리가 이언적의 손에서 죽을 줄을 ……"이라 하였다. [21]

   곽순은 홍문관 교리로서 백인걸을 신구하다가 원형의 무리에게 미움을 사서 고문을 당하고 옥사한 분이다. 그가 고문을 받던 중 회재가 추관으로 앉아 있는 것을 보고 "어찌 우리가 복고(復古 : 회재의 자)의 손에 죽을 줄 알았겠느냐"라고 했다는 것이다.
   율곡은 어디에 근거해서 이런 기록을 남겼는지 모르지만 율곡의 이 기록은 후세에 적지 않은 영향을 준 것 같다. 실학의 대종사인 성호 이익(李瀷)도 이 기록을 그대로 옮겨놓고 평한 일이 있다.

   곽순(郭珣)이 심문을 당할 때 마루 위를 바라보고, "우리들이 복고(復

---

21) 郭珣 被刑訊 仰見彦迪作推官 乃歎曰 安知吾輩死於復古之手乎(同上)

古)의 손에 죽게 될 줄은 생각지 못했구나"라고 하였다. 복고는 이회재(李晦齋) 선생의 자(字)이다. 그 뜻은 회재가 목숨을 걸고 악(惡)과 싸우지 못한 것을 한탄한 것이다. 아, 회재가 어찌 목숨을 걸고 투쟁할 수 있었겠는가. [22]

라고 하였다. '당상(堂上)'의 두 자가 보태졌을 뿐 율곡의 것과 거의 같다. 아마 성호도 회재가 추관으로 곽순을 고문하는 데 임석했을 것으로 믿었던 모양이다.

그러나 지금 『왕조실록』의 을사사화 관계 기록을 다 뒤져봐도 그런 기록은 없다. 『왕조실록』에는 곽순이 형신을 받을 때 윤인경(尹仁鏡)·송세형(宋世珩)이 추관이 되고 허자(許磁)·나세찬(羅世纘)이 참국(參鞫)했다는 자세한 기록이 나오는데 거기에 회재는 전혀 나타나지 않는다. 반대로 회재의 「사판의금소(辭判義禁疏)」에 신병으로 곽순 형신 때에도 불참했으니 판의금부사의 직을 사퇴한다는 말이 있다. 그리고 곽순의 『실기(實紀)』에 실린 연보를 보면

실록을 살피건대 선생[郭珣]이 화를 당하던 때 윤인경(尹仁鏡)·송세형(宋世珩)이 추관(推官)이 되고 허자(許磁)·나세찬(羅世纘)이 국문(鞫問)에 참가했는데, 『석담일기(石潭日記)』(栗谷의 經筵日記)에 '복고의 손……' 운운한 것은 전해 들은 이야기를 바탕으로 한 잘못된 기록이다. 회재의 「판의금부사 사퇴소(辭判義禁疏)」를 보면 그가 심문에 참가하지 않았음을 분명히 말해둔 것이 있다. [23]

---

22) 郭被拷時 望見堂上云 不意吾輩盡死於復古之手 復古 李晦齋先生之字也 其意 謂晦齋之不能以死爭也 嗚乎 晦齋 安得以死爭之(『星湖僿說類選』卷9, 上, 經史門)

23) 按實錄 先生 被禍時 尹仁鏡·宋世珩 爲推官 許磁·羅世纘 參鞫 石潭日記 復古之手云云 無乃傳聞誤錄 觀晦齋辭判義禁疏 明言其不參矣(『郭警齋先生實紀』卷2, 張25, 年譜, 明宗元年九月十五日 先生在理而卒條)

라고 되어 있다. 내용은 앞에서 설명한 그대로이고 다만 율곡의 기
록을 '전문오록(傳聞誤錄)'이 아닌가 한 것이 있다. 이 '전문오록'과
아울러 또다른 사설(辭說)을 남겨놓았다.

　이문원(李文元 : 이언적의 諡號) 같은 이는 다만 충직하고 효성스러운
사람으로, 옛글을 많이 읽고 저술에 능했을 뿐이다. ……을사년의 난국에
직언으로 항절(抗節)하지 않아서 추관(推官)의 직을 거듭함에 이르고 잘
못된 공훈[僞勳]의 대열에도 끼게 되었다. 끝에 가서 필경 간신들에게 적
대시되어 죄를 입기도 했으나 그 이마에 또한 땀이 날 만하다. 어찌 그를
도학자로 추앙할 수 있겠는가. [24]

　'누작추관(累作推官) 참록위훈(參錄僞勳)'에 관한 해명은 이미 앞
의 서술에서 짐작되겠지만 추관과 훈적은 모두 조정에 있는 여러
고위 관인에게 주어지는 것으로 이름이 나열되어 있기는 하나 그것
을 가지고 행세하는 것도 아니다. 조정에 머물러 있는 동안 그것은
그대로 몸에 따르는 것이다. 이로써 회재를 도학으로 추앙할 수 없
다는 것은 너무도 일방적이다. 그리고 누구도 그 말에 따르지 않을
것이다. 다만 율곡의 뒤에 율곡을 소술(紹述)하는 인사들 사이에서
회재를 비판하는 기록이 종종 나오고 있다. 윤근수(尹根壽)와 같은
분도 한 예다. 그것은 백인걸의 말을 빌려 회재를 비판한 것이다.

　사재(四宰) 백인걸(白仁傑)이 벼슬길에 오르기 전에 일찍이 모재(慕齋)
김안국(金安國)에게 수학(受學)하였다. ……뒷날 매양 을사년 충순당(忠
順堂)에서 인대(引對)했던 일을 말하곤 했다. "그때 회재는 인대에 참석
하지 말았어야 했다. 한번 죽을 따름이지 어찌 차마 이기(李芑) 따위와

24) 若李文元 則只是忠孝之人 多讀古書 善於著述……乙巳之難 不能直言抗節
　　乃至累作推官 參錄僞勳 雖竟得罪 顙亦泚矣 烏可以道學推之耶(『栗谷全書』卷28
　　『經筵日記』)

일시에 함께 인대할 수 있단 말인가. 모재가 살아 있었다면 죽음을 택했을 뿐이지 결코 그 인대하는 데 참석하지 않았을 것이다. "[25]

이 기록도 약간 이상하다. 을사년 충순당 인대의 자리에 회재가 불참하는 것이 마땅하다는 것이다. 이날의 충순당 인대는 왕명으로 패초를 한 것으로, 모든 신료가 다 나갔는데 회재가 불참할 까닭이 없는 것이다. 이기는 현직 병조판서로 있고 회재는 현직 좌찬성으로 있는 처지인데 그 자리에 동대함이 불가피한 것이 아닌가. '일사 (一死)'로써 자기 체통을 세우는 것은 휴암(休菴 : 백인걸의 호)과 같은 언관으로는 당연할지 모르지만 좌찬성인 이상(貳相)의 지위에서 나라 전체의 일을 걱정하는 회재로서 그렇게 간단히 생각할 것은 아니라고 본다. 이것이 과연 휴암의 말인지도 모르겠다. 더구나 모재와 비교하여 이야기를 만든 것은 부자연스럽다. 우리가 알기에 모재의 성격은 그 당시에 있었더라면 휴암이나 충재와 같이 행동하지 않고 반대로 회재와 같은 태도를 취했으리라고 생각되기도 한다.

율곡의 비판에 대하여 가장 먼저 반비판을 한 분은 서애(西厓) 유성룡(柳成龍)이다. 서애는 을사 당시의 상황과 회재의 대처자세를 설명한 뒤에

지난번에 이숙헌(李叔獻 : 율곡의 字)이 회재를 평하면서 매우 불만스러워했다. 내 그것을 듣고 스스로 탄식하였다. 요즘 사람들이 평상시에 아무 일 없는 처지에서 옛사람들의 잘잘못을 점검하기는 아주 쉽지만 어떤 사건이 자기 앞에 닥쳐왔을 때는 어찌 옛사람의 발꿈치 한두 자국이나마 따를 수 있단 말인가. [26]

---

25) 白四宰仁傑 未釋褐 嘗受業於慕齋……後每語乙巳年忠順堂面對之事曰 晦齋其
時不合參其對 一死而已 何忍與李芑輩 一時同對乎 慕齋若在世 有死而已 決不參
於其對(『稗林』 5, 510면, 『月汀漫筆』 白四宰條)

라고 하여 율곡의 견해에 이의를 달아두었다. 요즘 사람들이 옛사람의 시세에 대처하는 고심을 잘 생각해보지도 않고 평지상에서 손쉽게 그 득실을 논하는 것은 큰 잘못이라고 하였다. 서애의 이 「공서답태학제생소어찰후(恭書答太學諸生疏御札後)」라는 한편의 글은 퇴계가 지은 행장과 함께 회재의 생애, 특히 그 내면세계를 연구하는 데에 큰 자료가 되는 것으로 보인다.

『청야만집(靑野漫輯)』에도 서애의 말을 반박하면서 회재에 대한 비판을 한 글이 있다. 『월정만필(月汀漫筆)』의 그것과 대의는 비슷하다. 여기 굳이 번설(煩說)하지 않기로 한다.


4. 맺    음


동양 군주전제주의 체제하에서 특히 유교(儒敎) —— 성리학(性理學)의 정신풍토에서 명분과 의리를 지상의 생활규범으로 삼고 있는 조선왕조의 학자 지식인들은 일생 동안 까다로운 절제 속에서 현실에 대처해나가야 하였다. 격을 깨뜨리는 파격적 행동이 거의 불가능한 반면에 명분과 의리를 위해서는 과감히 몸을 던져야 하였다. 그런데 명분과 의리는 자칫 정쟁의 도구로 이용된다. 군주를 정점으로 하는 권력체계에서 명분과 의리는 주로 군주를 위해 있는 것이며 군주를 둘러싼 쪽이 명분과 의리를 장악(掌握)할 경우에 천하를 호령하는 무적자가 되는 것이다. 설령 그 명분과 의리가 날조된 것이고 유교 본래의 그것과 일치되지 않아 언젠가 그 존재가치가 붕괴될 수 있다고 하더라도 적어도 현재의 군주를 자기편으로 가지

---

26) 往時 聞李叔獻 嘗議晦齋 有不滿之意 私自歎息 以爲今人從平地上 點檢昔人得
　　失甚易 至於事到手裏 何嘗能及古人一二脚跟(『西厓先生文集』卷18, 張113, 「恭書
　　答太學諸生疏御札後」)

고 있는 한 그 지배권을 유지할 수 있는 것이다. 군주의 권위가 절
대적이기 때문이다.

조선왕조의 사화(士禍)라는 것은 대체로 여기에서 생기는 것이
다. 성리학의 정신풍토에서 사대부들은 격을 깨뜨리는 행동을 하지
못하고 항상 규범을 지키면서 극히 제한된 범위 안에서 생각하고
움직여야 하는데 어떤 다른 세력이 명분과 의리를 선점해버리면 도
리없이 그것에 타협·굴종하거나 아니면 그것을 부정하고 자기가
믿는 명분과 의리를 위해 과감히 몸을 던지는 것이다. 그러나 후자
의 경우, 개인의 소신을 위해 뜻있는 희생은 될지언정 국가사회에
직접 보탬이 되는 것은 별로 없다. 어디까지나 개인의 행위로 끝나
기 때문이다. 집단적 저항운동 —— 혁명운동은 유교 —— 성리학이
몸에 밴 선비들에게 상상조차 할 수 없는 일이다. 또 민중과 동떨
어진 그들의 세계에 집단적 움직임이 이루어질 수도 없는 것이다.

을사사화(乙巳士禍)도 마찬가지다. 명종이 즉위하고 문정왕후가
수렴청정하면서 윤원로(尹元老)·원형(元衡) 형제는 벌써 이기(李
芑)·임백령(林百齡) 등과 힘을 합하여 택현지설(擇賢之說)을 퍼뜨
리고 '모복종사(謀覆宗社)'라는 악명을 상대편에게 뒤집어씌움으로
써 군주를 위한 명분과 의리를 자기 쪽에서 선점하였다. 이로써 국
내에 호령할 수 있게 된 것이다. 대윤 쪽에서 윤원로 한 개인을 선
제공격한다고 해서 별 큰 성과는 얻지 못했던 것이다.

회재(晦齋)는 대·소윤 어느 편에도 서지 않는, 시대의 양심의
소유자이다. 그러나 소윤 일파가 완전히 권력을 잡게 되면서 엄청
난 살상이 감행될 때에 오직 자기 개인의 소신을 위해 과감히 행동
했던 휴암(休菴)이나 충재(冲齋)와는 달리 국가사회의 보다 나은
방향에의 궤도수정(軌道修正)을 위해 노력할 것을, 고독을 씹으면
서 다져나갔다. 타협·굴종이 아니면서, 현실 속에서 현실에 대처
해나가려 했던 곳에 회재의 말할 수 없는 고충이 있었던 것이다.

<李晦齋의 思想과 그 世界, 1992>

# 退溪의 禮安鄕約과 '鄕坐' 문제

## 1

『퇴계선생문집(退溪先生文集)』 권42에 '향립약조(鄕立約條)'의 서(序)가 실려 있고 서의 다음에 28개 약조(約條)가 붙어 있다. 이 향립약조는 퇴계선생이 그의 고향인 예안현(禮安縣)의 향인(鄕人)들을 위해 직접 만든 것이다.

이 향립약조를 줄여서 향약(鄕約)이라고 통칭해온 것은 퇴계의 생전 혹은 몰후 진작부터였다고 여겨진다. 퇴계선생 연보의 56세(이조 명종 11년, 서기 1556년) 12월조에 '초향약(草鄕約)'이라고 한 것이 그 예이다.

향약은 원래 중국 송대 남전(藍田) 여씨(呂氏)로부터 시작된 것으로, 지방의 명사·유생 들의 주동에 의하여 향촌 풍속의 순화를 목적으로 실시한 자치적 규약이다. 퇴계에 앞서 모재(慕齋) 김안국(金安國)이 경상도 감사로 있으면서 향약의 실시를 위해 노력한 바 있지만(1517년경), 퇴계의 역사적 위상과 학문사상적 영향 때문에 이후 향약을 추진하거나 실행했던 이조시대의 학자들은 으레 이 예안 향약을 향약의 중요 선례로 언급해왔다.

이 예안향약은 기실 종래의 일반 향약——이조 시대의 일반 향약들과는 그 형태가 다르다. 일반 향약은 주자의 『증손여씨향약(增損呂氏鄕約)』을 준용하여 덕업상권(德業相勸)·과실상규(過失相規)·예속상교(禮俗相交)·환난상구(患難相救)의 네 가지 강령을 기본

골격으로 삼고 있었다. 그런데 예안향약은 이것과는 아주 다르게 죄과에 대한 벌칙만 세워놓았다. 28개 약조가 모두 벌칙에 속하는 것으로, 죄과의 경중(輕重)에 따라 극벌(極罰)·중벌(中罰)·하벌(下罰) 등 3등급으로 나누어놓았고 28개 약조 외에 별도로 원악향리(元惡鄕吏) 이하 인리(人吏)의 민간작폐자(民間作弊者), 공물사(貢物使)로서 공가물품(貢價物品)을 함부로 과도하게 징수하는 자, 서민으로 사족을 능멸하는 자의 3조를 부기해두었다. 말하자면 일반 향약의 네 가지 강령 중 '과실상규(過失相規)'에 해당된다고 할 수 있는 부분만을 훨씬 자세하게 분류하여 항목을 열거해둔 셈이다. 퇴계는 이에 대하여 효제충신(孝悌忠信)은 선천적으로 부여받은 인간성에 내재한 것이고 또 국가적으로 교도하는 것이 모두 이에 있으므로 지금 새삼스럽게 권선적인 면에 따로 약조를 만들 필요가 없다고 하였다. 퇴계선생의 이 말씀은 얼핏 보아 잘 납득이 안 가는 데가 있는 듯싶지만 기실 예안향약은 모든 형식적 조례를 없애고 수식을 가하지 않음으로써 내용이 간명하고 시행이 직절적(直截的)이어서 실질적 효과를 거둘 수 있는 것으로 보인다. 다만 해당사항이 발생했을 때 그 벌칙을 어떻게 집행하기로 되어 있는지 미상이다. 기록의 생략이 아닌가 한다.

## 2

내용이 간명하고 실질적 효과를 거둘 수 있는 이 예안향약이 웬일인지 초두부터 난관에 봉착되었다. 위에 인용한 퇴계선생 연보에

  이때에 나라에서 향도(鄕徒)의 영(令)을 내려서 선생이 향약을 초안했으나 사정으로 인해 실제 시행하지는 못했다.[1]

---

1) 是時 國有鄕徒之令 先生 草約 因事不果行

라고 하여, 국가의 지령에 보조를 맞춰 향약을 작성했으나, 어떤 '사정(事情)'으로 인하여 시행을 보지 못했다는 것이다. 퇴계의 제자인 성재(惺齋) 금난수(琴蘭秀)의 「퇴계선생향립약조후지(退溪先生鄕立約條後識)」에 의하면

> 퇴계선생이…… 규약 조문들을 지으셔서 향사당(鄕射堂)에 보내 벽에 걸게 하였다. 그때에 향인들의 의논이 귀일(歸一)되지 않아서 선생이 회수하여 집에 간직해두었다.[2]

라고 되어 있다. 연보에 말하지 않았던 그 '사정'이 금난수에 의하여 "향인의 의논이 일치되지 않았기 때문"임을 알 수 있다. '향인(鄕人)'이란 막연히 '고을 사람'이란 뜻으로 사용되고 있는 말이지만 구체적으로는 어떤 계층을 가리킨 것일까? 퇴계 스스로 약조 서의 말미에 '향인 이황'이라 하였고 금난수도 약조 후지(後識)의 끝에 '향인 금난수'라고 써놓았다. 당시 향촌사회의 구성을 계층별로 본다면 사족(士族)·품관(品官)·향리(鄕吏)·하인(下人)의 네 개의 신분집단이 있었다. '하인(下人)'은 서민과 노예천류를 다 포함하는 말로서, 엄격히 따지자면 서민과 노예천류를 달리 구별해야 하겠지만 향약에 있어서 같은 대상으로 다루는 것이 당시의 관행이었던 것 같다.

어쨌든 사족·품관·향리·하인이 모두 '향인'이다. 그러나 이들 향인 중에서 당시의 향권을 장악하고 향론을 주도할 계층은 지방양반 즉 사족이 아닐 수 없다. 따라서 퇴계의 향약에 대해 이의를 제기했던 향인은 곧 사족일 것이다.

28개 약조와 부기(附記) 3조를 살펴보면 대체로 모두 사족을 중

---

2) 退溪先生……著成約條 送鄕射堂 掛壁 而其時 鄕人 有議論不一者 先生 還取而
  藏之(『惺齋集』卷2 張15)

심으로 한 규율로서, 사족의 품위와 체통을 지키게 하는 것이다.
퇴계는 약조 서에서 향대부(鄕大夫) 즉 퇴계 자신을 포함한 재지
(在地) 양반관인의 도솔(導率) 책임을 말한 뒤에

　　사(士)가 된 자는 반드시 가정에서 몸을 닦고 향촌에서 그 존재가 드러
　나야 한다. ……우리 향사는 가정에 있거나 향촌에 있거나 윤리규범에 최
　선을 다하여 나라의 길사(吉士)가 되어, 출세 여부에 관계없이 서로 힘이
　되어 나가자.

라고 하였다. 향사 즉 우리 고을의 사가 '나라의 사'로서 격이 높여
지고 그리하여 서로 힘이 되어 잘 살아보자는 것이 이 향약의 취지
라고 해도 과언이 아니다.
　이러한 향약의 취지에 사족이 반대를 한다는 것은 이해할 수 없
는 일이다. 더구나 당시 일국의 사표인 퇴계선생이 손수 기초한 것
으로, 그것도 혼자 임의로 한 것이 아니고 국가의 지령에 보조를
맞추어, 그리고 향중 선배인 고 농암 이현보선생(故聾巖李賢輔先
生)의 유지와 현재 향장(鄕丈)들의 권고에 의해 몇명의 인사와 함
께 작성된 이 향약이, 게다가 퇴계선생이 이미 향사당(鄕射堂)에
보내 벽상에 걸어놓기까지 한 향약이 반대에 부딪쳐서 선생이 환수
해다가 감춰버릴 정도가 되었으니 문제는 간단하지 않은 것이었음
을 짐작할 만하다.
　우리는 이제 이 향약에 대한 사족의 반대 이유가 약조 그 자체에
있을 수 없음을 알아야 하는 동시에 그 반대 이유를 다른 데서 찾
아야 할 것이다. '향좌(鄕坐)' 문제가 그것이다.

3

　'향좌'란 것은 향중 집회시의 좌석의 순차를 말한다. 좌석의 순차

는 어느 집회이든간에 그 의미가 무시될 수 없는 것이지만 까다로운 신분제사회, 특히 조선 중세사회에 있어서 향중집회의 좌석의 순차는 중요한 의미를 갖는 것이다.

원래 향약에는 '월단집회독약(月旦集會讀約)'의 예가 있다. 매월 일정한 날짜에 향중에서 집회를 가져 향약을 읽고 권징을 행하는 자리가 마련되는데 이때 향인들의 좌차가 특히 문제로 되는 것이다. 『주자증손여씨향약(朱子增損呂氏鄕約)』에는 예속상교(禮俗相交)의 청소영송조(請召迎送條)에 "모든 집회에 참석자가 모두 향인일 경우에는 연령순으로 앉힌다(凡聚會, 皆鄕人則坐以齒)"는 것이다. 여기엔 단서가 여러 개가 있다. 친척의 경우에는 달리하고 또는 다른 객으로 관작이 있는 분일 경우에는 관작의 순위로 좌차를 정한다고 하였다. 그러나 향인들끼리 모였을 경우에는 연령순으로 한다는 점에 변함이 없는 것이다. 향당(鄕黨)엔 막여치(莫如齒)라는 맹자의 말씀이 유가의 전통사상이기 때문이다. 그런데 『주자증손여씨향약』의 위의 인용구 끝에 "비사류즉부(非士類則否)"라는 세주가 달려 있어 주목거리가 된다. 향인들끼리의 모임에서라도 사류 즉 사족 출신이 아닌 자인 경우에는 이 원칙이 적용되지 않는다는 것이다. 결국 연령순이라는 원칙은 같은 사족끼리에만 행하여지는 것이다. 이것이 주자향약의 한계점이다.

퇴계의 경우, 28개 약조와 부기 3조가 문집에 수록되어 있을 뿐 좌차 문제는 전혀 거론된 바가 없다. 퇴계가 향약을 기초할 때에 이 문제가 들어 있다가 산거(刪去)되었는지, 혹은 처음부터 논하지 않았는지 현재 알 길이 없다.

그러나 퇴계선생은 '향좌' 문제에 있어서 사족(士族)·비사족(非士族)을 막론하고 연령순으로 좌차를 정하는 것을 주장하였다. 그의 언행록(言行錄)에 다음과 같은 기록이 있다.

김부필(金富弼)·김부의(金富儀)·김부륜(金富倫)·금응협(琴應夾)·금응

훈(琴應壎)이 술병을 차고 와서 선생을 뵈었다. 선생은 향좌(鄉坐)에서
신분의 귀천을 가르는 일의 잘못을 논하고, "다만 나이를 따라 좌석을 정
하는 것이 옳다"하였다. 김부필이 "옛날과 지금이 다르므로 그렇게 할
수 없습니다"하니 선생은 고금(古今)의 일을 끌어와 저물도록 극구 논변
(論辨)하였다. 여러 사람들이 돌아가는 길에 시 한 수를 지어 선생께 올
렸는데,

> 선생은 상고(上古)의 법을 논하고
> 제자들은 오늘의 사정을 말합니다.
> 서원(書院)의 절차가 이미 정해져 있으니
> 어찌 굳이 향좌(鄉坐)를 달리합니까.
> 라고 한 것이었다.[3]

이 기록에서 퇴계선생이 향중집회에 있어서 귀·천의 신분으로
좌석을 갈라 앉히지 말고 '의고(依古)' 즉 고례에 의해 같은 좌석에
연령순으로 앉힐 것을 강조했던 사실이 밝혀진다. "향회 좌석에
귀·천의 신분으로 갈라 앉히는 것이 잘못임을 논했다"라고 한 것
을 보면 당시의 향회는 이미 귀·천을 갈라 앉히는 것이 습속화되
어 있었던 것이다. 이에 대해 퇴계가 반대하고 나섰던 것은 간단한
일이 아니다.

김부필(호 後彫堂)·김부의(호 挹淸亭) 이하 5인은 모두 예안현내 오
천동(烏川洞)에 살고 있는 명문자제로서 서로가 형제·종반 또는
친척간이다. 모두 퇴계의 제자로서 학문과 성행이 탁월한 분들이
다. 여기 김부인(金富仁 : 호 山南)·김부신(金富信 : 호 養正堂)을 합하여
'오천칠현(烏川七賢)'으로 일컬어지기도 한다. 따라서 당시 예안현

---

3) 金富弼·金富儀·金富倫·琴應夾·琴應壎 佩酒以謁先生 先生 論鄉坐分貴賤之
非 只當依古齒坐 金富弼曰古今殊異 不可如是 先生 援据古今 終日極辨 諸人 路
呈一詩云 先生上古論 弟子末世言 書院規模定 何須鄉坐分(『退溪先生言行錄』卷
2, 張26 李德弘錄)

에 있어서 이분들의 존재는 대단히 큰 비중을 차지한다고 하겠다.

퇴계는 이분들을 앞에 두고 향좌의 귀천 구분의 부당성을 논하였다. 아마 당시 향중에는 퇴계의 주장에 찬성하지 않는 사람들이 많이 있었던 모양이다. 퇴계는 여론을 돌리기 위해 유력한 제자들 특히 동향 인사들에게 설득을 벌였던 것이다. 그러나 김부필은 "옛날과 지금이 다르니 그렇게 할 수 없습니다"라고 하였다. 퇴계는 이에 그치지 않고 하루 종일 극진할 정도로 변론을 했다고 한다. 결과는 마찬가지였다. 김부필 일행은 떠나는 길에 함께 시를 지어 선생에게 올리면서 끝내 퇴계의 주장에 동조할 수 없다는 것이다. 퇴계의 주장이 비록 고례에 의한 것이라 하더라도 오늘의 형편에 맞지 않으므로 따를 수 없다는 것이다.

퇴계의 가장 가까운 제자 계열에서조차 이와같이 동조를 얻지 못하는 처지이니 향중 일반 사족에게는 더욱이 먹혀들어가지 않았을 것이다. 요는 퇴계의 주장이 당시 까다로운 신분제사회에 받아들여질 수 없었던 것이다. 이리하여 이미 향사당(鄕射堂)의 벽상에 걸어놓았던 약조를 퇴계는 환수조치(還收措置)하고 말았다. 퇴계는 그만큼 타협을 거부했던 것이다.

그런데 퇴계 몰후 28년인 1598년에 금난수에 의해 이 향약이 전사(傳寫)되어 예안 향사당에 다시 걸려졌고 익년(翌年) 1599년에 그가 봉화현감(奉化縣監)으로 부임하여 이 예안향약을 실시하는 한편 또한 그것을 봉화 향서당(鄕序堂)에 걸어두기도 하였다.

그러면 퇴계에 의해 환수되었던 예안향약이 어찌하여 퇴계 몰후에 이와같이 햇빛을 보게 되었을까? 여기에는 중요한 변화가 있었다고 생각된다.

금난수의 「동중약조소지(洞中約條小識)」는 저간의 상황을 짐작케 해주는 글이다. 그는 자기가 사는 부포동(夫浦洞: 禮安縣內)에서 퇴계의 향립약조와 "동중족계(洞中族契)를 참작하여 새로 약조를 만들었는데, 인정에 순응하여 교도한다(因人情以導之)"라고 하였다.

그는 약조를 크게 둘로 나누어 상하간에 통용할 약조와 하인에게 권징(勸懲)할 약조를 만들어놓고 집회시에는

　　봄가을 같은 날로 모임을 열어, 벼슬이 있는 품관(品官)끼리 한 자리를 이루고, 향리가 한 자리를 이루고, 하인도 한 자리를 이루되 하인들은 남녀가 모두 모여 남자는 왼편 여자는 오른편에 앉아 각기 예절을 행하면서 상하(上下)가 함께 화목하는 일을 익힌다. 4)

라고 하여 품관·향리·하인을 각각 딴 자리에 앉히기로 하였다. 여기 사족은 주체적 입장에서 말하지 않아도 그 위치가 따로 마련되었을 것으로 여겨진다. 요컨대 이 시기의 예안향약은 그 시행과정에서 퇴계의 이상과 취지가 아주 변해버린 것이다.

4

　퇴계의 예안향약은 종래 일반 향약과 달리, 벌칙만을 세워, 간명한 약조 28개를 가지고 실질적 효과를 거두려고 하였다. 사족을 중심으로 마련한 이 약조가 사족들의 불찬성으로 실시할 수 없었다. 그것은 약조 그 자체 때문이 아니고 약조를 시행함에 있어서 향회좌차가 문제되었기 때문이다. 퇴계가 이 향약의 실시를 보류할 만큼 '향좌' 문제를 중시할 필요가 있다고 생각했다면, 우리는 퇴계의 사고(思考)에 매우 주목할 일면이 있음을 간과할 수가 없다. 퇴계는 이조중세의 신분제사회의 하이어아키적 성격을 부정한 발언을 남긴 적이 없으며 또 그의 철학의 근본 지향이 근대 평등주의에 바로 연결된다고 하는 것도 무리이다. 그럼에도 불구하고 그는 향좌문제에 있어서 명백히 귀천의 신분을 넘어 '인간' 그것의 연륜에 가

---

4) 春秋同日而會 品官 爲一廳 鄕吏 爲一廳 下人 爲一廳 而下人則男女皆會 男左
　女右 各行禮數, 上下同講和睦之事(『惺齋集』 卷2 張7)

치를 부여하였다. 비록 '의고(依古)'라는 고대 예교세계에 근거를
둔 것이기는 했지만 그의 참뜻은 오히려 그의 온화겸공(溫和謙恭)
한 천품(天稟)과 권위주의를 싫어하는 학문성향 속에서 찾아져야
할 것이다.

&lt;退溪學報 제6호, 1990&gt;

　□ 이 글은 소련과학아카데미 극동연구소와 국제퇴계학회의 공동 주최하에
　모스끄바에서 발표되고 뒤에 『퇴계학보』에 수록되었다.

# 鶴峰의 海槎錄과 日本 豐臣政權

## 1. 머 리 말

일본은 '응인(應仁)의 난(亂)'(1467) 이후 '하극상(下剋上)'의 풍조
가 전국을 휩쓸고, 무로마찌(室町) 막부는 완전히 통제력을 상실하
였다. 농민의 잦은 봉기는 장원(莊園)이라는 낡고 작은 테두리를
깨뜨리고 널리 서로 연결되고 있는 데 대하여 지금까지의 자그만
장원영주(莊園領主)로서는 그것에 대항할 수가 없었다. 어떻게든
넓은 영지를 지배함과 동시에 강력한 무력을 갖지 않으면 안되었
다. 이러한 이면(裏面)에는 농민의 활기찬 움직임을 지도하는 명주
(名主)들의 움직임이 있었다. 명주들은 이미 작은 장원 내의 유력
자라는 사실에 만족하지 않았다. 그들은 차례로 낡은 지배자를 타
도하고 스스로를 신장해나갔다. 거기에 하극상이 나오고 도요또미
히데요시(豐臣秀吉)와 같은 보잘것없는 한 농민의 아이가 전국을
지배하는 기운이 나오게 되었던 것이다.

히데요시(秀吉)가 낮은 신분에서 실력으로 관백(關白)의 위치에
오르게 되면서 오직 정복욕(征服慾)과 명예욕(名譽慾)으로 자기를
과시하려 하였다. 그는 일본의 전국을 통일하자 "이제 나의 할 일
은 명나라를 정복하는 일일 뿐이다"라고 하면서 그 첫 조치로서 대
마도주(對馬島主)에게 명령을 내려, 조선국왕(朝鮮國王)을 입조(入
朝)케 하라고 하였다. 대마도주는 히데요시의 이 엄청난 망상 앞에
거역할 수는 없고 모략외교로써 가칭(假稱) '일본국왕

使)'를 두 차례나 서울에 보내 통신사(通信使)의 파견을 요청하였
다.

히데요시가 조선국왕의 입조를 요구할 정도로 조선을 일본의 영
향하에 있는 나라로 착각하고 있었음에 대하여 조선은 일본을 화외
지국(化外之國) 즉 해외만이(海外蠻夷)로 하시(下視)하였고 특히
히데요시는 전왕(前王)을 찬시(簒弑)한 적(賊)으로 낙인찍어 그 사
자를 접대하는 것조차 꺼렸다. 이와같이 쌍방은 상대편을 너무도
잘 모르고 있었다. 말하자면 국제인식이 백지상태에 있는데다가 상
호간에 왜곡된 선입견이 작용하고 있었던 것이다.

조선정부는 여러가지 검토 끝에 결국 일본의 요청을 받아들여 통
신사를 파견하기로 하였다. 이것이 1590년 음력 3월이었다. 이러한
상황 속에 학봉(鶴峰) 김성일(金誠一) 선생은 황윤길(黃允吉)을 상
사로 하고 허성(許筬)을 서장관(書狀官)으로 하는 우리나라 사절단
의 부책임자로 출발했던 것이다. 물론 학봉은 저들의 통신사 초청
의 의도를 정확히 이해할 수 없었고 또 그것이 대마도의 외교 사술
(詐術)에 의한 것임도 알 도리가 없었다. 그러나 그의 엄정한 인품
과 절지(切摯)한 애국의 충정은 한점의 사심없이 어려운 현실에 온
몸으로 당해나갔다. 거기에는 자연히 강렬한 주체의식이 자리잡고
있었다. 따라서 왜인의 교사오만(巧詐傲慢)한 행동에 부딪힐 때마
다 그대로 묵과하지 않고 정면 대응을 함으로써 은폐(隱蔽)를 일삼
는 왜인에게서 문제의 본질이 수처(隨處)에 노정되게 한 것이었다.
여기 당시 사행 중에 있었던 중요 문제를 학봉이 손수 기록해두었
던『해사록(海槎錄)』에서 문제별로 살펴보기로 한다.


### 2. 宣慰使 문제

조선정부는 왜인이 올 때마다 선위사(宣慰使)를 임명하여 부산까

지 가서 영접하는 정중한 예를 베풀었는데 종전 일본 쪽에서는 그렇지 못했다. 학봉은 평소 이 점을 못마땅하게 여겼다.

"조선과 일본은 동등한 나라로서 교린(交鄰)의 호의를 닦고 있는데 왜인이 무례하여 종전 우리 사신을 접대함이 매우 소홀하였다. 만약 누군가가 우리나라의 왜사 접대를 본보기로 잘 타일러주었더라면 저들이 무식하지만 꽤 영리하니 어찌 잘못을 깨달아 명령대로 하지 않겠는가. 지난번 동평관(東平館)에서 접견할 때 먼저 이 문제를 따졌던바 현소(玄蘇)가 '저희 나라에서도 관원을 차출하여 영접하겠다'라고 했다"[1]는 것이다.

그런데 사실은 아주 달랐다. 우리 통신사 일행이 대마도에 도착했을 때 일본 본토에서 영접하러 온 자가 한 사람도 없었다. 처음에는 본토에서 이미 온다는 선성이 있다고 속였고 다음에는 하까다(博多)에까지 왔다고 속였고 끝에 가서는 풍파에 막혀 못 오고 있다고 속였다. 상사 황윤길(黃允吉)이 일본측 선위사를 기다릴 것 없이 일본 본토로 향발하려고 하는 것을 학봉은 반대하고 좀더 자중하여 선위사가 온 뒤에 가자고 하였다. 황상사는 전염병의 유행과 귀환시기가 늦어진다는 핑계로 떠나고 말았다.

기실 일본 본토에서 정식 선위사가 올 리 없었다. 가칭 '일본국왕사(日本國王使)'가 조선에 갔다는 사실도 모르고 또 조선의 통신사를 조선의 귀복(歸服)으로 오인하고 있는 히데요시가 선위사 같은 절차를 생각조차 했을 리 없는 것이다.

학봉의 주장대로 자중의 자세를 취하면서 버티고 있었더라면 나라의 체통이 섰을 뿐 아니라 대마도의 외교 사술이 진작 폭로되고

---

1) 日域之與本朝 以地則敵國也 以義則隣好也 蠻人無禮 前此待信使 至忽略也 其時脫有人焉 將我國接待其使之禮 諄諄開諭 則彼雖無識 亦頗伶俐 豈不覺悟而從命乎 鄙人常有慨於此 故 東平館接見之日 首及此事 則玄蘇 答曰 我國亦當差官迎送云云(「答黃上使允吉」, 『鶴峰全集』 99면 下段 右葉, 大東文化研究院版, 以下 同)

그후의 사태는 상당히 달라졌을 것이다.

학봉의 주장에 변명할 재간이 없는 대마도주 소오 요시또모(宗義智)는 결국 고니시 유끼나가(小西行長)를 이키(壹岐)까지 오게 하여 그를 선위사라고 소개하였다. 유끼나가는 히데요시의 측근이지만 또한 요시또모(義智)의 처부(妻父)이다. 추측컨대 히데요시의 명령에 의한 정식절차로서의 선위사가 아니고 역시 대마도의 외교사술의 연장으로 봐야 할 것이라고 생각한다.


### 3. 國分寺의 處事


대마도(對馬島)는 일본땅으로 되어 있으나 실은 대대로 우리나라에 기생하다시피 하였다. 우리나라는 해마다 경상도 조세(慶尙道租稅)의 반을 지급하여 먹여 살렸기 때문이다. 그리고도 우리나라는 왜인에 대하여 지나친 관용을 베풀었다. 왜인은 무엇을 요구하다가 뜻대로 안되면 기세를 올려 부랑스러운 언동을 하고 그러면 또 우리 조정은 그것을 무마하기 위해 시혜(施惠)를 하곤 하였다. 이것이 습관이 되다시피 하였다.

대마도는 원래 우리 조정에 대해 공순한 척하였다. 학봉은 "우리나라는 대조(大朝)이고 대마도는 번신(藩臣)으로서 대대로 토공(土貢)을 바치고 북궐(北闕)에 머리를 조아려왔다"[2]고 하였다. 실제로 그들은 우리 조정에 대해 꼭 신(臣)으로 칭해왔다. 통신사 일행이 처음 대마도에 이르러 조정의 명령을 전할 때에 도주가 우리 조정에 대해 깍듯이 번신의 예를 지키고 우리 사신에 대해서도 앞에 나

---

2) 此島之與我朝 何如也 世受國恩 作我東藩 以義則君臣也, 以土則附庸也…… 此島亦知大朝恩信之重 仰賴之厚 故奉藩稱臣 恪守侯度 世執壤奠 稽顙北闕(「答許書狀」, 『鶴峰全集』 100면 下段 右葉)

아와 재배하여 감히 도주의 예로 자처하지 않았다는 것이다. 그런
데 얼마 안가 요시또모의 태도는 일변하였다.

우리 사신이 대마도에 있을 때 동산(東山)에서 그리고 국분사(國
分寺)에서 한 차례씩 향연을 받았는데, 동산에서는 요시또모가 말
을 타고 바로 사신이 있는 막전(幕前)까지 와서 내렸고 국분사에서
는 요시또모가 가마를 타고 바로 계단을 지나 당상(堂上)에 올랐
다. 국분사에서 학봉은 그 무례함에 격분하여 황상사에게 함께 퇴
장할 것을 권했으나 황은 듣지 않았고 허서장관만이 일어서고 말았
다. 우리 역관 진세운(陳世雲)이 부사(副使)께서 몸이 불편하여 먼
저 일어선 것이라고 말하자 학봉은 우리 역관이 바른 말로써 항의
하지 못하고 도리어 거짓말을 해가면서 왜인의 비위를 맞추는 것은
우리 사절의 체모를 손상시키는 것이라 하여 왜인의 앞에서 진세운
을 잡아다가 볼기를 쳤다. 사태가 이렇게 되자 요시또모는 교활(狡
猾)하게도 가마를 메고 온 자기 하인에게 책임을 지워 그 하인의
목을 베어 우리에게 사죄하였다. 학봉은 이에 대하여 "우리의 실수
로 이런 일이 생겼는데 그 실수란 우리가 저들의 환심을 사기 위해
지나치게 저들을 예우해줌으로써 저들이 문득 교오지기(驕傲之氣)
를 나타낸 것"이라고 하였다.

이것이 사실이다. 그러나 요시또모의 태도가 변한 데에는 또다른
간과치 못할 이유가 있다. 처음 도요또미정권의 성립 후에 특히 아
시카가씨(足利氏)가 완전 멸망한 뒤에 소오씨(宗氏)는 전전긍긍(戰
戰兢兢)하던 차에 히데요시의 조선에 대한 지난한 요구를 통고받아
더욱 궁지에 빠져 있었는데, 갖은 외교 사술로 통신사를 초청하여
대마도에 들어와 공순한 예를 취했으나 히데요시 측근인 유끼나가
(行長)와 긴밀한 연락 아래 대마도의 지위가 확고해지고 또 통신사
의 건으로 히데요시의 기쁨을 얻어 요시또모는 이제 의기충천(意氣
衝天)한 형편이었다. 요시또모는 유끼나가의 사위로서 유끼나가에
대한 히데요시의 신임이 두터워갈수록 요시또모는 그 자리가 튼튼

해지는 것이기 때문이었다. 어쨌든 국분사에서의 학봉의 처사는 정
정당당(正正堂堂)한 것으로서 요시또모의 콧대를 꺾기에 충분하였
다. 학봉은 비록 요시또모의 태도 변화의 배경과 이면관계(裏面關
係)를 알 수 없었지만 종래 자칫하면 우리나라 관인들을 잔꾀로써
조종하던 습성을 바로잡는 한 계기를 마련했다고 하겠다.


## 4. 倭人禮單


히데요시가 조선국왕 입조를 요구한 사실에 대하여 대마도가 철
저히 비밀을 지켰기 때문에 우리 조정이 까맣게 그것을 몰랐고 또
통신사 일행도 알지 못했다. 국왕 입조는 실현이 될 수 없었지만
히데요시는 통신사가 오는 것을 조선의 귀복으로 생각하고 있었다.
요시또모·유끼나가 등이 그럴싸하게 분위기를 그렇게 만들었을 것
으로 여겨진다.

7월에 통신사 일행이 사까이하마(堺濱)의 인접사(引接寺)에 이르
렀을 때 서해도(西海道)의 모주모왜(某州某倭) 등이 예단(禮單)을
보내왔는데 '조선국사신내조(朝鮮國使臣來朝)'라고 적혀 있었다. 학
봉은 늦게야 그것을 알고 예단을 회수하여 반송하려 했던바 이미
그 식물(食物)들을 하인에게 나누어준 뒤였다. 학봉은 예단에 있는
그대로 시사(市肆)에서 구매(購買)하여 돌려주면서 그 이유를 말하
였다. 왜인은 "여기 와서 남에게 부탁하여 한자로 쓰게 했던바 이
런 실수를 하게 된 것이라면서 주군에게 복명(復命)할 수가 없어
딱하다"라고 말하고 있고, 도선주(都船主) 야나가와 죠신(柳川調
信)이 또 "원래 번문(番文 : 왜문자)인 것을 내가 사수(寫手)를 시켜
한자로 쓰게 한 것이 이렇게 되었으니 나의 책임이다"라고 사죄하
면서 개서(改書)하여 영남해 줄 것을 간청하였다. 상사·서장관이
그 뜻을 받아들이려 하므로 학봉은 부득이 동의하였다. 그런데 11

월에 다시 사까이하마(堺濱)에 돌아왔을 때 히젠휴(肥前州) 겐 큐
세이(源久成) 등이 예단을 바치는데, 또 '내조(來朝)'라고 적혀 있
는 것이 아닌가. 학봉은 전번의 처리가 엄정하지 못했던 때문에 또
이렇게 된 것이라고 말하고, 다음날 개서해온 것을 상사·서장관은
받았는데도 학봉은 끝내 거절하고 말았다. 그리고 회례시에 부사의
이름은 빼라고까지 하였다.

당시 히데요시의 생각과 그 주변의 분위기에 비추어 볼 때 학봉
의 이런 주장은 만장(萬丈)의 홍예(虹霓)와 같은 민족의 토기(吐
氣)로 볼 것이다.


## 5. 入都時의 禮服

통신사 일행이 처음 사까이하마에 이르렀을 때 삼사(三使)가 모
두 예복으로 정장을 하였다. 그러나 경도(京都)에 들어갈 때는 웬
일인지 삼사간에 복장이 문제로 되었다. 상사와 서장관이 모두 편
복(便服)으로 평소에 입고 있던 백의(白衣) 그대로 행차하였다. 이
에 대하여 학봉은 "사신은 우리 왕명을 공경히 받드는 몸으로 마땅
히 예복을 해야 한다. 국내에서도 그래야 하거든 하물며 이국의 도
성에 들어갈 때에 편복을 하는 것은 왕명을 가볍게 여기고 인국지
군(鄰國之君)을 업수이 여김이라는 것"이라고 하였다. 이를 귀찮게
여기는 쪽에서는 일본측에서 정식으로 영접의 의식이 있는 것도 아
니고 또 관백(關白)인 히데요시가 동정(東征) 차중에 있어 현재 부
재중이니 구태여 거추장스러운 예복을 할 필요가 없다는 것이다.
학봉은 두 가지 이유를 들어 예복의 필요성을 강조하였다.

첫째, 예복을 하는 것은 우리 왕명을 공경히 받드는 것이고 또
왜국이 비록 만이(蠻夷)이지만 우리가 동등의 나라로 인정한 이상
교린지도(交鄰之道)에 있어서 편복으로 입도(入都)할 수가 없다.

관백이 있건 없건 중요치 않다.

둘째, 정저와(井底蛙)같이 폐쇄적 상황 속에 사는 왜국 사람들이 우리 사신을 맞아 그 풍채를 상망할 터인데 우리의 의관(衣冠)과 위의(威儀)가 별 볼 것이 없다면 대국의 사자로 보지 않고 초망묘소(草莽眇小)한 사람들로 비칠 것이니 우리 체모의 손상은 물론이고 우리 국가를 위해 빛이 나겠느냐고 하였다. [3]

결국 상사와 서장관이 말을 듣지 않자 학봉은 하는 수 없이 혼자서 금관조복(金冠朝服)으로 정장을 하고 행차에 나섰다. 그 결과 당일 도인사녀(都人士女)들이 인산인해(人山人海)로 나와서 조선통신사 일행의 행차를 구경하는데 학봉의 가마가 앞을 지날 때는 혹 무릎을 꿇고 혹 손을 깍지끼워 경의를 표하는데 다른 사신에게는 본체만체했다는 것이다.

여기 당시 일본에 왔던 외국 사절의 기록을 참고로 살펴본다. 조선통신사가 경도를 떠난 수개월 뒤에 남만(南蠻)으로 불려지는 포도아(葡萄牙)의 인도부왕(印度副王) 사절이 입도하였다. 인도부왕은 인도 고아에 근거를 둔 포도아 총독(葡萄牙總督)이고, 이 사절의 대표는 천주교의 순찰사(巡察師) 비리냐노였다. 이 사절에 관한 다음 기록은 당시 일본에 와 있던 포도아인 선교사 루이스 후로이스의 것으로 『일본사(日本史)』 제3부에 나오는 것이다.

그날, 포도아인들은 아주 우미(優美)한 복장을 하고 행렬을 정돈하여 출발하였다. 경도(京都)에 도착하기까지의 연도에 이 진기한 행렬을 보기 위해 사방에서 모여든 사람들의 법석은 대단한 것이었다. 경도에 닿으니 일행이 통과하는 행로라는 행로에는 그야말로 수를 모를 정도의 사람들이 모여들어 훌륭한 장식에다가 화려한 의상을 두르고 질서정연(秩序整然)하게 입도하는 이 이양(異樣)의 진기(珍奇)한 일행을 보고 경탄하였다. 그들(군중)은 일행의 한사람 한사람을 하늘에서 내려온 부처님 즉 우상(偶

---
3) 「入都出都辨」, 『鶴峰全集』 127면 上段 右葉~下段 左葉)

像)이라고 말하였다. 그들은 평소 포도아인을 그다지 평가해주지 않았던 만큼 이번 이 광경은 그들에게 예상 밖의 일이었다.

포도아인은 매년 나가사끼(長崎)에 오는 것이 익숙해져 있었지만 그들은 일본인의 눈에 우미한 사람으로 비추어지려고 하지 않고 오직 자기들의 상술로 교역을 교묘하게 행하려고만 하였다. 더욱이 일본인과는 풍습이 부동(不同)함으로 해서 포도아의 정항선(定航船)과의 교역을 위해 나가사끼에 온 일본인들이 가향(家鄕)으로 돌아가서는 포도아인에 관한 아름답지 않은 소문들을 흘렸기 때문에 경도의 사람들은 포도아인을 무가치하고 좋지 않은 인간들이라고 믿고 있었던 것이다.

게다가 수개월 전에 조선국왕의 사절도 다수의 수행원들을 거느리고 경도에 왔는데 조선인들은 중국인과 같이 평소 외출하던 습관 그대로 전원이 하품(下品)스럽게 다리를 노출한 채 길을 걸었고 길거리에서 무엇을 씹어먹을 정도로 천하게 보이는 자들이었다. 때문에 일본인은 그들을 경멸히 여기고 포도아인도 그들과 비슷하리라고 생각했던 것이다.

이러한 사정은 관백으로 하여금 그때까지 금회의 인도부왕 사절에 대해 무관심한 태도를 가지게 한 이유의 하나였을 것이다. 그런데 경도 유사 이래 이와같이 일찍 본 적이 없을 정도의 화려한 사절 일행이 입도(入都)하게 되자 거리의 사람들이 정신을 잃고 멍하니 선 채 한마디의 말도 하지 않고 보고 있었을 뿐이었다. 그리하여 그것은 관백의 태도에 커다란 변화가 되어 나타났다. 즉 이때까지 관백은 이 사절에 대해 아무것도 말하지 않았고 항상 경시하는 태도를 보여왔기 때문에 누구 할 것 없이 이 사절이 냉대(冷待)를 받을 것이 틀림없다고 여기고 있었는데 사절 일행의 면면들이 관백의 귀에 들어가자 그는 돌연(突然) 사절에 관한 이야기를 하기 시작하고 이상할 정도로 만족의 뜻을 표하면서 일본에 있어서 할 수 있는 최대의 성의로 접대한 것이었다. (松田儀一·川崎桃太 編譯, 『秀吉と文祿の役』 22~24면, 中公新書)

후로이스의 이 기록은 포도아인을 위한 다소의 과장이 있는 것 같고 또 비교하는 수법으로 조선통신사 일행 특히 우리 하인들의 모습을 나쁘게 그려놓은 것으로 보이지만, 서양 선교사의 기록에 의해 당시 경도 사람들의 눈에 비친 조선사절의 모양새가 어떠했을 까를 한번 상상해봄직하다. 조선왕국의 권위를 등에 업고 외국에 온 세 분의 사신 가운데 부사 한 분을 제외하고는 모두 편복 그대 로 초초(草草)한 백의의 의상을 입고 나타났고 하인들 가운데는 혹 시 노출된 다리로 뒤를 따랐던 자도 있었을는지 모른다. 경도 사람 들의 반응이 어떠했을까. 후로이스의 말과 같이 일본인이 과연 경 멸히 여겼는지는 알 수 없지만 학봉이 미리 염려했던 대로 체모의 손상은 말할 나위가 없다. 허서장도 뒤에 곧 후회했다고 하지만 이 미 소용없는 일이다.

이렇게 되고 보니 조선 사절은 포도아의 사절과 같이 히데요시의 태도를 바꾸게 할 수 있는 위의법도(威儀法度)를 스스로 포기한 셈 이다. 학봉의 외로운 노력이 안타까울 뿐이다.


## 6. 聚樂亭과  楹外拜

일본의 지방 대명(大名)이 경도에 진출한다는 것은 하나의 큰 매 력이었다. 특히 낮은 신분에서 몸을 일으켜 실력으로 주위를 복종 시켜온 자가 달성(達成)의 일정한 단계에서 손에 넣고 싶은 것은 명예이며 또한 권위 그것이었다. 경도에는 하나의 전통적 권위가 있었다. 그것은 상대(上代)로부터 일본의 통치자로서 최고의 전설 과 신화에 연결되어 있는 천황가의 존재였다. 가마쿠라 막부(鎌倉 幕府) 창설 이후 천황가는 정치의 실제에서 멀어져 있었지만 한편 으로 국민의 사이에 널리 뿌리를 내린 신도숭배(神道崇拜)와 결부 되어, 말하자면 그 신앙의 교황적(敎皇的)인 위치를 보존하면서 추 이해왔다. 지방의 유력한 무장이 경도에 들어오는 이유, 예를 들면 1559년 오다 노부나가(織田信長)의 상락(上洛)과 그해 4월 우에스 기 겐신(上杉謙信)의 입락(入洛)은 모두 이 교황적 권위에 대한 지향이었다. 마침내 아시카가 장군가(足利將軍家)를 축출해버리고 경도의 실력자로서 세속적 권위를 차지한 노부나가는 천황가의 어료(御料)를 회복시키고 황거(皇居)를 수리해주는 등 전(前) 장군이 하지 못했던 문제를 해결하여 누구보다 교황적 권위를 자기의 두상에서 빛나게 하였다. 히데요시가 노부나가의 뒤를 이어 전국을 지배할 실질적 기반을 잡은 뒤에 오오사카(大阪)에 장대호화(壯大豪華)한 성을 쌓고 그것을 본거지로 삼았다. 그러나 그도 경도에서 세속적 권위를 누리면서 동시에 교황적 권위를 자기편으로 삼기 위해 천황가의 모든 일을 원조하기로 방침을 정하였다.

히데요시는 천황가의 수입을 늘려주고 많은 물품을 헌상하는 동시에 대단히 청상(淸爽)한 궁전을 재건하게 하였다. 이렇게 하여 그가 얼마나 성의를 다해 천황가의 일을 담당하고 있는가를 목격하게 함으로써 사람들의 마음을 장악할 수 있었다.

히데요시는 도내 천황가의 가까운 곳에 자기의 성과 궁전을 조영하였다. 일찍이 노부나가가 안토산(安土山)에서 지은 것이나 수년전 그가 오오사카에서 지은 것보다 훨씬 호화롭고 규모가 탁월하였다. 다시 후로이스의 『일본사』 제3부의 기록을 인용해둔다.

> 그(히데요시)는 스스로가 상찬되고 명성을 남기는 데 열심이었다. 쾌락과 환희의 모임을 뜻하는 '취락(聚樂)'이라는 이름의 성과 궁전을 조영했는데 그것은 현란호화(絢爛豪華)한 것으로 깊은 호(濠)와 석벽(石壁)으로 둘려 있는 그 건물은 주위가 천간(1818미터)에 달하였다. (同上, 13면)

서양 선교사의 목격에 의한 기록이다. 취락정이 그의 명성을 남기는 데 도움이 되는지는 생각해볼 문제지만, 그 규모의 웅장함과 장치(粧治)의 화려함이 족히 사람을 위압하고도 남음이 있었을 것 같다.

조선통신사 일행이 입도하여 대덕사(大德寺)에 사관을 정하고 기

다린 지 한달 열흘 만에 히데요시가 동정(東征)에서 돌아와 진작
우리 국서를 받지도 않고 궁전의 조영이 미완성이라 하여 또 2개월
여를 기다리게 하였다. 히데요시는 취락정이 완성된 뒤에 조선사절
을 맞아들여 호화로운 궁전을 자랑하려 했던 것 같다. 그러나 국제
예의를 너무도 무시하는 결과가 되었고 양국의 사사(使事)는 완전
히 정돈(停頓) 상태에 있게 되었다. 학봉은 "왕명을 진작 전달하지
못한 것은 궁전의 미완성을 핑계로 하는 일본측에 전적으로 책임이
있다"[4]고 지적하였다.

어느날 요시또모가 관백의 뜻이라 하여 히데요시가 천황궁에 참
알(參謁)할 때에 조선사신들이 함께 하기를 요청했으나 학봉은 한
마디로 거절하였다.

왕명이 전달되기 전이므로 어떠한 관광도 사양하겠다는 것이다.
히데요시는 결국 그 일을 단념하였다.[5]

취락정의 완성에 때맞추어 조선사절은 히데요시에게 나아가 국서
를 바치게 되었다. 이 국서는 우리나라 문헌에서 찾아볼 수 없는데
현재 경도 묘법원(京都妙法院)에 토의별폭(土宜別幅)과 함께 전해
오는 것이 있다고 한다. 『풍공유보도략(豐公遺寶圖略)』 하권에 임
사축도(臨寫縮圖)가 들어 있고 『속선린국보기(續善隣國寶記)』에도
수록되어 있다.[6]

---

4) 噫 命之稽滯 雖因使臣之無良 然 彼託以宮殿之未成, 其失在彼 使臣亦無如之何
   也(「客難說答上使」『鶴峰全集』126면 下段 右葉)
5) 異國光華 固願見也 但王命未傳 使臣義難出入也(同上 111면 下段 左葉)
6) 위의 두 곳에 실려 있는 이른바 國書는 아래와 같다.
   朝鮮國王李昖奉書日本國王殿下 春候和煦 動靜佳勝 遠傳大王一統六十餘州 雖
   欲速講信修睦 以敦隣好 恐道路湮晦 使臣行李 有淹滯之憂歟 是以 多年 思而止
   矣 今 令與貴价 遣黃允吉・金誠一・許筬三使 以致賀辭 自今以往 隣好出于他上
   幸甚 仍不腆土宜 錄在別幅 庶幾笑留 餘順序珍嗇 不宣 萬曆十八年三月 日 朝鮮
   國王李昖

이 국서는 우리가 보기에 결코 원본 그대로의 문장이 아니다. 탈자·오자의 문제가 아니고 일본인의 손에서 상당한 개작이 있었다고 보인다. 우선 문장이 제대로 된 것이 아니다. 우리나라 국서의 문장이 이럴 리 없다. 정치적인 고의의 개작인지 혹은 자료의 비축을 위해 원본이 없어진 뒤에 의작한 것인지는 알 수가 없지만 분명히 일본인의 미숙하고 졸렬한 글솜씨로 꾸며진 것이다.

다만 여기에서 우리가 주목할 것은 첫머리에 우리 국왕이 직접 어휘(御諱)를 쓰고 상대편을 '일본국왕전하(日本國王殿下)'라고 썼다는 것이다. 이 부분은 모두 사실이다. 학봉과 허서장의 논란을 통하여 확인할 수가 있다. 문제는 여기에 있다.

취락정에 가서 히데요시를 만날 때에 배례(拜禮)를 어디에서 하느냐 하는 것이다. 허서장은 뜰 아래에서 즉 정하배(庭下拜)를 하자고 한 데에 대해 학봉은 강력히 반대하고 당(堂)에 올라 영외배(楹外拜)를 하자고 주장하였다. 허서장은 우리 국서에 어휘(御諱)를 쓰고 일본국왕전하(日本國王殿下)라고 썼으니 이는 우리 임금이 관백을 적체(敵體: 대등)로 대우한 것이다. 신하가 된 자로서 어찌 항례(抗禮)하여 정하배를 하지 않을 수 있겠느냐고 한다. 학봉은 길게 설명하였다.

천황이 일본의 임금이고 관백은 임금이 아니며 다만 상군(재상)에 불과한 것이니 우리가 관백을 국왕이라 하여 우리 임금과 동격으로 대하는 것은 치욕이라는 것이다. 지금껏 우리나라가 그것을 모르고 있었지만 이번에 와서 알게 된 이상 잘못을 되풀이할 수 없다고 하였다.[7]

과거에 일본 대명(大名)들의 서계(書契)에 우리 주상을 황제폐하

---

7) 夫日本者 何等國也 我朝之與國也 關白者 何等官也 僞皇之大臣也 然則主日本者 僞皇也 非關白也 爲關白者 相君也 非國王也 惟其擅一國之威福 故 我朝 不知其實 謂之國王而待以敵體 不亦辱乎(「與許書狀」,『鶴峰全集』 108면 上段 右葉)

(皇帝陛下)라고 써왔는데 그들은 자기네 천황이 우리 주상과 동격임을 알기 때문에 그렇게 쓴 것이다. 지난번에 우리 조신(朝臣)가운데 잘못된 판단으로 그것을 받지 말자고 했는데 지금 생각해보면 큰 실수가 아닐 수 없다는 것이다.[8]

히데요시가 천황가의 교황적 권위를 머리에 이고 바로 지척에서 천황가에 대한 성의를 표시하고 있는 처지인데, 우리 사신들이 히데요시를 일본의 임금으로 여긴다면 천황가의 존재를 무시하는 것으로 일본의 국민정서에 크게 위배될 뿐 아니라 그것은 우리 국왕을 관백과 동격으로 격하시키는 결과가 되는 것이다. 설령 국서의 표현과 배치되는 점이 있다고 하더라도 외국에 나온 사신이 전대(專對)의 권한이 있으므로, 잘못인 줄 알면서 그대로 할 수 없다는 것이다.[9] 학봉의 이 주장은 참으로 통쾌한 것이다. 확고한 자기주체성으로 고차원의 국제적 시야에 서 있는 분이 아니면 이와같은 뚜렷한 논리가 나올 수 없는 것이다.

이 문제는 당시 일본사행 중 가장 중요한 절차이며 두 나라 관계에 있어서 커다란 상징적 의미를 지니고 있는 것이므로 학봉은 끝내 자기 주장을 관철시켜 히데요시에게 영외배로 낙착(落着)되게 되었다.


## 7. 맺　음

16세기가 저물어가는 시기, 동아시아 3국에 큰 상처를 입힌 임진왜란은 4백여 년이 지난 지금에도 그 원인을 정확히 설명할 수가

---

8) 自前 日本諸殿書 謂我主上皇帝陛下者 亦知僞皇敵體于主上 故 尊之若此 而關自不敢與之抗也(同上 左葉)

9) 同上 109면 上段 右葉~下段 左葉.

없다. 히데요시를 단순한 몽상광으로 보고 이 몽상광이 연출한 세
기적인 활극에 3국의 무고(無辜)한 인민들이 전쟁에 동원되어 비참
하게 희생되었다고 탄식하는 고로들이 아직도 있다. 그러나 이 활
극의 직접 무대로 이용되었던 우리나라의 피해는 너무도 큰 것이어
서 결코 한 사람의 몽상광에게 책임지우고 말 성질의 것이 아니다.

이 논고에서 다루어온 것은 두 가지 촛점에 관한 것이다. 하나는
조・일 양국의 사이에서 오직 자기 이익만을 추구하는 대마도가 어
려운 국면에서 좀더 성실하게 문제에 접근할 생각을 하지 않고 모
략외교를 통하여 쌍방을 속이면서 미봉(彌縫)하려 하다가 결국 히
데요시의 앞잡이로서 침략의 선봉이 되는 과정을 파악해보려 한 것
이다. 다른 하나는 "사람은 반드시 자기 스스로를 모멸(侮蔑)한 뒤
라야 남도 그를 모멸한다(人必自侮而後 人侮之)"라는 말과 같이 조
선의 양반 지배층이 스스로 퇴영(退嬰)과 고식(姑息)을 일삼아 사
대(事大) 교린(交隣)이라는 전통적 외교방식에서 한걸음도 나가보
지 못하고 급기야 피동적인 외교사절의 파견에 이르러서는 히데요
시의 위세에 미리 겁을 먹고 수순(隨順) 굴종으로 시종 일본인에게
얕잡아보임으로써 필경 침략을 불러오게 된 경위를 밝혀보려 한 것
이다.

여기에서 학봉선생의 참다운 정신과 탁락(卓犖)한 풍의가 무한히
우러러보인다. 만약 상사・서장관 등 사신들이 학봉을 중심으로 일
치단결하여 왜인에 대응했더라면, 그리고 한결같이 자존자중(自尊
自重)하면서 지킬 것을 지키고 따질 것을 따졌더라면 히데요시의
대조선 인식에 변화가 생기고, 전쟁의 궤도가 수정될 수도 있었을
것이 아닌가 한다.

<鶴峯의 學問과 救國活動, 1993>

# 西厓의 學問方法과 '新意'論

## 1. 머 리 말

오늘 제가 발표하는 내용은 서애선생(西厓先生 : 柳成龍 ; 1542~1607)
의 학문에 관한 것입니다. 그것도 학문 전반에 관한 것이 아니고
서애선생의 학문방법의 핵심적인 것과, 학문에 있어서의 새로운 시
각, 새로운 고증을 도출(導出)하게 된 신의론(新意論)을 다루어서
서애선생의 학문의 특징을 파악해보려고 한 것입니다.

동서고금을 막론하고 역사상의 유명한 인물을 대할 때에, 먼저
그 인물의 역사적 위상(位相)을 생각하게 됩니다. 예를 들면 거룩
한 학자, 훌륭한 정치가 · 전략가(戰略家)라는 식으로 말입니다.

흔히 세상 사람들은 서애선생을 그저 조선왕조의 유명한 정승으
로, 정치 · 군사 · 외교의 다방면에 걸친 빛나는 활약을 통해서, 임
진왜란(壬辰倭亂)의 국난을 극복한 제일공신으로만 생각하고 있습
니다. 이것이 오늘날 일반 국민이 생각하는 서애선생의 역사적 위
상입니다.

물론 이것은 당연한 생각이고 조금도 잘못된 것은 아닙니다. 바
로 그저께 모 신문에서 봤습니다만, 두 사람의 학구적인 군인에 의
해서 서애선생과 함께 이충무공(李忠武公)에 관한 각각의 저서 두
종[1]이 나왔는데, 이 신문은 그 책들을 소개하면서 "서애(西厓) 유

---

1) 저서 두 종 : 李元勝 著 『柳成龍의 軍事分野業績 再照明』과 崔碩男 著 『救國

성룡(柳成龍)과 충무공(忠武公) 이순신(李舜臣)은 임진왜란에서 뺄수 없는 최고 영웅들"이라고 하였습니다.

물론 이것도 맞는 말입니다. 그러나 우리의 일상적인 생각 속에 자리잡은 서애선생의 인간상은 선생이 평소에 자주 말씀하시던바 '성현지학(聖賢之學)'을 닦은 우리나라 유학사(儒學史)의 대현(大賢)의 한 분입니다. 영웅이라는 말이 꼭 알맞은 표현인지, 선뜻 받아들여지지 않는 일면이 있습니다. 하기는 공자(孔子)를 '진정대영웅(眞正大英雄)'이라고 한 말이 있고, 정자(程子)도 '남아도차 시호웅(男兒到此是豪雄)'이라고 했으니까 서애선생을 영웅이라고 해서 대현(大賢)의 이미지에 손상이 될 것은 없습니다만, 그 신문에서 말한 영웅이라는 것은 전쟁영웅을 뜻하는 것입니다. 서애선생을 충무공과 함께 단순한 전쟁영웅으로 형상화시켜서는 매우 부당하다고 여겨집니다.

서애선생은 전쟁영웅이기 전에 국가 경영전략(經營戰略)을 한몸으로 담당한 정치가·전략가이고, 정치가·전략가이기 전에 앞에서 말한 '성현지학(聖賢之學)'을 닦은 학자였음을 분명히 해두어야 할 것입니다.

이러한 견지에서 오늘 제가 서애선생의 학문(學問)에 관한 말씀을 드리는 것은 나름대로 일정한 의미가 있다고 생각합니다. 그러나 오늘의 저의 발표는 대단히 소략(疏略)하고 피상적(皮相的)인 것입니다. 첫째로 저의 능력으로 서애선생의 학문의 요체(要諦)를 체득하거나 소화할 수가 없는 것이고, 둘째로 제가 이번에 충분한 시간을 가지지 못해서 이 문제에 깊이 있게 접근할 수 없었기 때문입니다.

여러분의 넓으신 양해를 먼저 바라는 바입니다.

---

의 名將 李舜臣』의 두 著書를 말한다.

## 2. 西厓先生의 學問方法

### (1) '思(思索)'의 世界

서애선생(西厓先生)은 "학(學)은 이사위주(以思爲主)"라 하여 학문은 사(思) —— 사색을 주로 삼아야 한다고 하였습니다.

일찍이 공자는 사(思)와 학(學 : 學習)을 대거(對擧) 설명하면서 한가지로 편중하면 안된다고 하였습니다.

학습만 하고 사색하지 않으면 어두워지고, 사색만 하고 학습을 하지 않으면 위태로워진다. [2](『논어(論語)』 위정(爲政))

'학(學)'은 여러가지 의미가 있습니다만 여기서의 학(學)은 고전을 읽고 전언왕행(前言往行)을 학습하는 것을 말합니다. 학습만 하고 사색하지 않으면 혼미(昏迷)해지고 사색만 하고 학습을 하지 않으면 위태로워진다는 것입니다. 공자는 사(思)와 학(學)을 병행할 것을 말하면서도 다른 곳에서 사(思)보다 학(學)이 더 중요하다고 말해둔 바가 있습니다.

후세로 내려올수록 학습 쪽으로 기울어지고 사색에 힘쓰지 않는 경향이 있었습니다. 우리나라(朝鮮王朝)에서 특히 그러하였습니다. 공맹(孔孟)은 물론이고 주자(朱子)의 언행을 그대로 보보(步步) 추추(趨趨), 그대로 학습하기에 몰두하고 있었을 뿐, 자기가 사색하는 일은 별로 없었습니다.

사색이 없는 곳에 자기개발이 있을 수 없고 나아가 사회개발이 있을 수 없습니다. 서애선생(西厓先生)은 이 점에 착안하여, 이대

---

2) 學而不思則罔 思而不學則殆(『論語』 爲政)

로 나가다가는 우리나라가 고루(固陋) 낙후(落後)될 것으로 우려했던 것 같습니다. 이에 학문에 있어서 학습주의로부터 사색주의로 일대 전환을 시키려 했던 것입니다.

　우선 사색주의의 정당성을 증명하기 위해서 『홍범(洪範)』과 『중용(中庸)』을 인용해놓고 자기 견해를 첨부해두었습니다.

　　『홍범(洪範)』에 이르기를 "사(思)는 예(睿)이고, 예는 성(聖)이 된다. 숙(肅)·예(乂)·철(哲)·모(謀)는 사(思)가 아니면 성립하지 않는다"라 했고, 『중용(中庸)』의 '박학(博學)' '심문(審問)' '신사(愼思)' '명변(明辨)' '독행(篤行)' 다섯 가지 중에서 사(思)가 주(主)이기 때문에 가운데 위치한다.[3]

　『홍범(洪範)』에 사(思)는 예(睿)이고 예(睿)는 성(聖)이 될 수 있다고 하였는데 숙(肅)·예(乂)·철(哲)·모(謀)의 모든 것이 사(思)가 아니면 성립되지 않는다고 하였습니다. 『중용(中庸)』에 박학(博學)·심문(審問)·신사(愼思)·명변(明辨)·독행(篤行)의 오자(五者) 중에 사(思)가 주이기 때문에 한가운데 처하게 되는 것이라고도 하였습니다. 여기에 맹자의 말을 다시 인용하였습니다.

　　맹자가 말하기를 "심(心)의 기능은 사색하는 것이다. 사색하면 그것을 터득하고 사색하지 않으면 터득하지 못한다. 이 심(心)의 기능은 하늘이 나에게 준 것이다"라 하였다.[4]

　"인간이 가진 심(心)은 그 기능이 사색하는 것이니 사색하면 '얻음'이 있을 수 있고 사색하지 않으면 '얻음'이 없다"라고 한 맹자의

---

3) 洪範曰 思曰睿 睿作聖 肅乂哲謀 非思不立……中庸 博學審問愼思明辨篤行五者 思爲主 故處其中(「學以思爲主」, 『西厓全書』 卷1 295면 下段 左葉)
4) 孟子曰 心之官則思 思則得之 不思則不得 此天之所以與我者(上同)

말을 예시한 서애선생은 이 사색 즉 사고력은 하늘이 우리에게 준
것이라고 하였습니다. 따라서

　　성현의 학(學)은 오로지 사색을 주로 삼는다. 사색을 하지 않으면 구이
　　지학(口耳之學)이니 아무리 많은들 무엇을 하겠는가. [5]

라고 하여, 성현지학(聖賢之學)은 오로지 '사(思)'로써 주를 삼는
데, '사(思)'가 아니면, 즉 심(心)을 기능시키지 못하고 '구이지학
(口耳之學)'이 될 뿐이라고 하였습니다.
　서애선생(西厓先生)은 사고력이 사람에 따라 차이가 있음을 인정
하고 있었겠지만, 요는 정성(精誠)이 문제라고 보았습니다.

　　관자(管子)가 말하기를 "생각하고 생각하고 또 거듭 생각하라. 생각해
　　도 통하지 않으면 귀신이 장차 통해줄 것이다"라 했는데, 그것은 귀신의
　　힘이 아니고 정성의 지극함에서 온 것이다. 이것이 또한 글을 읽고 생각
　　을 극진히하는 법이다. [6]

　"생각하고 생각하고 또 거듭 생각하라. 생각해도 통하지 않으면
귀신이 장차 통하게 해줄 것이다"라는 관자(管子)의 말을 인용하고
는 귀신의 힘이 아니고 정성이 지극하기 때문이라고 하였습니다.
　그런데 이 사색은 무엇을 위한 것인가? 학문적 효과는 어떤 것
인가? 서애선생은 이 '사(思)'의 자의(字義)에 대한 독특한 풀이를
내렸습니다.

　'思'라는 글자는 '田'과 '心'을 따른 것이다. '田'이라는 것은 경작한다는

---

5) 聖賢之學 專以思爲主 非思則口耳之學 雖多奚爲(上同)
6) 管子曰 思之思之 又重思之 思之不通 鬼神將通之 非鬼神之力 精誠之至也 斯又
　　讀書致思之法也(上同)

뜻이니, 사람이 마음의 밭을 경작하기를 마치 농부가 잡초를 제거하여 곡
식을 기르는 것과 같이 한다면 마음이 이로 말미암아 바르게 되고 뜻이
이로 말미암아 성실하게 되어 악념(惡念)이 물러가고 천리(天理)가 자명
(自明)해질 것이다. 정일(精一)의 학문은 이와같을 따름이다. [7]

즉 사(思)자는 '田'과 '心'으로 구성되어 있는 것이니 농부가 밭을
경작함에 잡초를 제거하고 좋은 곡식을 기르는 것과 같이 우리의
심전(心田)을 잘 가꾸어나가면, 성의(誠意)·정심(正心)이 다 여기
에서 이루어져서 악념(惡念)이 물러가고 천리(天理)가 자명(自明)
해진다고 하면서 고성왕(古聖王)의 정일지학(精一之學)이 곧 이와
같은 것이라고 하였습니다. 끝으로

사(思)의 의의가 크도다. [8]

라고 하여 사(思) —— 사색의 의의가 참으로 큰 것이라고 말하였습
니다.

### (2) '知(睿知)'의 次元

공자(孔子)가 대등시(對等視)하였던 '사(思)'와 '학(學)'에서 결국
학(學) 쪽에 치중했던 것임에 대하여 서애선생이 특히 사(思)의 가
치를 강조하였던 것과 같은 맥락으로, 종래 유학에서 지(知)와 행
(行) 중에서 행(行:行實)을 더 중시해왔던 것에 대해서 서애선생은
'지(知)'를 훨씬 더 높은 차원으로 격상시켜 그 가치를 크게 강조하
였습니다.

종래 유학에서 지(知)보다 행(行)을 중시했던 것은 여러 곳에서

---

7) 蓋思字 從田從心 田者耕治之義 人能耕治心田 如農夫之去稂莠 而養佳穀 則心
由是正 意由是誠 惡念退聽 而天理自明矣 精一之學 如斯而已(上同)

8) 思之爲義 大矣哉(上同)

보입니다.

　공자가 말하기를 "자제(子弟)들이 들어오면 효도하고 나가면 우애하며, 삼가하고 미덥게 하며 ……이런 일들을 행하고도 남은 힘이 있으면 글을 배울 것이다"라 했다. [9]

　자하(子夏)가 말하기를 "어진 이를 어질게 여기기를 여색(女色) 좋아하듯이 하고, 부모를 섬기는 데 그 힘을 다하며, 임금을 섬기는 데 그 몸을 바치며, 벗과의 사귐에 말에 믿음이 있으면 비록 배우지 않았더라도 나는 반드시 배웠다고 할 것이다"라 했다. [10]

　또한, 지(知)란 진실로 행(行)으로써 효과를 삼아야 할 것이다. 행(行)으로는 지(知)의 효과를 얻을 수 있지만, 지(知)로는 행(行)의 효과를 얻지 못한다. 행은 지를 겸할 수 있지만 지는 행을 겸할 수 없다. 군자의 학(學)은 행(行)을 떠나서 지(知)를 할 수가 없는 것이다. [11]

등등 헤아릴 수 없을 정도입니다. 공자(孔子)와 자하(子夏)는 효제충신(孝悌忠信)의 행실만 있으면 아는 것〔知〕은 별 문제가 안된다는 뜻이고, 왕부지(王夫之)는 지(知)와 행(行)을 대거(對擧) 설명하면서 지(知)를 행(行)의 종속적 위치에 두었습니다. 이것이 전통적 견해입니다.

　이에 대하여 서애선생(西厓先生)은

　성현의 학(學)은 비록 행(行)을 중히 여기지만 더욱 지(知)를 귀하게 여겨야 한다. [12]

---

9) 子曰 弟子入則孝 出則弟 謹而信……行有餘力 則以學文(『論語』學而)

10) 子夏曰……賢賢易色 事父母能竭其力 事君能致其身 與朋友交 言而有信 雖曰 未學 吾必謂之學矣(上同)

11) 且夫知者 固以行爲功者也……行焉可以得知之效也 知焉未可得行之效也……行可兼知 而知不可兼行 君子之學 未嘗離行以爲知也(「行重於知」, 王夫之, 『尙書引義』卷3)

라 하여 모두(冒頭)에 지(知)를 행(行)보다 귀중한 것으로 설파하였습니다. 이는 또한 놀라운 사실이 아닐 수 없습니다. 선생은 지(知)가 행(行)보다 귀중하다는 까닭을 아래와 같이 말하였습니다.

비록 행(行)이 돈독하더라도 지(知)가 따르지 않으면 습부저(習不著)·행불찰(行不察)을 면하지 못하니 그를 선인군자(善人君子)라 할 수는 있어도 끝내 통미(通微)·예극(詣極)하기에는 부족하다. [13]

가령 여기 어떤 사람이 비록 행실이 돈독(敦篤)하다고 하더라도 지(知) 곧 예지(叡知)가 따르지 못하면 학습을 하고 실천을 하면서도 이치를 모르게 된다. '선인군자(善人君子)'라고 할 수는 있어도 마침내 통미(通微)·예극(詣極)은 못한다는 것입니다.

통미(通微)는 정미(精微)·심미(深微)한 도(道)의 본원(本源)과, 우주의 근원에 통투(通透)한다는 것이고, 예극(詣極)은 마찬가지로 궁극의 경지에 조예(造詣)가 이른다는 것입니다. 통미(通微) 예극(詣極)은 철인(哲人)이나 성인의 경지에 도달하는 것입니다. 이는 지(知) 곧 예지(睿知)에 의해서만 가능한 것입니다.

공자 문하의 제자들로 덕행으로 민자건(閔子騫)·백우(伯牛)·중궁(仲弓) 같은 이들이 있지만 공자가 일관(一貫)의 종지(宗旨)를 이 3인에게 말하지 않고 유독 자공(子貢)을 불러 말해준 것은, 3인이 비록 지극한 행(行)은 있지만 지(知)가 이에 참여하기에 부족했기 때문이다. [14]

---

12) 聖賢之學 雖重於行 而尤以知爲貴(「知行說」, 『西厓全書』 卷1, 291면 上段 右葉)

13) 雖篤行 而知未至 則未免爲習不著行不察 謂之善人君子 則可也 終不足以通微而詣極也(上同)

14) 孔門弟子 德行如閔子伯牛仲弓 然 一貫之旨 孔子不以語三人 而獨呼子貢而告

민자건(閔子騫)·염백우(冉伯牛)·중궁(仲弓)  3인은  공자  제자 중에서  덕행(德行)으로  이름난  사람들인데  공자가  자기의  도(道)의 종지(宗旨) —— 일관지지(一貫之旨)를  그들  3인에게  말하지  않고 자공(子貢)을  불러  고하게  된  것은,  그  3인이  비록  행실은  돈독하 나  예지가  거기에  참여할  수  없었기  때문이라고  하였습니다.  이것 은  종전의  어떤  학자도  말한  적이  없는  새로운  견해입니다.  예지를 중시함으로써  모든  사물,  모든  가치가  남들과  다른  차원에서  이해 판단이  나오기  때문입니다.

지(知)의  차원에서  모든  것을  이해  판단한  서애선생은

『주역』에  이르기를  "그칠  데를  알아  그치면  기미(幾微)에  참여할  수  있 고,  마칠  데를  알아  마치면  의(義)를  보존할  수  있다"라  했는데,  이는  성 현이  시종(始終)·본말(本末)에  관통한  것이  지(知)에  지나지  않을  뿐인 것이다. 15)

라고  하여  『주역(周易)』의  '지지  지종(知至  知終)'  구절을  들어  말 하면서,  성현의  시종(始終)·본말(本末)을  관통한  것이  지(知)에 불과한  것이라고  단언하였습니다.

그렇다고  해서  이  지(知)가  자기의  심신(心身)과  관계  없이  사변 적·관념적으로  흘러버리는  것을  크게  경계하였습니다.

고인(古人)이  지(知)라고  한  것은  진지(眞知)이다.  그렇기  때문에  "아 침에도  도(道)를  들으면  저녁에  죽어도  좋다"라  한  것이니,  듣는다는  것 은  길에서  얻어  들은  것이  아니다.  요사이  언어  문자의  말단을  주워  모아

---

之  蓋以三人  雖有至行  而知不足以與此也(上同)
15)  易曰  知止(至)止之  可與幾也  知終終之  可與存義  是聖賢  貫終始  通本末  不過 曰  知而已(上同)

성(性)을 논하고 이(理)를 논하여 스스로 그것을 지(知)라 여기고 조금도 심신(心身)에 관계됨이 없는 것은 다 덕(德)을 버리는 것이니 공자가 말한 영(侫)이다. 이런 것을 지(知)라 한다면 어찌 천리나 멀 뿐이겠는가. [16)]

옛 성현이 말하는 지(知)는 '진지(眞知)'로서 도(道)를 깨닫는 것이라고 하였습니다. 지금의 선비들이 언어 문자의 말폐(末弊) 속에 성(性)을 논하고 이(理)를 논하면서 스스로 지(知)라고 하는데 이는 지(知)가 아니고 영(侫)이라고 하였습니다. 서애선생이 사시던 당시에 성리설(性理說)이 공리공론화(空理空論化)될 조짐(兆朕)이 이미 보이고 있었기 때문에 이와같이 '진지(眞知)'를 내세운 것입니다. 진지는 실천을 수반하기 때문입니다.

어쨌든 서애선생은 전통적 견해와는 달리 지(知)에 절대적 의미를 부여하여 성현지학의 시종본말(始終本末)을 관통하는 것이 지(知)라고 할 정도였습니다. 서애선생의 이 주장은 '주지주의(主知主義)'라고 이름을 붙여도 무방할 듯합니다. 이 '주지주의'는 당시 우리나라의 폐쇄적 상황 속에서 민족의 지적(知的) 각성을 촉구하는 청량제가 될 수 있었을 법합니다만 당파 싸움과 성리설(性理說)의 스콜라적 논쟁 속에 후계자가 없는 채로 요요(寥寥)해지고 말았습니다.

실학시대(實學時代)에 들어와서 성호(星湖) 이익(李瀷)에 의해 '지식주의'가 제창되기도 하였습니다만 이 또한 크게 발전되지 못하고 말았습니다. 성호의 지식주의는 서애선생의 '주지주의'와 일맥상통하는 바가 있기에 견련(牽連) 언급한 것입니다.

그런데 이 '지(知)'가 선험적 양지(先驗的良知)인지 경험적 지(經

---

16) 古人之所謂知者 眞知也 故曰朝聞道 夕死可也 聞非得於道聽者也 今之掇拾 於言語文字之末 論性論理 自以爲知 而略無干涉於心身者 皆德之棄 而孔子之所謂 侫者也 以此爲知 奚啻千里(「知行說」, 『西厓全書』 卷1, 291면 上段 左葉)

驗的知)인지, 서애선생은 분명히 말한 바 없습니다. 이것은 주자 (朱子)의 격물치지(格物致知)에서부터 문제가 되는 것입니다만, 주 자는 "인심지령 막불유지(人心之靈 莫不有知)"라고 하여 인간에게 는 고유의 지(知)가 있는 것으로 말한 것 같습니다.

뒤에 왕양명(王陽明)이 양지 만능주의(良知萬能主義)에 흐르게 되어 퇴계선생(退溪先生)의 신랄한 지탄을 받았고 서애선생도 사문 (師門)의 관점을 이어받아 왕양명의 이론을 비판하는 입장이었으니 까 서애선생의 지(知)가 왕양명이 말한 선험적 양지(先驗的良知)일 수는 없을 것이고, 다만 주자(朱子)가 설명한 인심(人心) 속의 고 유의 지(知) 그것을 바탕으로 했을 것으로 보여집니다.


## 3. 西厓先生의 '新意'


### (1) 經學에 있어서의 新意

서애선생(西厓先生)은 경서(經書)를 공부할 때에 먼저 주해(註 解)를 보지 말라고 하였습니다. 이 주해는 주자의 집주(集註)를 포 함한 송유(宋儒)의 주해 전반을 가리키는 것입니다.

무릇 글을 읽을 때는 먼저 주해(註解)를 보지 말아야 한다. 경문(經文) 을 가지고 반복해서 상세히 음미하여 스스로 신의(新意)가 떠오르기를 기 다렸다가 물러나서 주해를 참조·비교하면 경문의 뜻이 밝혀지고, 다른 사람의 설(說)에 가리어지지 않을 것이다. 만약 먼저 주해를 보면 그 설 이 나의 가슴속에 들어앉아 스스로는 필경 신의(新意)를 가지지 못할 것 이다. [17]

---

17) 凡讀書 不可先看註解 且將經文 反覆而詳味之 待自家有新意 却以註解參校 庶 乎經意昭然 而不爲他說所蔽 若先看註解 則被其說 橫吾胸中 自家竟無新意矣

"주자집주(朱子集註)를 포함한 모든 주해(註解)를 먼저 보지 말고 우선 경문(經文)을 되풀이하여 읽으면서 자세히 음미하여 자기 자신의 신의(新意)가 떠오르기를 기다려서 비로소 주해들과 비교 검토해야만 경전(經典)의 원뜻이 소연(昭然)히 이해되고 타인의 설에 가리어지지 않는 것이니, 만약 먼저 주해를 보게 되면 타인의 설이 나의 흉중을 차지하여 나는 필경 아무 신의(新意)도 가지지 못한다"라고 하였습니다.

이것은 대단한 제안입니다. 주자의 주해를 경문(經文)과 같은 비중으로 받들고 있던 우리나라 풍토에서 주자의 주(註)를 젖혀놓고 우선 경문만을 가지고 반복상미(反覆詳味)하여 자기의 신의(新意)를 얻은 뒤에 주해를 참고 대조하여 보라는 것입니다.

그러면 서애선생의 신의(新意) 즉 독자적·창의적 견해는 어떤 것인가. 여기 경학(經學)에 대해 한가지만 예를 들겠습니다. 『대학(大學)』격치장(格致章)에 관한 것입니다.

『대학(大學)』에는 격물치지(格物致知) 장(章)이 없는데 주자(朱子)가 정자(程子)의 뜻을 가지고 이를 보충했다. 그후 왕노재(王魯齋)·방정학(方正學) 제인(諸人)은 격치장(格致章)이 없어진 것이 아니라 여기고, 경문 중의 '지지(知止)'·'물유본말(物有本末)' 2절을 거기에 해당시켰다. 우리나라의 이회재(李晦齋)의 견해 역시 왕(王)·방(方)과 같다. 다만 '물유본말(物有本末)'을 '지지(知止)'의 앞에 두었을 뿐이다. 근세의 노소재(盧蘇齋)는 이를 탁견(卓見)으로 여겼다. 그러나 일찍이 경문의 어세(語勢)와 맥락을 반복해 보니 그렇지 않다는 것을 알 수 있었다.[18]

(「讀書法」, 『西厓全書』 卷1, 296면 上段 左葉)

18) 大學無格物致知章 朱子以程子之意補之 其後王魯齋方正學諸人 以爲格致章 未嘗亡 經文中 知止·物有本末二節當之 我國李晦齋之見 亦與王方同 但以物有本末 置於知止之先 而近世盧蘇齋 以爲卓見 然余嘗反覆經文語勢脈絡 而知其未

주자(朱子)의 보망장(補亡章)을 부인할 뿐만 아니라, 왕노재(王魯齋)·방정학(方正學)의 설은 물론, 가장 존경하는 이회재 선생(李晦齋先生)의 설도 따르지 않고 그것이 옳지 않다고 하였습니다.

또 나의 생각으로는 늘 격치장(格致章)이 별도로 있을 필요가 없다고 여겼다. '大學之道 在明明德'으로부터 '平天下'에 이르기까지 격치(格致)의 설이 아닌 것이 없다. ……이와같이 하여 성의(誠意)가 되고, 이와같이 하여 정심(正心)이 되고, 이와같이 하여 수신(修身)이 되고, 이와같이 하여 제가(齊家)·치국(治國)·평천하(平天下)가 된다면 격물치지의 학(學)이 어찌 밝혀지고 갖추어지지 않겠는가.[19]

서애선생은 격치장(格致章) 자체가 따로 있을 필요가 없다고 주장하고 대학지도 재명명덕(大學之道 在明明德)으로부터 평천하(平天下)에 이르기까지가 모두 격물치지(格物致知)의 학(學)이라고 논단하였습니다. 서애선생의 이 주장의 타당 여부는 제가 말학(末學) 후생으로 감히 가부를 말할 처지가 못됩니다만 중요한 것은 서애선생이 자기의 신의(新意)를 굴절 없이 발표한 일입니다. 서애선생은 주자학적 권위주의하에서 이미 자기를 해방시키게 되었던 것같습니다.

(2) 史學에 있어서의 新意

서애선생(西厓書生)은 「독서여측(讀書蠡測)」이라는 역사관계 저술이 있을 뿐만 아니라, 『징비록(懲毖錄)』을 비롯한 사실(史實)의

---

然也……(「大學章句補遺」, 『西厓全書』 卷1, 298면 下段 右葉)

19) 且愚意 常以爲格致章 不必別立 恐自大學之道 在明明德 直至平天下 無非格致之說……如此而爲誠意 如此而爲正心 如此而爲修身 如此而爲齊治平 其爲格物致知之學 豈不明且備乎(上同 卷1, 299면 上段 右葉)

문헌을 많이 남겨, 외국인들은 선생을 한 사람의 역사가로서 연구 대상으로 삼기도 합니다. 저는 여기서 다만 선생의 신의(新意)가 사학(史學) 쪽에 있어서는 어떻게 나타났는가를 알아보는 데 그치겠습니다. 역시 한 가지만 예를 들겠습니다.

「주공부성왕조제후변(周公負成王朝諸侯辨)」이라는 글에서 세 가지 사실을 두고 의문을 품은 형식을 빌려 자기 견해를 밝혔습니다.

첫째, 주공(周公)이 성왕(成王)을 업고 제후(諸侯)들의 조회를 받기 위해 '거섭 천조(居攝踐祚)'했다는 기록을 불신하였습니다. 무왕(武王)이 죽었을 때 성왕(成王)이 강보(襁褓)의 어린이가 아니라는 것과, 주공(周公)에 대한 무함(誣陷)을 성왕이 받아들였던 것만 보아도 성왕이 홀로 서서 조회를 받을 정도는 되었을 것인데 주공이 어떻게 천조(踐祚) 즉 왕의 자리에 밟고 선다는 말이냐고 하였습니다.

둘째, 순(舜)임금이 부모에 고하지도 않고 장가들었다는 기록을 불신했습니다. 사악(四岳)이 순(舜)을 천거할 때에 그 부모의 완은 지심(頑嚚之心)이 이미 감화 융해되어 '극해이효(克諧以孝)'로서 천하 사람들이 다 알게 되고 그리하여 요(堯)가 믿고 후계자로 삼았을 것인데, 만약 그때까지 가정이 괴려(乖戾) 불화 속에 그대로 있었다면 순(舜)이 자기 집도 바로잡지 못하는 사람으로, 어찌 취할 바가 있겠느냐고 하였습니다.

셋째, 맹자가 일찍 상부(喪父)하고 그 모(母)를 따라 삼천(三遷)하여 매장(埋葬)·판육(販鬻)의 놀이를 하였다고 한 것을 불신하였습니다. 맹자가 부상(父喪)을 당하였을 때 이미 자기 손으로 초상(初喪)을 치른 사실을 밝히고 삼천지설(三遷之說)을 무근거한 것으로 말하였습니다.

이 세 가지는 다 성현의 일로서 내 마음에 의심이 있으나 감히 억지로 할 수 없다. 널리 알고 이치에 통달한 선비로부터 옳은 것을 취해서 천고

의 의문을 풀려고 생각한다. [20]

이 세 가지는 모두 성현지사(聖賢之事)로서 의심이 가는 것이므로 그대로 둘 수 없어 변파(辨破)한다는 것입니다. 이러한 고증작업은 사학(史學)의 기초적인 것으로서, 서애선생의 신의(新意)에 의해 오랜 역사 속의 고사(故事)가 구명된 것입니다.

### (3) 詩文學에 있어서의 新意

서애선생(西厓先生)은 시작(詩作)에 힘을 기울일 처지가 아니었으며 또한 특별히 유의한 적도 없는 듯합니다. 다만 선생의 신의(新意)가 시문학 쪽에는 어떻게 나타났는가를 알아보기 위해 살펴보기로 합니다.

나는 시(詩)를 잘 못한다. 그러나 시의 뜻은 대략 이해한다. 대개 시는 마땅히 충담청원(冲澹淸遠)하여 말 밖에 뜻을 부치는 것으로써 귀하게 여긴다. 그렇지 않으면 다만 진부한 말이 될 뿐이다. [21]

시(詩)는 '충담청원(冲澹淸遠)하여 말 밖에 뜻을 부치는 것'이 좋은 것이고 그렇지 않은 것은 진부어(陳腐語)일 뿐이라고 하였습니다. 이 '진부어'는 곧 신의(新意)의 반대 의미입니다. 실제로 선생의 시(詩)는 당신께서 주장한 그대로 충담청원(冲澹淸遠)하고 언외(言外)에 뜻을 부친 작품들이 대부분일 뿐만 아니라 신의가 항상 그 속에 나타나 있음을 봅니다. 자칫 주관적인 것이 될지 모르겠습니다만 제가 평소에 가장 애송하는 시 두 수(首)를 들어보겠습니

---

20) 三者皆聖賢之事  余心有疑  而不敢强  思取正於博雅識理之士  以釋千古之疑云 (「周公負成王朝諸侯辨」, 『西厓全書』卷1, 300면 上段 左葉)

21) 不能詩  然  略解詩意  大槪詩當以淸遠冲澹  寄意於言外  爲貴  不然則只是陳腐語 耳(「詩意」, 『西厓全書』卷1, 301면 上段 左葉)

다.

> 대도(大道)는 입과 귀론 전하기 어려운 것
> 이 마음 가는 곳마다 스스로 유연하네
> 정관재(靜觀齋) 난간 밖 천 줄기 버들에
> 가지마다 봄빛이 선후(先後) 없이 들어오네.[22]

이 시는 27세 때 정주(定州)로 근성차(覲省次) 가서 지은 것입니다. 전련(前聯)이 도학적 의경(意境)에서 나온 교설조의 구절인데 후련(後聯)이 그것을 받아 유조춘색(柳條春色)의 경치를 묘사하면서 전련의 뜻을 부착(斧鑿)의 흔적 없이 잘 융합시켜놓은 것입니다. 27세에 벌써 이러한 경지에 이르른 것입니다.

> 봄날 강 위에 가랑비 내리고
> 앞산은 으스름한 저녁이 되려 하네
> 의중(意中)의 사람은 보이지 않고
> 매화만 저절로 피었다 지네.[23]

전련(前聯)은 송(宋)·원(元)의 산수화의 화의(畫意)를 선명하게 담은 것으로, 후련(後聯)에서 그 화중(畫中)의 주인공인 자신의 존재를 부각함이 없이 '의중인(意中人)'을 그리는 가운데 세월의 흐름을 매화의 개락(開落)으로 상징한 것입니다. 이 '의중인(意中人)'은

---

22) 大道難從口耳傳  此心隨處自悠然
    靜觀軒外千條柳  春入絲絲不後先
    (「靜觀齋春日有感」, 『西厓全書』 卷1, 23면 上段 左葉)
23) 細雨春江上  前山淡將夕
    不見意中人  梅花自開落
    (「題看竹門」, 『西厓全書』 426면, 上段 左葉)

아마 선생의 학문과 경륜을 이어나갈 사람, 평소에 막연히 희구하던 사람이 아닌가 여겨집니다.

(4) 新意의 발휘에 따른 國政施策의 創見·創案들(省略)


## 4. 맺 음 말

우리는 이제 서애선생(西厓先生)의 역사적 위상을 재확인해야 하겠습니다. 선생은 앞에서 말한 바와 같이 국가경영전략을 한몸으로 담당한 정치가·전략가입니다만, 정치가·전략가이기 전에 성현지학(聖賢之學)을 닦은 학자로서의 존재에 더 큰 비중이 두어져야 하겠습니다.

서애선생의 정책·전략이 어디서 나왔느냐고 하면 곧 학문적 배경에서 온 것이라고 말할 수 있습니다. 서애선생은 21세 때에 도산(陶山)으로 가서 퇴계선생(退溪先生)의 문하에서 정통성리학(正統性理學)의 수련을 쌓기 시작한 뒤로 평생토록 학자적 자세를 견지하였습니다. 임진왜란 때의 공로가 너무나 컸기 때문에 그의 학문이 가려져 왔을 뿐입니다. 이제 그 본령을 찾아 널리 국민 속에 위상을 재정립해야 하겠습니다.

<壬辰倭亂400周年紀念 西厓先生에 관한 學術講演錄, 1993>

# 17세기 政治社會的 상황과
# 晚悔·炭翁의 歷史的 位相

## 1. 머 리 말

여기 발표하는 소고(小稿)는 만회(晚悔) 권득기(權得己), 탄옹 (炭翁) 권시(權諰) 부자(父子)분에 대한 극히 개괄(概括)적인 고찰 이 되는 것이다. 말하자면 연구 서설(序說)에 해당하는 셈이다.

이에 있어서는 먼저 17세기의 정치사회적 상황(政治社會的狀況) 을 설명하고 그 상황 속에서 두 분 선생의 역사적 위상(位相)을 정 립(定立)해야 하겠다.

17세기는 임진왜란의 큰 전화(戰禍)를 입어 황폐한 국토가 소복 (蘇復)도 되지 않은 가운데 북인정권(北人政權)이 대외적으로 외교 의 탄력(彈力)을 갖지 못하고 대내적으로 윤리적 명분(名分)을 잃 고 있다가 필경 인조반정(仁祖反正)으로 북인(北人)이 몰락하고 서 인(西人)이 집권세력으로 등장했으나 다시 병자호란(丙子胡亂)으로 남한산성(南漢山城)의 치욕을 감수해야 하였다. 국가기구의 이완 (弛緩)과 사회기강의 문란, 그리고 경제상태의 처참한 궁핍 속에 관인(官人) 지배층은 당파싸움으로 여념이 없었다. 이것이 만회(晚 悔)·탄옹(炭翁) 두 분 선생의 시대에 걸친 우리나라 현실이었다. 이러한 시대현실에 대해서 정치적으로 주도해나가는 사람들은 무엇 보다 민심의 이반(離叛)과 불신을 막기 위해서 춘추대의(春秋大義) 존주대의(尊周大義)를 가장한 '북벌론(北伐論)'으로 국민의 민족적

적개심(敵愾心)을 발산시키는 한편 국론(國論)을 한쪽으로 몰고나가 이의(異議)를 봉쇄시킴으로써 정권을 연장 유지하려 했던 것이다.

탄옹선생은 만회선생의 뒤를 이어 더욱 어려운 상황 속에 살게되었지만, 일생 동안 한번도 흐트러진 자세를 보인 적이 없었다. 뭇사람들의 움직임 속에 함께 있으면서 거기에 휩쓸려들지 않고 끝까지 자기를 지켜나갔다. 어떠한 경우에도 부화뇌동(附和雷同)을 하지 않고 자기의 생각, 자기의 목소리를 지니고 있었다. 다시 말하면 이 시대의 민족의 양식(良識)과 지성(知性)을 대변해준 분이었다고 하겠다.

## 2. 晚悔先生의 '求是'정신과 黨爭觀

### (1) 晚悔先生의 '求是'정신

"매사에 반드시 최선을 추구하고 차선에 주저앉지 말라.(每事必求是 無落第二義)"라는 글귀는 만회선생의 경구(警句)로서 선생이 한평생 자기 신조(自己信條)로 지켜왔고 또 그것을 자제(子弟) 및 후인(後人)들에게 항상 타일렀던 말씀이다. 매사에 반드시 '옳은 점'을 추구할 것이고 제2의(第二義)에 떨어지지 말라고 한 것이다. '옳은 점'이란 것은, 무슨 일이든 그 경우 그 시점에서 가장 정당한 것을 말한다. 여기 '가장 정당하다'는 것이 아주 중요하다. 최선(最善)이라는 말과 같다. 최선을 구하지 않고 적당히 차선책으로 미봉하는 것은 절대로 허용하지 않는다는 것이다. '제2의(第二義)'가 곧 차선(次善)이다. 그러니까 무슨 일이든 반드시 최선이라고 여겨지는 데까지 추구하여 거기서 멈추어야 하고 적당히 차선쯤 되는 지점에서 주저앉지 말라는 것이다. 자기의 안일(安逸)을 위해, 주위

사람들과의 타협을 위해, 차선쯤 되는 지점에서 체면이나 세우는 그런 짓은 결코 해서는 안된다는 것이다. 『대학(大學)』에 "지선 즉 최선을 추구하여 도달한 점에 머물다(在止於至善)"라는 것과 마찬가지이다.

만회가 한평생 지켜온 좌우명(座右銘)일 뿐 아니라 탄옹이 그대로 이어받았던 것이다.

　　나의 선인이 남기신 십자훈(十字訓)에 "매사(每事)에 반드시 최선을 추구하고 차선(次善)에 주저앉지 말라"는 말씀이 있는데, 이를 평생 받들어 지니고 마음과 뼛속에 깊이 새겨왔으나 안으로 반성해보면 그것을 저버려 부끄러울 따름입니다. 부탁드리건대 이 두 구절을 해서(楷書)로 한 장 써준다면 더없이 고맙겠습니다. [1]

탄옹(炭翁)은 미수(眉叟) 허목(許穆)에게 보낸 편지에서 '명입심골(銘入心骨)'이라 하여 이 십자훈(十字訓)을 평생 받들어 마음과 뼈에 새겨져 있다고 말하고 미수에게 해서(楷書)로 그 열 자(字)를 써서 보내달라고 부탁한 것이다.

원래 '구시(求是)'란 것은 『한서(漢書)』 하간헌왕전(河間獻王傳)에 "학문을 닦고 옛것을 좋아하며 사실을 토대로 진리를 추구하다(修學好古 實事求是)"라는 데에서 나온 것이다. 그런데 여기의 구시(求是)는 어디까지나 학문 방법·학문 대상을 두고 한 말이다. 후세 청조(淸朝) 고증학자(考證學者)들의 실사구시(實事求是)라는 말에서 알 수가 있다. 말하자면 지적(知的) 분야(分野)에 속하는 것이고 도덕(道德)이나 의리(義理)의 실천에 직결되는 것은 아니라고 보여진다. 그런데 만회(晚悔)선생의 이 구시(求是)는 학문 방법·학문 대상에서가 아니고 도덕이나 의리의 실천에 있어서 강조되는

---

1) 吾先人 有十字訓曰 每事必求是 無落第二義 平生奉持 銘入心骨 內省愧負 乞將
　一紙 楷書此兩句語 以惠 至幸至幸(『炭翁集』卷5, 「與眉叟書」)

말이라고 생각한다. 도덕이나 의리의 실천은 인간의 내재적 자율성(自律性)에 달린 것이기 때문에 어떤 무엇에게서도 견제를 받지 않는 것이며, 따라서 매사에 구시(求是) 즉 최선을 추구할 수 있는 것이다.

### (2) 晩悔先生의 黨爭觀

만회선생의 '구시(求是)'정신이 구체적으로 나타난 것을 살펴보려면 그의 행적(行蹟)을 다 들춰내어야 하겠지만 여기 우선 그의 당쟁관(黨爭觀)을 토대로, 남겨놓은 당쟁사(黨爭史)의 일단(一端)을 살펴보기로 하겠다. 이 시대의 가장 큰 문제가 당쟁이었기 때문이다.

우리가 먼저 알아야 할 것은, 만회 자신은 물론 그 선대(先代)의 어떤 분도 동서분당(東西分黨) 초기 이래 당쟁에 가담한 분이 없다는 점이다. 부친의 형제 중 권극례(權克禮 ; 吏曹判書)·권극지(權克智 ; 禮曹判書) 같은 분들이 모두 고관대작(高官大爵)으로 가문(家門)을 빛내었고 혼인 관계로 보아도 경화사족(京華士族)의 화려한 문벌과 결친(結親)한 처지인 것을 보면 서인(西人) 계열에 속함직하지만 뚜렷한 증거는 없는 것 같다. 요컨대 만회선생의 가문이 서인계열에 속한다 하더라도 실제로 당론(黨論)에 개입한 일이 별로 없었던 것은 분명한 것이다. 그리고 만회(晩悔) 자신의 천성이 또한 당론에 개입하여 당동벌이(黨同伐異)할 수가 없었던 것이다.

근세 사류(士流)들의 분당(分黨) 이래로, 유관(儒冠)을 쓴 사람으로 붕당을 만들어 서로 구하고 서로 응하지 않는 이가 드문데 선인께서는 이를 몹시 미워하여 오직 사실을 근거로 하여 잘잘못을 가렸다. 까닭에 이쪽이든 저쪽이든 간에 사사로이 특별히 친한 사람은 없었다. 착하거나 착하지 못한 사람을 막론하고 혹 그 명성을 듣고 사모 감동하는 사람이 있었으니 대개 군자의 공변된 마음[公心]에서이거나 또는 덕을 좋아하는 타고난 천

성에서일 따름이다. [2]

라고 한 바와 같다. 근세의 소위 선비들이 분당 이래 서로 붕비호
응(朋比呼應)하지 않는 이가 적은데, 만회선생은 그것을 아주 미워
하고 오직 사실에 의거하여 시비(是非)를 가린다고 한 것이다. 따
라서 피차(彼此 : 東人이든 西人이든) 사일자(私昵者) 즉 특별히 사적
으로 친밀한 사람이 없다는 것이다. 그런데도 간혹 선생의 풍의(風
儀)를 모열(慕悅)하는 사람이 있는데 이는 군자(君子)의 공심(公
心)에서, 그리고 인간의 보편적 충정(衷情)에서 나온 것일 뿐이란
것이다.

만회는 「당원(黨原)」이란 글을 써놓은 것이 있다. 그는 당을 처
음부터 나쁘게만 보지 않았다.

공자 말씀에 방(方 : 공간, 어느 지역)에는 종류별로 모이고 물(物 : 생
물)은 무리로 나누어진다 하였다. 무릇 물(物)이 천지간에 존재함에 유
(類)끼리 상종하지 않음이 없다. 게다가 사람은 만물의 영장으로 어깨를
나란히 어울려 지내면서 각자 좋아하고 싫어함에 따라 향배(向背)를 정하
기 때문에 이웃하여 모여 사는 데 있어서 역시 무리로 나누어지고 의논이
달라 서로 친하거나 헐뜯는 일이 있게 마련이다. 하물며 신하로서 임금을
섬김에 있어 각기 배운 바가 다르고 보는 바가 다르고 하는 일이 다르면
서 임금에게 수용(需用)되기를 바라니 어찌 유(類)끼리 서로 좋아하고 서
로 싫어함이 없을 수 있겠는가. [3]

___

2) 近世士流 自分黨來 儒冠者 鮮不以朋比 相求相應 先子甚惡之 惟據事實 是非之
　故彼此俱無私昵者 無賢不肖 或聞風而慕悅 則蓋君子之公心 抑好德之秉夷耳
　(『晩悔集』附錄, 家狀)

3) 孔子曰 方以類聚 物以群分 凡物之在天地間 莫不以類相從 況人爲最靈 並肩而
　處 各自以好惡 爲之向背 故隣保群屯 亦有分朋異議 相比相訾者 況乎 臣之事君
　各有所學 各有所見 各有所事 以求售於上 其能不以類自爲好惡也耶(「黨原」, 『晩
　悔集』拾遺)

라고 하여, 인간이란 각기 호오(好惡)로써 서로 모이고 헤어지는 것이므로 촌락사회(村落社會)에도 분붕이의(分朋異議)가 있게 마련인데 하물며 신하로서 임금을 섬기는 데 각유소학(各有所學) 각유소견(各有所見) 각유소사(各有所事)하여 윗사람에게 인정받으려 하는 것이니 어찌 유(類)를 따라 호오(好惡)를 하지 않을 수 있겠느냐고 한 것이다. 각기 배운 바와 보는 바와 하는 일이 다르다라고 하여 인간의 다양성과 각자의 역할을 인정해주고 또한 각기 유를 따라 서로 좋아하고 싫어하는 것을 이해하려 하였다. 이와같이 서로 인정하고 서로 이해하면서 당(黨)을 운영한다면 참 좋겠지만 현실은 반드시 그렇지 못한 것을 안타까이 여겼다.

동서(東西) 분당이 그 내력은 오래되었으나 잘라서 계미(癸未)년으로부터라고 말할 수 있다. 이때 찬성(贊成) 율곡(栗谷) 이공(李公 : 珥)이 문장과 여망(輿望)으로 임금의 신임을 얻고 있었다. 뜻은 고인(古人)을 본받고자 하나 재주는 혹 미치지 못하는 점이 있고, 또 우리나라 습속(習俗)의 고루함을 완전히 변혁시켜 바꾸고자 하였다. 모든 것을 옛 성철(聖哲)의 말씀 그대로 규율화시키고자 하니 원로 대신으로 개혁을 어렵게 여기고 종래의 궤적(軌跡) 그대로 따르려는 분들이 그에게 의문을 품었다. 전한(典翰) 허봉(許篈)은 초당(草堂) 허공(許公 : 曄)의 아들로 재주와 명성이 한때의 으뜸이었는데 그 처신이 간혹 율곡의 뜻에 맞지 않아서 율곡은 그의 사람됨을 폄하하였고, 송강(松江) 정공(鄭公 : 澈)은 당시 여론에 밀려 있었는데 율곡이 그를 도왔다. 이 뒤로부터 각기 교묘한 말을 만드는 자들이 둘 사이에 사단(事端)을 꾸며내어 드디어 시기하고 막히게 되었다. 이에 율곡의 정치행사의 조그만 잘못들을 들어서 핵론하였는데 혹자는 이것을 허봉이 주동했다고 하나 알 수 없는 일이다. 율곡의 포용하는 도량 역시 부족한 점이 있었으나 임금의 뜻이 율곡을 옳다고 여김으로써 당시 여론은 더욱 격렬해졌으며 끝내 큰 간극을 이루어놓았다. 나의 망령된 생각으로는 아마 피차간 모두 넓은 도량이 없어서 소인배에게 잘

못 이용된 것이라고 여겨진다.[4]

동서분당(東西分黨)을 심·김(沈金)으로부터 시작된 것으로 설명
하지 않고 계미(癸未; 三竄事件, 宣祖 16, 1583)로부터 즉 율곡과 젊은
사류(士類)들과의 대립으로부터 중시하여 율곡이 허봉을 폄박(貶
薄)하고 정철(鄭澈)을 옹호한 것이 당시의 분위기를 나쁘게 만들었
다고 하였다. 율곡의 정사의 소실(小失)을 논핵(論覈)한 데 있어서
허봉(許篈)이 손을 썼고 율곡은 포용하는 양이 모자라는데 임금이
율곡만을 옳다고 하여 시론(時論)이 더욱 격화되었다는 것이다. 만
회 자신의 생각으로는 중간에 교설자(巧舌者)들이 양쪽을 교구(交
構)하여 문제를 복잡하게 해놓았다는 것이다. 이리하여 "동서지명
(東西之名)이 비록 오래되었지만 이에 이르러서 동서쟁점(東西爭
點)은 오직 이공(栗谷)에게 있을 뿐이다. 이공을 옹호하는 이는 서
(西)라고 불리어지고 아닌 사람은 동(東)이라고 한다"[5]는 것이다.
요는 율곡은 동서분당에 결정적 요인이 된다고 한 것이다.
　다음 기축(宣祖 22, 1589) 정여립(鄭汝立) 사건에 대하여 그는 다
음과 같이 말했다.

　기축(己丑)년 겨울, 황해도에서 정여립(鄭汝立)의 역모를 발고(發告)하

---

4) 東西之分 其來也久矣 斷自癸未而言之 是時 贊成栗谷李公 以文章譽望 遇知於
　上 志慕古人 而才或有不逮 且有欲一變習俗之陋 盡律以古聖賢之言 則耆舊之重
　改作循塗守轍者 疑之 曲翰許篈 以草堂公之子 才華蓋一時 而其行己 或不滿李公
　之意 則李公 薄其爲人 寅城鄭公爲時論所抑而李公右之 後此各有巧舌 構於兩間
　遂致猜阻 於是 擧李公政事之小失而論之 或謂是擧也 許君有力焉 未可知也 李公
　容受之量 亦或有未盡 而上意直李公 則時論益激 遂成大隙 愚之妄意 或恐彼此俱
　無弘廣之量而俱爲小人所誤耳(上同)

5) 東西之名 其來雖久 至是則 東西所爭者 惟李公耳 右李公者 謂之西 非是則 謂
　之東(上同)

였다. 생각건대, 정여립은 전주에 살고 있는데 황해도에서 그 역모가 발각된 것은 남북이 까마득히 먼 곳이라 이는 의심스런 것이다. 하물며 태평스런 세월이 오래이고 작은 도적이 생길 근심조차 없은 지도 오래였다. 또 정여립은 당시에 중망(重望)을 받고 있었으니, 수상쩍은 단서가 있었다면 사람들이 누가 주목하지 않겠는가…… 비록 서인(西人)으로 정여립을 미워하는 자라도 또한 "정여립이 물론 소인이지만 어찌 그와같은 일을 꾸미기야 했겠는가" 하였으니 이것이 대다수 사람들의 느낌이었다.[6]

두 가지 점에서 납득(納得)이 안된다는 것이다. ① 전주에 사는 정여립의 역모가 어떻게 남북이 현원(懸遠)한 황해도에서 발각되었느냐 하는 것이고 ② 여립이 당시에 중망(重望)을 지고 있는 선비로서 아무리 불만이 있더라도 역모를 꾸미기야 했겠느냐라는 것이다. 서인 중 여립을 미워하는 이도 그의 역모에 대해서는 고개를 갸우뚱한다는 것이다. 이것이 당시의 중정(衆情)이라는 것이다.

다음은 수우당(守愚堂) 최영경(崔永慶)에 관한 송강(松江) 정철(鄭澈)의 태도를 비난한 것이다.

이때는 정공(鄭公: 澈)이 국정을 담당하여 만조백관이 그의 의도와 취지를 받들고 있는 때라, 이 말(정여립 역모에 가담한 吉三峰이 곧 최영경이라는 說)이 처음 나왔을 때 송강이 한마디로 잘라서 부인했더라면 그것을 막을 수 있었다. 그런데 끝내 만연하여 여기에 이르게 하였으니 이것이 누구의 죄인가.…… 혹자는 말하기를, 송강이 이항복(李恒福)을 시켜 소초(疏草)를 마련하여 수우(守愚)를 구하고자 하였고 또 실제로 구해(救解)하려 한 흔적이 많았다고 하지만 이는 그렇지 않다. 송강이 이항복으로 하여금 소초(疏草)를 갖추게 하였으면 곧 아뢰어 그를 구제하는 것이

---

6) 己丑冬 黃海道 發立(汝立)逆謀 夫立 居全州而謀發於黃海 南北懸遠 此可疑者 也 況昇平日久 無小小竊發之虞 久矣 且立 負時重望 而有可疑之端 則人孰不疑 ……雖西人惡立者 亦曰立固小人而 然豈至於此乎 此衆情也(上同)

옳았는데 도리어 주머니 속에 집어넣고 끝내 아뢰지 않았으니 구해하려는 것이 과연 그의 본심인가?…… 그 자신이 권력의 중추에 있으면서 이를 구해하지는 않고 다만 여러 번 구해하려는 모양만 갖추어서 다른 날 스스로 궁지에서 벗어나려는 계획을 삼고 있으니 세상에서 그의 심사가 교활하지 않다고 해도 나는 믿지 않는다. [7]

송강이 초기에 최삼봉설(崔三峰說)을 일언으로 막을 수 있었는데 그처럼 만연(蔓延)하게 만든 것이 누구의 죄이며 오성(鰲城)으로 하여금 그 소초를 만들어 수우를 구하게 하였고 또 구해한 형적이 많이 보인다고 하지만 그것 또한 구해하는 척하여 다른 날의 비난에서 빠져나가려는 교묘한 꾀일 뿐이다. 나는 그것을 믿지 않는다고 하였다. 그러나 수우의 원사(冤死)에 우계(牛溪) 성혼(成渾)이 관여했다는 말에 대하여는 전적으로 반대하였다.

　삼사(三司)에서 우계(牛溪)가 수우(守愚)를 죽인 죄를 논하였다. 생각건대 우계와 수우 두 분이 비록 취향은 다르지만 우계가 어찌 사람을 죽일 분인가. [8]

라고 하여 우계가 결코 사람을 살해할 분은 아니라고 하였다.
　그밖에 동인이 남북으로 갈라질 때 서애(西厓)와 아계(鵝溪)와의 관계 그리고 북인이 대소북(大小北)으로 갈라질 때 정인홍(鄭仁弘)과 유영경(柳永慶)과의 관계에 대하여 또한 자기의 견해를 말해둔

---

7) 夫是時也 鄭公(澈)當國 百僚承風 此言之始發也 鄭公絶之以一言則可絶 竟使蔓延而至此 誰之罪耶(中略) 或謂鄭公 使鰲城李公恒福 具草欲救愚公 且多救解之跡云 是不然 鄭公使李公具草 則卽啓而救之 可也 乃納之囊中而終不啓 是果其本心乎(中略) 身居鼎軸 不此之恤而多爲救解之形 以爲他日自脫之地 謂其心之不巧 吾不信也(上同)

8) 三司 論牛公殺愚公之罪 夫牛愚二公 雖異趣 牛公 豈害人者哉(上同)

바가 있지만, 여기서는 더 이상 자세한 언급을 피하기로 하겠다. 끝에 가서

> 당쟁의 근원은 심의겸(沈義謙)·김효원(金孝元)에서 비롯되지만 중간에 와서 오로지 율곡의 시비가 그 주가 되었다. 이에 이르러 세 분을 방편으로 삼아 당쟁의 화가 굴러 퍼지고 밀어 옮겨짐이 이와같이 되었으니 참으로 모를 일이다. 어쨌든 당쟁의 화는 지금 결코 풀리지 않을 것이고 또 그 장래가 어느 바닥에까지 이르게 될는지 알 수 없는 일이다.[9)]

라고 하여 당쟁의 사적 추이를 개관한 뒤에 현재 당쟁이 지식(止息)될 가망은 없고 앞으로 또한 어떻게 되어 나갈지 알 수 없다고 하여 탄식의 말투로 말을 마쳤다.

이 「당원(黨原)」의 전편을 읽어보면 모두 자기의 유소시절로부터 듣고 보고 한 것을 박실(朴實)한 필치로 옮긴 것이고 남의 기록을 베꼈다거나 부연한 것은 거의 없는 것 같다. 그리고 '구시(求是)'의 원칙을 철저히 지키려고 했던 것 같다.


### 3. 炭翁先生의 師友關係와 禮訟


(1) 炭翁先生의 師承 및 交友關係

탄옹선생은 19세에 부친 만회선생을 여의게 되었지만 평생을 통해 가학(家學)의 기본으로 '구시(求是)'정신을 표방하고 준수(遵守)하였다.

---

9) 黨事之源 由於沈義謙金孝元 中間專主栗公之是非 至是三公 爲筌蹄而其禍之轉
   展推遷 有如此者 是不可知也 抑黨事之禍 今未必可弛 又安知其終何所底止也耶
   (上同)

한편 18세에 오암(娛菴) 박지경(朴知警)의 따님과 혼인을 하면서 처삼촌인 잠야(潛冶) 박지계(朴知誡) 선생에게 수업하였다. 잠야는 만회와 절친한 친구로서 당시 기호일대(畿湖一帶)에 명성이 높은 대학자였다. 잠야는 서인계의 대표적 인사의 한분으로, 원종 추숭(元宗追崇)의 논의로 미수(眉叟)에게 유적 삭제(儒籍削除)의 모욕을 당한 일이 있기도 했지만 탄옹은 젊은 날로부터 사장(師丈)으로 섬기고 받드는 데 조금도 변함이 없었다.

탄옹은 우암(尤菴) 송시열(宋時烈), 동춘(同春) 송준길(宋浚吉), 미촌(美村) 윤선거(尹宣擧)와 각별한 친구로서 중간에 출처(出處)와 견해를 달리하는 경우도 있었지만 숭고한 우의는 끝까지 지켜졌다. 우암과 미촌은 탄옹과 친사돈간으로 양가 자손들이 혈연으로 맺어진 것은 세상이 다 아는 일이다. 이 밖에도 초려(草廬) 이유태(李惟泰)를 위시한 시남(市南) 유계(兪棨) 기타 서인계 학자들과 두터운 친분을 지니고 있었다. 미수(眉叟)와 백호(白湖) 윤휴(尹鑴) 등 남인 학자들과 사귀고 있었지만 서인계 학자들을 훨씬 더 많이 사귀고 있었다. 위의 학자들은 서·남을 막론하고 모두 '산림(山林)' 출신의 명류(名流)들이었다. 인조 이후 '산림'을 중용하는 방침이 세워지고 '산림'을 맞아들이기 위한 신규 관제를 마련하기까지 하였다. 성균관의 좨주(祭酒)·사업(司業), 시강원의 진선(進善)·찬선(贊善)·자의(諮議) 등이 그것이다. 신독재(愼獨齋) 김집(金集)을 선두로, 이 산림들이 대거 진출할 당시에 탄옹선생도 양송(兩宋)과 함께 조정에 나오게 되었던 것이다.

이리하여 탄옹은 평소의 친구로서 또 같은 산림으로서 조정에 나와, 힘을 합해 광군구국(匡君救國)의 경륜을 펴기도 하였다. 이러한 과정에서 탄옹과 양송과의 관계는 더욱 돈독해졌다. 백호와 우암, 우암과 미촌 사이에 문제가 착잡해지게 될 때가 있었지만 탄옹은 우암에게는 물론, 여러 친구들과 시종 우의를 보전하였다.

(2) 炭翁先生과 禮訟

조선왕조 5백년간 전례 문제(典禮問題)로 큰 송사가 일어나고 따라서 당쟁이 격렬하게 되는 데 있어서 기해예송(己亥禮訟)을 제일 먼저 손꼽지 않을 수 없다.

유교국가에 있어서 전례 문제는 국가대사에 속하는 일이며 예학은 유학자에게 있어서 필수불가결의 영역이었다. 특히 '산림'의 학자적 권위로서 전례 문제에 유권적 해석을 내리는 것은 지극히 중요한 일이다. 만약 잘못되면 국가적으로 큰 사단이 생길 뿐 아니라 '산림'의 권위가 하루아침에 무너져버리는 것이다.

기해예송은 그 구체적 내용이 비교적 널리 알려진 것이기에 여기서 극히 요약만 말하기로 하겠다.

효종이 승하한 뒤에 모후인 장렬왕후(莊烈王后 : 仁祖의 繼妃)가 얼마 기간 동안 복상을 하느냐 하는 것이 문제였다. 원래 장자를 위해 3년복(三年服)을 입어야 하지만 효종은 인조의 차자이니 기년복(朞年服)을 입어야 한다는 것이 우암의 주장이었다. 조정 중신들은 우암의 주장이 자칫 큰 오해를 불러일으킬 염려가 있다고 하여 그 설을 채용하지 않고 국제에 따라 기년복으로 결정하였다. 결국 우암의 주장과 마찬가지로 기년복이 되었으니까 우암의 주위 사람들은 이 기년복이 우암의 주장에 의해 관철된 것으로 여기고 있었다.

이때 백호는 양송의 문의에 대해 반대의견을 제시하였다. 왕가에는 왕통(王統)이 지상이니 장자·차자 할 것 없이 일단 왕위에 올랐으면 그를 위해 3년복을 입어야 한다고 말하고 우암의 주장은 일반 사대부가의 예(禮)이지 왕가의 예는 아니라고 변파(辨破)하였다. 이때는 사적(私的) 문답의 형식을 벗어나지 않았는데 미수가 장문의 소를 올려 장렬대비(莊烈大妃)의 기년복이 잘못이며 송시열의 논리대로 하면 효종이 적통이 되지 않고 따라서 왕통의 존엄성이 훼손되는 것이라고 하였다. 이것이 '오례난통(誤禮亂統)'이라는

것이다. 뒤이어 고산(孤山) 윤선도(尹善道)의 소가 나왔다. 고산의
소는 미수의 예론을 정치적으로 이용하려는 의도가 담긴 듯이 보였
다. 우암을 '비주이종(卑主貳宗)'이라고 성토하였다. 군주를 비하시
키고 종통을 어지럽혔다는 것이다.

산림의 권위를 대표하는 처지에서, 그리고 일국의 태산북두(泰山
北斗)인 우암의 처지에서 예설에서 패배하면 그의 존재는 일조(一
朝)에 매장되는 것이다. 우암은 계속 자기 주장을 굽히지 않고 그
타당성을 논증하는 한편 조정의 삼사(三司)·백관(百官) 들이 다투
어 고산을 척공(斥攻)하여 그 위세가 열염(烈焰)과 같았다. 결국
고산은 저 멀리 삼수(三水)로 귀양가게 되었다. 고산뿐 아니라 어
떠한 이론(異論)도 나오지 못하도록 철저한 봉쇄작전을 한 것이었
다.

그러나 단순한 학자들의 학술적 차원의 예론이 아니고 국가의 전
례 문제로서 왕가의 종통·적통이 논란되는 상황이 되고 보니 일시
적 강압정책으로 해결될 문제가 아니었다. 그리고 양송을 위시한
서인계 학자들은 사활의 문제가 걸려 있기도 하였다.

이런 시기에 탄옹선생의 소가 나왔다. 이 소의 내용은 크게 세
가지로 요점을 추릴 수 있다. ① 장렬왕후의 복은 3년복이 너무나
당연한 것이며 기년복 특히 송시열의 '선왕불해위서자지설(先王不害
爲庶子之說)'은 잘못된 주장 중에도 큰 잘못인데, 송시열·송준길·
유계(兪棨) 등의 현명한 사람들이 '집미불오(執迷不悟)'하고 있다는
것과 국민이 모두 그것이 잘못임을 알면서도 말을 못한다는 것 ②
윤선도를 귀양보내서는 안된다고 하면서 그를 '감언지사(敢言之士)'
라고 두둔한 것 ③ 양송은 선조(先朝)에서 발택(拔擇)하여 국사를
위임하다시피한 사람들이니 조정에 눌러앉아, 앞으로 나라를 위해
도움이 되게 하라는 것이었다.

탄옹선생은 고산의 정치적 의도를 매우 비판하면서 감언지사(敢
言之士)로 두둔하고 양송의 예설을 매우 비판하면서 조정에 눌러

있게 하여 그 공효를 다하게 할 것을 간절히 요청하였다.

이 소가 나오자 시남(市南)을 위시한 만조 관료들이 벌떼처럼 일어나 탄옹을 여지없이 공격하였다. 탄옹은 표연히 서울을 떠나 광주(廣州) 소곡(素谷)으로 가서 머물러 있었다. 광주에 머물러 산 지 8년 만에 동춘의 요청으로, 다시 한성부 좌윤으로 소명이 내렸으나 탄옹은 응하지 않았다.


## 4. 맺  음

만회·탄옹 두 분의 중요한 사력(事歷)을 골자로 하여 개괄적으로 살펴본 셈이다.

'구시(求是)'정신을 가학의 기본으로 삼았던 이 부자분의 양대의 학문을 간단히 논할 수 없음은 말할 필요조차 없는 것이다.

당쟁사의 기술에서, 그리고 예송의 와중에서 존경하는 선배들에 대한 예의나 친한 친구들과의 사적 우의를 염두에 두지 않고 자기가 생각하고 느낀 그대로, '옳은 점'을 추구하려고 노력한 것은 높이 평가해야 한다고 다시금 강조해두고자 한다.

<道山學報 創刊號, 1992>

# 星湖의 春秋書法論 비판과 그 聖人觀

## 1

　성호(星湖) 이익(李瀷, 1681~1763)은 18세기 한국 실학파(實學派)의 중심인물이다. 그 당시는 나라 전체가 송학(宋學)을 숭상하였고 학자들은 심성·이기(心性理氣)에 관한 이론(理論)에 골몰(汨沒)하고 있었다. 그런데 성호의 학문은 실용실증(實用實證)을 중시하여 경세치용(經世致用)의 학풍을 창도(唱導)하였고, 자제(子弟)와 문도(門徒)들로서 그의 학문을 계승한 사람이 대단히 많았다. 후세에 그들을 실학파(實學派)라고 하고, 또 그가 살았던 곳이 서울에 가까운 경기(京畿)지역이기 때문에 근기학파(近畿學派)라고도 한다.

　실학파의 특징은 정치·경제·사회 등 현실문제를 연구하면서 개혁을 주장한 것이다. 그런데 그 주장으로 사람들을 설득시키기 위해서는 반드시 먼저 유교경전(儒敎經傳)에서 그 근거를 찾아내야만 하였다. 이에 경전에 새로운 해석을 가하여 그 자신의 주장의 타당성을 확보하려 하였다. 이것이 '실학파의 경학(經學)'이다. 실학파의 말기에 다산(茶山) 정약용(丁若鏞, 1762~1836)이 등장하여 이를 집대성하였는데 다산의 학문은 실제로 성호에서 나온 것이다. 따라서 '실학파의 경학'은 또한 성호로부터 성립된 것이다.

　성호는 학식이 지극히 넓고 저술도 매우 풍부하였다. 『주역(周易)』『시경(詩經)』『서경(書經)』『논어(論語)』『맹자(孟子)』『중용

134 제1부 論說

(中庸)』『대학(大學)』 등 여러 경전에 대해 각각 '질서(疾書)'라는 이름으로 수십 편의 저서를 남겼다. 그런데 유독 『춘추(春秋)』에 대해서만은 저서가 없다. 아마도 깊은 뜻이 있었던 것 같다. 지금 그 이유를 경솔하게 말할 수는 없다.

그러나 『춘추』를 논한 여러 조목이 『성호사설(星湖僿說)』 경사문(經史門)에 실려 있어, 비록 단편적인 기록이기는 하나 그 견해가 독특한 경지에 이르고 있음을 보여준다. 이제 춘추서법(春秋書法)에 대한 그의 비판적 견해를 살펴보고 한걸음 나아가 그의 성인관(聖人觀)을 약술하여 여러 대방(大方)의 질정(叱正)을 구하려 한다.

## 2

성호는 『춘추』의 경(經)과 전(傳)에 대하여 상당히 회의적인 태도를 품고 있어서 『춘추』 그 자체에 '지고(至高)의 가치'를 부여하지 않으려고 했던 것 같다. 그는 이렇게 말하고 있다.

성인[孔子]이 『춘추』를 편찬하자 난신적자(亂臣賊子)가 두려워하였다고 한다.[1] 그러나 지금 경문(經文)을 살펴볼 때 한두 글자를 가(加)하고 있을 뿐, 도무지 사실을 말해둔 것이 없다. 천년 뒤에 희미하게 추측·탐지하는 것으로 어찌 나쁜 자들에게 작게는 반성시키고 크게는 징계시켜 그로써 그들의 생각과 행동을 바꾸게 하기를 기대할 수 있겠는가? 생각건대, 당시 노(魯)나라의 역사기록들이 구비되어 있었지만, 사안들에 따라서는 더러 난(亂)에 연유하여 시비(是非)가 혼륜(混淪)된 것이 있기도 했을 것이다. 공자는 그 기록들에서 정실(情實)을 밝혀내고 추려내어 표제(標題)로 삼았던 것이니, 지금의 『통감(通鑑)』에 '강목(綱目)'이 있는 것과 마찬가지이다. 그리고 사실(事實), 즉 사건내용들은 본사(本史: 魯나

---

1) 『孟子』 滕文公 下 참조.

라 역사기록)에 맡겨놓았던 것이지, 본사(本史)를 놓아두고 표제(標題),
즉 지금의 경문(經文)만을 독행(獨行)시키려 했던 것은 아니었다. 후세에
사람들이 드디어 성인이 쓴 것들만 가지고 그것만으로도 모든 시대의 나
쁜 자들을 징벌하기에 충분하다고 생각한 것은 공자의 본래 편찬의도가
아닌 것이다.[2]

이러한 견해는 중국 선유(先儒)들 중에도 응당 있을 수 있다. 그
러나 맹자(孟子)가 『춘추』를 존숭한 이래로 후세의 유학자들은 『춘
추』에 대하여 신성시(神聖視)하는 관념을 가져왔다. 그리고 억지로
합리적 해석을 덧붙이고 논설을 장황하게 했는데, 그것이 호안국
(胡安國, 1074~1138)의 전에 이르러 극에 달하였다. 그러나 성호
는 『춘추』의 경문(經文)을 노나라 역사의 주요한 사실들에 대한 표
제로 간주하고 노나라의 역사와 분리·독립시켜서는 안된다고 여겼
다. 더욱이 후세 사람들이 모든 시대의 나쁜 자들을 징계하는 저술
로 이해한 것은 공자의 본래 의도가 아니었다고 주장하였다. 성호
의 이 주장이야말로 파격적인 것이라고 할 만하다.

3

성호는 춘추서법(春秋書法)에 관련하여 곳곳에서 선유들의 설을
비판하고 있다. 가령 '불서즉위(不書卽位)'[3]의 문제에 대하여 이렇

---

2) "聖人作春秋, 而亂臣賊子懼, 今考正經, 只加一二字, 都無事實. 千載之下, 依
稀臆探, 其能有小懲大創, 思所以改行易慮耶? 意者, 當時魯史具備, 事或緣亂,
混淪是非, 聖人就其中, 覈其情實爲標題, 如今通鑑有綱. 至于實跡, 則付之本史
而已, 非謂舍其傳而孤行其經. 後人遂別採聖人之筆, 以爲斯足以爲罰百代之人,
非本旨也."(『僿說類選』卷6, 36면, 「春秋經傳」)
3) 이것은 『春秋』 隱公 元年에 隱公이 즉위하였음을 기록하고 있지 않은 것에
대한 先儒들의 논란을 가리킨다.

게 논하고 있다.

　　정자(程子)는 '춘추대의(春秋大義)가 수십 가지'[4]라고 했는데, 그 한가
지가 '불서즉위(不書卽位)'이다. 이 '불서즉위'에 대한 선유들의 허다한 해
설이 모두 합당치 않은 듯하다. 이것은 좌씨(左氏)가 '섭정(攝政)하였기
때문이다'라고 말한 구절이 혼란을 일으킨 것이다. 좌씨가 이러한데 다른
해설들이야 더 말해 무엇하겠는가? 생각건대 군주가 죽었을 때 해를 넘
기기를 기다리지 않고 미리 즉위한 경우들이 있었다. ……은공의 당시에
매우 불안하고 의심스러운 상황에 있었으므로 해를 넘기기를 기다리지 않
고 즉위했던 것이며, 그래서 원년(元年)에 드디어 무사했던 것이다. ……
은공은 선왕 때에 이미 지위가 정해졌던 것이니 공자가 어찌 감히 깎아내
리겠는가? 만일 깎아내린 것이라면, 『춘추』의 집필을 "현군(賢君)에게서
시작하기로 했다"는 의리는 어디로 간 것인가? 은공은 환공(桓公)과 신
분이·동등(同等)이고 나이도 연장(年長)이다. 무엇 때문에 섭정을 하겠는
가? 단지 토구(菟裘)에 은거하겠다는 은공의 말로 인해 당시에도 이미
견강부회하는 점이 있었다.[5] "사관(史官)의 기록들이 단편적이나마 있었
는데, 지금은 그것마저 없어졌다"라고 한 공자의 말씀이 나온 것이 마땅
하다.[6]

---

4) 이 말은 程子의 「春秋傳序」에 보인다.
5) 『左傳』 隱公 11년조를 보면, 羽父가 隱公에게 桓公을 죽일 것을 청하였을
　　때, 은공은 장래에 자신의 지위를 환공에게 물려주고 자신은 토구에 물러나
　　살 것이라고 대답하였다. 이 때문에 불안을 느낀 羽父가 환공에게 은공을 誣
　　告하고 결국 사람을 시켜 은공을 살해하였다고 左氏는 기술하고 있다.
6) "程子曰, '春秋大義數十.' 其一則不書卽位. 先儒許多解說, 恐皆不叶. 此左氏
　　'攝也'一句, 有以亂之也. 左氏而有此, 其餘奚論? 按君薨, 有不待明年先卽位者
　　……隱公之立, 皆在危疑之間, 而不待明年, 故至元年遂無事……隱公, 魯之先
　　公, 旣定位君臣, 孔子豈敢削之耶? 若然, 託始賢君之意, 安在? 隱與桓, 以分
　　則等也, 以年則長也, 胡爲而攝哉? 只因菟裘之諭, 當時已有傅會. 宜乎 "史闕
　　文之今也則無."(同上, 29면, 「不書卽位」)

성호는 은공 원년의 즉위를 기록하지 않은 이유가 은공이 이미 전해에 즉위하였기 때문이지 섭정하였기 때문이 아니며, 더구나 대의(大義)로서 이러저러하기 때문이 아니라고 보았다. 성호는 역시 역사적 사실에 따라 사실을 분석하고 그 실체를 파악함으로써 평이한 결론을 도출한다. 이로써 선유들의 허다한 해설들을 부적절한 것으로 귀착시키고 있다. 가령 '장졸(葬卒)' 문제에 대해서도 이렇게 논하고 있다.

"······애공(哀公)의 어머니 사씨(姒氏)를 부인(夫人)이라고 칭하지 않았고, 죽었을 때 훙(薨)이라고 기록하지 않았으며, 장사(葬事)를 치를 때에도 소군(小君)이라고 쓰지 않은 것에 대하여, 좌씨는 부고(訃告)를 알리지 못하였으며 선조의 신주(神主)와 합치는 부제(祔祭)를 지내지 못하였기 때문이라고 하였고,[7] 『공양전(公羊傳)』에서는 애공이 아직 군주의 자리에 오르지 않았기 때문이라고 한다.[8] 이것은 애공이 자리에 오르고서 해를 아직 넘기지 못하였기 때문만은 아니다. 계시(季氏) 등 삼가(三家)가 실권을 쥐고 전횡함으로써 군주가 군주의 역할을 제대로 못하고 신하가 신하의 직분을 지키지 않은 것이 오래되었는데, 애공이 자신을 낳아준 분을 높이고자 한들 할 수가 있었겠는가? 무엇으로써 이렇다는 것을 밝힐 수 있는가? 애공 13년 여름 조목에 이르면 "맹자가 졸하였다(孟子卒)"라는 기사가 나온다. 맹자는 소공(昭公)의 부인이다. 그런데도 단지 '맹자졸(孟子卒)'이라고 기재한 것에 대하여, 해설들은 춘추필법(春秋筆法)이라 주장한다. 그러나 그 성을 기피하고 맹자라고 칭하고 있는데, 만일 지위가 깎이지 않았다면, "부인 자씨(子氏)가 훙하다. 우리의 소군 맹자를 장사지내다(夫人子氏薨 葬我小君孟子)"라고 기술하여도 무슨 거리낌이 있겠는가? 소공은 혼인할 때 삼가의 세력을 제거하고자 하였기 때문에 동성(同姓)임에도 불구하고 강한 오(吳)와 결혼을 통해 우호관계를 맺었다. 이것으로 계씨(季氏)에게 깊이 미움을 샀다. 그 때문에 소공은 뒤

---

7) 이 내용은 『左傳』 定公 15년 7월 조목에 보인다.
8) 이 내용은 『公羊傳』 定公 15년 7월 조목에 보인다.

에 난을 피하여 건후(乾侯)에 갔고, 노나라에 군주가 없는 상황이 몇년 동안 이어지다가, 죽어서는 묘도(墓道)의 남쪽에 묻혔던 것이다. 군주도 이러한 지경인데, 더구나 천자로부터 임명을 받지 않은 소군(小君)이야 어떻겠는가? 생각건대, 맹자가 살아 있을 때, 그녀를 부인의 예로서 대우하지 않고 그녀의 작호(爵號)를 깎아내려 여러 첩(妾)들과 똑같이 대우하였을 것이며, 소공(昭公)·정공(定公)·애공(哀公)의 삼대(三代) 동안 운신을 마음대로 못하고 오직 삼가에 예속되어 있었을 것이다. 그리하여 맹자(孟子)의 졸(卒)과 장사(葬事)에 옳게 기록하지 못한 것이다. 나라가 처한 상황이 이런데, 성인이 어떻게 예외적으로 다르게 할 수 있었겠는가? 이와같이 기술한 것은 한편으로 삼가가 신하의 직분을 지키지 않은 것을 드러내는 방법이기도 하다. 이 맹자의 경우로 미루어볼 때 애공의 어머니도 역시 마찬가지일 것이다. [9]

성호는 소공의 부인의 상(喪)에 단지 '맹자졸'이라고만 기록한 것이 맹자가 동성이었기 때문이 아니라고 한다. 애공의 어머니인 사씨가 죽었을 때 훙(薨)이라고 쓰지 않았고 장사를 치를 때 소군이라고 기록하지 않은 것도 부고를 알리지 못하였고 부제(祔祭)를 지내지 못하였기 때문이라거나 또는 애공이 자리에 오르고 아직 해를

---

9) "哀公之母姒氏, 不稱夫人, 卒不書薨, 葬不書小君. 左氏云, 不赴不祔. 公羊云, 哀未君也. 此不特爲哀公立未踰年, 三家擅柄, 君不君臣不臣, 久矣, 哀公縱欲尊其所生, 其能得乎? 何以明之? 至十三年夏, 孟子卒. 孟子者, 昭公夫人也. 只云孟子卒, 說者以爲孔子筆法. 然旣諱其姓而稱孟子, 位若未貶, 則書云, '夫人子氏薨, 葬我小君孟子', 又何妨乎? 昭公之娶, 欲去三家之權, 故結好强吳, 不憚同姓. 此季氏之所深惡也. 後, 昭公以之逃亂乾侯, 國無主者數年, 旣沒, 葬于墓道之南. 君且如此, 況不命于天子之小君乎? 意者, 孟子之生, 不以夫人之禮待之, 貶其爵號, 與群妾等, 而昭定哀三世之間, 不能措其手足, 惟三家是從, 故其卒葬, 不得不依此書之. 國家之所處如此, 聖人又安得異其例耶? 如此者, 又所以顯三家不臣之迹. 推此觀之, 哀公之母, 亦猶是也."(同上, 32면, 「妾母」)

넘기지 않았기 때문 등이 아니라고 한다. 대개 당시의 삼가가 권력을 전횡하여 군주가 군주의 역할을 제대로 못하고 신하가 신하의 직분을 지키지 않았기 때문에, 맹자가 여러 첩들과 똑같이 대접받아도 애공이 자신의 어머니를 높일 수가 없었을 뿐이다. 이것을 춘추필법으로써 논할 수 있는 것이 아니라고 한다. 성호의 사론(史論)은 항상 정치세력의 역학관계와 사태의 형세상 그럴 수밖에 없는 점에 주의하고 있는데 이 경우에 있어서도 역시 그런 셈이다.

춘추서법에서 가장 논란이 되는 부분은 "군부(君父)를 시해(弑害)하였다"라고 기록한 '서시(書弑)'에 대한 문제이다. 조순(趙盾)과 허지(許止) 등의 사례는 역대 사가에게 의문의 사안이 되어왔다. 성호는 이에 대하여 『좌전(左傳)』과 『곡량전(穀梁傳)』 등 제가(諸家)의 주장 등을 안중에도 두지 않고 독자적인 의견을 제시하고 있다.

……마음속에 사악한 의도를 품고 있으면서도 겉으로는 민첩하게 상황을 대처해가는 경우에 대해서는, 특별히 밝혀놓지 않으면 분명히 드러나지 않는다. 가령 진(晉)의 조순에 대하여 좌구명(左丘明)은 공자의 말을 인용하여 "법에 의하여 악명(惡名)을 받았다"고 말하고,[10] 허(許)의 지(止)에 대하여 『곡량전』은 "목구멍에 쌀 한 알도 넣지 않았다"[11]고 말한다. 이 설명들은 모두 거짓이다. 아버지와 군주를 시해했다는 것은 천하의 극악한 죄목으로, 누구에게나 함부로 붙일 수 없음이 분명하다. 조순 같이 현명한 사람이 만일 조금도 관련이 없다면, 어떻게 법이라고 해서 묵묵히 받아들일 이치가 있겠는가? 공자와 같은 성인이 또 어찌 사실이 아닌 것을 가지고 단죄할 리가 있겠는가? 도망을 갔으나 국경을 넘지 않았다는 것이 단죄의 근거인즉, 이것은 국경을 넘지 않은 것으로 시해한 것이다. 지(止)와 같은 효자가 자책(自責)하여 죽음에 이르렀다면, 군자

---

10) 이 내용은 『左傳』 宣公 2년 9월 조목에 보인다.

11) 이 내용은 『穀梁傳』 昭公 19년 5월 조목에 보인다.

는 남을 너그럽게 대하는 법인데, 어떻게 자책한 것을 가지고 악명을 씌우는 도리가 있단 말인가? 이렇게 될 줄 알았다면, 지(止)는 자책하지 않는 것이 나을 뻔한 것이다. 『곡량전』의 생각은 터무니없다. 약을 미리 맛보지 않은 것이 단죄의 근거인즉, 이것은 약을 미리 맛보지 않음으로써 시해한 것이다. ……나는 성인의 필법을 가지고 단정한다. 『좌전』과 『곡량전』 이래의 모든 설들은 그대로 믿을 수 없는 것이다. [12]

성호는 조순이 법에 의해 악명을 받았다는 것과 허(許)의 지(止)가 목구멍에 쌀 한알도 넣지 않았다는 설명에 대하여, 『좌전』과 『곡량전』의 허황한 견해라고 여기고, 성인의 필법에 의거하여 군부(君父)를 시해한 적이라고 단정한다. 대개 조순과 지는 마음속으로 사악한 의도를 품고 있음이 그들의 심리·태도·행위에 이와같이 나타나기 때문에 특별히 드러내어 밝힌 것이지, 일부러 춘추서법을 가지고 시해하지도 않았는데 시해하였다고 기록한 것은 아니라는 것이다.

성호는 『좌전』과 『곡량전』 이하 여러 설들에 대하여 전부 그대로 신뢰할 수 없다고 할 뿐 아니라, 성인의 필법에 대해서도 그대로 맹종(盲從)하는 법이 없다. 가령 초위(楚圍)의 일[13]도 그렇다. 성호는 이렇게 말하고 있다.

위(圍)가 균(麇)을 시해한 일은 명확히 시해임에도 졸(卒)이라고 기록

---

12) "……匿行胸臆, 躱身閃避, 則非特筆, 不明. 如晋之盾, 丘明引夫子之言曰, '爲法受惡.' 許之止, 穀梁謂, '噎不容粒.' 此皆謬妄. 弑父與君, 天下之極惡, 不可輕加于人, 審矣. 盾之賢, 苟無粘手惹脚, 寧有爲法安受之理? 夫子之聖, 又豈有無其實而歸獄之義哉? 亡不越境, 卽其斷案, 則此以不越境弑者也. 止之孝, 自責而至於死, 君子恕人, 豈有因其自責, 而加之惡名之道? 苟知若此, 止將不自責之爲愈矣. 梁之志荒矣. 不嘗藥, 卽其斷案, 此以不嘗藥弑之也. 余以聖人之筆斷之, 左穀以下, 有不盡信也."(同上, 34면, 「春秋書弑」).

13) 이 내용은 『左傳』 昭公 1년 11월 조목에 보인다.

하였다. 호씨(胡氏)는 주(周)의 국력이 토벌하여 치죄할 수 없었던 탓에, 공자는 후세 사람들이 시해한 적부(賊夫)를 토벌하기는커녕 그를 따라 맹주로 삼고 악명을 씌우지 않을 수 있는 것으로 잘못 생각할까 염려하였고, 따라서 잘못을 감안하여 간략히 써놓았다고 말한다. 이 역시 사리와 동떨어져 있다. 어찌 성인의 마음을 충분히 알았다고 하겠는가? 노(魯)와 초(楚)는 거리가 매우 멀리 떨어져 있다. 성인의 지혜라 하더라도, 보고 듣는 방법 외에 방도가 없는 것이다. 좌씨는 위(圍)가 병을 문안하러 들어가서 목을 졸라 죽였다고 한다. 그 일이 은폐되고 아직 드러나지 않은 것이다. 동시에 정(鄭)나라에 부고를 알렸다고 하는데, 이 또한 변고 없이 임종하였음을 제후에게 알린 것이다. 공자도 자신이 들은 바에 의거하여 쓴 것이고, 좌씨의 기록은 뒤에 와서 그 사실을 알아냈던 것이다. "성인은 알지 못하는 법이 없다"고 해서 이와같이 왜곡된 설명을 한 것 같은데 성인 또한 같은 인간이기 때문에 자신이 모르는 일에 대해서는 그대로 둘 수밖에 없는 것이다. 성인의 마음은 밝은 해와 같아서, 비출 수 있는 범위에 대해서는 환하게 밝혀지지 않음이 없지만, 어떤 사물이 가려져 있을 때는 더러 밝힐 수 없기도 한 것이니, 『춘추』라는 책에서 이것을 볼 수 있다. [14]

성호는 균(麇)이 시해당했음에도 졸(卒)이라고 쓴 것은, 호씨(胡氏)가 말한 것처럼, 사안의 중대성을 감안하여 간략히 써놓으려는 의도가 아니며, 단지 당시에 그 사실이 아직 드러나지 않아서 공자

---

14) "圍之弑麇也, 弑也而書卒. 胡氏以爲中國之力, 莫能致討, 將恐天下後世以簒賊非獨不致討, 又可從而主盟而無惡, 故權輕重而略之. 此說亦迂矣. 烏足以知聖人坦蕩之心者哉? 魯之于楚 不啻風馬牛也. 耳目之外, 雖聖智, 亦不可揣也. 左氏云, '圍入問疾, 縊之.' 其事隱而未顯也. 又云, '使赴于鄭.' 亦以正終聞于諸侯也. 夫子亦據所聞而書之. 左氏之錄, 卽後來鉤得其實也. 徒以聖無不知, 故爲委曲之說, 殊不知聖人亦人也, 于其所不知, 闕如也. 聖人之心, 如白日, 光之所照, 無不洞明, 物之所弊, 亦有時而不燭, 春秋之書, 是也."(同上, 24면, 「春秋書弑」)

가 자신의 들은 바에 의거해서 쓴 것일 뿐, 이것에 대하여 춘추서
법을 가지고 논할 수 있는 것이 아니라고 한다. 성인의 이 기록은
당시에 사실이 확인되지 않았서 잘못 기록한 오류를 면치 못할 경
우가 있다는 것이다. 우리가 구태여 숨길 필요가 없으며 또 억지로
말을 만들어서 변호할 까닭도 없는 것이다.

『춘추』에 시해(弑害)하였다고 쓸 때, 나라를 칭하기도 하고 또는
사람을 칭하기도 했는데, 해설하는 자들이 나라를 칭하고서 군주를
시해하는 경우는 죄가 군주에게 있는 것이라고 주장한다. 성호는
이 주장의 잘못을 지적하여 이렇게 말하고 있다.

　설령 군주가 무도하다고 해서 신하가 또한 시해할 수 있단 말인가? 가
령 초(楚)의 위(圍)나 제(齊)의 상인(商人) 같은 경우에 그 악을 감추기
가 어렵다. 그런데도 나라를 칭하지 않은 것은 무슨 이유인가? 생각건
대, 한 글자를 가감(加減)하는 사이에 혹시 한 사건(事件)이 잘못 표현되
거나 무고한 사람을 잘못 죄줄까 염려하는 법이다. 따라서 타국에서 일어
난 일이어서 시해한 사실을 확인할 수 없을 경우에는 소문만을 가지고 그
사람을 단죄(斷罪)할 수 없는 것이다. 나라만을 칭하고 사람을 칭하지 않
은 것은 성인의 신중함이다. [15]

성호는 타국에서 일어난 일이어서 아직 확인되지 않았을 때, 성
인은 시역대죄(弑逆大罪)를 사람에게 함부로 씌우지 않으려 하였
고, 그렇기 때문에 나라만을 칭하고 사람을 칭하지 않은 것일 뿐,
이것 역시 춘추서법을 가지고 논할 것은 아니라고 하였다.

---

15) "使君無道, 臣亦可弑耶? 如楚之圍齊之商人之類, 其惡難掩, 猶不稱國, 何
　也? 意者, 一筆一削, 猶恐一事之有誤, 一人之非辜, 故其他國, 賊或不得,
　則不可以傳聞而斷罪也. 稱國而不稱人, 聖人愼之也."(同上)

4

성호 당시는 성리학의 권위주의가 정점에 달하여 조선왕조의 체제와 표리일체를 이루고 있었다. 따라서 정주(程朱)의 설에 대하여 일언반구라도 감히 이의(異議)를 제기할 수 없었던 때였으니 그 경직된 풍토를 충분히 상상할 수 있다. 실학파의 경학(經學)은 이러한 풍토 속에서 한가닥 신생(新生)의 활로를 개척해 나가고 있었다. 비록 일거에 관습을 뒤집어 질곡(桎梏)을 타파할 수는 없었지만, 선입견에 주저앉지 않고 실제의 사실에서 옳은 것을 추구하고, 명분주의와 형식주의를 하나씩 하나씩 비판해 나가면서, 점차 기존의 권위주의에 대하여 자기 해방을 꾀하였다. 이러한 경향은 정다산에 이르러서 도미(掉尾)의 대업으로 성취되었는데, 성호는 실로 그 선구자였다.

이상으로 성호가 『춘추』에 대하여 논한 바를 종합해보면, 두 가지 결론을 얻는다. 하나는 춘추서법에 관한 근본적인 검토이다. 선유(先儒)들은 명분과 의리를 먼저 마음속에 품고 이런 안목에서 경문(經文)을 이해하였기 때문에 그 설명이 통하지 않는 곳이 많았다. 성호는 순수히 객관적인 관찰을 통해 "그 사리에 따라 따져봐서 어긋나지 않고 인정(人情)에 맞추어 헤아려도 서로 합치되는 것"으로써 경사(經史)를 탐구하는 방법으로 삼고 있었는데, 이런 점에서 『춘추』도 예외가 아니었다. 또 하나는 성인에 대한 인식의 전환이다. 종래의 유학자들은 "성인은 모르는 것이 없다"고 하여 성인의 필법에 대하여 실제 사실이 어떻든 견강부회를 해서라도 자신들의 논리에 합치시키려고 하였다. "성인도 마찬가지로 인간이다"라는 성호의 한마디는 한 시대의 몽매함을 계도하기에 충분한 말로서 평범한 언사가 아니다. 이것은 공자를 신성(神聖)의 세계로부터 인간의 세계로 끌어내리고, 절대적인 지위로부터 상대적 지위로 바꾸어놓은 것이다. 이로써 공자는 신앙의 대상으로 될 뿐 아니고, 연구와 논평의 대상으로도 되게 하였다. 이것은 결코 공자를 폄하시키려 하는 태도가 아니다. 반대로 공자를 사람들에게 좀더 가깝고 친밀한 존재로 이해시켜서, 사람들이 배워서 공자와 같은 위대한 인격을 이룰 수 있다는 것을 자각시키는 것이다.

<孔子誕辰 2540周年 紀念論文集 下(中國孔子基金會 編, 1992)>

附記  이 글은 중국 북경(北京)에서 발표한 한문원고(漢文原稿)를 뒤에 이봉규 공옥(李俸珪公玉)이 우리말로 옮기고 주석을 보충하였다. 공옥에게 사의를 표해둔다.

# 星湖의 宇宙에 관한 新解釋

　실학(實學) 연구 반세기에 있어서 성호(星湖)는 진작부터 많은 관심의 대상이 되어왔다. 성호에 관한 연구는 그동안 남북 양쪽에서 논문 수십 편이 발표되었고 몇 종의 단행본이 나오기도 하였다. 그의 사회 정치적 견해와 아울러 철학사상이 체계적으로 서술되어 그의 사상사적 위치(思想史的位置)가 크게 부각되기도 하였다.

　그런데 여기 다루어보려 하는 것은 짤막한 자료이면서 성호의 사상의 바탕을 살피는 데 대단히 중요한 자료가 될 것으로 여겨지는 것이다. 즉 우주(宇宙)에 관한 그의 해석이다.[1] 해석이라고 한 것은 종래 중국 고전(古典)에 나오는 '우주'란 말을 자의(字義) 풀이로부터 시작해서 설명했기 때문이다.

　성호는 우선 '우(宇)'와 '주(宙)'를 엄격히 구분하였다. 진(晉)나라 왕희지(王羲之)의 「난정서(蘭亭敍)」에

　　우러러 우주의 광대함을 보고 구부려 만물의 종류의 번성함을 살핀다.[2]

라는 구절이 있는데 성호는 그것이 잘못임을 지적하였다. '우(宇)'는 우러러본다라고 말할 수 있지만 '주(宙)'는 우러러볼 성질이 아

1) 『星湖全書』 第6册 僿說 卷29 詩文門 宇宙(驪江出版社版)
2) 仰觀宇宙之大 俯察品類之成(「蘭亭敍」, 『古文眞寶』 後集)

니라는 것이다.

　성호는 『할관자(鶡冠子)』의 천권편(天權篇)[3]에서 다음의 구절을 인용하였다.

　　만물을 연이어지게 하고 천지(天地)를 거느리면서 어깨를 합하고 뿌리를 함께 하는 것을 우주라고 하는데 '우(宇)'를 알면 포용되지 않음이 없는 것을 알 것이고 '주(宙)'를 알면 모자람이 없는 것(끝이 없는 것)을 알 것이다.[4]

　이 할관자의 말에서 윗부분은 쉽게 이해할 수 없으나 '우(宇)'와 '주(宙)'의 다른 점에 대해서는 분명한 인식을 주고 있다. 실은 중국 고전에서 '우'와 '주'를 나누어 말한 것이 여러 군데 나온다. 장자(莊子)가 이미 말한 바 있다.

　　실(實)은 있으되 처(處)가 없는 것이 우(宇)이고 길이〔長〕만 있고 시작과 끝이 없는 것이 주(宙)이다.[5]

그리고 장형(張衡)도

　　우(宇)의 표상(表象)은 가이없는 무극(無極)에 있고 주(宙)의 표상은 다함이 없는 무궁(無窮)에 있다.[6]

---

3) 『鶡冠子』는 『漢書』 藝文志에 著錄된 古典. 著者는 楚人으로만 알려진 隱者. 北宋 陸佃의 註解가 있다. 모두 20편인데 그중 제17에 天權篇이 들어 있다.

4) 星湖의 引用文에 "聯萬物類天地 合脯同根曰宇宙. 知宇故 無不容也 知宙故 無不足也"라고 하였다. 그런데 文淵閣 四庫全書本(影印版)에는 聯이 連으로, 類가 領으로 되어 있다.

5) 有實而無乎處者 宇也 有長而無本剽者 宙也(『莊子』 庚桑楚篇)

6) 宇之表 無極 宙之表 無窮(張衡 靈憲)

라고 하여 같은 취지의 중요한 말을 남겼다. 그런데 성호가 특히 할관자를 들어 말했던 것은 거기에서 특별히 취할 점이 있었기 때문이라고 생각된다.

성호는 다시 『문자(文子)』[7]의 말을 들었다.

상하 사방(上下四方)을 우(宇)라 하고 고왕금래(古往今來)를 주(宙)라고 한다. [8]

이 말은 우주를 가장 알기 쉽게 말해놓은 것으로, 뒤에 육상산(陸象山)·왕부지(王夫之)[9] 등이 모두 비슷한 말을 했지만 성호가 이 『문자(文子)』의 말에서 자세한 전거(典據)를 동원하면서 우주의 전통적 정의(定義)를 정립(定立)하려 하였다. [10] 즉 우(宇)는 상하 사방을, 주(宙)는 고왕금래를 뜻하는 것으로, 오늘의 용어(用語)로 바꾼다면 곧 우(宇)는 공간(空間), 주(宙)는 시간(時間)인 것이다.

성호는 다시 『회남자(淮南子)』의 천문훈(天文訓)에서 몇 구절을 초출(抄出)하여 의문을 제기하였다.

---

7) 『文子』는 역시 『漢書』 藝文志에 著錄된 古典. 著者는 周代의 사람 辛鈃이라고 한다. 모두 12편으로, 道家에 속한다.

8) 筆者는 文淵閣 四庫全書本에서 이 구절을 찾아내지 못했다. 星湖가 본 『文子』가 어떤 異本에 속한 것인지 모르겠다.

9) 四方上下曰宇 往古來今曰宙(陸象山 雜說) 上天下地曰宇 往古來今曰宙(王夫之 思問錄 內篇)

10) 星湖는 『文子』의 句節을 引用한 다음에 "繫辭曰 上棟下宇 以待風雨 註家多 謂宇 橡也 愚謂宇 屋簷之覆物者也 橡固然矣 若以橡訓宇則不可 一個橡 亦橡也 擧一橡曰宇 可乎 按考工記云 上欲尊而宇欲卑 亦此義 宇宙之宇 又是圓包無所不 該之義"라고 하여, 우주 특히 '宇'에 대한 견해를 덧붙여놓았다. (『星湖全書』 同上 詩文門 宇宙)

도(道)는 '허확(虛廓)'에서 시작되는 것이니 '허확'이 우주를 낳고 우주는 '기(氣)'를 낳는다. 기(氣)는 구분이 있어, 맑고 양명한 것은 하늘이 되고 무겁고 탁한 것은 땅이 되었다.[11]

성호는 『회남자』의 이 구절이 우주를 기(氣)와 '허확'의 중간에 있는 것으로 설명해놓은 데 대하여 "형체는 없고 이치만 있음〔無形有理〕을 가리킨 것인가"라고 하여 납득이 가지 않았던 모양이다.[12]

그러나 성호가 회남자의 이 구절을 든 것은 우주를 천지(天地)라는 개념과 완전 구별한 것, 그리고 우주와 기(氣)를 연결시켰다는 점에서 또한 취할 점이 있었던 것이다.

성호는 이제 결론(結論)으로 자기의 새로운 정의(定義)를 내렸다. '무소불포(無所不包)' 즉 포용되지 않음이 없는 것을 우(宇)라 하고 '생성불궁(生成不窮)' 즉 생성(生成)이 다함 없는 것을 주(宙)라고 한다는 것이다.[13] 다시 말하면 우(宇) 즉 공간은 '무소불포' 그 자체이고 주(宙) 즉 시간은 '생성불궁' 그 자체라는 것이다. 여기 우리는 성호의 이 설명이 얼마나 새롭고도 중요한가를 알 것이다.

성호가 『문자(文子)』의 말이라고 인용한 구절에는 단순히 상하사방을 우(宇), 고왕금래를 주(宙)라고 하여 공간·시간의 개념을 도입한 것은 좋았으나 공간·시간이 그 자체로서 존재하는 것같이 되어 있다. 『문자』와 달리 『할관자(鶡冠子)』는 "우(宇)는 포용되지 않음이 없고 주(宙)는 모자람이 없다"라고 하여 한걸음 나아간 듯이 보인다. 특히 우(宇)에 관한 설명에 있어서 성호와 아주 가까운

---

11) 星湖의 引用文에 "道始于虛廓 虛廓生宇宙 宇宙生氣 氣有漢垠 淸陽者爲天 重濁者爲地"라고 하였다. 文淵閣 四庫全書本에는 虛廓의 廓이 霩으로 되어 있고 文章에도 약간 字數가 많다.

12) 星湖는 『淮南子』의 句節을 들어, 宇宙 在氣與虛廓之間 '其無形有理之指歟라고 하였다(同上, 詩文門 宇宙)

13) 余 故曰 無所不包曰宇 生成不窮曰宙(同上)

것으로 여겨진다. 그러나 주(宙)에 관해서는 그저 그냥 끝이 없는 것으로만 말해놓았을 뿐이다.

이 점에 있어서 장자(莊子)도 비슷하다. 그리고 장형(張衡)도 공간·시간의 무한성(無限性)은 인식한 것 같지만 역시 공간·시간이 그 자체로서 존재하는 것처럼 이해했던 것 같다.

이에 비하여 성호는 "포용되지 않음이 없는 것이 우(宇) —— 공간이고 생성(生成)이 다함 없는 것이 주(宙) —— 시간이라 하여 공간·시간 그것이 따로 존재하는 것이 아니고 "포용되지 않음이 없는 것", 그것이 곧 공간이고 "생성이 다함 없는 것", 그것이 곧 시간이라는 것이다.

그러면 포용되는 그것과 생성하는 그것은 대체 무엇인가. 성호는 그것을 '물(物)'이라고 하였다. 위의 할관자의 우주설(宇宙說)을 소개한 끝에

　　'물(物)'의 생성(生成)이란 앞의 것이 가고 뒤의 것이 잇〔續〕는 것이다. 『주역(周易)』에 건도(乾道)가 변화하면서 각기 성명(性命)을 바로잡아간다라고 한 것이 이를 말함이다.[14]

라고 하였다. 성호의 뜻을 부연하면 건도가 변화한다는 것은 운동(運動)하는 '물(物)'의 발전 변화를 뜻하는 것이고 각기 성명을 바로잡아간다는 것은 이 발전 변화가 질서(秩序) 있게 움직이고 있음을 뜻하는 것이다.

성호는 이 '물(物)'을 구체적으로 천지간에 가득찬 사해팔황(四海八荒)·금수초목(禽獸草木)[15]이라고 말한 동시에 천지간에 가득찬 것이 기(氣) 아닌 것이 없는데 이(氣)의 정영(精英)이 응결(凝結)

---

14) '物'之生也 前者去 後者續 易所謂乾道變化 各正性命 是也(同上)

15) 大凡盈天地之間 四海八荒 禽獸草木 皆'物'也(同上 卷20 經史門 萬物備我)

하여 '물(物)'이 된다고 하였다. [16] 여기 유의할 것은 성호가 '천지간'
이라고 한 말이다. 이 경우의 천지간이란 말은 종래 보통 상천하지
(上天下地) 또는 천원지방(天圓地方)이라는 고정된 관념에서가 아
니고 우리가 상상할 수 있는 무한한 넓이의 세계를 의미하는 것으
로 보인다. 이 무한한 넓이의 세계를 알기 쉬운 관용어(慣用語)로
서 '천지간'이라고 했던 것 같다.

그런데 성호가 '물(物)'을 말하면서 천지간에 가득찬 사해팔황(四
海八荒)·금수초목(禽獸草木)이 다 '물'이다라고 하였고 또 천지간
에 가득찬 것이 '기(氣)'로서, '기'의 정영(精英)이 응결하여 '물'이
된다라고 했는데 이 '물'이 되는 '기'의 정영은 곧 물질(物質)을 의
미하는 것으로 보아도 좋을 것이다.

그러니까 '물'이 포용되지 않음이 없는 것으로, 즉 위치(位置)와
연장성(延長性)으로 특징지어지는 것이 우(宇)이고 '물'의 생성이
다함 없는 것으로, 즉 계기성(繼起性)·지속성(持續性)으로 특징지
어지는 것이 주(宙)이다. 다시 말하면 성호에게 있어서 우주 즉 공
간·시간은 물질(物質) 그것의 존재형식(存在形式) —— 물질 존재의
객관적 형식인 것이다.

성호의 이 견해는 선진(先秦) 고전(古典)과 송대(宋代) 성리학
(性理學)을 바닥에 깔고 있는 것이지만 그 어떤 학자에게서도 발견
할 수 없는 새로운 견해를 창출(創出)한 것이다.

단순히 우(宇)를 상하 사방, 주(宙)를 고왕금래라고 한 것에 대
해서는 말할 필요도 없거니와 서양의 관념론자(觀念論者)들이 공
간·시간을 물질 세계 밖에 있는 순수관념(純粹觀念) 또는 의식(意
識)의 산물(産物)이라고 한 것에 비교해보면 성호의 우주론 즉 공
간·시간에 관한 견해는 과학적 인식에 도달한 탁월한 달성이라고

16) 凡盈天地間者 莫非氣也 然 其凝結爲'物' 卽氣之精英(同上 卷25 經史門 鬼神
魂魄)

아니할 수 없는 것이다.

성호는 당시 서양 천주교(天主敎)가 가지고 온 천문학적 지식(天文學的知識)의 제약 때문에 지구중심설(地球中心說)에서 벗어나지 못했다. 우리나라 실학파의 천체관(天體觀)이 지구중심설에서 태양중심설로 옮겨온 것은 성호의 훨씬 후배인 담헌(湛軒) 홍대용(洪大容)에 이르러 비로소 가능하였다.

그러나 우주의 시공간적 특성과 관련하여 중요한 문제는 전체로서의 우주가 공간적으로나 시간적으로 무한(無限)한가 유한(有限)한가 하는 것이다. 그런데 성호의 우주에 관한 짤막한 말은 공간·시간의 무한성을 설파한 것이다. 포용되지 않음이 없고 생성이 다함 없다라고 한 '무소불포(無所不包)'와 '생성불궁(生成不窮)'이 바로 그것을 보여주는 것이다.

<1991년 5월 한국 실학연구회 창립기념 발표회에서>

# 燕巖 熱河日記內의 虎叱의 作者와 主題

## 1

　연암(燕巖) 박지원(朴趾源 : 1737~1805)의 『열하일기(熱河日記)』의 관내정사(關內程史) 속에 실려 있는 「호질(虎叱)」은 연암 자신을 위시한 그 당시 많은 인사들에 의하여 절세(絶世)의 기문(奇文)으로 칭도(稱道)되었고 후세에 내려오면서 계속 '예원(藝苑)의 신품(神品)'으로 칭송되어 오늘에 이르러서는 우리나라의 귀중한 문학유산(文學遺產)의 목록에서 빠뜨릴 수 없게 되어 있는 실정이다.

　그런데 이 「호질」의 작자(作者)에 관해서는 당초부터 잘 알 수가 없게 되어 있다. 연암 자신은 옥전현(玉田縣 : 山海關內) 어느 점포(舖主 沈有朋 蘇州人)의 벽상(壁上)에 걸려 있는 자격(子格)에서 베껴온 무명씨(無名氏)의 작(作)이라고 분명히 말하여 그때 포주(舖主)에게 재삼 그 작자를 물어봤으나 포주도 아는 바 없고 얼마 전 기주시일(薊州市日)에 가서 수매(收買)한 것이라고 말했을 뿐이라는 것이다.(關內程史 28일 甲辰) 그러나 그 문체와 어투가 연암의 다른 작품들과 너무나 닮은 데가 있을 뿐 아니라, 그 당시 인사(人士)로서 혜풍(惠風) 유득공(柳得恭)과 같은 이도 연암의 문장을 평하면서,

　『열하일기(熱河日記)』 20권을 지었는바, 그 중에는 희소노매(喜笑怒罵)에다가 우언(寓言)을 섞어놓은 것이 많은데 그 「상기(象記)」 「호질(虎叱)」 「야출고북구(夜出古北口)」 「일일구도하(一日九渡河)」 등 편(篇)은

극히 회기(恢奇)한 것으로 일시 사대부(士大夫)들이 서로 베끼고 빌려보면서 수년 동안 그칠 줄 몰랐다. (『古芸堂筆記』, 熱河日記)

라고 하여 「호질」을 「상기(象記)」「야출고북구기(夜出古北口記)」등 제편(諸篇)과 함께 연암의 작(作)으로 간주해버렸다.

그러나 작자의 문제가 이와같이 간단히 귀결될 문제가 아니어서 많은 사람들은 이 글을 애독해오면서도 작자의 문제만은 의사간(疑似間)에 붙여두었던 듯하다. 그러다가 구한말에 와서 창강(滄江) 김택영(金澤榮: 1850~1927)이 『연암집(燕巖集)』을 발간하면서 비로소 이 「호질(虎叱)」의 작자 문제를 본격적으로 다루기 시작하였다. 「호질」을 『연암집(燕巖集)』에 수록하지 않을 경우에는 별 문제가 안 되겠지만 그것을 『연암집』에 수록하려면 먼저 작자의 문제가 해결되어야 하겠기 때문이다. 그러나 2백 년이 넘는 시간의 거리를 두고 아무런 구체적 증거자료도 가지지 못한 김택영(金澤榮)에게 신통한 해결책이 있었을 까닭이 없다. 다만 「호질(虎叱)」과 같은 기문(奇文)을 『연암집』에서 제외한다는 것은 너무나 애석한 일이었기 때문에 그는 특히 「호질」의 뒤에 발문(跋文)을 써가면서까지 『연암집』에 수록한 이유를 밝혀야 했던 것이다. 그의 발문(跋文)은 전후(前後) 몇 차례에 걸쳐 나왔는데 그때마다 수정되기도 했거니와, 대체로 전후 두 가지의 상이(相異)한 견해로 나누어볼 수가 있을 것 같다. 전자(前者)는 그가 국내에 있을 때의 것으로 즉 1900년 서울에서 『연암집』을 초간(初刊)할 때와 그 뒤 『연암집』을 중편(重編)할 때의 것이고, 후자(後者)는 그가 중국 회남(淮南)으로 망명하여 피아(彼我)의 문물을 비교 고찰하면서 우리나라의 문적(文籍)을 찬차(纂次)하고 우리 고전을 재평가하던 시기 즉 1913년경의 것이다.

전자 즉 1900년대의 견해를 요약해보면 다음과 같다.

(1) 대개 중국의 방언지사(放言之士)가 이에(「호질」에 — 필자 주) 가탁
(假託)하여 만인(滿人: 만주족)이 한인(漢人)을 꾸짖는 글을 만들었던 것
인데, 선생(연암 — 필자 주)이 그것을 윤색하고 부연하여 이와같은 괴기
지작(瑰奇之作)을 이룩한 것이다. 혹자(或者)는 말하기를 선생이 세속 위
학(僞學: 우리나라의 세속적 위선적 학자 — 필자 주)을 풍자하기 위해서
자작(自作)한 것으로, 심상(沈商)의 점포(店舖)에서 얻었다고 한 것은 순
전히 가탁(假託)이다라고 하는데 혹시 그러한 것이었을까? (『연암집』, 金
澤榮本, 권6, 장23~24, 「虎叱文跋」)

(2) 나의 관찰에 의하면 대체로 심상(沈商)의 점포(店舖)에 소재(所在)
했던 것은 즉 패관소설(稗官小說), 두어 줄의 글이었는데, 선생이 전명
(前明: 明나라 — 漢民族王朝) 유민(遺民)의 탁의지작(託意之作)으로 인정
하고 드디어 추론(推論)·부연(敷演)하여 이러한 대편(大篇)을 만든 것이
아니었을까 한다. (重編 『연암집』 권5, 장7, 「虎叱文跋」)

(1)과 (2)가 모두 「호질」의 원작자(原作者)는 중국인이라 하여 연
암 자신의 말을 시인하였고 다만 그것을 연암이 부연 확대시켜 놓
았다는 것이다. (1)의 하단에 「호질」은 연암의 자작(自作)이며 심포
운운(沈舖云云)은 가탁(假託)이었다는 혹자(或者)의 말을 소개하면
서도 그것을 그대로 받아들이려는 태도가 아니었고 뒤에 (2)에 이르
러서는 그것을 더욱 부정(否定)해버린 느낌이 든다. 사실, 원작자
(原作者)가 따로 있었다고 하더라도 연암이 그것을 부연 확대시켜
자기의 것으로 만들었다면 그것만으로 「호질」을 『연암집』에 수록한
이유의 설명은 충분히 달성되는 것이다. 그러던 것이 1913년경의
발문(跋文)에 와서는 위의 것과 매우 다른 견해를 보이고 있다. 즉
종전의 주장과는 반대로 위의 (1)의 하단에 인용한 혹자(或者)의 말
을 답습하여,

선생이 세속 위유(僞儒)들의 실행(實行)은 없고 까다로운 의논만 좋아
하는 것을 미워하여 이 글을 지어 기척(譏斥)한 것이나, 원방(怨謗)을 초

래할 것이 염려되므로 저 중국인의 작으로 가탁(假託)하여 자기를 엄호
(掩護)한 것이다. (『韶濩堂集』, 卷9, 장17~18, 「虎叱文跋」)

라고 말하고 그것이 연암의 자작이라는 몇가지 이유를 들어놓았다.

첫째, 「호질(虎叱)」은 체재(體裁)의 기고(奇古)함과 사기(詞氣)
의 준걸(俊傑)스러움이 결코 삼가촌중(三家村中) 무명지사(無名之
士)의 작이 될 수 없는 것이며, 따라서 만약 중국인의 작이라면 반
드시 일대(一代)의 일이대가(一二大家)의 손에서 된 것이어야 하겠
는데, 지금 청조(淸朝)의 여러 고문가(古文家)를 상고해보아도 그
런 것이 있은 적이 없다는 것.

둘째, 「호질」 가운데, "오행(五行 : 水火木金土)은 제각기 자리가
정해져 있고 이것이 저것을, 저것이 이것을 서로 낳는 것이 아니
다. (五行定位 未始相生)"라는 문구는 선생의 평소의 독특한 지론
(持論) 그대로이며 중국인에게는 없었던 말이라는 것.

셋째, 「호질」 가운데 "喪服者不食"이라는 구절은 "상주는 범도
물어가지 않는다"는 우리나라의 속담을 말한 것인데, 혹시 중국에
도 이런 속담이 있는가 해서 회남 문사(淮南文士)들에게 물어봤으
나 다 초문이라고 한다는 것. (上同)

이와같은 김택영(金澤榮)의 전후(前後)의 상반된 견해 중에 어느
것이 정곡(正鵠)을 얻었건 간에 「호질」을 『연암집』에 수록할 만한
이유의 성립에는 양자(兩者)가 별 차이가 없는 것이다. 그러나 문
제는 이것으로 해소되는 것이 아니다. 이 「호질」을 하나의 작품으
로 다루려 할 때 이 작품의 주제가 무엇인가가 보다 더 중요한 관
심사로 등장하지 않을 수 없다. 그런데 「호질」이 중국인의 원작(原
作)에 속할 경우와 연암 자신의 창의적 자작일 경우에 따라 주제의
설정에 상당한 차이가 생겨날 수 있으며, 또한 우리의 이 작품 주
제에 대한 착안점에 있어서도 매우 틀린 방향에 서게 될 수 있는
것이다. 이제 작자의 문제와 아울러 이 작품의 주제를 올바로 정립

시키기 위하여 「호질」의 내용을 그 경개(梗槪)만이라도 다시 살펴
보기로 하자.


2


「호질(虎叱)」의 경개는 이러하다.

범은 예성문무자효지인웅용장맹(睿聖文武慈孝智仁雄勇壯猛) 그것
이어서 천하에 대적할 자가 없다.

해가 장차 저녁이 될 무렵, 범은 졸개들을 불러놓고 석식(夕食)
에 대한 의견을 아뢰게 하였다. 이올(彝兀)이란 놈이 나서서 "동문
(東門)에 먹을 것이 있는데 그 이름은 '의(醫)'라, 입으로 백초(百
草)를 머금어서 기육(肌肉)이 향기로울 것이오며, 서문(西門)에 먹
을 것이 있는데 그 이름은 '무(巫)'라, 백신(百神)을 섬기느라고 날
마다 목욕하여 몸이 정결(精潔)할 것이오니, 육(肉)을 택하심에 이
두 가지에서 고르소서. "하였다.

범은 노기(怒氣) 띤 목소리로 "의(醫)라는 것은 의(疑)이다. 의
(疑)를 품은 채, 사람을 치료한답시고 해마다 수만 명을 죽게 만들
고, 무(巫)라는 것은 무(誣)이다. 신(神)으로 무(誣)하여 백성을
유혹함으로써 해마다 수백 명을 죽게 한다. 뭇 망령(妄靈)들의 노
기(怒氣)가 그들(醫와 巫)의 뼛속에 스며들어 독충(毒蟲)으로 화해
있을 것이다. 어찌 먹을 수 있겠느냐"라고 하였다.

다음엔 육혼(鬻渾)이란 놈이 나와서 "저기 저 숲〔山林〕에 인간의
담(仁肝義膽)의 좋은 육(肉)이 있는데, 그 이름은 '석덕지유(碩德之
儒)'라 오미구존(五味俱存)합니다"라고 하였다. 범은 이 말을 듣자
눈썹을 추키고 침을 흘리며 하늘을 쳐다보고 만족하게 웃은 뒤에,
"짐(朕)이 듣고자 하니 자세히 아뢰라. "
이에 모든 졸개들이 다투어 천거하면서,

"일음일양(一陰一陽)의 도(道)를 유(儒)가 관지(貫之)하였고 오행(五行)의 상생(相生)과 육기(六氣)의 상선(相宣)에 유(儒)가 도지(導之)하였으니 먹을 것 중에서 이보다 더 맛나는 것이 없습니다"라고 뇌까렸다. 범은 갑자기 초연(愀然)한 기색으로 변해지면서,

"음양(陰陽)은 일기(一氣)의 소장(消長)인데 일음일양(一陰一陽)의 둘로 나누었으니 그 육(肉)이 잡될 것이며, 오행(五行)은 제각기의 위치로 정립(定立)되어 있어서 상생(相生)이란 있을 수 없는데 이제 억지로 자모(子母) 관계를 만들고, 함산(鹹酸)을 비정(比定)해놓았으니 그 맛이 순수(純粹)치 못할 것이며, 육기(六氣)는 자연히 유행(流行)되는 것이고 인위적인 선도(宣導)가 필요치 않은데 이제 스스로 자기 공로를 나타내려 하니 그것은 생경(生硬)하고 견강(牽强)한 것으로 먹다가는 체하거나 구역이 날 것이다"라고 설명하고 몹시 서운한 표정을 지었다.

정(鄭)나라 어느 고을에 북곽선생(北郭先生)이라는 '석덕지유(碩德之儒)'가 살았다. 그는 벼슬을 좋아하지 않는 고상한 학자로서 나이 40에 손수 교정(校正)해낸 책이 1만 권이었고 또 자기가 직접 저술해낸 책이 1만 5천 권이었다. 천자(天子)가 그 행의(行義)를 가상(嘉尙)히 여기고 제후(諸侯)가 그 명망(名望)을 존모(尊慕)하고 있었다.

그 고장의 동쪽에는 동리자(東里子)라는 미모의 젊은 과부가 있었다. 천자(天子)가 그 절개를 가상(嘉尙)히 여기고 제후(諸侯)가 그 현행(賢行)을 존모하여, 그 마을의 둘레를 봉(封)하여 '동리과부지려(東里寡婦之閭)'라고 정표(旌表)를 주기도 하였다. 그런데 동리자(東里子)의 슬하에 있는 다섯 명 아들은 사실에 있어 각각 성(姓)을 달리한 놈들이었다.

어느날 밤, 다섯 놈의 아들은 동리자의 방에서 북곽선생(北郭先

生)의 말소리가 흘러나오는 것을 들었다. 다섯 놈은 차례로 문틈으로 엿보았다. 방금 동리자는 북곽선생에게 아양을 떨면서 독서를 청하였고 북곽선생은 옷깃을 바로잡고 점잖게 앉아서 시(詩)를 흥미있게 읽는 것이 아닌가. 다섯 놈은 제 눈을 의심하였다.

"북곽선생과 같이 점잖은 분이 남의 집 과부의 방에 들어올 리가 없다. 필시 천년 묵은 여우〔狐〕가 북곽선생의 모양으로 변하여 온 것이다. 저 여우를 때려잡아 머리와 발통과 꼬리를 나눠 가지자."

다섯 놈의 돌격에 크게 당황한 북곽선생은 요행스럽게 그 자리에서 탈출했으나, 자기의 정체를 드러내지 않으려고 두 팔을 목 뒤에 올려 귀무(鬼舞)와 귀소(鬼笑)로 문을 나서 벌판으로 뛰다가 그만 똥구덩이에 빠져버렸다. 북곽선생은 간신히 기어올라 머리를 들었다. 뜻밖에 범이 길목에 앉아 있었다. 범은 북곽선생의 광경을 보고 찌푸리고 구역질을 하다가 코를 가리고 얼굴을 외면하였다.

"유(儒)여, 구린내나는 유(儒)여."

북곽선생은 코가 닿도록 세 번이나 절하고 범에게 우러러 빌었다. 그는 스스로를 하토천신(下土賤臣)이라고 칭하는 한편 범의 신변(神變)과 위덕(威德)을 칭송하였다. 범은 버럭 소리를 질렀다.

"에끼 이 녀석, 입을 닥쳐라. 내 듣건대 유(儒)라는 것은 유(諛: 아첨)라고 하더니 과연 그러하도다. 네가 평소에 천하의 악명(惡名)을 죄다 나에게 덮어씌우더니 이제 사정이 급해져서 면전(面前)에서 아첨을 떠니 누가 믿겠느냐 말이다. 천하의 이치는 하나뿐이다. 범의 성(性)이 진실로 악한 것이라면 인성(人性)이 또한 악할 것이고, 인성이 선(善)한 것이라면 범의 성(性)도 선(善)할 것이다. 네가 평소에 이(理)와 성(性)을 담론하면서 걸핏하면 '천(天)'을 내세우지만 '천(天)'의 소명(所命)으로 본다면 범도 사람도 똑같이 만물(萬物)의 하나일 뿐이다……"

북곽선생은 부복(俯伏)한 채로 돈수돈수(頓首頓首)하면서 사죄를 거듭하였다. 그는 또다시 능숙한 솜씨로 경전(經傳)을 인용하면서 관용을 빌었다. 그는 숨을 죽이고 명령을 기다렸으나 아무 동정(動靜)이 없기에 머리를 들어 보니, 이미 먼동이 터 주위가 밝아지고, 범은 간 곳이 없었다.

새벽 일찍, 밭에 나온 농부가 북곽선생을 발견하고 깜짝 놀랐다.

"선생님께서는 이른 새벽 벌판에서 무슨 기도를 올리고 계십니까?"

북곽선생은 서슴지 않고 말하였다.

"경전(經傳)에 이런 말씀이 있으니라, 하늘이 높다 해도 머리를 아니 굽힐 수 없고 땅이 두텁다 해도 발을 조심스럽게 디디지 아니할 수 없다라고."

### 3

우리는 「호질(虎叱)」의 주제를 논하기 전에 먼저 「호질」의 원문(原文) 끝에 부재(附載)된 연암의 사평체(史評體)의 후론(後論)에 주의할 필요가 있다.

"이 글은 비록 작자의 성명(姓名)이 없으나, 근세 중국인의 비분(悲憤)의 작(作)인 것이다. 세운(世運)이 암흑시대에 들어 이적(夷狄)의 화(禍)가 맹수(猛獸)보다 더 심한데, 사(士)의 몰염치한 자들은 경전(經傳)의 문구(文句)를 철습(綴拾)하여 이민족(異民族)의 지배권력 하에 곡학아세(曲學阿世)를 일삼고 있다. 이것은 시랑(豺狼)이도 물어가지 않을 더러운 인간들이다. 지금 만주족의 왕조가 중국을 지배한 지 4대(代)에 걸쳐 문무수고(文武壽考)로 백년의 태평을 누리고 있으나 천하의 유지지사(有志之士)가 어찌 하룬들 중국을 잊어버릴 수 있겠는가…… 이 글에 본래의 제목이 없는 것을 내가 원문(原文) 중의 '호질(虎叱)' 2자(二字)를 뽑아 제목을 삼아 둔다. 중국의 산하(山河)가 언제 맑아질 것인지 기다려보기로 하자……"

연암의 이 평(評)에 의하면 「호질(虎叱)」은 만주족 지배하에 곡학아세(曲學阿世)로 자신을 적응시켜가는 중국 인사들의 비열상(鄙劣狀)을 풍자한 것이다. 이것은 어느 중국인의 비분(悲憤)의 작이다. 말하자면 중국인에 의한 중국인 자신의 고발이요 성토(聲討)인 것이다. 「호질」의 주제는 바로 여기에 있는 것이다.

「호질」의 주제가 이와같이 연암에 의하여 명백히 표시되어 있음에도 불구하고 「호질」을 연암의 자작(自作)으로 인정하고 나아가 우리나라의 문학유산으로 만들기에 급급했던 우리 선학(先學) 중에는 「호질」의 주제마저 바르게 받아들이려고 하지 않는 경우가 있었다. 앞서 본 바와 같이 김택영(金澤榮)의 전후(前後) 견해 중에 전자의 것은 대체로 사실에 근접되어 있었는데도 후자에 이르러서는 「호질」이 연암의 자작인 동시에 그 내용은 우리나라의 세속적 위선적(僞善的) 학자를 풍자한 것이라고 결론을 지었다. 그러면서도 김택영(金澤榮)은 종시 개운치 않았던지 "세상의 독자들이 그렇다고 여기겠는가(世之覽者 或以爲然否)"(前揭 『韶濩堂集』 所載 「虎叱文跋」의 末尾)라고 하여 많은 여운을 남겨놓았다.

그런데 최근 김택영(金澤榮)의 후자의 견해를 더욱 발전시켜 단정적인 주장을 내리게 된 분은 이가원(李家源) 교수이다. (『연암소설연구』 482~584면) 이교수의 방대한 논문은 「호질」 연구에 관련되는 고금(古今) 중동(中東)의 모든 자료를 총망라하여 그것만으로도 한 업적이 되겠거니와 그중에 특히 주목을 끄는 두 가지 사실이 있다. 하나는 「호질」을 유몽인(柳夢寅)의 「호정(虎穽)」과 이광정(李光庭)의 「호예(虎睨)」에 대비 고찰하여 그 의상(意想)과 표현의 유사성을 밝힘으로써 우리나라 문학사의 체계 속에 「호질」의 일정한 위치를 규정하려는 것이요, 다른 하나는 「호질」 속에 나오는 북곽선생(北郭先生)을 우리나라 역사상의 실재 인물인 우암(尤菴) 송시열(宋時烈)에 비정(比定)함으로써 「호질」의 시대성과 역사성을 뚜렷이 부조(浮彫)시키려고 했다는 것이다. 이 두 가지는 김택영을 포함한 우리 선학(先學)에게서 볼 수 없었던 일이며, 이교수에 이르러 비로소 독창적이고 전진적인 시도로 「호질」을 새롭게 해석한 것이다. 특히 북곽선생을 우암에 비정한 것은 이교수 자신의 창견(創見)이 아니고 권병훈(權丙勳)·이승규(李昇圭)·변영만(卞榮晩) 제 고로(諸古老)에게서 구담(口談)으로 들은 것이었다고 하나 상기(上記) 제 고로(諸古老)들이 하나도 자기의 기록으로 남긴 것이 없고 또 모두가 이미 타계(他界)에 가 있는 분들이어서 오늘 이 견해에 책임을 질 사람은 이교수 자신뿐이며, 따라서 이 견해로 인한 '지아죄아(知我罪我)'도 모두 이교수 자신이 감수해야 할 일이다. 이러한 의미에서 우리는 이교수의 대담 솔직한 주장에 거듭 경의를 표하여 두고 싶다.

그러나 이와같은 이교수의 두 가지 새로운 주장은 「호질」의 주제를 아주 딴 방향에서 생각하게 하는 것이다. 이교수는 「호질」의 주제에 대하여 별도로 상세한 설명을 해놓지는 않았으나 그의 주장대로 한다면 결국 국내 위학자(僞學者) 특히 우암 일파(尤菴一派)를 그린 것으로 되는 것이며, 위에서 말한 연암의 평(評)에서 정립(定立)되었던 당초의 주제와는 대단한 경정(逕庭)이 생기게 되는 것이다. 주제는 작품에 있어서의 생명인만큼, 이 문제는 쉽게 처리될 수 없는 것이다. 더욱이 연암의 평에서 정립된 주제를 그대로 믿고 싶어하는 우리로서는 이교수의 주장에 다른 의견을 개진할 필요를 느낀다.

우선 유몽인(柳夢寅)의 「호정(虎穽)」, 이광정(李光庭)의 「호예(虎睨)」와 「호질(虎叱)」과의 관련을 검토해보자. 제목이 서로 비슷하고 자구 사이에 닮은 데가 더러 있으나, 체재에 있어서 큰 격차가 있으며, 특히 주제의 구성에 이렇다 할 공통점이 거의 없다. 「호질」이 「호정」과 「호예」에 영향을 받아서 이루어진 것으로 볼 만한 뚜렷한 증명이 되기에는 「호정」과 「호예」가 자료로서 너무나 불충분하다. 「호정」과 「호예」가 아니라도 범에 관한 중국 역대의 많

은 설화(說話)는 중국에 있어서 「호질」 그것의 성립에 충분한 배경
이 되어줄 수 있을 것이 아닌가 한다.

다음은 북곽선생(北郭先生)과 우암(尤菴)과의 관계다. 우암이 북
벌책(北伐策)을 가장(假裝)한 위학자(僞學者)라는 점에 이의가 있
어서가 아니라, 단순히 위학자라는 점만으로 북곽선생(北郭先生)에
다 결부시키는 것은 설득력이 부족하다고 본다. 보다도 한 시대의
인간으로서의 개성과 그 인간의 정치·사회적 존재가 작품 속에 어
떻게 형상화되어 있는가가 중요하다. 이런 점에서 북곽선생과 우암
은 일치점이 별로 없는 것 같다. 우암은 그 개성——기질로 보아
자처태고(自處太高)·자신태과(自信太過)의 영웅주의(英雄主義)·권
위주의자(權威主義者)이다. 이건창(李建昌)이 '기해예송(己亥禮訟)'
에서 이미 지적했듯이 그가 예론(禮論)에 있어서 불리한 처지에 말
려들어가면서도 끝내 패배를 자인하지 않고 결국 죽음을 택하면서
까지 자기 권위를 지켜나갔던 것은 저 북곽선생과 같이 범을 만나
단번에 전도실체(顚倒失體)하는 비굴하고 취약한 인간과는 대척적
인 것이다. 뿐만 아니라, 정치·사회적 존재로서의 두 사람의 그것
도 아주 다르다. 우암은 만주족의 정벌(征伐)을 일생의 대의(大義)
로 삼아, 일관된 주장을 굽혀본 일이 없었다. 비록 그것이 정치적
술책이었다고 하더라도 죽을 때까지 북벌론(北伐論)에서 한번도 후
퇴해본 적이 없었다. 이러한 우암과 상황의 변화에 따라 그때 그때
적응·변절하는 인간으로 나타난 북곽선생은 아무래도 동일한 존재
가 될 수 없는 것 같다.

결국 우리는 원점으로 돌아가 연암이 당초에 정립시켜놓았던 주
제를 그대로 이해하려고 한다. 우리는 「호질(虎叱)」의 주제를 이해
함에 있어서 한개의 새로운 시각(視角)을 제공하게 될 수가 있다.
그것은 「호질」 속에서 하나의 대립관계를 통하여 작품의 전구성(全
構成)을 파악할 수 있다는 것이다. 「호질」 속의 대립관계란 무엇인

가? 만주황제(滿洲皇帝)와 그 지배하에 놓여 있는 중국의 사인군(士人群)들이 그것이다. 만주족의 무력(武力)에 의하여, 위대한 전통을 가진 중국민족이 강압적(强壓的) 지배를 받게 되었고, 표면적인 것과는 달리 정신적으로 심화(深化) 내연(內燃)되어가는 저항의식(抵抗意識)은 해소될 수 없는 대립관계를 지속시켜 나갔던 것이다. 그러나 이 「호질」은 만주족의 무력(武力) 앞에 너무나 무력했던 중국의 지도층——사인군(士人群)을 형상화시킨 것이다. 교서(校書) 1만 권과 저서(著書) 1만 5천 권의 관록을 가진 위학자(僞學者) 북곽선생은 만주정부(滿洲政府)의 '우문지치(右文之治)'——『고금도서집성(古今圖書集成)』『사고전서(四庫全書)』의 편찬 등에 대응 발생한 고증학(考證學)의 풍조(風潮) 속의 산물이요, 정표(旌表)를 받은 가면절부(假面節婦) 동리자(東里子)는 만주정부의 유교적 풍화(風化)의 장려책의 분비물이다. 이와같이 만주정부의 정치적 농락 속에 인간의 존엄성을 상실해가는 중국인의 자기비판이 「호질」의 기본 정신을 이루고 있다. 연암은 이러한 비분(悲憤)에 뼈아픈 공감(共感)을 느끼면서 중국의 산하(山河)가 맑아질 날을 기대했던 것이다.

4

지금까지의 논술한 바를 종합하여 여기 몇가지의 적록(摘錄)으로 끝을 맺으려 한다.

(1) 「호질(虎叱)」은 중국인의 원작(原作)이 있었다. 연암은 그것을 부연 확대시켰을 뿐이다. 연암의 창작이라면 연암은 결코 원방(怨謗)을 회피하기 위하여 중국인에게 가탁(假託)하지 않았을 것이다. 「호질」과 함께 『열하일기(熱河日記)』에 실려 있는 「허생(許生)」에서는 '여역언(余亦言)'이라 하여, 「허생」에 있어서의 신랄한 현실비판(現實批判)을 아무 가탁 없이 뚜렷이 자기 책임하에 진행

시켰던 것을 보아도 알 수 있다.

(2) 「호질」의 원작(原作)에 연암이 자기 수법으로 있는 가필(加筆)을 했다는 것은 연암 자신의 기록에서 볼 수 있다. 처음 심포(沈鋪)에서 베낄 때, 전반부(前半部)는 연암이, 후반부(後半部)는 정진사(鄭進士)가 맡았는데, 숙사에 돌아와 본즉 정진사(鄭進士)가 베낀 부분에 무수한 오서(誤書)와 자구(字句)의 누락이 있어 전연 문리(文理)가 불성(不成)이므로 연암이 자기 의사대로 점찬(點竄) 보철(補綴)하여 성편(成篇)을 했다는 것이다. 그러나 전편(全篇)을 읽어보면 후반부는 물론이고 전반부에서도 연암의 가필(加筆)이 상당히 있는 것 같다.

(3) 「호질」의 주제는 중국인의 원작 그대로이다. 연암이 주제를 변경시킬 수는 없는 것이다. 앞서 말한 바와 같이 「호질」은 '중국인에 의한 중국인 자신의 고발(告發)이요 성토(聲討)'이다. 이런 점에서 북곽선생은 후일의 아큐(阿Q)와 함께 중국에 있어서 일정한 역사적 시기, 일정한 사회계층의 형상화(形象化)된 인간이다. 아큐(阿Q)가 20세기 초기의 변혁과정에 있는 중국 국민들의 한 모습을 보여준 것이라면, 북곽선생은 18세기 당시 이민족 지배하(異民族支配下)에 놓인 중국 사인군(士人群)의 성격의 일면을 말해주는 것이다.

(4) 「호질」의 원작은 중국 어느 무명씨(無名氏)의 것으로 지금까지 중국에서는 그 존재조차 알려져 있지 않는 반면, 당시 연암에게 발견되어 연암의 손으로 부연 확대된 후에 비로소 문학적 가치를 발휘시킨 것이다. 「호질」은 어느덧 연암의 것이 되어버렸다. 따라서 「호질」의 문학적 국적(國籍)은 우리나라에 속하는 것이다. 심세편(審勢編)을 위시한 『열하일기(熱河日記)』 내(內)의 여러 종류의 논설은 당시 동아시아 대국(大局)의 현황과 앞날의 동향에 대한 연암의 폭넓은 관찰과 시사 깊은 해설(解說)을 남겨놓았거니와 「호질」도 이러한 의미에서 더욱 중요성을 갖는다. 「호질」의 원작 속에

흐르는 비분(悲憤)을 통하여 중국 민족의 뿌리깊은 저항의식을 피부로써 느낀 연암은 그의 천재적 문학자로서의 영감(靈感)의 촉발과 솜씨의 구사로 오늘의 「호질」을 이룩하였고 나아가 「허생」 속에서 허생(許生)으로 하여금 당시 북벌 추진자에게 북벌(北伐)의 선행조건으로 우리 자제(子弟)와 상고(商賈)들을 중국에 원파(遠派)하여 중국의 국정시찰(國情視察)과 민간호걸(民間豪傑)들과의 교결(交結)을 도모할 것을 주장케 했던 것이다.

　「호질」은 그 당시에 있어서 우리나라의 문학세계를 그만치 넓혀놓았고 또한 그 당시 우리나라 지식인들에게 새로운 역사감각(歷史感覺)을 자극시켜주었던 것이다.

＜창작과비평 11호, 1968년 가을호＞

# 茶山과 李載毅의 문답

『孟子要義』의 '四端'과 '性'에 對한 論爭

## 1. 머 리 말

다산초당(茶山草堂)에서 『맹자요의(孟子要義)』가 거의 완성된 1814년 봄 어느 날[1] 다산은 문산(文山) 이재의(李載毅)라는 색다른 방문객을 만나게 되었다. 그는 당시의 왕실과는 다소 촌수가 먼 전주 이씨(이씨왕조 제2대인 정종왕의 후손)로서 노론가문의 명사이다. 그의 7대조 통제사 이상경(李尙敬)으로부터 조부 대장 이주국(李柱國)에 이르기까지 무로써 출세하였지만 그는 일개 성균생원으로서 일생을 선비로 보낸 사람이다. 문인적 기질이 승(勝)한 그는 『문산집(文山集)』이라는 11권 4책의 문집 속에 시가 큰 비중을 차지하게 했지만 그의 명석한 두뇌는 성리학의 이론에 있어서도 남에게 뒤지려고 하지 않았다. 그는 노론가문의 일반 자제들과 같이 송우암(宋尤菴)에 대한 숭앙이 절대적이다. 그리고 그는 한남당(韓南塘)의 연원인 송성담(宋性潭 : 煥基)의 제자이면서 또 일찍 이도암(李陶菴 : 縡)의 학통인 박근재(朴近齋 : 胤源)에게 배우기도 하여 호락(湖洛) 양계파(兩系派)에 다 통하게 되었다. 인물성동이문제(人物

---

1) 『二山唱酬帖』에 의하면 "嘉慶甲戌 三月 四日 文山始訪余於茶山"이라고 하였다. 『二山唱酬帖』은 最近 市中에서 발견된 것으로, 茶山과 文山이 각기 唱酬한 詩를 親筆로 써서 作帖한 것이다.

性同異問題)에 있어서는 낙론(洛論) 쪽으로 가담한 듯이 보인다. 그의 문집에 실려 있는 매산(梅山) 홍직필(洪直弼)에게 보낸 긴 편지가 그것이다. [2]

이러한 문산이 멀리 유배지에 있는 다산을 만나게 된 것은 당색이나 학문적 계파에 별로 구애받지 않는 그의 문인적 기질에서 온 것이지만, 또한 그가 한 사람의 선비로서 산천유람 겸 그의 아들의 임지(任地)인 영암(靈巖)으로 가서 체재하고 있는 동안[3] 다산과 상면할 수 있었던 것이다. 다산은 처음 그를 조심스럽게 접했지만 곧 서로 격의 없이 흉금을 털어놓게 되었다. 꼭 10년 연하인 문산을 친구로 대하면서 자기의 저술을 숨김없이 보여준 다산은 문산의 지체와 배경을 생각하여 특별한 의미를 부여했던 것 같다. 문산과 같은 인재를 자기 학문의 동반자로 삼을 수 있다면 당시 사회에 커다란 계몽적 역할을 담당시킬 수 있겠기 때문이다. 그러나 문산은 만만치 않았다. 서로 '노형(老兄)'이라고 부를 만큼 대등적 입장에서 토론을 전개한 문산은 다산의 박학(博學)과 탁식(卓識)에 항상 감탄하면서도 자기의 견해를 굽히지 않고 당당한 논리로 끝까지 대결해 나갔다.

문제는 다산의 초고가 거의 완성된 『맹자요의』에 집중되었다. 무려 7차에 걸친 호한(浩汗)한 문답이 있었는데 모두 성(性)과 사단(四端)에 관한 것이다. 다산이 한유(漢儒) 조기(趙岐)의 주를 원용하면서 자기의 새로운 학설을 발표했음에 대하여 문산은 주자(朱子)의 주를 바탕으로 하면서 예리한 분석으로 상대를 비판하고 유려한 필치로 자기를 주장하게 되었다.

『문산집』 부록 「다산문답(茶山問答)」에는 1차 문답은 실리지 않

---

2) 『文山集』 卷9, 「答洪伯應書」.

3) 『二山唱酬帖』에 文山이 "余在朗館 聞茶山幽居之勝 願一見而未果"라고 한 것을 보면 文山은 그때 朗州, 즉 靈巖에 와 있었던 것이다. 靈巖이 그의 아들의 임지인 것은 그의 自筆 年譜에 나타나 있다.

고   2차・3차・4차・7차의   문답만   있으며, 『여유당전서(與猶堂全
書)』제1집에는   다산의   1・2・3・4・5・6차의   편지가   다   있으나 『문산
집』에   실린   것과   대조해보면   그   구절들이   누락된   곳이   더러   있고
작별시의   우정어린   장문의   마지막   편지인   7차문답도   완전히   빠져
있다.   또 『문산집』에는   양쪽   글이   다   있는데 『여유당전서』에는   문
산   쪽의   것이   1차에   한해   축약된   형태로   소개되어   있을   뿐   2차   이
후의   것은   전혀   실리지   않아   이해에   불편한   점이   많다.   이제   두   책
에   있는   것을   종합하여   문산과   다산의   왕복문서를   복원하고   나아가
다산   경학의   중요한   문제의   핵심   하나를   파악하고자   한다.


## 2. 문제의 소재

춘추전국시대 —— 전벌(戰伐)과   살육(殺戮)으로   한창   어지러운
시대에   공자와   맹자는   인간의   생명을   중시하여   천하를   돌면서   제후
들에게   도덕정치(道德政治)를   역설하였다.   공자가   애(愛)의   원리인
'인(仁)'을   설교한   뒤를   이어,   맹자는   성선설(性善說)을   제창하여
인간은   누구나   요순(堯舜)이   될   수   있다고   말하고   요순시대의   이상
정치의   재현의   가능성을   강조하였다.   그리고   사람은   모두   불인인지
심(不忍人之心),   즉   '차마   남을   해할   수   없는   마음'을   가지고   있으
므로   이   '차마   남을   해할   수   없는   마음'을   가지고   불인인지정(不忍
人之政),   즉   '차마   남을   해할   수   없는   정치'를   실행한다면   천하를
다스리는   일은   손바닥   위에서   운용될   것이라고   하였다.   다   아는   바
와   같이   맹자는   사람마다   불인인지심이   있다는   증거로서   철모르는
어린아이가   우물에   기어들어가는   것을   보면   누구나   깜짝   놀라고   측
은지심(惻隱之心)이   발동한다라고   하였다.   그리고   측은지심(惻隱之
心)과   함께   수오지심(羞惡之心)・사양지심(辭讓之心)・시비지심(是
非之心)이   인간에게   공통적으로   있는   것이니   측은지심은   인(仁)의

단(端)이요 수오지심은 의(義)의 단(端)이요 사양지심은 예(禮)의 단(端)이요 시비지심은 지(智)의 단(端)이라고 하였다. 이것이 유명한 맹자의 사단설(四端說)이다.[4) 맹자는 이 사단을 확충하면 사해를 보유할 수 있고 확충하지 못하면 부모도 섬길 수 없다라고 하였다. 이로부터 인·의·예·지는 유교의 가장 기본적인 원리와 덕목으로 정립되기도 하였다.

그러나 맹자의 성선설과 사단설은 논리적으로 얼마든지 반론이 나올 수 있었다. 현실적으로 선한 자 못지않게 악한 자가 많았고 결과적으로 치세보다 난세가 더 잦았기 때문이다. 맹자의 바로 뒤에 같은 유가에서 순자(荀子)가 성악설(性惡說)을 내놓은 것도 까닭이 있는 것이다.

그런데 송대 신유학(新儒學)=성리학(性理學) 시대에 이르러 이기론(理氣論)이 체계화되면서 맹자의 학설은 새로운 이론적 근거를 제공받게 되었다. '천명지위성(天命之謂性)'이라는 『중용』의 수장수구(首章首句)에서와 같이 성(性)은 인간이 천으로부터 부여받은 이(理) 그것으로 본래 순수하게 선한 것인데 기(氣)의 작용으로 선하지 못하게 되기도 한다는 것이다. 앞의 것은 본연지성(本然之性), 뒤의 것은 기질지성(氣質之性)으로 나누어 설명하였다. 인간의 성은 결국 인간이 기질을 타고난 이후의 것이므로 실제 기질지성일 뿐이다. 그런데도 성리학자들은 기질지성에서 굳이 이(理)를 추출하여 본연지성이 있음을 주장하고 본연지성의 순수한 선——절대선(絶對善)을 신봉하면서 인의예지는 곧 성에 내재한 것으로, 그것이 외부 사물과 접촉했을 때 측은·수오·사양·시비지심으로 발로되는 것이라 하였다. 이 측은·수오·사양·시비의 사심(四心)은 곧 성(性) 속의 인의예지가 밖으로 발로되는 단서 즉 실〔絲〕끝과 같은 것이라는 말이다. 성은 원래 형적이 없는 것이지만 밖으로 나

---

4) 『孟子』公孫丑 章句上, 人皆有不忍人之心章.

타나는 이 네 가지 단서 즉 사단을 가지고 성의 존재와 그 속에 고유한 인의예지를 확인할 수 있다는 것이다. [5]

이러한 논리는 주자에 의하여 완성되었고 주자학을 정통유학(正統儒學)으로 받아들인 우리나라에서는 정암(靜菴)·회재(晦齋)·퇴계(退溪)·율곡(栗谷) 등 많은 선현들에 의하여 한결 심화 확대되었다. 퇴계·율곡의 후계자들은 서로의 학통의 차이에서 오는 많은 논쟁이 거듭되었음에도 불구하고 이 '성'과 '사단'에 대한 이해에 있어서는 전혀 이견이 있을 수 없었을 뿐 아니라 모든 논리가 그것을 전제로 하고 전개되어왔었다.

'실학파의 경학(經學)'이 등장하면서 차차 주자의 경전 해석에 대한 부분적 비판이 나오게 되었지만 성과 사단에 관한 한 성호와 같은 분도 의문을 제기하지 않았고, 성호좌파인 녹암(鹿菴) 권철신(權哲身)과 그의 제자 손암(巽菴) 정약전(丁若銓)이 주자학에 대한 전반적 비판을 시도한 듯하지만 현재 저술을 남긴 것이 없어 이 문제에 대한 그들의 견해를 알 수가 없다. 그런데 녹암과 손암에게 깊은 영향을 받은 다산이 마침내 성리학의 핵심에 속한 이 문제를 대담하게 다룬 것이다. 그는 『맹자요의』에서 성은 인간의 기호(嗜好)를 가리키는 것으로, 인간의 성은 선을 기호하는 것일 뿐, 성에 선천적 도덕규범으로서의 인의예지가 내재해 있는 것은 아니라고 하였다. 그리고 사단의 단은 성 속에 있는 것이 밖으로 나타나는 단서——실끝이 아니고 반대로 단은 수, 즉 시작이라는 뜻이라고 하였다. 다시 말하면 인간에게는 측은을 위시한 여러가지 마음이 있을 수 있는데 측은의 마음을 확충했을 때 비로소 인이 되는 것이며 따라서 측은지심은 인의 시작이라는 것이다. [6]

---

5) 앞의 『孟子』의 四端說에 대한 朱子註釋에 "端 緖也 因其情之發而性之本然 可得而見 猶有物在中而緖見於外也"라 하였다.

6) 『孟子要義』卷1, 413면, 『與猶堂全書』第2集 所收.

성을 인간의 기호라고 설파하고 선천적으로 성에 인의예지가 내재해 있다는 것을 부정해버린 다산의 이론은 종래 성리학에 대한 엄청난 도전이며 우리나라 사상사에 획기적 의미를 갖는 것이다.

### 3. 四端의 解釋과 內外의 문제

다산의 경학은 송·원 이래의 성리학적 해석을 지양(止揚)하고 일자일구(一字一句) 모두 고의(古義)를 찾아, 이 고의에 논거를 두고 자기의 새로운 해석을 펼쳤다. 그는 한대(漢代) 학자들이 공맹의 시대와 비교적 가깝기 때문에 고의를 알고 전해주는 것이 많다고 하여, 한대의 견해를 상당히 채택하였다. 『맹자요의』에서 측은이하 사심에 대한 한나라 조기(趙岐)의 "이 사심이 없으면 금수와 같은 것이다"라는 주를 인용하고 송·원 이래의 주에서 금수와 같다는 말을 산몰(刪沒)해버린 것은 사단을 본연지성이라 여기고 본연지성은 인·물이 함께 타고나는 것으로 생각했기 때문에 금수가 사심이 없다는 것을 말하고 싶지 않아서 그렇게 했으리라는 것이다. 다산은 "이것이 고와 금의 학술이 부동한 곳"이라고 명확히 말하였다. '금(今)'의 학술 즉 성리학과 고전유학이 분명히 같지 않다라고 선을 그은 것이다.

사단의 '단(端)'의 뜻을 미(尾) —— 끝이 아니고 수(首) —— 시작이라고 한 것도 조기의 주를 끌어온 것이다. 다산은 조주 17자를 '자자금석 점점주옥(字字金石 點點珠玉)'이라고 격찬하고 반면 주자의 주는 본말을 바꾸어놓은 것이라 하여 몹시 비난하였다. 물론 다산은 조주에만 의존하지 않았다. 『중용』의 "군자지도 조단호부부(君子之道 造端乎夫婦)"라는 조단(造端)과 『예기』의 "군자문갱단즉기이대(君子問更端則起而對)"라는 갱단(更端)을 위시하여 서단(序端)·석단(席端) 등 고전용어의 사례를 열거하여 단(端)이 수(首)

이며 시작임을 증명해놓았다.[7]

'금'의 학술 즉 중세로부터 오늘까지 지배해온 성리학에 대하여 불만을 가득 품은 다산은 그것을 극복하기 위하여 고전유학에서 한 자 한 자의 고의를 발견하여 그것을 논거삼아 자기 주장을 정당화 시켰던 것이다.

문산(文山)은 먼저 사단 문제를 들고나왔다. 다산의 경학에서 많은 새로운 이론에 접했던 문산은 여러 면으로 긍정적 이해를 했던 것 같지만 이 사단에 관해서만은 이것이 심성의 본령이고 학문의 두뇌(此是心性之本領 學問之頭腦)인만큼 그대로 있을 수 없어 우견(愚見)을 한번 개진한다는 것이다. 그는 말했다.

> 심(心)은 기(氣)이고 성(性)은 이(理)이다. 심이 성을 포유하고 있는 바, 사자의 밖에 다른 성이 없는 이상 이른바 성이 인의예지의 성이 아니고 무엇이겠는가.[8] (下略)

다산은 이에 대해 인의예지의 자의—— 고의를 설명하여 원래의 경전이 가지고 있는 참뜻을 밝혔다.

> 모든 글자의 근원이 육서(六書)에서 나왔는바, 인의예지의 네 글자가 모두 원의가 있다. 먼저 그 원의를 알아야 옛 경전의 말한 바 본지를 체득할 수 있다. 조자가(造字家)의 원의는 알아보지도 않고 우선 논리가의 전설(轉說)에 따라 이니 기니 채니 용이니 한다면 고경의 본지와 상합할 수 없다. 이는 틀림없는 사실이다. '인(仁)'은 이인(二人)이다. 효(孝)가 인(仁)이 되는 것이니 부와 자가 이인이고 충이 인이 되는 것이니 군과 신이 이인이고 신이 인이 되는 것이니 우와 우가 이인이고……사람과 사람의 사이에 그 책임(分)을 다하는 것이 인이므로 선성이 모두 인자인야

---

7) 위와 같음.
8) 『文山集』 附錄 「茶山問答」. 이하 文山의 글은 모두 『茶山問答』에 실린 것임.

(仁者人也)라 한 것이다. 애인(愛人)이 인이라면 의(義)는 선아(善我)이
다. 아에게 선함이 되는 것은 행하고 아에게 불선하게 되는 것은 행하지
않는 것이니 소중(所重)이 내 몸에 있고 남을 대상으로 하는 것이 아니
다. 그러므로 '인(仁)'자는 인을 종(從)하고 '의(義)'자는 아를 종(從)한
것이다. 예는 제례(祭禮)이니 그 신을 시(示)하는 것이고 지는 흑과 백을
변별하는 것이니 유지(有知)를 말한다. 이를 종합해보면 인의예지는 모두
도덕적 행위가 있은 뒤에 그 행위에 대해 붙여진 명칭이고 선천적으로 성
에 내재했던 것의 명칭은 아니다. [9)]

이렇게 설명한 다산은 다시 고전에서 '심(心)'에 관한 세 가지 경
우의 뜻을 예시하였다.

첫째 오장지심(五臟之心)이니 비간(比干)이 '심유칠규(心有七竅)'
라 함이 그것이고, 둘째 영명지심(靈明之心)이니 대학의 '선정기심
(先正其心)'이라 함이 그것이고, 셋째는 심에서 발하는 여러가지 마
음이니 '측은지심(惻隱之心)·수오지심(羞惡之心)'이 그것이다. 이
중에서 세번째의 것은 1이 될 수 있고 2·3이 될 수도 있고 백·천
이 될 수도 있다. 맹자가 특별히 사심(四心)을 끄집어내어 인의예
지의 근본이 인간의 마음(性이 아니고)에 있는 것으로, 영명본체지
심(靈明本體之心)과는 근간(根幹)과 지엽(枝葉)의 구별이 있음을
알려주는 것이다.

문산은 다시 『맹자』 진심편(盡心篇)의 "군자소성 인의예지 근어
심(君子所性 仁義禮智 根於心)"이라는 구절을 들어,

사단이 근어심(根於心)이라 하지 않고 곧바로 '인의예지(仁義禮智) 근
어심(根於心)'이라고 했은즉 인의예지가 어찌 내재적인 것이 아니랄 수
있는가. 진실로 내재적인 것이 없다면 어린아이의 입정(入井)을 보고 어

---

9) 「答李汝弘書」, 『與猶堂全書』 第1集, 30면. 이하 茶山의 글은 모두 이 第1集
   에 실린 것임.

디에서 측은지심이 나오며 차래지식(嗟來之食)을 당하여 어디에서 수오지심이 나온단 말인가.

라고 하여 매우 예리한 질문을 던졌다. 그러나 다산은 기다렸다는 듯이 명쾌한 반증을 보였다.

'근(根)'이란 초목의 뿌리이다. 가지·잎·꽃은 토양(土壤)의 밖에 있고 그 뿌리는 흙 속에 있으므로 보통 말할 때 지엽화실이 근어토(根於土)라고 한다. 인의예지가 근어심이라고 했을 때 인의예지는 지엽화실과 같은 것이다.

다산은 말을 이어

심체(心體)는 허령(虛靈) 영명(靈明)하여 만물에 묘응(妙應)하는 것이지만 그 성됨이 호선치악(好善恥惡)이다. 호선치악의 증거는 가삼(可三)·가사(可四)·가오(可五)·가육(可六)이지만 맹자가 다만 네 가지 마음만 들었을 뿐이다. 예를 들면 무도지심(舞蹈之心)은 낙(樂)의 단(端)이요 수보지심(酬報之心)은 신(信)의 단(端)이라고 해도 안될 것이 없다. 사단이 고정된 것이 아니고 인의예지가 가감할 수 없는 덕목도 아니다.

라고 하였다. 문산은 기본 입장을 바꾸지는 않았지만 다산의 논지를 일정하게 이해한 듯이 보인다. 2차문답에서 그러하다. 다산은 문산의 이해를 돕고 자기 쪽으로 유도하기 위하여 3차문답에서 양쪽의 요어(要語)를 정리해놓고 발문을 써서 보냈다.

〔要語〕
문산(文山)은 말하기를 "인의예지(仁義禮智)의 명칭〔名〕은 밖에서 이루어지지만, 인의예지의 이치〔理〕는 안에 갖추어져 있다"라 하고, 다산(茶

山)은 말하기를 "인의예지의 명칭은 밖에서 이루어지는 것이고, 인(仁)할 수 있고 의(義)할 수 있고 예(禮)할 수 있고 지(智)할 수 있는 이치만 안에 갖추어져 있다"라고 하였다. (文山曰仁義禮智之名 成於外 而仁義禮智之理 具於內 茶山曰仁義禮智之名 成於外 而可仁可義可禮可智之理 具於內)

다산은 발문에서 말했다. 이산(二山)의 설이 상합인데 다만 다산이 '가(可)'자가 더 많다. '가'자를 죽을 때까지 버릴 수 없는 것이 한스럽다. 맹자시대에는 인의예지가 행위의 명칭이었으므로 근원을 거슬러올라가 인의예지지리(仁義禮智之理)가 구어내(具於內)라 해도 안될 것이 없지만 이산시대에는 인의예지가 성리의 명칭이 되어 있으므로 만약 '가'자를 버리면 단번에 표리본말(表裏本末)이 혼잡되게 된다. '가'자를 특별히 두는 것은 그것을 방지하기 위함이라고 하였다.

'단(端)'자의 해석으로 따로 4차문답이 있기도 했으나 다산은 『맹자요의』에서 말했던 것을 더욱 상세하게 설명하여 전설을 보완하고 또 문산의 시부표책설(詩賦表策說)을 이용하여 하나의 화두(話頭)를 만든 다음 거기에 다시 발문까지 붙여놓았다.

## 4. 性 —— 善과 嗜好의 論理

사단(四端)과 성(性)은 떼어서 생각할 수는 없는 것이기 때문에 사단을 논하는 과정에서 성에 대한 이야기가 많이 나오기도 했지만 1차에서 4차문답까지는 사단을 주제로 한 것이고 5차·6차문답이 주로 성(性)을 다룬 것이다.

그런데 성을 논한 다산의 편지는 위의 사단을 논할 때와 같이 그렇게 길지는 않다. 사단을 논할 때에 이미 성에 언급한 탓도 있겠지만 다산의 성에 대한 관점은 너무나 종래의 성리학과 달랐기 때문에 성리학적 설명이 거의 필요치 않았던 것이 주요 이유였다고 생각된다. 다만 유감스러운 것은 문산의 5차·6차의 편지가 『문산집』에 보이지 않고 『여유당전서』에도 다산의 답장만 있을 뿐 문산의 편지는 전혀 소개돼 있지 않다. 그러나 문산은 2차·3차·4차의 편지에서 모두 성을 말한 것이 있어서 그의 성에 대한 의견을 짐작할 수는 있다.

다산은 『맹자요의』에서, 맹자도성선언필칭요순장(孟子道性善言必稱堯舜章)과 고자생지위성장(告子生之謂性章), 성무선무불선장(性無善無不善章)에서 성에 대한 자기의 관점을 피력해놓았다. 다산은 우선 성을 우리 인간의 대체의 전명(全名)이 아니라 하여 성리학자들처럼 성을 중시하지 않았다. 성은 인간의 기호를 두고 말한 것이라 하여 성의 자의(字義)를 들어보였다. 사안석(謝安石)은 성이 호성악(好聲樂)이라든지 위정공(魏鄭公)은 성이 호검소(好儉素)라든지 또 혹은 성이 호산수(好山水), 혹은 성이 호서화(好書畫)라든지가 그 예이다. 그러므로 맹자도 성을 기호로 말했다는 것이다. 다산은 맹자의 부세자제다뢰장(富歲子弟多賴章)을 들어, "맹자는 인간에게 공통된 기호가 있는데 구(口)의 기호는 미미(美味), 이(耳)의 기호는 좋은 소리, 목(目)의 기호는 교색(姣色)인 것과 같이 심(心)의 기호는 이의(理義), 즉 선이다"라고 했다는 것이다. 다산의 뜻을 풀이하면 미미에 대한 기호는 구(口)의 성이요 좋은 소리에 대한 기호는 이(耳)의 성이요 교색에 대한 기호는 목(目)의 성인 것과 같이 이의에 대한 기호는 심의 성이라는 것이다. 물론 구·이·목의 성이란 것은 심에 대한 이해를 돕기 위해 말한 것이고 문제는 심의 성이다. 성은 따로 독립된 존재가 아니고 심의 기호, 즉 인간의 기호를 가리키는 명칭이란 것이다. 따라서 맹자의 성선(性善)이란 모든 인간의 심(心)의 성(性)이 선(善)을 기호(嗜好)한다는 뜻이라고 하였다.

다산은 이것을 증명하기 위하여 "인간은 누구나 재색을 좋아하고 안일을 좋아하는데 어찌 선을 좋아한다고 말할 수 있는가"라고 스스로 반문하고는 곧 다음과 같이 해답을 내렸다.

맹자는 요순으로 성선을 밝혔지만 나는 걸(桀)·척(蹠)으로 성선을 밝힌다. 불효자식(不孝子息)을 남이 모르고 효자라고 칭찬하면 기뻐한다. 효가 선임을 알기 때문이다. 음부(淫婦)를 정녀(貞女)라고 칭찬하고 탐관오리(貪官汚吏)를 청백하다고 칭찬하고 간신을 충직하다고 칭찬하면 또한 기뻐한다. 정과 청백과 충직이 선임을 알기 때문이다. 선을 좋아하고 악을 부끄럽게 여기는 것이 인간의 공통된 심의 성이다.

다산은 성을 본연지성과 기질지성으로 나누어 말하는 성리학의 이론을 전적으로 반대하면서, 이러한 이론은 고경(古經)에서 찾아볼 수 없으며 공자·맹자가 그런 말을 한 적이 없다고 잘라 말하였다. '본연(本然)'이란 말은 불경(楞嚴經)에서 나온 말이라고 밝히고 기질과 대를 맞추는 것은 큰 잘못이라고 하였다. 다산은 이 점을 중시하여 「자찬묘지명」(集中本)에도 "본연지성은 근원이 불서에서 나온 것이다."(本然之性 源出佛書)"라고 하여 그것을 밝히고 비판한 것을 자기의 큰 업적의 하나로 들어놓았지만 그것은 용어 문제가 아니고 성리학의 '본연(本然)·기질(氣質)'론의 발상과 논법이 문제인 것이다. 우리는 그것이 수·당 이후 특히 천태종(天台宗)의 염(染)·정(淨) 이성(二性)의 논리와 너무나 유사한 것을 생각하면서 다산의 성론을 다시 음미해본다.

문산이 인성의 인의예지를 천도의 원형이정(元亨利貞)에 배합해 놓은 종래 성리학의 이론을 되풀이하자 5차 편지에서 다산은 다시 그의 해박한 지식으로 통박하였다.

원형이정(元亨利貞)은 천도(天道)가 아니고 인사(人事)이며 점례(占例)

이고 이론(理에 관한 論)이 아니다. 건괘(乾卦)뿐 아니고 곤(坤)·준 (屯)·수(隨)·임(臨)이 모두 원형이정인데 사람들이 『주역』을 잘 읽지 않고 첫머리의 건(乾)의 원형이정(元亨利貞)만 보고 곧 천도에 이 사덕 (四德)이 있는 줄 안다. ……주자가 『소학』의 제사에서 "원형과 이정은 천 도의 떳떳함이요 인의와 예지는 인간 본성의 벼리이다(元亨利貞 天道之常 仁義禮智 人性之綱)"라 한 것은 규봉(圭峯)의 「원각경서(圓覺經序)」에 "원형과 이정은 하늘의 도이고 언제나 나의 정(淨)을 즐기는 것은 부처의 덕이다(元亨利貞 天之道也 常樂我淨 佛之德也)"라 한 것과 같이 사장(詞 章)의 대비구성법에서 온 것으로 그것은 의거할 바가 못된다.

우리나라 유가의 자제들이 어릴 적부터 필독하는 『소학』의 맨 첫 머리의 주자의 제사(題辭)가 당나라 규봉종밀선사(圭峯宗密禪師)의 『원각경(圓覺經)』 서문의 한 구절임을 폭로한 다산은 성리학이 불 교의 영향하에서 고전유학의 고의를 얼마나 왜곡시켰는가를 보여주 었다. 다산은 이어서 자기의 성(性) —— 기호설(嗜好說)에 대한 문 산의 오해를 반복하여 소명하였다. 문산은 6차 편지에서 기호설(嗜 好說)을 '식(食)과 색(色)으로 성(性)을 삼는 것'이라고 크게 비난 했던 것 같은데 다산은 완곡하게 자기 이론을 쉽게 부연하여 알렸 다.

　인간의 심(心)에 기호가 있음은 형구(形軀)에 기호가 있는 것과 같다. 내가 기호라고 한 것은 형구의 기호를 빌려 심의 기호를 증명한 것일 뿐 이다. 공자가 말한 "인간이 가진 공통성은 아름다운 덕을 좋아하는 것이 다(民之秉彝好是懿德)"에서 '호(好)'자가 이미 나왔고, 맹자는 성을 논하 면서 분명히 기호를 빌려 설명했는데 그렇다면 맹자도 식과 색으로 성을 삼은 것인가.

라고 말하고 위에서 이미 본 바와 같은 『맹자요의』의 내용을 다시 보충하여 친절하게 전달하였다.

『여유당전서』에 수록된 다산의 이 6차 편지의 말미에는 3개조의 부기가 있다. 아마 다산이 문산에게 보낸 답장에 미진한 뜻을 자기 초고의 뒤에 추기했던 것 같다. 병자 9월 27일 서우송풍암중(書于松風菴中)이라고 세주(細註)를 달아놓았다. 그만큼 다산은 이 문산과의 문답을 중요하게 생각했던 것이다.

마지막 7차 문답은 지금까지 문답 내용을 총괄적으로 주고받은 것이다. 3년여에 걸친 호한(浩汗)한 학문적 논쟁의 미해결의 결산으로 대단히 값진 기록이다.

새로운 문제 제기는 없었지만, 두 사람의 사이에 학문적 입장과는 달리, 서로의 감동과 격려, 기원과 기대가 넘치게 담긴 훌륭한 문장으로 되어 있다. 『여유전당서』에서 이 다산의 편지가 왜 빠졌는지 알 수가 없다.


## 5. 맺 음

「다산문답(茶山問答)」은 그 내용이 어디까지나 다산의 경학이다. 경학이란 유교경전에 대한 해석이다. 경전의 뜻을 어떻게 합리적으로 해석하느냐 하는 것이 경학이고 경전을 부정해버리면 경학이 아니다. 따라서 다산의 철학도 경학이라는 한계 내에서 이해되어야 하는 것이다. 다산의 자유분방(自由奔放)한 논리는 그의 사상이 주자로부터 분명히 해방되었음을 알려주면서도 공맹에 대해서는 전혀 회의조차 표시할 수 없었던 것이 이 때문이다.

다산이 사단(四端)과 성(性)에 대해서 굳이 새로운 주장을 내세운 것은 어떤 의미가 있는 것일까. 다 아는 바와 같이 성리학(性理學)은 천리와 인성을 결부시켜 우주자연과 인간에 대한 일관적 연속적 사유로써 인간을 자연적 질서 속에 위치시켜놓았다. 결과적으로 인간의 자주성·창조성을 봉쇄시켜 역사의 발전에 한 질곡(桎

梏)이 되게 한 것이다.

실득(實得)·실천(實踐)을 생명으로 하는 다산의 실학은 먼저 인간의 자주성을 강력히 요구하였다. 인의예지가 천으로부터 부여받아 성(性)에 내재한 것이 아니라 인간 자신이 주체적으로 실생활의 행위를 통하여 인의예지의 덕을 성취시켜야 한다는 것이다. 그런데 이 행위는 어렵고 복잡한 이론에서 도출되는 것이 아니고 자기의 마음의 기호(嗜好)를 건전하게 정당하게 미루어 행(行)하면 된다는 것이다. 여기에서 다시 형이상학적인 성이 아니고 평범하게 사람의 성을 상식으로 이해하기를 요구했던 것이다.

다산이 사단의 설명에서 "측은지심 인지단야(惻隱之心 仁之端也)"를 해석하면서 성에 내재한 인에서 측은지심이 생기는 것으로 믿어왔던 성리학의 사고와는 정반대로 측은지심에서 인이 생기기 시작하는 것이라고 한 것은 유학사상에 있어서 하나의 큰 전회이다. 측은지심은 모두 인간에게 나타날 수 있는 심리현상(心理現象)이다. 이 심리현상이라는 사실을 토대로 하여 '인(仁)'이라는 덕목을 성취시키기 시작하는 것을 '인지단야(仁之端也)'라고 한 것이다. 이 사실과 관계없이 먼저 인이 성 속에 내재한 것으로 말한 것은 아주 관념적이다. 관념에서 출발한 종래의 성리학의 논리를 사실에서 출발하여 완전히 바꾸어놓은 것이다. 코페르니쿠스적 전회이다.

자연적 질서의 논리에 대한 이러한 파괴공작(破壞工作)은 그의 실천적 정치적 지향(志向)과 연결되는 주목할 자료인 것이다.

<佛敎와 諸科學, 東國大出版部, 1987>

# 秋史와 中人層의 性靈論

## 1

　시(詩)에 대한 전통적 이념, 이조 사대부 특히 성리학자(性理學者)들의 전통적 이념은 '온유돈후(溫柔敦厚)'의 넉 자를 그 주지(主旨)로 삼아왔다. 퇴계(退溪)를 위시한 선현들의 이 시교(詩敎)는 이조말기에 이르기까지 남아 있었다. 이것은 중국에 있어서도 거의 마찬가지였다.

　그러나 실학시대(實學時代)로부터 차차 현실인식이 깊어지고 주체적 반성을 바탕으로 한 연암(燕巖)·다산(茶山) 등의 사실적 풍상(風尙)이 문학예술면에 새로운 활기를 불어넣었다. 한편 당(唐)·송(宋)의 정통적인 시·고문으로부터 명(明)·청(淸) 풍(風)의 시·소품(小品)으로 경향이 바꾸어지면서, 청대(淸代) 시단의 3 유파로 볼 수 있는 신운(神韻)·격조(格調)·성령(性靈) 등 시론이 도입되었다. 한때 이덕무(李德懋)에 의해 왕사진(王士禛: 漁洋, 1634~1711)이 극구 창도되어, 유득공(柳得恭)·박제가(朴齊家)·이서구(李書九) 등 사가(四家)를 중심으로 신운설(神韻說)이 유행하는 듯하더니, 뒤미처 추사(秋史) 김정희(金正喜)가 원매(袁枚: 隨園, 1716~1797)의 주장인 성령론(性靈論)을 받아들여, 그의 제자 및 추종자들, 특히 중인(中人) 출신자들에게 널리 영향을 미치게 되었다.

　오늘 이 시간에는 추사(秋史)와 중인층(中人層)의 성령론(性靈

論)에 관한 것을 보고하여 여러분의 토의의 자료로 제공한다. 오늘 이 회의의 주제에 비추어, 19세기의 대전환을 앞둔 역사의 행정(行程) 속에 우리나라의 문학, 특히 시대의식의 첨단에 서야 할 시문학이 어느 단계에 도달했으며 얼마만큼 현실을 소화하고 시대에 대처하려는 자기자세의 정립에 진지했었던가를 다루어보는 데 있어서, 위의 성령론은 그 나름의 일정한 의의를 부여받아 마땅하다고 느꼈기 때문이다.

2

성령론(性靈論)은 사람의 성정(性情)에 천부적인 영수(靈秀)의 본질이 있음을 전제로, 성정의 작용에 있어서의 영적(靈的)·활적(活的)인 면, 즉 현대의 말로 영감이라는 것을 중시하는 이론인 것 같다. 따라서 성령론은 기본적으로 성정론(性情論) 그것이다. 다만 성정론이라고만 할 경우에, 모든 시론(詩論)에서 볼 수 있는 일반적 의미로 이해되기 쉽기 때문에 특히 성령(性靈)을 표방한 것이 아닌가 여겨진다. 후술할 장지완(張之琬)이 "시(詩)란 성정(性情)을 도사(陶寫)하는 것이다(詩者 陶寫性靈)"라고 하면서 다시 "시(詩)는 성정(性情)에서 나온다. 세상에 성정이 없는 사람이 없으므로 세상에는 시가 없는 사람이 없다(詩出性情 世無無性情之人故 世無無詩之人)"고 하여 성령과 성정을 같이 쓰고 있는 것을 보아도 짐작이 간다.

원매(袁枚)의 성령설은 청대(淸代) 시단에서 왕사진(王士禛)의 신운설(神韻說)을 비판하고 다시 심덕잠(沈德潛: 歸愚, 1673~1769)의 격조설(格調說)을 공격하면서 등장한 것이다.

첫째, 신운설에 대한 비판에서, 왕사진이 선(禪)으로 시(詩)를 설명하는 것을 비난하였다. 왕사진은 당(唐)의 오언시(五言詩) 특히 왕유(王維)의 망천절구(輞川絶句)들이 자자입선(字字入禪)이라

고 칭찬하면서 "세존(世尊)이 꽃을 집으니 가섭(伽葉)이 미소한다
(世尊拈花 伽葉微笑)"는 경지와 차별이 없다고 말하고 이를 해득해
야 시의 상승(上乘)을 말할 수 있다고 하였다.

이에 대하여 원매(袁枚)는 "모시(毛詩) 3백편이 다 절조(絕調)가
아닌가. 그때에 선불(禪佛)이 어느 곳에 있었던가"라고 반문하고
"시는 곧 사람의 성정(性情)이다. 가까이 신변에서 취재하면 족한
것이다"[1]라고 하여, 현허초오(玄虛超悟)한 선(禪)의 세계에서가 아
니라 사람의 일상생활에서 시를 발견해야 한다는 것이었다.

완정(阮亭 : 王士禛)은 수식을 주로 하고 성정을 주로 하지 않았다. 그
는 어느 한 곳에 도착하면 반드시 시를 썼고 시중(詩中)에는 반드시 전고
(典故)를 사용한다. 그의 희로애락(喜怒哀樂)이 '진(眞)'이 아님을 알 만
하다. [2]

라고 하였다. 원매(袁枚)는 오직 말이 공묘(工妙)하면 사람을 감발
흥기시킬 수 있다고 말하고

필성(筆性)이 영(靈)하면 충효절의(忠孝節義)에 대해 쓰더라도 생기가
있게 되고 필성이 분(笨)하면 규방(閨房) 아녀(兒女)를 두고 읊더라도 풍
정(風情)이 적게 된다. [3]

---

1) 詩者, 人之性情也, 近取諸身而足矣, 其言動心, 其色奪目, 其味適口, 其音悅
   耳, 便是佳詩, …… 惟其言之工妙, 所以能使人感發而興起, 倘直率庸腐之言,
   能興者雖耶.(『隨園詩話』補遺 卷1, 張1)
2) ……阮亭, 主修飾, 不立性情, 觀其到一處, 必有詩, 詩中必用典, 可以想見其
   喜怒哀樂之不眞矣.(『隨園詩話』卷3, 張8)
3) 筆性靈則寫忠孝節義, 俱有生氣, 筆性笨, 雖詠閨房兒女, 亦少風情.(『隨園詩
   話』補遺 卷2, 張13)

라고 하였다. 영(靈)은 공묘(工妙)와 통하는 것인 듯하다.

둘째, 격조설(格調說)에 대한 공격에서, 심덕잠(沈德潛)의 복고주의(復古主義)를 여지없이 다루었다. 심(沈)은 고대의 시교(詩敎)를 내세워, 시가 당(唐)으로부터 점차 본지를 잃게 되었다고 말하고 지금 비록 갑자기 삼당(三唐)의 격(格)을 뛰어넘지는 못하더라도 점차 풍기(風氣)를 고쳐 위로 풍(風)·아(雅)의 시대로 소급해 올라가야 시도(詩道)가 높여진다라고 하였다. 원매(袁枚)는 서낭재(徐朗齋)의 말을 인용하여

시는 공졸(工拙)을 논할 뿐이요 조대(朝代:時代)를 논할 필요가 없다. 비유컨대 금옥(金玉)이 지금 흙 속에서 나오면 그것이 보배이지, 패석와력(敗石瓦礫)이 홍황상고(鴻荒上古)로부터 전해온 것이라 해서 보배일 수는 없다. 4)

라고 하였다. 옛것이라고 해서 무조건 좋을 수는 없다는 것이다. 원매(袁枚)는 신랄한 말투로 다음과 같이 말하였다.

한(韓)·두(杜)를 업고 남을 업신여기면서 손과 발이 서투른 자는 '권문탁족(權門託足)'이고……입만 열면 성당(盛唐)을 말하고 고인의 운(韻)을 사용하기를 좋아하는 자는 '목우연희(木偶演戲)'이고 …… 일자 일구에 스스로 그 내력을 주(注)다는 자는 골동개점(骨董開店)이다. 5)

라고 하였다. 특히 격조설(格調說)에 있어서의 격률(格律)과 성조(聲調)의 주장은 원매에게는 견딜 수 없는 것이었다. 시에 있어서

---

4) 徐朗齋曰……有數人論詩, 爭唐宋爲優劣者, ……須知論詩, 只論工拙, 不論朝代, 譬如金玉, 出於今之土中, 不可謂非寶也, 敗石瓦礫, 傳自鴻荒, 不可謂之寶也.(『隨園詩話』卷16, 張1)
5) 『隨園詩話』卷13, 張15.

격률과 성조의 치중은 시인의 성령을 속박하여 자유로운 발휘를 불가능케 하기 때문이다.

3

　추사(秋史)는 시를 논하는 글 속에서 시에 여러가지 미적범주(美的範疇)가 있음을 인정하고 시인은 어떤 범주에 속하든 자기의 성령에 따라 자유로이 지을 것이라 하였다.

　　무릇 시도(詩道)는 광대하여 여러가지가 구비되어 있다. 웅혼(雄渾)·섬농(纖濃)·고고(高古)·청기(淸奇) 등이 있다. 시인은 각기의 성령의 가까운 것에 따를 일이요 어느 한가지에 집착되어서는 안된다. 또 시를 평하는 자가 그 시인의 성정을 논하지 않고 제 자신의 기호에 의해 웅혼한 것이 좋다고 단정하거나 섬농한 것이 나쁘다고 폄(貶)한다면 어찌 공평하고 적절한 판단이 있겠는가. 그러므로 두(杜)·왕(王)·맹(孟)·백(白)·한(韓)이 있고 의산(義山)·번천(樊川)이 있고 그리고 이하(李賀)·노동(盧仝)이 있을 수 있는 것이다.[6]

라고 하였다. 말하자면 추사는 성령을 시의 출발점으로 삼는 동시에 시의 미학은 그 다음의 문제에 속한다고 보았으며 또한 각자의 성령을 존중하는 견지에서 시를 무척 폭넓게 이해했던 것이다.
　추사(秋史)는 이러한 입장에서 왕사진(王士禛)의 시도 일정하게 평가를 해주고 원매(袁枚)의 혹평에 동조하지 않았다. 그의 문집 속에 시를 논하는 자리에서 원매에게 반론을 제기한 적이 여러 번

---

6) 凡詩道, 亦廣大, 無不具備, 有雄渾, 有纖濃, 有高古, 有淸奇, 各從其性靈之所近, 不可得以拘泥一段, 論詩者, 不論其人性情, 以自己所習熟, 斷之以雄渾而非纖濃, 豈渾函萬象, 寸心千古之義也, 是以有杜有王有孟有白有韓有義山有樊川, 又有長吉盧仝.(『阮堂集』 卷8, 張7, 雜識, 「答李悟堂問」)

있었다. 그러나 왕사진의 선리(禪理)에 입각한 시론은 단연 배척하
였다. 그의 중제(仲弟) 김명희(金命喜)의 시권(詩卷)을 논하면서

> 꿋꿋한 충효의 뜻
> 그 법 본래 유가(儒家)에서 나왔는데
> 어찌하여 선리(禪理)에 비유하여
> 수경(水鏡)·월화(月花)를 표방하나,
> 완정(阮亭)이 신운(神韻)을 말하며
> 소(蘇)·주(朱) 역시 비슷하다 말했다네.
> 우리나라의 잘못된 흐름 너무나 한심해
> 기가 막히네 저들, 저들이. 7)
>
>   斷斷忠孝旨, 法本自儒家.
>   胡爲禪理喩, 標水月鏡花.
>   阮亭說神韻, 蘇朱亦擧似.
>   東訛太猖披, 咄咄彼哉彼.

라고 하였다. 여기 수월경화(水月鏡花)를 표(標)한다는 것은 왕사
진이 즐겨 인용하는 엄우(嚴羽)의 창랑시화(滄浪詩話)의 "성당(盛
唐)의 제공(諸公)들은 오직 흥취(興趣)에 뜻을 두었다. ……공중의
소리, 물상(物像) 속의 색(色), 물속의 달, 거울속의 상(像)과 같
아서 말은 다함이 있으나 뜻은 무궁하다(盛唐諸公, 唯在興趣……
如空中之音, 相中之色, 水中之月. 鏡中之像. 言有盡而意無窮)"라는
구절을 지적한 것이다. 동와(東訛)·돌돌(咄咄)은 왕(王)의 신운설
(神韻說)이 우리나라에 들어와 더욱 잘못되었음을 말한 것으로 그
제목에서부터 "근일 말류(末流)의 폐단이 극심하다(近日末流之弊極
矣)"라고 달아놓았다. 당시 우리나라 시인으로 명성을 날리던 신위

---

7) 念以仲論詩卷, 又要一轉語, 近日末流之弊極矣, 率題如此, 只可收之巾箱而已.
   (『阮堂全集』 卷9, 張37)

(申緯: 紫霞, 1769~1845)에게도 추사는 같은 의견을 표시하였다. 신위의 시를 차운(次韻)하면서 "그대는 시경(詩境)을 좇아 진여(眞如)의 문 두드렸네(君從詩境叩眞如)"라 하고 또 "힘껏 신운(神韻)을 추구하지만 찾을 곳 없네(力追神韻尋無處)"[8]라고 하여, 신(申)이 시경(詩境)을 통하여 불교세계[眞如]에 들어가려 한다는 것과 힘껏 신운을 추구하지만 찾을 곳이 없다라고 한 것이다.

추사는 격조설에 대하여 한층 더 격렬히 비난하였다. 그의 주변에 20년의 연륜을 가진 어떤 시인이 갑자기 원(元)나라 시를 통해 당시(唐詩)를 배우려 하자 추사는 「변시(辨詩)」일편을 지어, 심히 책망해주었다.

　　당(唐)·송(宋) 사람 모두가 위대한지라
　　제각각 일대(一代)의 시 이루었다네.
　　변화해가는 건 어쩔 수 없는 일
　　시대의 기운, 실로 그것을 요구했다네.
　　격조(格調)를 구차하게 답습한다면
　　뇌동(雷同)한 시, 무엇에 쓰랴.
　　　唐宋皆偉人, 各成一代詩.
　　　變出不得已, 運會實迫之.
　　　格調苟沿襲, 焉用雷同詞.

라 하여, 당(唐)·송(宋)의 시인들은 각기 한 시대의 시를 성립시켜놓았으며 그러한 시의 변화는 시대의 요구에 의한 것이니, 만약 아무런 변화 없이 격조가 그대로 계승되기만 하는 것이라면 중복된 부화뇌동(附和雷同)의 시 무엇에 쓰겠는가라는 것이다. 그런데

　　어찌하여 어리석고 천한 자들은

---

8) 『阮堂全集』 卷9, 張29, 「次紫霞象山詩韻」.

당(唐)과 송(宋)을 나누어 울타리치는가
입만 열면 당음(唐音)을 숭상한다니
양(羊)의 몸에 호랑이 껍질 쓰고 있는 격
확락(廓落)한 어투가 관습되어서
시체에서 사기(死氣)가 풍겨나는데
괴고 받쳐서 기상(氣象)을 보이고
질곡(桎梏)으로 위의(威儀)를 세우려 하네. [9]

　奈何愚賤子, 唐宋分藩籬.
　哆口崇唐音, 羊質冒虎皮.
　習爲廓落語, 死氣蒸伏屍.
　撐架陳氣象, 桎梏立威儀.

라고 하여, 당(唐)·송(宋)을 갈라서 덮어놓고 당만을 숭상하는 어리석고 천한 인간들이 양질(羊質)에 호피(虎皮)를 무릅쓴 채, 낡고 몰풍취(沒風趣)한 어투로 사기(死氣)가 시체에서 증발되는 듯한데, 그래도 억지로 괴고 받쳐 기상(氣象)을 베풀려 하고 온갖 질곡으로 위의(威儀)를 세우려 한다는 것이다. 당시의 묵어빠진 격조론자들에 대하여 추사는 정력적인 일격을 가함으로써 부자연한 전통적 규율을 타파하고 질곡으로부터 해방되어 성령의 자유로운 발휘를 얻으려 했던 것이다.

　그러나 추사는 격조주의(格調主義)에 대한 것과는 달리 격조 그 자체는 완전 무시한 것이 아니었다. 한편으로 성령에 격조를 배합할 것을 주장하기도 하였다. 귀양살이를 하고 있었던 권돈인(權敦仁 : 彛齋, 1783~ ? )의 동남이시(東南二詩)에 대하여 추사는 다음과 같이 썼다.

　구양수(歐陽修)가 시를 논하면서 사람이 궁(窮)한 뒤에 시가 공(工)해

---

9) 『阮堂全集』 卷9, 張12, 「辨詩」.

진다고 했는데, 이는 빈천한 사람의 궁(窮)을 말한 것이다. 부귀한 사람
이 궁하게 될 때에 비로소 참된 궁이라 할 것이요 시도 더욱 공(工)하게
될 것이다. 그러나 성령과 격조가 함께 갖추어져야 시도(詩道)가 옳게 되
는 것이다. 『주역(周易)』에 진퇴(進退)와 득실(得失) 어떤 경우에도 그
정도(正道)를 잃지 않는다(進退得喪 不失其正)라는 말이 있는데, 시도 격
조로써 성령을 조정하여 '음방귀괴(淫放鬼恠)'를 면해야 '부실기정(不失其
正)'이 되는 것이다. [10]

추사는 일찍이 원매의 경조(輕佻) 부박(浮薄)을 몹시 못마땅하게
여기고 성령파의 아류들이 '음방귀괴(淫放鬼恠)'에 쉽게 빠지게 되
는 것을 경계하였다. 그는 부귀한 사람은 궁(窮)해도 '부실기정(不
失其正)'이 되어야 한다고 말하고 지금 이 동남이시(東南二詩)는 성
령과 격조가 구비하여 참으로 훌륭한 시가 되어 있다고 찬탄하였
다.
후술한 바와 같이 추사는 여기에서 자기한계를 드러낸 것이다.
빈천한 사람에게는 참된 궁(窮)도 허여해주지 않는 결과가 되어버
린 추사는 성령에 격조를 배합시키게 된 그의 논리가 부귀한 사람
의 계급에 속한 자신의 처지에서 온 것이라고 비판될 때, 그는 아
무런 변명도 할 수 없을 것이다.


4


추사(秋史)의 주위와 그 문하에는 이조말기의 대표적 시인들이

---

10) 歐陽論詩, 窮而工, 此但以貧賤之窮言之也, 至如富貴而窮者然後, 其窮乃可謂
   之窮, 窮而工者, 又有異於貧賤之窮而工也, ……性靈格調, 具備然後, 詩道乃
   工, 大易云, 進退得喪, 不失其正, 夫不失其正者, 以詩道言之, 必以格調栽整性
   靈, 以免乎淫放鬼恠而後, 詩道乃工, 亦不失其正也, ……今東南二詩, 所以性靈
   格調之具備焉耳. (下略) (『阮堂全集』卷6, 張7, 「題彝齋東南二詩後」)

많이 드나들었고 그 중에는 강위(姜瑋：秋琴, 1820~1884)와 같은 성령파적 시풍을 지닌 자들이 적지 않았다. [11] 여기 주목할 것은 추사와 중인층(中人層)과의 관계이다. 조수삼(趙秀三)·장혼(張混)·이상적(李尙迪) 등이 일찍부터 추사에 추종하고 있었고 직접 간접의 영향 아래 장지완(張之琬)·최성환(崔瑆煥)·정수동(鄭壽銅) 등이 모두 어깨를 나란히하여 일대에 이름을 떨쳤다. 특히 장지완 이하 3인은 추사의 성령론을 이어받아 그것을 발양시킨 사람들이다. 여기 이 3인을 대상으로, 중인층에 있어서의 성령론의 동향을 살펴보기로 한다.

장지완(張之琬：枕雨堂, 1806~1858)은 율과(律科) 집안의 중인이다. 그는 자기의 『침우담초(枕雨淡艸)』서에서 시는 성령을 도사(陶寫)하는 것인데 재력(才力)이 부족하여 평소에 잘 익히지 못했다고 겸손한 말을 했거니와[12] 실제로 그는 시작품 자체보다 시론(詩論)에 더 많은 업적을 남긴 것 같다. 그는 시에서 특히 개성을 강조하였다.

사람의 성(性)은 같지만 정(情)은 다르다. 따라서 시도 감(甘)과 산(酸), 현(玄)과 황(黃)의 차이가 있게 마련이다. 나의 친구 쌍수자(雙脩子)는 평생 부귀인과 교제를 일삼지 않고 오직 술과 시를 즐기는데 그의 시를 가지고 그의 성정을 알 만하다. 혹자는 그의 시가 너무 솔직하기만 한 것을 흠으로 여겨, 옥계생(玉溪生)을 공부할 것을 권한다. 그것은 식부인(息夫人)에게 곡미(曲眉)를 그리게 하고 복숭아나무 위에 살구꽃이 피게 하려는 것이다. [13]

<hr/>

11) 姜瑋는 秋史의 詩를 "秋翁一瓣香, 先自五言入, 性靈有孤詣, 始與衆賢立."(『古歡堂收草』卷4 錦迵唱酬集 張4, 碧梧桐亭館本)이라 하여 秋史가 理論에서뿐 아니고 實際 詩作에서 性靈에 依한 獨到處가 있었다고 말하기도 하였다.

12) 詩者, 陶寫性靈, 而才不素嫻, 文者, 立論敍事, 而苦乏題目. (『枕雨堂集』卷3, 張7, 「枕雨淡艸序」)

그는 다시 자암(自菴)의 『화도소집(和陶邵集)』에 대하여

　시는 성정에서 나온다. 세상에 성정이 없는 사람이 없으므로 또한 시가
없는 사람이 없다. 그런데 사람의 성정은 기질의 청탁에 의해 다르고 따
라서 시도 성률(聲律)·체재(體裁) 등 추향(趨向)과 기미(氣味)가 달라져
서, 마치 인면(人面), 즉 사람의 '낯'이 각기 틀리는 것과 같다. 그런데
자연옹(自然翁)은 시를 지으려면 반드시 도(陶)·사(謝)의 두 시집을 가
지고 차운(次韻)을 하고 있다. 아마 그의 성령이 도·사에 가까운 때문에
그렇게 되고 있는지도 모른다. 도·사를 좋아하고 도·사를 닮을수록 그
자신의 성정과 낯은 숨겨진다. 이제 도·사 속에 숨어버린 자연옹이여,
그 뜨락에 다녀보아도 그 사람이 보이지 않으니 어인 일인가.[14]

라고 하였다. 사람들의 시는 제각기의 특징을 가지고 있어, 제각기
의 낯이 특징을 지닌 것과 같다. 낯에 특징이 없으면 자기와 다른
사람들과를 구별할 수 없듯이, 시도 특징이 없으면 시의 생명인 개
성이 없어진다는 것이다. 원매(袁枚)가 인용한 강빈곡(江賓谷)의
자기 시집 서(序)에

---

13) 人性同而情不同, 故爲詩也, 甘酸焉, 玄黃焉, 淡而素者, 其正也, 余於雙脩子
詩而異之, 雙脩, 余肩隨友也, 生平不興富貴人交, 對人命酌, 醉而歌, 歌而詩,
詩成不雕琢求佳, ……卽其詩, 其性情可知, 或訝其眞率, 勸讀玉溪生, 余莞爾曰
子欲使息嬀畫曲眉, 桃樹上發杏花耶. (『枕雨堂集』 卷3, 張29, 「書雙脩子詩艸」)

14) 詩出性情, 世無性情之人故, 無無詩之人, 然, 性情受之天而氣質有淸濁之分,
詩有聲律體裁而趨向風味, 有截然如人面之不同故, 誦其詩, 其性情有不可撩焉,
吾宗自然翁, ……尤好詩, 以陶淵明邵堯夫爲歸, ……凡有吟哦, 必取二集而步其
韻, 豈性靈相近, 天機有不謀而似歟, ……今讀翁此編以悅若陶而已, 邵而已, 是
知翁之好之篤而倣之肯而翁之面目性情, 殆乎隱而不見, 古之隱者, 隱山林, 隱金
門, 亦有隱於墻東者, 翁其隱於陶與邵耶, 何行其庭, 不見其人也. (『枕雨堂集』
卷3, 張28, 「書自菴和陶邵集」)

  내가 내 시를 내는 것은 비유컨대 낮과 같다. 내 비록 성북(城北) 서공
(徐公)의 아름다운 낮은 아니지만 나도 낮이 있기는 있다. 어찌 드러내놓
지 못할 것인가. 15)

라고 한 것과 서로 같은 뜻이다.

  최성환(崔瑆煥 : 於是齋, 생졸 연대 미상)은 음양과(陰陽科) 가계
의 중인이다. 그는 많은 저술을 남긴 학자이며, 이조말기에 중인층
을 대표하는 실학사상가이다. 그의 시는 별로 전해오는 것이 없지
만, 성령파의 입장에서 역대 중국의 시를 선발하여 『성령집(性靈
集)』이라는 수십책의 방대한 시집을 엮어놓았다. 한위남북조(漢魏
南北朝)로부터 청대(淸代)에 이르기까지 유명·무명의 시인들의 시
와 역대 명원(名媛)의 시를 뽑되 고시(古詩)보다 근체시(近體詩)를
더 많이 수록하였다. 그 까닭은 근체시가 성령을 발휘하기에 유리
한 것이기 때문이라 하였다. 16) 그는 자서(自序)에서 편집취지를 자
세히 말하면서 편집동기는 '유아(有我)'에서 시작된다고 하였다. 고
래로 수많은 시집의 편찬이 있어왔지만 '내가 있음'으로 해서 나의
관점에 의한 독자적 편집이 필요하다는 것이다. 17) 성령설(性靈說)의

---

15) ……頌雅, 人籟也, 地籟也, 多后王君公大夫修飾之詞, 至十五國風, 則皆勞人
    思婦靜女狡童矢口而成者也, 尙書曰詩言志, 史記曰詩以達意, 若國風者, 眞可謂
    之言志而能達意矣. 江賓谷自序其詩曰 予非存予之詩也. 譬之面然, 予雖不能如
    城北徐公之美面, 然, 予寧無面乎, 何必作闍觀焉. (『隨園詩話』 卷3, 張6)

16) 集中略於前人而詳於近人, 略於古體而詳於今體, ……今體詩, 得性靈之爲最近
    故取之頗多而大要又欲卷帙之等而齊之也. (『性靈集』 凡例)

17) ……有選一人詩者, 有選數人詩者, 有選一代詩者, 有選數代詩者, 有選歷代詩
    者, 於是, 以集名者, 指不勝屈, 選者, 亦汗牛充棟, 何嘗少哉, 至於逮至于今而
    有我在焉, 亦復自以爲吟而賦之, 刪而編之, 則亦何嘗非爲集爲選乎, 只是有我
    者. 生在數千歲詩人之下, 承於百十家選樓之後, …… 惟是一派性情, 則人所以
    有各自具者, 我何嘗與古人異哉. (『性靈集』 序)

점정(點睛)이라고 할 수 있는 '유아(有我)'[18),19)] 즉 '아(我)의 자각
(自覺)' 위에 최성환은 다시 말을 이어나갔다.

　　등석화조(燈夕花朝)에 고인의 시권(詩卷)을 펼치면 사경(寫景)을 한 것
과 서정(敍情)을 한 것으로, 정직한 것, 완미(婉媚)한 것, 준수한 것, 박
대(博大)한 것, 진솔한 것, 귀괴(鬼怪)스러운 것, 조각(雕刻)한 것, 오초
(奧峭)한 것, 굴강(崛強)한 것, 배해(俳諧)에 속한 것, 부염(富艶)한 것,
분분비측(芬芬悱惻)한 것, 괴위최찬(瓌瑋璀璨)한 것 등, 사공표성(司空表
聖)의 이십사품(二十四品)을 포함한 만상이 내 앞에 진열되어 나의 심목
(心目)을 현요(眩耀)하고 있지만 그것이 다 나의 성정에 합치되는 것을
만나면 자연 감동과 흥분을 맛보게 되고 이어서 나의 작(作)이 아님을 안
타깝게 여기게 된다.[20)]

그러나 최성환은 곧 깨달았다. 그는 다음과 같이 말했다.

　　고인(古人)의 성(性)이 곧 나의 성(性)이요, 고인의 성이 좋아하는 바
는 곧 나의 성이 좋아하는 바이니, 그렇다면 고인의 말이 곧 나의 말일
수 있는 것이다. 나와 합치되는 것은 나의 말이요, 합치되지 않는 것은
나의 말이 아니다. 합치되는 것을 골라, 나의 말로 삼으면 고인의 시가
곧 나의 시로 될 수 있는 것이다.[21)]

---

18) 爲人, 不可以有我, 有我則自恃狠用之病多, 孔子所以無固無我也, 作詩, 不可
以無我, 無我則剿襲敷衍之弊大.(『隨園詩話』卷7, 張5)

19) 詩有幹無華, 是枯木也, …… 有人無我, 是傀儡也.(『隨園詩話』卷7, 張8)

20) 燈夕花朝, 披閱古人卷, 有寫景者, 有言情者, 有正直者, 有婉媚者, 有俊秀
者, 有博大者, 有玄遠者, 有眞率者, 有鬼恠者, 有雕刻者, 有奧峭者, 有崛强
者, 有俳諧者, 有富艶者, 有芬芬悱惻者, 有瓌瑋璀璨者, 以至司空表聖所謂二十
四品者, 萬狀畢陳, 眩我之心目然, 未必皆合於我之性情矣. 其或遇我之性相近
者, 則自然舞蹈之, 旣而感歎之, 繼而恨不爲我之有, 中心魂壘者, 亦累日矣.
(『性靈集』序)

라고 하였다. 이것이 그의 『성령집(性靈集)』의 편찬의 목적이었다. 그는 다시 말하였다.

이 시집에서의 선발 원칙은 오로지 성령을 주로 한 것이며, 격조를 뒤로 미루고 기백(氣魄)을 버리기로 하였다. 이 책을 보는 자가 시의 각 체를 고루 수록하지 않았다고 책한다면 그것은 이 책의 취지를 모르는 것이요, 이 책에 수록된 시 중에 어의(語意)의 신창(新創)이 많다고 나무란다면 그것은 이 시들의 본령을 모르는 소리이다.[22]

최성환은 그 자신 시를 생산하지 않았던 대신 성령을 통하여 고인과 나와의 합치점 속에 고금을 초월하여 시를 공유할 수 있다고 생각하였다. 그러나 이러한 합치점을 기준으로 한 선발은 이 시집으로 하여금 종래의 일반 선집들과 매우 성질을 달리하게 하였다. 고인의 시의 선집이면서 동시에 나의 강한 창작정신이 들어 있는 것이었다.

정수동(鄭壽銅 : 夏園, 1808~1858)은 역과(譯科) 집안의 중인이다. 그는 풍부한 해학(諧謔)으로 세간에 널리 알려진 인물이지만 실은 보다 더 한 사람의 성령파의 뛰어난 시인으로 대우되어야 한다. 그는 성격이 탁락(卓犖)하고 기언(奇言)·기행(奇行)이 많았

---

21) 古人之性, 卽我之性, 古人性之所好, 卽我性之所好, 以古人之性, 道古人之所好, 直不過如是也, 以我之性, 道我之所好, 直不過如是也, 是古人之所言者, 卽我之言也, ……然則我心之所合者, 固我之言也, 我心之所不合者, 非我之言也, 取其所合之言而以爲我言, 則其言之發爲文章者, 卽亦我之文章也. (上同)

22) 是集也, 專主性靈而後格調捨氣魄, 是固我之性, 有所相近者也, 是固爲我之詩集也, 覽是集者, 以各體之未備爲責則非是集之制度也, 以語意之多剙爲言則非是詩之本旨也, 或曰唯, 或曰否, 都不必作古人詩看而認以爲我之詩, 則其否者, 非古人之過也, 其唯者, 亦唯我之免於過也, 然則是詩也, 雖曰百代之詩, 而是集也, 宜爲我一人之集也. (上同)

다. 추사가 자기 집에 그를 잡아두고 소장의 서적을 읽게 했는데 정수동은 얼마 뒤에 의건(衣巾)을 버린 채 탈주하여 술집에 돌아다 녔다고 한다. 그는

성령을 한결같이 붓끝에 맡겨
시체(時體)와 신풍(新風)을 좇아서
기교와 섬농(纖濃)을 다투지 않는다. [23)
　性靈一付免毫尖, 不逐時新競巧纖.

이라 하여, 붓끝이 가는 대로 성령을 자유롭게 발휘할 뿐, 시체(時體)와 신풍(新風)을 좇아 기교(機巧)와 섬농(纖濃)을 다투지 않는다는 것이다. 그러나 그는 또

가장 영롱한 곳에 성령이 있는데
심공(深功)을 쌓지 않곤 말하기 어렵네.
묘경(妙境)에 들려면 응당 호혈(虎穴)을 탐험한 경험이 있어야 하고
기구(奇句)를 내는 것이, 용문산 파는 것만 어찌 못하랴.
금당(金塘)의 융일(融日)에 꽃은 질(質)이 없고
맑은 밤 옥전(玉殿)엔 달에도 혼(魂)이 있네.
호젓한 길일망정 오직 나 혼자 가노니.
그대여 대가(大家)집 울타리 밑에 기생하지 말게나. [24)
　最玲瓏處性靈存, 不下深功未易言.
　入妙應經探虎穴, 出奇何減鑿龍門.
　金塘融日花無質, 玉殿淸宵月有魂.
　幽徑只堪時獨往, 勸君莫寄大家藩.

이라 하여, 시의 가장 영롱하여 생채가 있는 곳에 성령(性靈)이 나

---

23) 性靈一付免毫尖, 不逐時新競巧纖. (下略)(『夏園詩抄』, 張34, 丁未臘月)
24) 『夏園詩抄』, 張2, 「作詩有感」

타나는 것이며 그것은 심공(深功)을 쌓지 않고는 쉽게 얻어지는 것이 아니라고 하였다. 호혈(虎穴)을 탐색하고 용문산(龍門山)을 착개(鑿開)하는 노력을 기울인 뒤라야 입묘(入妙) 출기(出奇)가 가능하다는 것이다. 원매(袁枚)도 매양 시를 지을 때, 3일 내지 5일 동안 개정을 거듭하고 혹은 훨씬 시일을 지난 뒤에 개작한다고 말하면서 "뜻을 쓸 때는 정심(精深)해야 하고, 말을 만들 때는 평담(平淡)해야 한다(用意要精深, 下語要平淡)"라는 『만재만록(糱齋漫錄)』의 말을 인용하여 시 공부의 반은 정심(精深)을 구하는 데에 있다고 하였다. [25] 정수동은 위의 시의 끝 구절에서 차라리 혼자서 호젓한 길을 걸어갈지언정 대가(大家)의 울타리 밑에 기생하지는 않는다고 하였다. 이것도 원매가 인용한 조영(祖瑩)의 말에 문장은 마땅히 제 스스로 기저(機杼)를 창출하여 일가의 풍격을 이룰 것이요, 남의 이하(籬下)에 붙임살이를 해서는 안된다고 한 것과 그대로 통하는 것이다. [26] 정수동이 걸어간 호젓한 길은 그가 찾아낸 길이고 남이 안내해준 길이 아니며 자기 뜻대로 가는 길이고 남이 시켜서 가는 길이 아니었다. 비록 작은 길이고 화려한 길이 아니긴 하지만, 대가(大家)집 울타리 밑에 사는 것보다는 훨씬 자율적인 자유가 있었던 것이다.

5

연암(燕巖)·다산(茶山)이 주체적 반성 위에 사실적 풍상(風尙)을 고취하여 종래의 온유돈후(溫柔敦厚)의 시교주의(詩敎主義)를

25) 糱齋漫錄曰 詩用意要精深, 下語要平淡, 余愛其言, 每作一詩, 往往改至三五日, 或過時又改, 何也, 求其精深, 是一半工夫, 求其平淡, 又是一半工夫, 非精深不能超詣, 又非平淡, 不能人人領解……(『隨園詩話』卷8, 張10~11)

26) 北魏 祖瑩云 文章當自出機杼, 成一家風, 不可寄人籬下.(『隨園詩話』卷7, 張5)

극복할 수 있었던 것은 우리 시사(詩史)의 큰 발전이다. 그런데 연암·다산의 주체적 반성은 그들의 '조선풍(朝鮮風)' '조선시(朝鮮詩)' 등의 용어에서 볼 수 있는 바와 같이 중국적 세계——한문적(漢文的) 세계에 있어서의 '조선'의 자각인 것이며, 이러한 '조선'의 자각은 연암·다산을 포함한 개인개인의 인간적 자각으로 내적 받침이 되어야 하는 것이다. 이러한 의미에서 추사(秋史)와 중인층의 성령론은 분명 우리의 주의를 끈다.

  추사가 성령론(性靈論)을 통하여 전통적 규율——질곡으로부터 자기를 해방시키려 한 것은 고무적인 사실이 아닐 수 없다. 그러나 부귀한 사람의 '부실기정(不失其正)'을 위하여 성령에 격조를 배합시키려 한 것은 추사 자신의 계급적 제약에서 온 것임을 부인할 수 없는 것이다. 추사의 이러한 제약은 그를 따르고 있었던 중인 출신자들에 의해서 일단 극복되었다. 장지완에 있어서의 '개성'이 최성환에 있어서 아(我)의 자각으로 높여지고 정수동에 있어서는 '혼자서 걷는 길'로 행동화되었던 것이다. 실제 정수동은 시와 생활이 완전히 성령 그대로였으며 우리나라 봉건말기에 있어서 자율적 자유의 추구에 시종했던 특이한 한 인간이었던 것이다.

&lt;韓國漢文學研究 제5집, 1981&gt;

# 崔漢綺의 社會的 處地와 서울생활

## 崔漢綺 硏究序說의 一端

### 1

『명남루총서(明南樓叢書)』『명남루전집(明南樓全集)』이  출판되어 세상에 공포된 지 이미 멀리는 20년, 가까이는 5년이 지났고 혜강 (惠岡)의 학문사상에 대한 국내외의 관심이 대단히 높아져 있음에 도 불구하고 막상 혜강의 인간 그 자체의 존재에 관한 구체적 사실 이 밝혀지지 않아, 연구자들에게 적지 않은 아쉬움이 되어왔다. 물 론 혜강의 가계와 연표가 만들어지기도 했지만,[1] 극히 제한된 자료 때문에 가계(家系)는 그의 직계 조상과 자여손(子與孫)의 휘(諱)와 분묘(墳墓) 내지 배위(配位)의 성씨를 알리는 정도였고 연표는 단 지 그의 여러 종의 저서의 찬술연대를 알 수 있게 한 것뿐이었다. 이조의 양반층이라면 경향을 막론하고 사색당파(四色黨派)의 어느 편에 속해 있어야 하고 또 학자라면 특수한 경우를 제외하고는 사 우연원(師友淵源)의 관계에서 어느 한 계통에 속해 있게 마련이었 다. 이것은 이조시대의 학문·사상을 이해함에 있어서 매우 중요한 것이다. 그런데 혜강에 관한 한, 이것이 지금껏 오리무중이었다.

다행하게도 최근 뜻밖에 혜강의 전기(傳記) 한 편이 발견되었다. 영재(寧齋) 이건창(李建昌)의 미발간 필사본인 『명미당산고(明美堂

---

1) 拙稿, 「崔漢綺의 家系와 年表」(『柳洪烈博士華甲紀念論叢』, 1971)

散稿)』[2] 제10권 중에 「혜강최공전(惠岡崔公傳)」이 실려 있는 것이다.[3] 혜강의 당색이나 사우연원에 관한 것을 분명히 밝혀놓지는 않았지만, 우리에게 어렴풋이나마 짐작이 가게 하는 동시에 다른 모든 궁금한 점을 많이 풀어주기도 한다.

이건창(李建昌)이 20대의 젊은 관인(官人)으로 서울에서 활동하고 있을 때 혜강은 70 전후의 노학자로서 아직 서울에 생존해 있었으니, 두 사람 사이에 직접 접촉이 있었을 법하지만 현재 우리가 접할 수 있는 어떠한 자료에도 그러한 흔적을 찾을 수 없음을 보면 아마 서로의 면식이 있었거나 편지 왕복 같은 것이 있었던 것 같지는 않다. 아마 이건창이 젊은 시절로부터 혜강의 학자적 명망과 지조를 간접적으로 익히 듣고 흠모했던 나머지 병세후생(並世後生)의 한 사람으로 대선배인 혜강의 전기를 지었던 것이 아닌가 여겨진다. 이상한 것은 이 전(傳)이 내용으로 보나 문장으로 보아, 이건창의 다른 어느 전(傳)에 비해서도 손색이 없는 글이라 하겠는데, 어떠한 이유에서인지 현행 『명미당집(明美堂集)』에는 숫제 빠져 있다. 이건승(李建昇)이 처음 유고를 정리할 때에 빼버린 것인지, 아니면 중국 남통(南通)에서 출판할 때에 김택영(金澤榮)이 산거(刪去)해버렸는지 알 수 없는 일이다.

2

혜강이 양반신분의 소유자임은 기왕의 논고에서 이미 증명되었거니와 그를 하위양반으로 보아 이른바 궁반한족(窮班寒族)으로 그의 사회적 처지가 중서층(中庶層)과 별로 다를 바 없다고 말했던 것은

---

2) 國史編纂委員會 所藏.

3) 釜山 慶星大學에 助敎授로 在職中인 姪兒 熙穆이 寧齋에 관한 硏究를 하는 中에 이 傳을 발견, 나에게 複寫本 一通을 보내왔다.

좀 지나친 것이 아닌가 하는 생각이 있어왔다. 그런데 이번 이 전 (傳)에 혜강이 스스로 자기 처지를 말한 것이 나온다. 후술하겠지만 우선

> 내 비록 한미하여 명족(名族)의 반열에 끼여들지 못하지만 대대로 혼인하는 집들이 있어 내 집의 성향(性向)이 모든 사람들에게 잘 알려져 있다. [4]

라고 한 것을 보면 그가 비록 한미한 집안이지만 대대로 혼인 관계에 의하여 그의 가문의 성향이 모든 사람들에게 인정되고 있었던 것이다. 역대 조상들이 벼슬을 한 것은 별로 없었지만 혼인관계 등을 통하여 그런 대로 양반의 체모를 지키게 되었던 것이다. 그러나 그의 부친이 무과(武科)로 나가 겨우 시골 조그마한 고을살이로 마치게 되었고, 혜강 자신도 한 생원(生員)으로 일생을 보내다가 만년에 아들 덕으로 통정(通政) 첨지(僉知)라는 직함을 얻었을 따름이었다. 이 전(傳)에

> 어려서 남달리 영특하여 글을 읽다가 깊은 뜻을 만나도 문득 스스로 해결했다. ……중년에 대과(大科)를 단념하여 사환(仕宦)에 뜻을 버리고 경전(經典)에 크게 힘을 쏟았다. 간혹 동남(東南)의 산수를 유람하며 그 흉금을 넓혔다. [5]

라고 하여, 중년에 과거를 폐지한 것은 그에게 사환(仕宦)의 길이 열려 있지 않았기 때문이라고 봐야 할 것이다.

이러한 처지에서 혜강은 다행하게도 경제적으로는 윤택한 형편에

---

4) 吾雖寒微, 不敢齒名族, 世有姻婭, 塗人耳目. (「惠岡崔公傳」)

5) 幼英異, 讀書遇奧義, 輒能自解…… 中歲廢大科, 絕意仕進, 大肆力於經典, 間遊東南山水, 以廣其志. (同上)

있었던 것 같다. 종전에 혜강이 부자였다는 이야기가 아무런 근거
도 없이 구전으로 내려와, 기왕의 논고에서 그대로 따라, 그가 중
국의 신간서적, 특히 서양 역서들을 마음껏 구독할 수 있었던 것과
김정호(金正浩)의 「청구도(靑邱圖)」와 같은 우리나라 지도의 각인
(刻印)에 협조한 것으로 여겨지는 점 등을 설명했었다. 그리고 그
의 자산이 생(生)・양가(養家)의 두 부친, 특히 양부(養父)로부터
물려받은 것으로 보았다.[6] 그러나 이것은 어디까지나 추정일 뿐이
었다. 그런데 이 전(傳)에 "가 소유(家素裕)"라고 하여 혜강의 집
이 넉넉했음을 명백히 해놓았다. 소유(素裕)라고 한 것은 혜강 자
신이 이룩한 자산이 아니고 원래부터 즉 혜강의 부조(父祖) 때로부
터 내려온 것임을 뜻한다고 하겠다. 과연 혜강은 이 자산으로 그의
학문연구에 크게 활용하였다.

  좋은 책이 있다는 말을 들으면 후한 값을 아끼지 않고 구입했다. 읽기
를 오래하면 헐값으로 팔았다. 이 때문에 나라 안의 책장수들이 다투어
몰려와 책을 팔려고 했다. 연경(燕京)의 방국(坊局)에서 새로 간행된 책
이 우리나라에 오자마자 혜강이 열람하지 않은 것이 없었다.[7]

책을 살 때는 비싼 값을 아끼지 않고 그 책을 읽을 만큼 읽은 뒤
에는 헐값으로 팔아버리니 이 때문에 국내 서쾌(書僧)들이 다투어
혜강에게 와서 사고팔았다. 이리하여 북경 서점가의 신간들이 서울
에 들어오면 일차적으로 혜강에게 먼저 입수되지 않는 것이 없었다
고 한다.

  책을 입수하는 데 비용이 많이 든다고 말하는 자가 있으면 혜강은 "가

---

6) 拙稿, 「明南樓叢書 敍傳」, 『明南樓叢書』 卷1, 大東文化研究院版, 1971.
7) 聞有好書, 不吝厚價, 購之, 閱旣久, 則輕價糶之, 以是, 國中書僧, 爭來求售,
   燕都坊局, 新刊之書, 甫東來, 未有不爲惠岡所閱. (同上)

령 이 책 속의 사람이 나와 한 시대에 살아 있으면 천만리 길이라도 내 반드시 찾아갈 터인데, 지금 나는 앉아서 책을 통해 만남이 가능하다. 비용이 든다고 하더라도 양식을 싸가지고 멀리 찾아가는 것보다 오히려 낫지 않은가.[8]

"책을 입수하는 데 비용이 많이 든다"라고 하는 자가 있으면, 혜강은 "가령 이 책 속의 사람〔書中人〕이 나와 한 시대에 살아 있으면 천만리 길이라도 내 반드시 찾아갈 터인데, 지금 나는 앉아서 책을 통해 만남이 가능하다. 비용이 든다고 하더라도 양식을 싸가지고 멀리 찾아가는 것보다 낫지 않느냐"고 하였다. 여기 혜강이 말하는 책 속의 사람〔書中人〕이란 중국의 선진적 사상가들은 물론이고 멀리 서양 각국의 훌륭한 학자들을 가리키는 것이다.

혜강의 집이 대단한 부자는 아니었던 것 같다. 책을 구입해서 다 읽은 뒤에 다시 팔았던 사실로서 짐작할 수 있지만, 그의 양부(養父)의 남긴 일을 마무리하지 못한 데에서도 엿볼 수 있다. 이규경(李圭景)의 기록이 있다.

근래에 무인(武人) 최광현(崔光鉉)이란 사람이 있는데 중국의 옛 서첩(書帖)을 몹시 좋아하여 여러 서첩의 자체(字體)를 손으로 베껴 자전(字典)처럼 분류하고는 손수 판각(板刻)하여 비치해두었다. 그러나 인쇄해내기가 어려워 아직도 유포되지 못하고 있으니 가석한 일이다. 내가 일찍이 그 아들 상사(上舍) 최한기(崔漢綺)에게서 들으니 각판(刻板)이 지금도 그 집에 소장되어 있는데 아직도 인쇄를 못하고 있다고 한다.[9]

---

8) 或言求書費多者, 惠岡曰, 假令此書中人, 並世而居, 雖千里, 吾必往, 今吾不勞而坐致之, 購書雖費, 不猶愈於齎糧而適遠乎. (同上)

9) 近者, 有武人崔昆陽光鉉, 癖於中華古帖, 手摹諸帖字各體, 若字典分類, 仍自鋟刻以置, 而艱於擺印, 尙未流布, 可惜. 愚嘗聞於其胤上舍崔漢綺, 今板藏其家, 猶未遑擺印. (『五洲衍文長箋散稿』卷18,「石墨鐫華辨證說」)

즉 그의 양부(養父)가 중국 옛 서첩(書帖)에 벽(癖)이 있어, 여러 서첩에서 자체별(字體別)로 분류하여 손수 모각(摹刻)해 두고도 인쇄해내기가 어려워서 그대로 두었고 혜강의 대에 와서도 미처 해내지 못했다고 한다. 인쇄해내기가 어려웠다는 것은 기술적인 문제가 아니고 경비 문제였다고 생각된다. 아마 혜강은 이런 옛 서첩에 관한 골동품적 취미보다 신간 서적을 구입하고 또 처분하면서 끊임없는 새 학문의 탐구에 여념이 없었던 것이다.

그러나 책에 몰두하여 지내는 동안 혜강의 경제 형편은 점차 못해져 갔다.

혜강의 집은 또한 이 때문에 기울어져 옛집을 팔고 도성(都城) 문밖에서 살았다. [10)]

라고 한 바와 같이 혜강은 그의 제택(第宅)을 팔고 도성문(都城門) 밖으로 나가 살게 되었다. 책 관계로 '이차방락(以此旁落)'이라고 한 전(傳)의 표현이 사실 그대로인지 또다른 이유가 있었는지 쉽게 판단할 수 없지만, 어쨌든 책과 더불어 살면서 책으로 삶의 전부를 채워나갔던 혜강은 결국 그것으로 가세를 기울게 하였다.

이때 팔고 나간 제택(第宅)은 1825년 그의 나이 49세 때 송현(松峴) 상동(尙洞)에 마련한 넓은 대지와 건물, 그리고 양한정(養閒亭)이라는 정자를 가졌던 집이었다고 생각된다. 그의 「양한정기(養閒亭記)」는 서울에 사는 고상하고도 건전한 한 시민의 생활철학을 담은 것으로, 혜강은 이 집에서 한 사람의 민간학자로서 비교적 여유있고 즐거운 생활을 했던 것 같다. [11)] 58세에 대저(大著) 『인정(人

---

10) 惠岡家, 亦以此旁落, 賣舊第, 僦居都門外. (「惠岡崔公傳」)

11) 拙稿 「明南樓全集 解題」, 1987, 參照 『明南樓全集』 卷1, 驪江出版社版.

政)』이 완성되고 같은 해에 장손(長孫) 윤행(允行)이 진사시(進士試)에 합격했으며 2년 뒤엔 장남 병대(柄大)가 문과에 급제하여 경사가 연첩하였다. 가세가 기울게 된 것은 그 뒤로부터였을 것이다. 63세에 그의 부인이 별세하고 64세에 완성한 「신기천험(身機踐驗)」에 새로이 『명남루문집(明南樓文集)』권1이라고 한 것을 보면 아마 상동(尙洞)의 집을 팔고 도성문 밖에 추거(僦居)한 집이 명남루(明南樓)가 아닌가 한다.

서울 생활이 궁핍해지자 시골로 돌아가기를 권하는 말도 있었다.

시골로 돌아가 농사를 지으라고 권하면 혜강은 "이것은 내가 바라는 바이지만 바라는 바가 이보다 더 큰 것이 있다. 나의 견문을 넓히고 지려(智慮)를 열어주는 것이 오직 모든 책의 덕택인데 책을 구하기가 서울보다 편리한 곳이 없다. 기아(饑餓)의 고통을 피하기 위해 과문(寡聞)·누습(陋習)에 빠져 살 수가 있겠는가"라고 하였다. [12]

시골로 돌아가 농사를 경영하라는 말에 대하여, 혜강은 완곡히 거절하였다. "농사를 짓는 것이 바람직하지만 더 큰 바람이 책을 입수하는 일이다. 나의 견문을 넓히고 지려(智慮)를 열어주는 것이 오직 모든 책의 덕택인데 책을 구하기가 서울보다 편리한 곳이 없다. 기아(饑餓)의 고통을 피하기 위해 과문(寡聞)·누습(陋習)에 빠져 살 수가 있겠는가"라고 하였다. 그는 책 때문에 끝내 서울을 떠날 수 없었던 것이다.

3

1835년에 헌종(憲宗)이 어린 나이로 왕위에 오르고 외척(外戚)

---

[12) 有勸歸鄕治農事, 惠岡曰, 此吾所欲也, 然, 所欲有大於此者, 博我聞見, 開我智慮, 惟群書是賴, 求書之路, 莫便於京, 安可憚饑餓之苦而自就寡陋哉. (同上)

조씨(趙氏)가 세도를 잡게 되었는데, 조인영(趙寅永)이 7년 만에 수상(首相)이 되어 혜강에게 사람을 보냈다.

> 상국(相國) 조인영(趙寅永)이 장차 유일사(遺逸士)를 선발하려고 사람을 시켜 혜강에게 "왜 서울 밖 교외로 옮겨 살지 않는가?"라고 권유했다. [13)]

라고 한 바와 같이, 조인영은 장차 유일(遺逸)을 천거할 참인데 혜강을 마음에 두고 있었으나 서울에 살고 있는 것이 마땅치 않아, 사람을 시켜 혜강에게 서울을 떠나 교기지외(郊畿之外)로 이사를 가서 살라고 한 것이다. 교기지외란 것은 서울에서 다소 떨어진 지방, 예를 들면 포천(抱川)·파주(坡州)·과천(果川)·광주(廣州) 등지를 말한다. 말하자면 도시가 아니고 산림(山林)에서 살라는 것이다. 원래 이조후기로부터 집권층이 산림양덕지사(山林養德之士)로서 일대의 명성과 권위가 있는 이를 '유일(遺逸)'로 천거하여 자기 정권의 존현숭유(尊賢崇儒)의 명분을 꾸미는 수법을 취해왔다. 그런데 유일로 받들자면 반드시 산림에 있는 유자(儒者)라야 하였다. 한번 유일로 천거된 사람은 어떠한 관직이 주어지더라도 '산림(山林)'이라는 호칭을 그대로 지니고 국왕으로부터 빈사지례(賓師之禮)의 융숭한 대우를 받았다. [14)] 혜강과 같이 서울의 도시 속에 일반 세속 시민들과 섞여서 살면 아무리 학덕이 있는 선비라도 '산림'으로서의 위상이 이루어질 수 없는 것이다. 조인영의 권유에 대하여 혜강은

> 명예를 훔쳐 벼슬에 나아가는 것은 내가 할 수 없는 일이다. [15)]

---

13) 趙相國寅永, 將薦遺逸士, 使人諷惠岡, 盍移寓郊畿之外. (同上)
14) 拙稿,「李朝 儒敎政治와 '山林'의 存在」(成大 東洋學學術會議論文集, 1975) 參照,『韓國의 歷史像』再收錄.

라 하여 한마디로 사절하였다. '유일(遺逸)'이라는 헛된 이름을 이
용하여 사환(仕宦)에 진출할 수 없다는 것이다. 혜강은 당시 유일
(遺逸)로 천거된 노론계(老論系) 유자(儒者)들이 '산림'이라는 형식
적 예우를 받으면서 집권층의 어용학자 노릇이나 하는 존재임을 잘
알고 있을 뿐 아니라, 그 이유 외에도 그 자신 당시의 집권층과 당
색이 같지 않아, 자기에게 돌아오는 것이 '산림'이 아니고 산림의
아류인 '남대(南臺)'에 해당되는 사실에 더욱 마음이 내키지 않았을
것이다. 집권층이 노론이기 때문에 역대의 산림은 노론계 유자뿐이
며 소론(少論)이나 남인(南人)에게는 어떠한 유자(儒者)라도 남대
(南臺)로서 지평(持平)·장령(掌令) 정도나 주어졌던 것이다.
    혜강은 일천(逸薦)을 사절하고 서울에 계속 살았다. 조인영은 차
선책으로

    다시 사람을 보내어 과거에 응시할 수 있는지의 여부를 물었다.[16]

라 하여, 혜강에게 과거에 응시할 의사가 없느냐고 타진하였다. 벼
슬을 한 자리 주겠다는 것이다. 그러나 혜강은 그것마저 뿌리쳤다.
혜강에 대한 포섭공작은 끊이지 않았다. 노량(鷺梁) 사충서원(四忠
書院)의 유사(有司)로 교섭해온 것이 한 예이다. 호서(湖西) 송우
암서원(宋尤菴書院: 華陽洞書院) 유생들이 원사(院事)에 의문이 생겨
당시의 정승인 연천(淵泉) 홍석주(洪奭周)에게 문의하였다. 홍석주
는 스스로 해결하지 못하고 이 문제는 예학(禮學)에 박식한 인사가
유사(有司)에 취임해야만 결정이 날 것이라고 하였다. 때마침 사충
서원의 유사 자리가 비어 있었다. 사충서원은 경종조(景宗朝)에 영

---

15) 竊名以干進, 吾不能也. (同上)
16) 復遣人, 問可應科舉否. (同上)

조(英祖)를 세제(世弟)로 책봉(册封)케 한 노론 사대신(金昌集·李頤
命·趙泰采·李健命)을 사향(祠享)하는 곳으로, 이 서원의 유사는 당대
의 명석(名碩)으로 선임되고 또한 이 유사를 거치고 나면 출세의
길이 보장되기도 하였다. 노론 사대신은 경종(景宗) 재위 동안에
소론(少論)의 공격으로 함께 죽었지만 영조(英祖) 이후로부터 국가
와 휴척(休戚)을 함께 하는 충신으로 추앙되어 각별한 숭봉(崇奉)
을 베풀던 곳이기 때문이다. 홍석주는 혜강을 사충서원의 유사(有
司)로 맞아들이고 우암서원(尤菴書院) 유사를 겸임케 하여 그 의문
점을 해결하게 했으면 하는 생각이었다. 그러나 혜강의 의향을 몰
라, 호서(湖西) 유생으로 하여금 날마다 혜강을 예방케 하고 오랜
뒤에야 조심스럽게 사충서원의 소임을 말하였다. 혜강은 정색을 하
고 "홍공(洪公)과 같은 현재상(賢宰相)이 어찌하여 이세(利勢)로써
사람을 회유하려 하는가"라며 몹시 비판하였다. 앞서 이미 일부 인
용한 자료이지만 이때 혜강은

　　내 비록 한미하여 명족(名族)의 반열에 끼여들지 못하지만 대대로 혼인
　하는 집들이 있어 남들에게 알려져 있으니 다시 살피기 바란다. (同上)

라고 하여 단호히 잘라 말하였다. 혜강은 평소에 당색에 관한 말을
한 적이 없었으므로 사람들이 그의 이번 일을 이상히 여겼다. 혜강
은

　　선세(先世)로부터 조정에 현달한 적은 없으나 사적으로 전하고 들어
　아는 바가 있다. 어찌 나의 대에 이르러 변할 수 있겠는가. 또 내가 사퇴
　한 것이 당색 때문이라고 할 수 있을지 모르지만 내가 그쪽으로 추부(趨
　赴)한다면 그야말로 당색의 앞잡이로 흐르고 마는 것이 아니겠는가. (同
　上)

라고 하였다.

1866년 불란서군이 강화도에 재차 침입했을 때 유수(留守) 정기원(鄭岐源)은 급히 혜강에게 사람을 보내 자문을 청했다. 그는 평소에 혜강과 매우 친근한 사이였다. 하루는 적군이 모래를 운반하여 선상(船上)으로 가는 것을 보고 무슨 영문인지 모르고 있는데 혜강이 그 소문을 듣고 "저들이 식수가 떨어진 까닭이다. 모래를 독〔瓮〕에 담아두고 해수(海水)를 넣으면 짠물이 담수(淡水)로 화하기 때문이다. 저들이 결국 식수의 부족으로 자퇴할 것이다"라고 했는데 과연 며칠 뒤에 적군이 물러가고 말았다. 정기원(鄭岐源)이 이 사실을 조정에 보고하고 혜강을 백의(白衣)로 군모(軍謀)에 참여케 하려 했으나 혜강은 또한 불응하였다.

조인영 이래로 홍석주(洪奭周)·정기원(鄭岐源) 등 중요한 위치에 있는 이들이 계속 혜강을 급인(汲引)하려 했지만 혜강이 한결같이 나가지 않았다. 그것은, 그때 그때 사정이 조금씩 다르기는 했지만 자기의 경륜을 실시해볼 수 있는 조건이 전혀 갖추어지지 않았고 기껏해야 자신이 일정한 벼슬자리를 얻어 한다는 데에 그치게 될 뿐임을 알고 있기 때문이며, 그것마저도 득보다 실이 많을 수 있음을 또한 잘 알고 있었던 것이다.

4

「혜강최공전(惠岡崔公傳)」은 지금껏 알려지지 않았던 혜강의 면면들을 많이 알려주었다. 혜강의 학문·사상에 관한 연구를 위해 큰 도움을 준 것이 사실이다.

혜강의 당색과 사우연원(師友淵源)에 관한 것은 이 자료에서도 확인되지 않고 있으나 분명한 것은 그가 집권층과 동색(同色: 老論)이 아니며, 따라서 우암(尤菴)의 대의(大義)를 소술(紹述)하는 학통과도 아무런 연결이 없었다는 것이다.

혜강은 퇴계(退溪)도 율곡(栗谷)도 별로 언급한 것이 없으며 실학시대의 학자들에 관해서도 어떤 특정인의 이름을 거론한 것을 볼 수가 없다. 그가 책을 통해 만나는 사람은 우리나라 사람뿐이 아니고 멀리 중국과 서양의 사람을 더욱 가까이 지내고 있었던 것 같다.

중국과 서양의 사람들, 그중에서도 끊임없이 새로운 사람들을 만나기 위해서는 오직 새로운 책을 끊임없이 접해야 하고 그러기 위해서는 어떠한 경우에도 서울에서 살아야 하는 것이다. 19세기 초중엽에 이르기까지 고루하고 폐쇄적이었던 조선땅에 신사상·신문화를 받아들이는 한가닥 길을 혜강은 너무나도 소중하게 확보하고 있었다.

이에 비하여 '전세기(前世紀)의 유로(遺老)'인 다산(茶山) 정약용(丁若鏞)은 여건이 상당히 달랐다. 젊은 날에는 관료생활에 분주하였고 한창 연구열의와 연구작업이 왕성할 시기에는 멀리 강진해곡(康津海曲)의 벽지에 있었다. 혜강이 7세 되던 해에 다산이 강진에서 돌아왔지만 이미 환갑(還甲)이 가까운 연령으로 자기의 학문세계가 완성된 뒤였으며 유배에서 풀려난 몸이면서도 서울에 발붙이지 못하고 마현(馬峴) 시골집에 그대로 눌러앉아, 세계소식에 통하지 않는 외진 길에서 여생을 소요(逍遙)하고 말았다. 다산의 위대한 학문적 업적에도 불구하고 근대지향이라는 관점에서 보아, 몇겹의 제약이 있었던 것은 혜강에 비해 시대와 환경이 그만큼 불리했던 때문이다.

# 惠岡崔公傳

李 建 昌

혜강(惠岡) 최한기(崔漢綺)의 자(字)는 지로(芝老)요, 혜강은 그 호(號)이다. 15세조(十五世祖) 항(恒)은 세조(世祖) 때 출사하여 벼슬이 영의정에 이르렀고, 부친 광현(光鉉)은 무과(武科)에 급제하여 곤양군수(昆陽郡守)에 이르렀다.

혜강은 어려서 남달리 영특하여 글을 읽다가 깊은 뜻을 만나도 문득 스스로 해결했다. 성품이 효(孝)에 독실하여 병을 간호하고 상(喪)에 거(居)함에 다 성(誠)과 예(禮)를 곡진히 했다. 중년에 대과(大科)를 단념하여 사환(仕宦)의 뜻을 끊고 경전(經典)에 크게 힘을 쏟았다. 간혹 동남(東南)의 산수를 유람하며 그 흉금을 넓혔다.

집안이 본래 부유하여 좋은 책이 있다는 말을 들으면 후한 값을 아끼지 않고 구입했다. 읽기를 오래하면 헐값으로 팔았다. 이 때문에 나라 안의 책장수들이 다투어 몰려와 책을 팔려고 했다. 연경(燕京)의 방국(坊局)에서 새로 간행된 책이 우리나라에 오자마자 혜강이 열람하지 않은 것이 없었다. 책을 입수하는 데 비용이 많이 든다고 말하는 자가 있으면 혜강은 "가령 이 책 속의 사람이 나와 한 시대에 살아 있으면 천만리 길이라도 내 반드시 찾아갈 터인데, 지금 나는 앉아서 책을 통해 만남이 가능하다. 비용이 든다고 하더라도 양식을 싸가지고 멀리 찾아가는 것보다 오히려 낫지 않은가"라 했다.

그러나 혜강의 집안은 또한 이 때문에 기울어져 옛집을 팔고 도성(都城) 문밖에서 셋방살이를 했다. 시골로 돌아가 농사를 지으라고 권하면 혜강은 "이것은 내가 바라는 바이지만 바라는 바가 이보다 더 큰 것이 있다. 나의 견문을 넓히고 지려(智慮)를 열어주는 것이 오직 모든 책의 덕택인데 책을 구하기가 서울보다 편리한 곳이 없다. 기아(饑餓)의 고통을 피하기 위해 과문(寡聞)·누습(陋習)에 빠져 살 수가 있겠는가"라고 하였다.

상국(相國) 조인영(趙寅永)이 장차 유일사(遺逸士)를 선발하려고 사람을 시켜 혜강에게 "왜 서울 밖 교외로 옮겨 살지 않는가"라고 권유하니 혜강은 "명예를 훔쳐 벼슬에 나아가는 것은 내가 할 수 없는 일이다"라 말했다. 조공(趙公)이 굳이 혜강을 끌어들이려고 다시 사람을 보내어 과거에 응시할 수 있는지의 여부를 물으니 혜강은 사양하면서 "책 상자를 끼고 다니지 않은 지가 오래 되었다"라 했다.

호서(湖西)의 송우암(宋尤菴) 서원의 선비들이 의심스러운 일이 있어 상국(相國) 홍석주(洪奭周)에게 와서 물었더니 홍공(洪公)이 말하기를 "이것은 반드시 예(禮)에 박학한 선비가 유사(有司)로 된 후에라야 논의가 정해질 것이다"라 했다. 마침 노량(鷺梁)의 사상사(四相祠)에 유사(有司)가 결원이었다. 홍공(洪公)은 혜강을 노량 사상사(四相祠)의 유사 겸 호서원사(湖西院事)로 삼아 의심스러움을 해결하려고 했다. 노량 유사는 당시 사람들이 '극히 영광스러운 선발'이라 일컫는 자리였다. 그러나 혜강의 뜻을 몰라서, 호서(湖西)의 선비로 하여금 날마다 혜강에게 가서 오래되어서야 홍공(洪公)의 지시한 바를 가만히 표시하도록 했다. 혜강은 정색을 하고 말하기를 "홍공과 같은 현재상(賢宰相)이 어찌하여 이세(利勢)로써 사람을 회유하려 하는가? 또 내 비록 한미하여 명족(名族)의 반열에 끼어들지 못하지만 대대로 혼인하는 집들이 있어 내 집의 성향(性向)이 모든 사람들에게 잘 알려져 있으니 다시 살피기 바란다"라 하니 말한 자가 무안해서 가버렸다. 혹자가 "그대는 평생에 당목(黨目)에 관하여 말하지 않았는데 지금은 어찌하여 그토록 화를 내는가?"라 물으니 혜강이 말하기를 "선세(先世)로부터 조정에 현달한 적은 없었으나 사적(私的)으로 전하고 들어 아는 바가 있다. 어찌 나의 대(代)에 이르러 변할 수 있겠는가. 또 내가 사퇴한 것이 당색(黨色) 때문이라고 할 수 있을지 모르지만 내가 그쪽으로 추부(趨赴)한다면 그야말로 당색의 앞잡이로 흐르고 마는 것이 아니겠는가.

서양 오랑캐가 재차 강화도를 침범했을 때 유수(留守) 정기원(鄭岐源)이 평소에 혜강과 친했던 터라 급히 사람을 보내어 일을 의논했다. 하루는 오랑캐가 급히 모래를 운반하여 선상(船上)으로 가는데 아무도 그 까닭을 추측하지 못했다. 혜강이 그 소문을 듣고 말하기를 "저들이 반드시 식수가 떨어졌다. 모래를 독에 담아 두고 바닷물을 넣으면 짠물이 담수(淡水)로 화하기 때문이다. 그러나 저들이 이미 깊이 들어와 물 길을 길이 없으니 장차 스스로 물러날 것이다"라 했는데 며칠 뒤 과연 오랑캐가 달아났다.

정공(鄭公)이 장계(狀啓)를 올려 조정에 낱낱이 보고하고 장차 백의(白衣)로 군모(軍謀)에 참여케 하려 했으나 혜강은 "나는 아직 군사(軍事)를 배우지 못했다"고 말하며 사양했다.

왜선(倭船)이 인천을 엿볼 때 혜강의 아들 병대(柄大)가 상소(上疏)하여 화친을 믿고 방비를 철거해서는 안된다고 말하니 대신들이 그를 탄핵하여 멀리 유배보냈다. 혜강이 아들을 보내면서 어려운 기색 없이 말하기를 "너는 말로써 죄를 입을 수 있었으니 영광이라 할 만하다. 화복(禍福)은 긍휼히 여길 바가 아니다"라 했다. 혜강은 평생의 사람됨이 배우기를 좋아하고 구차스럽지 않았음이 이와 같았다.

혜강은 총달(聰達)·회기(恢奇)하여 하나라도 모르는 것이 있으면 부끄럽게 여겼다. 이해되는 바를 만나면 종이를 펼쳐 빨리 써나가는데 잠깐 동안에 수천 자가 되었다. 혹자가 "자구(字句)에 검증(檢證)이 없는 것이 있다"고 말하면 즉시 응답하기를 "그런가? 왜 고쳐주지 않는가? 내가 어찌 문장을 하는 자이겠는가"라 했다.

혜강은 일찍이 기유년(己酉年)에 생원시(生員試)에 합격했다. 후에 아들로 해서 벼슬이 정언(正言)이 되었고 통정(通政)의 직함이 주어졌으며 첨지중추부사(僉知中樞府事)에 제수되었다. 75세에 작고했으며 17년 후에 학행(學行)으로 대궐에 알려져 대사헌 성균좨주(大司憲成均祭酒)에 추증(追贈)되었다. 손자는 윤항(允恒)으로 진사(進士)다.

이건창(李建昌)은 말한다. 유자(儒者)의 학(學)은 둘이 있으니, 안으로부터 밖으로 나오는 것을 성도지학(性道之學)이라 하고, 밖으로부터 안으로 들어가는 것을 견문지학(見聞之學)이라 한다. 한당(漢唐) 이래 세상 속유(俗儒)의 학(學)은 견문(見聞)이라는 한 길을 떠나지 않았고, 호걸지사(豪傑之士)는 또 견문을 폐하고 무용(無用)한 이설(異說)에 빠졌다. 정주(程朱)에 이르러 함양(涵養)과 격치(格致)가 교수병진(交修幷進)하여 내(內)·외(外)가 비로소 합치되었다.

공(公)의 저서를 살펴보면 오로지 '추기이측리(推氣以測理)'한 것이다. 대개 선유(先儒)들이 발명(發明)하지 못한 것이어서 나의 어리석음으로는 감히 갑자기 말할 바가 못된다. 다만 그 저서의 제목을 갖추어 기사(紀事)의 왼쪽에 부기(附記)해둔다.「기측체의(氣測體義)」「우주책(宇宙策)」「소모(素謨)」「강관론(講官論)」「자설유편(字說類編)」「향약재교(鄉約財敎)」「개량론(改量論)」「농정회요(農政會要)」「육해법(陸海法)」「지구전요(地球典要)」「의상리수(儀象理數)」「습산진벌(習算津筏)」「방리표(方里表)」「청구도(靑邱圖)」「기화당수집(氣和堂隨輯)」약간 권이 있다. 또『십삼경주소(十三經註疏)』에서 중요한 부분을 추려 모아「통경고(通經考)」를 찬술했고 이십삼대사(二十三代史)를 분류하여 정사(正史)를 편집했다. 오직, 고금의 의례(疑禮)를 수집하여 책으로 완성하지 못했는데, 아들에게 부탁하여 이어서 12편을 만들도록 했다.

〔附〕惠岡崔公傳

李 建 昌

惠岡崔漢綺 字芝老 惠岡 其號也 十五世祖恒 仕世祖時 官至領議政 考光鉉 武擧 至昆陽郡守 惠岡 幼英異 讀書遇奧旨 輒能自解 性篤孝 養疾居喪俱盡誠禮 中歲 廢大科 絶意仕進 大肆力於經典 間游東南山水 以廣其志 家素裕 聞有好書 不吝厚價 購之 閱旣久 則輕價鬻之 以是 國中書儈 爭來求售燕都坊局新刊之書 甫東來 未有不爲 惠岡所閱 或言求書費多者 惠岡曰假令此書中人 幷世而居 雖千里 吾必往 今吾不勞而坐致之 購書雖費 不猶愈於齎糧而適遠乎 然 惠岡家 亦以此旁落 賣舊第 僦居都門外 有勸惠岡歸鄉治農事惠岡曰此吾所欲也 然 所欲有大於此者 博我聞見 開我智慮 惟群書是賴 求書之路 莫便於京 安可憚飢餓之苦而自就寡陋哉 趙相國寅永 將選遺逸士 使人諷惠岡 盍移寓郊畿之外 惠岡曰竊名以干進 吾不能也 趙公 固引惠岡 復遣人問可應科擧否 惠岡謝曰不挾筭 久矣 湖西宋尤菴書院諸儒 有疑事 來質于洪相國奭周 洪公曰此須有博禮之士 爲有司然後 議可定也 會 鷺梁四相祠 有司缺 洪公 欲以惠岡 爲鷺梁有司 仍兼湖西院事 以決其疑 鷺梁有司者 一時人所稱極選也 然 顧不知惠岡意 乃令湖西儒 日往視惠岡 久乃微示洪公所指 惠岡正色曰洪公 賢宰相也 奈何以利勢誘人哉 且吾雖寒微 不敢齒名族 世有姻

婭 塗人耳目 幸復察之 言者憮然去 或問子平生不言黨目 今胡斷斷乃爾 惠岡
曰自先人以來 雖不顯於朝 私相傳聞 則有之矣 焉可至吾而變也 且吾辭之者
信似乎黨矣 而使吾樂爲而趍之 夫獨非黨也歟 西夷之再犯江都也 鄭留守岐源
素與惠岡善 亟遣使議事 一日 夷忽運沙入船 人莫測其何爲 惠岡聞之 曰彼必
乏水也 盛沙於瓮而貯海水 則鹹化爲淡耳 然 彼旣深入而無汲道 將自退矣 數
日 夷果遁 鄭公 以狀具報朝廷 將以白衣贊軍謀 惠岡辭曰是未之學也 倭舶窺
仁川 惠岡子柄大 上疏言不可以恃和撤備 大臣劾奏遠配 惠岡送之 無難色曰
汝能以言獲罪 可謂榮矣 禍福非所恤也 槩惠岡 平生爲人 好學而能不苟 如此
惠岡聰達恢奇 以一事不知爲恥 遇有所解 伸紙疾書 頃刻數千言 或言字句有
失檢 卽應之曰其然乎 盍爲吾改之 吾豈爲文章者哉 惠岡 嘗中己酉生員試 後
以子 官正言 榮授通政銜 除僉知中樞府事 壽七十五沒 後十七年 用學行登聞
贈大司憲成均祭酒 孫允恒 進士

李建昌曰儒者之學 有二 從內而外出者曰性道之學 從外而內入者曰見聞之
學 漢唐以來 世儒之學 不離見聞一路 而豪傑之士 又廢見聞而溺於無用之異
說 至程朱氏 以涵養格致 交修幷進 內外始合矣 觀公之書 專言推氣以測理者
蓋先儒之所未發而以余之愚不敢遽有所云 第備著其名目 以附紀事之左 曰氣
測體義・宇宙策・素謨・講官論・字說類編・鄕約財敎・改量論・農政會要・陸
海法・地球典要・儀象理數・習算津筏・方里表・靑邱圖・氣和堂隨輯若干卷 又
取十三經註疏 撮其要領 述通經考 二十三代史 引類彙分 輯正史 惟蒐集古今
疑禮未成書 囑子繼之爲十二編 　　　　　　　　　　　　　(明美堂散稿 卷十)

　　　　　　　　　　　　　<成大 제4회 동양학 국제학술회의 논문집, 1991>

# 崔漢綺의 社會觀

## 「氣學」과 「人政」의 連繫 위에서

## 1. 머 리 말

우리나라 후기 실학(後期實學)의 도미(掉尾)의 대업적을 남긴 혜강(惠岡) 최한기(崔漢綺)에 대하여 이미 국내외 학자들의 적지 않은 연구논술이 있어왔으나 아직 그의 학술내용에 관한 우리들의 작업은 초보적 단계에서 크게 벗어나지 못한 것 같다.

1971년 나는 최한기의 방대한 저술과 편찬물들을 『명남루총서(明南樓叢書)』라는 이름으로 출판하여 일단 그 전모의 윤곽이 드러나게 되었다. (大東文化硏究院版) 종래 연구자들이 주로 「신기통(神氣通)」「추측록(推測錄)」「인정(人政)」 등만을 가지고 다루어오던 것에 비하면 이 총서의 출현은 놀라울 만큼 많은 자료를 공급해준 것이었으며 또 그것이 국내외 여러 학자들로부터 이용되어 차차 성과가 나타나고 있기도 하다.

그런데 이 총서를 펴낸 뒤에 다시 몇몇 새 자료가 발굴되어 그것이 최한기의 저술 가운데 매우 중요한 가치를 지닌 것임을 알게 되었다. 「기학(氣學)」과 「운화측험(運化測驗)」이 그것이다. 우리는 그것을 시급히 학계에 이바지하기 위해, 종전에 이미 알려져 있었던 「성기운화(星氣運化)」와 이 신발견의 두 자료를 함께 첨가하여 1985년 다시 『명남루전집(明南樓全集)』을 내게 되었다. (驪江出版社版)

우리는 종전에 최한기의 사회정치적 견해를 「인정(人政)」에서 살펴면서 그 철학적 배경은 주로 「신기통(神氣通)」과 「추측록(推測錄)」에서 찾아내려 하였다. 「신기통」과 「추측록」은 최한기 철학의 불후의 명작으로, 「인정」의 배경을 삼기에 조금도 부족함이 없다고 여긴다. 그러나 「신기통」과 「추측록」은 모두 1836년 그의 34세 때의 작으로, 「인정」이 완성된 1860년 그의 나이 58세에 이르기까지에는 24년이란 긴 세월이 가로놓여 있다. 이 동안에 최한기의 철학사상이 좀더 심화되고 성숙되었을 것으로 생각할 때, 「인정」에 앞서서 3년 전에 나온 기학(氣學)이나 「인정」과 같은 해에 나온 「운화측험(運化測驗)」은 주목할 만한 것이다. 물론 「기학」이나 「운화측험」은 「신기통」 「추측록」의 것을 부정한 바 있거나 크게 수정한 것은 아니고 「신기통」 「추측록」의 연장선상 내지 발전선상에서 이해해야 할 것이다. 그러나 사상적으로 논리적으로 「인정」과 훨씬 밀착된 관계에 있다는 사실을 중시해야 할 것으로 보인다.

이 소고는 최한기(崔漢綺)의 사회관(社會觀)이라는 제목 아래, 「인정」을 통하여 당시의 사회 제계층, 특히 사(士)·농(農)·공(工)·상(商)의 실태 및 대책에 관한 그의 관점의 일단을 소개하면서 「인정」에 선행된 「기학(氣學)」을 연계시켜 설명해보기로 한다.

## 2. 崔漢綺에 있어서의 '學'의 槪念과 「氣學」

### (1) 學의 槪念

종래의 '학(學)'은 '수기치인지학(修己治人之學)'을 그 본령으로 삼아왔다. 성리학(性理學)에 있어서는 물론이고 실학시대(實學時代)에 이르러서도 이 점에 있어서는 기본적으로 마찬가지였다. '수

기치인지학'은 유교 경전에 바탕을 두고 공자(孔子)·맹자(孟子)의 교훈을 이어받은 것으로, 시대에 따라 달라지는 것이 있다면 오직 경의(經義)와 성훈(聖訓)을 새롭게 해석하여 실천에 옮기기 위한 지식체계를 말하는 것일 뿐이다.

최한기는 수기(修己)와 치인(治人)을 논하면서도 경의와 성훈에 의거했던 것이 아니고 당시의 서양 과학지식을 최대한 흡수하여 자기 나름의 과학적 인식을 토대로 그의 '학(學)'을 수립하였다. 그는 다음과 같이 말했다.

어떤 '깨달음'을 가지고 가르침을 받고 또 남에게 업(業)을 전하는 것을 '학(學)'이라 한다. 예부터 지금까지 유(有)와 무(無), 허(虛)와 실(實) 내지 미세사무(微細事務)가 모두 '학'이란 칭호를 지니고 그 장점을 자랑하는데, 민생에 도움이 되는 것, 혹은 민사(民事)에 해가 되는 것, 그리고 민도(民道)에 손(損)도 익(益)도 되지 않는 것이 있다.[1]

이리하여 방술학(方術學)·외도학(外道學) 등 방술과 외도에 대해서 '학'이란 이름을 붙이기도 하는 최한기는 그 효용가치를 따지기 전에 '학'은 '학'이라는 것이다. 그러나 이런 종류의 학(學)은 대기운화(大氣運化)를 따르지 않고 사의(私意)에 의해 이(利)를 추구하고 정당한 길을 피하는 것이라고 매도하였다.[2] 뿐만 아니라 종래 무형지리(無形之理)와 무형지신(無形之神)을 중요하게 다루어 그것을 상승(上乘) 고치(高致)라고 여기고 있었던 형이상학적 사변적 학문을 '중고지학(中古之學)'이라고 규정하고,[3] 자기의 '기학(氣學)'을 그것과 구별되는 새로운 학문으로 부각시켰다. 근대지향적 의식이 선명했던 최한기는 자기의 '기학'으로 '중고지학'을 극복하려 하

---

1) 『明南樓全集』1, 「氣學」卷1, 張5, 以其覺悟 受教傳業.
2) 同上, 張7, 不由大氣運化.
3) 同上, 「氣學序」

였다. 기학(氣學)은 그의 우주관·역사관 및 사회정치적 견해의 일
체를 말하는 것이지만 기학의 구체적 학문분야 중에 그는 역수학
(歷數學 : 天文學, 數學)·물류학(物類學 : 博物學)·기용학(器用學 : 工學)
을 가장 중시하였다.[4] 최한기에 있어서의 '학(學)'은 기학(氣學)이
라는 포괄적 개념 속에 구체적으로 위와같은 전문적인 분야의 '학'
이 들어 있었던 것이다.

(2) 氣學의 범위와 방향

최한기(崔漢綺)는 그의 기학(氣學)의 역사적 의의를 다음과 같이
말했다.

> 만유(萬有)를 총포(總包)하고 운화(運化)가 무궁한 것으로, 지(地)·월
> (月)·일(日)·성(星)이 이로 인해 알선(斡旋)되고 풍우(風雨)와 한서(寒
> 暑)가 이로 인해 발작되는 것인데도, 상고 사람은 미처 알지 못했고 차고
> (次古) 사람은 의혹만 했고 중고(中古) 사람은 췌마(揣摩)만 했는데 근고
> (近古) 사람이 시용(試用)하기 시작하고 천하 사람이 공통적으로 시행하
> 게 되었다. 이것은 고금 사람이 협력하여 추출해내고 원근(遠近) 사람이
> 서로 논증하여 밝혀낸 것으로, 기명(其名)은 '기(氣)'이다. 이 '기'로써
> '학(學)'을 삼았으니 고금에 비교 검토해보면 '학'의 차이를 볼 수 있을 것
> 이다.[5]

즉 기학(氣學)은 상고(上古)·차고(次古)·중고(中古)를 거쳐 근
고(近古)에 와서 비로소 옳게 이해되고 쓰이게 되었는데 그것은 어
느 특정한 사람에 의해서가 아니고 오랜 역사기간에 걸쳐 인지(人
知)가 축적되고 넓은 세상의 교류 접촉을 통해 서로 개발된 결과로
이루어진 것인만큼 종래 어떠한 학(學)보다도 학(學)으로서 성격을

---

4) 同上, 張26, 歷數學物類學器用學.

5) 同上, 張5, 以其覺悟 受敎傳業.

달리한다는 것이다.

그러면 기학(氣學)에서 말하는 기(氣)는 실제로 어떤 것인가? 최한기는 기를 두고 설명한 것이 무려 수십조(數十條)에 달하지만 요약하면 대략 다음과 같다.

천(天)은 기(氣)의 대체(大體)이고 기(氣)는 천(天)의 충만된 형질이니 다시 말하면 천은 곧 기이고 기는 곧 천이다. [6]

기(氣)는 원래 활동 운화(運化)하는 물(物)로서 우주 내에 충만하여 실낱같은 공극(空隙)도 있을 수 없으며 제요(諸曜: 모든 天體)를 추전(推轉)하여 조화의 무궁함을 나타내는 것이다. [7]

기(氣)는 '형질기(形質氣)'와 '운화기(運化氣)'가 있는데 지(地)·일(日)·월(月)·성(星)과 만물의 구각(軀殼)은 형질기이고 우(雨)·양(暘)·풍(風)·운(雲)·한(寒)·서(暑)·조(燥)·습(濕)의 원리는 '운화기'이다. 형질기는 쉽게 보이지만 운화기는 보기 어렵다. 옛사람이 유형과 무형으로 형질과 운화를 나누어서, 노씨(老氏)의 무(無)와 불씨(佛氏)의 공(空), 그리고 유가(儒家)의 심학(心學)·이학(理學)이 모두 무형지리(無形之理)를 가지고 유형 무형지간에 용공(用功)을 했지만 기실은 운화기는 최대의 형질로서 우주에 충색하여 천지를 범위 속에 두고 만유(萬有)를 함양(涵養)하며, 개개의 피부와 골수에까지 스며들어 있는 것이다. [8]

신(神)은 존재하지 않는다. 운화기의 소능(所能)이 곧 신일 따름이다. [9]

최한기는 '운화기'를 말할 경우에 보통 대기운화(大氣運化)라고 하지만 대기운화와 아울러 통민운화(統民運化), 또는 인신운화(人身運化)를 자주 말하였다. 대기운화는 대자연의 운동법칙을 구현시

---

6) 同上, 張47, 體氣化而導政治.

7) 同上, 「氣學序」

8) 同上, 張6, 氣有形質之氣.

9) 同上, 卷2, 張1, 活動運化四字.

켜 나가는 우주 그 자체이며, 통민운화는 민중을 통섭(統攝)하는
정치사회의 역사적 전개과정을 말한 것이라고 하겠거니와 억천만겁
(億千萬劫)을 변함이 없이 건전하게 그리고 그 스스로 충족되어 있
는 대기운화에 비하여 통민운화는 시대와 지역에 따라 흥쇠와 승강
(昇降)이 있는 것이며 그것은 정치 담당층의 역량과 관계되는 것이
라고 보았다. 통민운화가 대기운화와 괴리되어 잘못된 방향으로 흐
를 경우에 군신상하(君臣上下)가 일치노력하여 그것을 바로잡아야
한다고 하였다. [10] 인신운화(人身運化)는 개개인의 활동이 또한 대기
운화에 괴리되지 않고 건전하고 정당한 삶의 자세를 취해야 한다는
것이다. 통민운화와 인신운화는 모두 대기운화 속에 있어서의 인간
의 주체적 노력의 적극적 의미를 부여하고 창조와 극복을 통한 끝
없는 전진을 요구하는 것이었다.

　최한기의 기학(氣學)은 천지를 기구(機具)와 같이 보고, 대기운
화를 기구의 운전처럼 움직여나간다고 하면서 인신(人身)도 마찬가
지 기구의 움직임으로 보아 이·목·비·구의 기능의 고정성과 수
명의 제한성을 말하였다. 대기운화와 인신운화의 불가변적(不可變
的), 불가피적(不可避的) 법칙을 말하면서 위와 같이 인간의 주체
적 노력의 적극적 의미를 강조한 것은 주의할 점이다. 대기운화는
영원무궁히 움직여가는 것이지만 인간은 수명이 짧다. 그러나 주어
진 여건에서 고인은 고인대로 사명을 다하고 금인(今人)은 금인으
로서 사명을 다하고, 또 후인은 후인대로 사명을 다하여 계승해나
가면 대기운화와 함께 인간의 삶, 그 자체도 영원무궁히 확충 발전
해간다는 것이다. 여기에서 최한기가 발견한 '우주인(宇宙人)'[11]으로
서의 인간의 존재가치가 있는 것이다.

　이리하여 최한기는 기학(氣學)의 공효를 찬양하면서 '천지인물 일

10) 同上, 張12, 榮道進取.
11) 同上, 張4, 大氣有活動運化.

통운화(天地人物 一統運化)'에 있어서 형적가심 맥락상련 승순범위 준행궤철(形跡可尋 脉絡相聯, 承順範圍 遵行軌轍)을 가능케 함으로써 사람들이 평화와 행복을 누릴 수 있게 된다고 하였다.[12]

## 3. 崔漢綺의 現實把握과 敎育論

### (1) 現實認識, 특히 士·農·工·商에 관하여

최한기의 대작 「인정(人政)」은 인사행정의 이론 및 실제면을 다루어놓은 것이다. 조선왕조의 말기적 징후 속에 사회정치적 침체 타락의 최대의 원인이 집권관료들의 무능과 부정에 있다고 생각한 최한기는 인사행정의 쇄신과 그것에 대비하기 위한 인재의 교육 내지 선발 등용에 관하여 상세히 설명하고 그것과의 관련에서 당시의 현실에 대한 투철한 인식과 그 개혁을 위한 탁월한 선진적 견해들을 피력해두었다. 그는 인사행정에 있어서도 운화기(運化氣)의 이론을 그 출발점으로 삼고 있다. 운화를 모르면 용인(用人)에 망매(罔昧)하게 된다고 하였다. 인신운화(人身運化)에 생(生)·장(長)·쇠(衰)·노(老)가 있고, 지각이 따라서 변하는 법이니 소시(少時)의 악(惡)이 노년에 선(善)해지고 소시에 모르던 것을 노년에 알기도 한다. 사람을 채용할 때에 어찌 일정한 사법(死法)으로 '활동운화지인(活動運化之人)'을 순용(順用)할 수 있겠는가. 마땅히 '활동운화지신기(活動運化之神氣)'로써 '활동운화지정교(活動運化之政敎)'를 시행하여 대기운화(大氣運化)와 상응한 '활동운화지세계(活動運化之世界)'를 만들자고 하였다.[13] 침체 타락한 왕조말기의 사회를

---

12) 同上, 張8, 氣學功效.
13) 同上, 『全集』2, 「人政」卷22, 張6, 不識運化.

•활동운화의 세계로 만들자면 무엇보다 활동운화의 인재들을 정계로
진출시켜야 한다는 것이다.

여기서는 주로 당시의 사회 제계층, 특히 사(士) —— 독서인과
농민·공장(工匠)·상인층(商人層)에 대한 최한기의 견해의 일면을
고찰해본다.

최한기는 사(士)를 위시한 농민·공장(工匠)·상인층(商人層)의
출신이 모두 함께 등용되어야 하겠는데 지금 그렇지 못하다고 말하
고 사·농·공·상은 각기 소업(所業)이 있어서 그들은 일신의 생
계를 위함이 아니고 "통공역사(通功易事)로써 천하지무(天下之務)
를 성립시킬 수 있다"라고 하였다. [14]

먼저 그는 당시의 '사(士)'에 대해 다음과 같이 말했다.

사(士)는 사(仕)를 구하는 사람들이다. 조정(朝廷)의 채택방침에 따라

---

營產之方, 人人皆有, 知愚昏蒙, 隨其所處所業, 以爲資生, 而或致有餘, 或常不
足, 或求利見害, 或因害爲利……人之局量通達, 多積而多散, 做得民生之有益,
局量偏滯, 知聚而不知散, 養得一世之唾罵, 其餘饔飧生涯, 夫耕婦織, 勤苦作
業, 不饑不寒, 最多其人而國政休明, 上下貧富, 隨所遇而安業, 國政濁亂, 大小
產業不得安居, 非獨官吏之侵漁, 又有無賴土棍攘竊·奸詭之剝割, 是乃統民運化
之大勢蕩析, 至使萬姓生業, 怨尤滋甚, 民之濟產雖善, 何以奠安, 旣知大勢之差
錯, 而周旋變通, 要免其禍, 不計苟且, 產業之外, 又有衞護產業之勞碌, 哀此民
生. (卷12, 張38, 「營產」)

14) 用人之術, 但論職官擇用, 不及於士農工商之咸得其用……兆民之生, 各因所處
所習, 士農工商, 各分攸業, 非獨爲一身之計, 可以通功易事, 成天下之務, 朝廷
用人, 亦是通功易事之義也, 擇用千官, 羅列中外, 使士農工商, 各安其業, 無有
失所, 卽朝廷之善用人, 千官之善其職也, 若士農工商, 咸被侵擾, 失業散亂, 卽
朝廷之不善用人, 千官之不善其職也, 然則朝廷之用人, 實爲士農工商而用人, 非
爲他事而用人則用人之道, 必使源委相準, 量委而立源, 擧源而達委, 國以官爲
用, 官以民爲用, 上下皆得用人之宜, 四境兆民之自抵治安, 不必問於在朝在野.
(卷22, 張1, 「用人亦通功易事」)

동으로 서로 전이(轉移)한다. 재능과 도덕을 채택하면 사(士)가 학업에
힘써서 진출을 기할 것이고 문장과 박식을 채택하면 사(士)가 글 자랑 지
식 자랑으로 점차 부박(浮薄)에 흐를 것이고 문벌(門閥)과 당색(黨色)으
로 채택한다면 집권층 내부에서 저희들끼리 안배할 것이니 바깥에 있는
사(士)가 무슨 희망이 있겠으며 뇌물과 청탁으로 채택한다면 포저(苞苴)
와 분경(奔競)이 큰 문제로 될 것이다. 채용되어서는 안될 사람은 더욱
죽기로 맹세하고 백가지로 공작을 할 것이다. 이렇게 되면 실력 있는 사
(士)들이 벼슬길을 단념하고 본분을 즐기는 것으로 습속화되어, 점차 상
도(常道)에 반(反)하게 될 것이다. [15]

세도정치하(勢道政治下)에 있어서 사(士)의 기풍이 어쩔 수 없이
되어버렸음을 여실히 보여준다. 그러나 사(士)에 비해 농민은 더욱
어려운 처지에 있었다. 최한기는 다시 말을 이었다.

　농민이란 농사를 지어, 굶주림과 추위를 면하는 것이 그들의 요망이다.
종세(終歲) 근고(勤苦)하여 가을의 수확이 많아야 수백 포(苞), 적으면
겨우 십여 포(苞)에 불과한데 그것으로 빚을 갚고……관리의 침어(侵漁)
와 토호(土豪)의 억탈(抑奪) 속에 그야말로 곤궁을 지키고 액운을 겪어야
한다. [16]

---

15) 士者, 將以求仕之人也, 仰望朝廷擇人之方……從風之東西而轉移……所擇在於
　　才能道德則各修學業, 期進成就……所擇在於文章博覽, 爭相磨礪, 因材而進, 務
　　勝誇耀漸趨浮薄……所擇在門閥色目則自其中而分排居於外者何望, 所擇在賄賂請
　　託則奔競是事, 酬應徒煩, 苞苴多寡, 較祿俸之豐薄干囑得失, 稱勢力之輕重, 不
　　宜用者尤致底死之心, 百蹊穿鑿, 可需用者, 沮喪榮塗之念, 自樂本分, 轉成習
　　俗, 人不恥其恥, 漸致反常, 誰論治不治.(『明南樓全書』, 「人政」, 卷6, 張2,
　　「士」, 驪江出版社 印刊)

16) 農者, 稼穡是務, 饑寒要免, 終歲勤苦, 當秋收穫, 多不過數百苞, 小纔爲十餘
　　苞, 取貸償報, 節用排布, 自有善惡是非, 平常優劣, 是乃用心處事可測之端, 又
　　有官吏侵漁, 土豪攘奪, 是乃守困度厄可測之事.(同上, 卷6, 張3, 「農」)

수백 포의 부농(富農)이나 십여포의 빈농(貧農)이 다 함께 곤액
속에 놓여 있다는 것이다. 각도(各道)에 민란이 발생하고 장차 전
국적 규모의 농민전쟁이 일어날 전야임을 생각하면 농민의 정황은
그의 지적 그대로일 것이다.

최한기는 농민보다 공(工)과 상(商)에 대해 항상 큰 기대를 가지
고 있었다. 그가 서울의 도시적 분위기 속에 살고 있으면서 수공업
자나 상인들과의 접촉이 용이했을 뿐 아니라, 평소 그의 학문이 공
업과 상업을 깊은 관심대상으로 삼고 있었기 때문일 것이다. 그런
데 실상은 그의 기대에 너무도 미치지 못했다. 그는 먼저 공(工)에
대해 말했다.

공(工)은 기명(器皿)을 만들어 상품으로 내놓음으로써 민생 일용에 보
탬이 된다. 옛날 발명〔刱製〕의 지자(智者)는 공적이 만세에 미쳐 불멸의
빛이 되어 있는데 지금은 제작자의 신분이 하류에 처하여 계층 이동이 어
렵다. 옛날의 공적은 귀히 여기면서 지금 수용(須用)되는 기술은 존중할
줄 모른다. 물론 공장(工匠) 자체에도 문제가 있다. 지혜를 기울여 기술
을 혁신하고 수학(數學)의 기초 위에 대용지기(大用之器)를 창제하거나,
혹은 구제(舊制)를 개량하여 생산에 도움되게 한다면 누가 장인바치라고
하여 경멸하는 마음을 갖겠는가. 요즘 그렇지 않고 목전 생계에 얽매여
구구한 이득을 취하면서 사위(邪僞)로 열등품을 만들어 팔고 있으니 '천
장(賤匠)'이 될 수밖에 없다. [17]

---

17) 工者, 作器皿通貨財, 以贍民用, 在昔刱制之智能, 功流萬世而不滅, 方今造作
之手端, 身處下流而難遷……今若有人, 智能之心, 達於力藝, 變通之明, 生於數
學, 能制作大用之器, 或因舊而增衍便利之法, 以開生民之補益, 誰敢有輕漫之
心, 但切生活之計, 勞苦之力, 務從邪僞之術, 薄劣之制, 不念所用, 惟事利己,
買之以欺人, 售之以無用, 此所以爲賤匠也. (卷6, 張3, 「工」)

공(工)이 천장(賤匠)으로 될 수밖에 없는 것은 공(工)의 기술이
존중받지 못하는 사회풍토에 그 근본 원인이 있는 것이지만 산업자
본이 제대로 형성되지 못한 당시의 경제조건에서 공(工)의 기술혁
신을 바라는 것도 무리일 것이다. 게다가 신분적 제약은 공(工)의
발전에 원천적 장애요인이었으므로 최한기는 일차적으로 그것을 지
적했던 것이다. 그는 다시 상(商)을 말했다.

　상(商)은 유무를 상통하고 해륙(海陸)으로 운수하여 그 이윤으로 생업
의 자(資)를 삼고 과세(課稅)로써 국가세입에 보탬이 된다. 그 규모는 여
러 종류가 있다. 백리 장시에 등짐으로 져나르는 자, 천리 접경에 차(車)
와 마(馬)로써 호시(互市)하는 자, 만리 환해(環海)에 선박으로 실어날라
천하의 물산을 만국에 주통(周通)시키면서 교역에 있어서 이해가 상호 보
상되고, 견문에 있어서 더욱 경험을 넓히게 되는 자가 있다. 그런데 이
상(商)을 비천하게 여기니 오늘의 사세를 헤아리지 않는 낡은 사고이다.
……세상을 살아가면서 한집의 가산을 다스리는 사람은 향시(鄕市)에 의
존할 것이고 일읍(一邑)의 백성을 다스리는 사람은 성시(城市)의 상(商)
을 잘 관리해야 하고 일국의 정사를 다스리는 사람은 경내(境內)의 상
(商)을 잘 주통(周通)시켜야 하고 세계의 평화를 도모하는 사람은 세계의
상(商)과 접해야 한다.[18]

최한기는 개국통상론자(開國通商論者)이므로, 그는 당시 우리 국
내상인과 함께 외국상인을 논한 것이다. 당시 우리 상업자본이 상
당한 정도가 되어 있다는 것을 보여주면서 더욱 문호를 열어 대외
진취에 뒷받침해야 할 것을 말한 것이다.

---

18) 商者, 懋遷有無, 海陸運輸, 以贏餘資生業, 以課稅補國用, 隨其所處所業而大
　　小廣狹判異, 百里城市, 擔負徒勞, 千里接域, 車馬互市, 萬里環海, 舶運市埠
　　……天下物產周通萬國, 在交易則利害相償, 在見聞則經驗益廣……副其願不過銀
　　錢些少之利, 擧此而卑賤之, 乃不諒事勢之偏見狹量也, 但所惡者, 以無用之物欺
　　人, 以不義之事害人也. (卷6, 張4, 「商」)

최한기는 사·농·공·상 외에 무업민(無業民)·조예(皂隸)·도적(盜賊)·술객(術客)·사장(師長) 등등 당시 사회에 문제가 되는 인간군에 대해 두루 언급해두기도 하였다.

### (2) 教育論

최한기는 사·농·공·상의 실제 사정을 파악한 뒤에 국가로부터 정책적 뒷받침이 있어야 한다는 것과 아울러, 학자로서 또한 그들에 대한 교육을 중시하였다. 사(士)도 사려니와 농·공·상에 대한 교육은 우리나라의 경제·과학의 향상과 사회개혁을 주도할 수 있는 중요한 뜻이 있는 일이기 때문이다.

그는 우선 농정(農政)에 대해 다음과 같은 의견을 말했다.

> 풍년에 비축했다가 흉년에 진휼하는 따위는 농정의 일반 경상사(經常事)로서 새삼 논할 것이 없다. 다만 민중을 동원하여 해포(海浦)에 제언(堤堰：防潮堤)을 만들거나 하천에 보(洑)를 만드는 데 있어서는 수세(水勢)의 축설(瀦洩)을 헤아리고 토석(土石)의 진압력(鎭壓力)을 알아야 하기 때문에 이는 오직 수토기세(水土氣勢)를 구명할 줄 아는 사람만이 가능한 것이다. 수리제서(水利諸書)가 많다고 하지만 기수(氣數)의 식견에 밝은 사람은 항상 적은 편이다. 근실한 사람을 지도 감독자로 보내는 한편 부세(賦稅)를 경감하여 백성들이 실제로 몽리(蒙利)할 수 있게 되어야 한다. [19]

그는 상(商)에 관한 정책에도 언급하였다.

---

19) 農政之春畊秋斂, 助不給, 豐蓄荒賑, 使平均, 經常事也, 動衆而堤堰海浦, 築堰川流量水勢之瀦洩, 辨土石之鎭壓……但取諸具辦備, 參以地形水勢, 專在於氣數裁度指導, 董役勤實之人, 輕徭薄斂, 使斯民蒙利, 實爲朝廷之農, 至於土宜穀種游蔭耕耘, 自有各地所宜, 任農夫之習俗而但當勸懲勤惰. (卷11, 張8, 「農政」)

　상(商)은 대기운화(大氣運化)에 속한 사방이세(四方利勢)와 통민운화(統民運化)에 속한 각국 물산의 풍겸(豐歉)을 잘 파악한 뒤에 각국의 풍속 기호와 소비 수요 등을 수시로 상탐(詳探)하여 그 땅의 국금(國禁)의 조례(條例)와 운수상 험이(險夷)를 익히 알아야 한다. 한번 실패하면 해가 어디로 돌아갈 것인가. 또 우리나라가 외국상인을 받아들일 때 금조(禁條)를 명백히 하고 납산(納算)을 정해서 관리의 침해를 막고 여점(旅店)의 편의를 주선해주어야 한다. 사·농·공의 일이 상에 의해 교류 소통이 된다. 상업이 탕패(蕩敗)하여 곡식과 포백(布帛)이 유통되지 않으면 더욱 큰일이다. [20]

　최한기는 외국과의 통상을 강력히 주장하고 있었기 때문에 이 항에서도 나름대로 구체적 설명을 한 것이었다.
　이러한 정책적 뒷받침에 관한 설명과 더불어 교육에 관한 필요성을 거듭 개진하였다.

　민생 일용과 이용후생(利用厚生)에 도움되게 하는 것이 실로 민업(民業)을 지도하고 민산(民産)을 안정시키는 도이다. 역산(歷山)의 농자(農者)는 순(舜)에 의해 전묘(田畝)가 바르게 되었고……동이(東夷)의 도자(陶者)는 순(舜)에 의해 도기(陶器)가 견뢰(堅牢)하게 되었다……민업을 지도하고 민산을 안정시키는 대덕(大德)을 순(舜)에게서 발견할 수 있다. 후세의 농정이란 경가(耕稼) 부역의 독찰과 수리(水利) 토의(土宜)에 관한 헛된 논란이 있을 뿐이다. [21]

---

20) 商賈之量度 四方利勢在於大氣運化者, 各邦物産之豐歉, 在於統民運化者, 各國俗尙之侈儉, 隨時詳探, 酌輕劑重, 裒多益寡, 察國禁之條例, 量運輸之險夷, 一有失措, 害將焉歸, 國家之御商旅, 明禁條 定納算, 遏關吏之侵害, 通旅店之便宜, 卽瞻民用和有無之政敎也. (卷11, 張9, 「商賈」)

21) 有補於民生日用, 利用厚生, 實爲敎民業, 安民産之道, 歷山之農者侵畔, 舜往耕焉, 朞年田畝正, 河濱之漁者, 爭抵舜往漁焉, 朞年漁者讓長, 東夷之陶者 器苦窳, 舜往陶焉, 朞年器牢……敎民業安民産之大德可見……後世所謂農政, 只有

최한기는 특히 「공장교(工匠敎)」라는 항에서 공(工)의 교육에 중점을 두는 것 같았다.

공장(工匠)의 교육을 어찌 소홀할 수 있겠는가? 거중(擧重)·인중(引重)·설수(挈水)·생화(生火)·규구준승(規矩準繩)이 모두 기수(氣數)에 밝은 자라야 가능하다…… 기수란 형적이 없는 것이니 우미(愚迷)한 자가 어찌 그 심천(深淺)을 변별할 수 있겠는가…… 오직 기계(器械)를 만들어 시험해보고 기계를 벌려 발용(發用)해서 백명이 움직일 수 없는 것을 2·3명이 들게 되고 천명이 운반하지 못하는 것을 수십명만으로 인행(引行)할 수 있으며 고산절정(高山絶頂)에 물을 끌어올리고 피리(玻璃)를 마찰하여 화염을 일게 하는 것을 보고는 마치 신통술이 있는 것같이 여긴다…… 사람의 지혜가 능히 활동운화지기(活動運化之氣)에 그 단서를 터득하여 수학(數學)을 성립시키고 기계를 제작하여 무한한 묘용을 발휘케 한다. 어찌 지금의 공장(工匠)들을 방치한 채 그 교육을 강구하지 않아서야 되겠는가. [22]

라고 하여 최한기는 「공장교(工匠敎)」를 통해 공장들을 고급 기술 과학자로 만들고자 하였던 것이다.

그러면 당시의 사·농·공·상에 대하여 교육은 누가 담당할 수 있는가를 그는 다시 말했다.

---

耕稼賦役之督察, 水利土宜之論難……況其陶漁, 未有扶護之方略, 惟有牟利之侵奪, 本以利用厚生之事, 反爲病俗害民之政, 是以擇人探訪, 不及於耕稼陶漁之中, 侵凌侮蔑, 偏多於耕稼陶漁之民, 此皆勤業興作, 以補世用之民, 有何負於國哉. (人政 卷2, 張11)

[22] 工匠之敎, 其可忽哉, 擧重引重, 挈水生火, 規矩準繩, 皆是明於氣數者所能……人之智巧, 能於活動運化之氣, 據得端緖, 設爲數學, 制作器械, 無限妙用, 載在力藝, 豈可一任工匠, 不思所以講明其敎也. (卷11, 張8, 「工匠敎」)

중농(衆農)의 중에 전사(田師 : 農事指導者)를 선발해본들 겨우 그 지방의 토의(土宜)와 가색(稼穡)에 근로하는 관습을 가르칠 뿐, 운화(運化)에 달통해서 천하의 농(農)을 가르치지 못할 것이요, 중상(衆商)의 중에 고사(賈師 : 商務指導者)를 선발해본들 겨우 백리, 천리 정도의 물산을 운수하는 것을 가르칠 뿐, 운화(運化)에 달통해서 천하의 상(商)을 가르치지 못할 것이요, 중공(衆工)의 중에 공사(工師)를 선발해본들 겨우 토산습속(土産習俗)의 기명(器皿)을 가르칠 뿐, 운화에 달통해서 천하의 공(工)을 가르치지 못할 것이요, 중사(衆士)의 중에 사사(士師)를 선발해본들 겨우 토속유전(土俗流傳)의 학문을 가르칠 뿐, 측험(測驗) 운화(運化)를 알아서 천하의 사(士)를 가르치지 못할 것이다.

라고 하여 부정적 태도를 보인 후에

진실로 능히 역상(曆象) 운화(運化)에 측험(測驗)을 다하고 물류(物類) 기수(氣數)에 분개(分開) 요연(瞭然)하여 농사를 짓지 않아도 천하 토의(土宜)의 농(農)을 알고, 장사를 하지 않아도 천하 운수(運輸)의 상(商)을 알고, 기계(器械)를 만들지 않아도 천하 기수(氣數)의 기(器)를 알고, 사(士)라고 호(號)하지 않아도 천하 성위지사(誠僞之士)를 아는 사람이 있다. 이런 사람이야말로 출류(出類) 발췌(拔萃)한 인물로서 가히 천하의 사·농·공·상을 교육할 수 있는 것이다. [23]

천하의 사·농·공·상을 교육할 수 있는 이 위대한 교육자는 과

---

23) 衆農之中, 選擇田師, 只是慣習所居土宜, 勤勞稼穡, 不能洞察運化, 教天下之農, 衆賈之中, 選擇賈師, 但能運輸千百里物産, 不能周通運化, 教天下之賈, 衆工之中, 選擇工師, 惟知土産俗習之器皿, 不達氣數運化, 教天下之工, 衆士之中, 選擇士師, 但知土俗流傳之學問, 不識測驗運化, 教天下之士. 苟能於曆象運化, 測驗備盡, 物類氣數, 分開瞭然, 不作農而知天下土宜之農, 不爲賈而知天下運輸之賈, 不制器而知天下氣數之器, 不號士而知天下誠僞之士, 是謂出類拔萃, 可以教天下之士農工賈. (卷12, 張19, 「可教士農工賈」)

연 누구일까. 아마도 최한기 자신을 뜻하는 것으로 보아야 할 것
같다.


## 4. 맺 음


최한기의 여러 저(著)·편(編) 가운데 「기학(氣學)」과 「인정(人
政)」은 가장 밀착된 내용을 지니고 있다. 특히 운화기(運化氣)의
이론에 의하여 두 책이 하나의 체계로 일관된 느낌이다. 「인정」을
통해 볼 수 있는 그의 사회관은 기학(氣學)에 나타난 그의 우주
관·역사관을 연계시켜야만 투철한 이해가 가능한 것이다.

최한기의 사회관——사·농·공·상 등 사회 제계층에 대한 관
점 속에는 19세기 중엽의 우리나라 농·공·상 계층의 경제적·사
회적 성장이 반영되어 있다. 농보다 공·상에 대해 더 많은 기대를
가진 최한기의 생각은 그 자신의 도시적 생활에서 오는 것이기도
하지만 역시 당시의 우리나라 현실의 투영으로 보아야 할 것 같다.

<東洋學 제18집, 1988>

# 韓國에서의 實學研究 현황과 동아시아 連帶意識

1

이조 후기, 영조·정조 시대(18세기)를 전후한 한국 역사상의 신학풍(新學風) —— 유형원(柳馨遠)·이수광(李睟光)의 뒤를 이어 이익(李瀷)·안정복(安鼎福)·정약용(丁若鏞)·박지원(朴趾源)·박제가(朴齊家)·김정희(金正喜) 등 여러 선현(先賢)의 새로운 학문적 경향에 대하여, 후세 사람으로서 관심을 표명하고 그 의의를 높이 평가하기 시작한 것은 근대 계몽적 사상문화의 도입기 —— 구한말의 애국적·선각적 학자들로부터였다. 박은식(朴殷植)·장지연(張志淵)·신채호(申采浩) 제씨가 바로 그러한 분들이었다. 세계사의 거대한 조류 앞에 폐관쇄국(閉關鎖國)을 고집하던 조선이 문호(門戶)를 개방하고 서양문물에 정면으로 부딪치게 되면서 당시 학자 지식인들은 창황경의(悄怳驚疑) 속에 그것을 받아들이는 한편 초라한 자기 모습과 공허한 자기 내용을 여지없이 자인하지 않을 수 없었다. 『민약론(民約論)』『만법정리(萬法精理)』(法律之魂) 등 서양의 정치·법사상 관계 서적이 소개 유행되고 천문(天文)·의학(醫學)·병(兵)·농(農)의 자연과학 관계 저술이 단편적이나마 흘러들어와 새 시대의 학문이라는 뜻에서 '시학(時學)'으로 일컬어지기도 하였다. 이러한 상황 속에 우리나라 종래의 지배적 학문 —— 주자학(朱子學)이 크게 반성되고 번쇄(煩瑣)한 예설(禮說)과 지리(支離)한 성리설(性理說)이 얼마나 무용지학(無用之學)이었던가를 깨닫게 되었다. 주자학적 예설·성리설이 혐오의 대상이 되는 한편 새로운 가치인식 속에 이조 후기의 신학풍이 클로즈업되기 시작하였다. 서양의 정치·법사상과 자연과학을 중시하여 그것을 '경세치용지학(經世致用之學)' 또는 '이용후생지학(利用厚生之學)'으로 표현하고 우리도 그런 것을 가져야 하겠다고 갈구(渴求)하던 그 당시에 이조 후기의 신학풍은 무덤 속에서 나온 열녀(烈女)의 정혼(貞魂)처럼 매력적이고도 의연(毅然)한 자태로 손짓해 불러주었던 것이다. 물론 이 신학풍이 그동안 일정한 흐름으로 개화사상(開化思想)·개화운동(開化運動)에 연결되어왔지만 개화운동의 실패와 더불어 보수적 분위기에 압도되어 그 존재가 잊어버려질 정도였다.

이리하여 새삼 이조 후기의 신학풍을 주도해왔던 여러 선현이 각별히 존경되고 건상(巾箱) 속에 장치(藏置)된 그분들의 저서의 일부분 혹은 그 전집을 반포(頒布)시키는 사업이 상당히 활발하였다. 이 선현들의 저서 속에 나타난 우국애민(憂國愛民)의 지성(至誠), 조국의 미래에 대한 심사원려(深思遠慮), 그리고 나라를 경륜(經綸)하기 위한 온갖 설계와 포부, 사물의 관찰에 있어서의 놀라운 형안(炯眼), 자연의 이법(理法)을 이용하여 국리민복(國利民福)에 보탬을 주려고 한 탁월한 지혜는 위기와 절망 속에 빠져 있던 당시의 후예(後裔)들에게 메마른 심전(心田)을 계옥(啓沃)시키고, 폐색된 영규(靈竅)를 소통(疏通)시키기에 족했던 것이다. 왕조가 망하고 나라가 식민지로 전락되자 민족해방운동이 다방면으로 전개되는 한편 민족문화에 대한 반성과 연구개발이 새롭게 진행되었다. 박은식·장지연·신채호에 뒤이어 최익한(崔益翰)·정인보(鄭寅普)·문일평(文一平) 씨 등이 더욱 이 선현의 잠광(潛光)을 천발(闡發)하고 그 여서(餘緖)를 부연(敷衍)하는 동시에 이 학풍에 대한 호칭으로 '실학(實學)'이란 말이 차차 정착 사용되었다.

'실학'이라는 말은 이 학풍이 당시에 있어서 현실적 의의를 가진 학문이란 뜻이다. 사실 구한말은 물론이고 20세기 초에 있어서도 한국의 사회·경제의 기본구조를 위시하여 국민의 생활습관·의식 상태는 영·정 시대에 비하여 큰 변화가 없었다고 해도 과언이 아니었다. 따라서 이익·박지원과 같은 선현들이 품었던 고민이 곧 오늘의 고민이 되어 있고 그분들이 제기한 문제는 곧 오늘의 문제로 남아 있는 형편이었다. 이리하여 이조 후기의 신학풍은 20세기 초에 들어와서도 일면의 시대성을 지니고 있었으며 현실적 의의를 가진 학풍이 될 수 있었던 것이다. 다시 말하면 한국의 근대화과정에 있어서 토지제도·상공업 기타 생산기술의 개혁과 향상에 관한 문제 내지 제반 생활, 사상에 있어서의 실용실증적 정신의 보급에 관한 문제들이 모두 학문적으로 진지하게 연구되고 실천되어야 할 것인데, 이러한 문제들이 이조 후기 선현들에 의하여 이미 절실하게 다루어져 있어서 당시의 연구와도 바로 연결될 수 있는 것이었다. 그 때문에 이 학풍은 근대 계몽기의 선학들에게 현실적인 학문으로 인식되고 나아가 '실학'으로 불려지게 되었던 것이다.

2

제2차대전을 겪고 8·15해방을 맞이하고 뼈아픈 국토 분단과 격렬한 사상 대립을 체험하고 다시 6·25전쟁이라는 세기의 비극을 치르는 동안에 한국은 많은 변화를 가져왔다. 사회·경제 여러 관계의 변모와 함께 학계에 있어서도 세대교체가 이루어졌다. 최익한·정인보·문일평 씨 등 국학(國學)의 종장(宗匠)들은 사망·실종이 아니면 노쇠 은퇴하여 유로(遺老)의 대우를 받고 있는 한편, 젊은 학도들이 두각을 나타내어 새로운 방법과 시각에서 한국의 역사와 문화를 연구하였고 그 성과를 정리한 논문들이 차례로 발표되었다. 이조 후기의 신학풍은 한국 역사상에 있어서 매우 중요한 의미를 갖는다라는 관점에서 진작부터 주의를 끌었다. 「반계유형원연구(磻溪柳馨遠研究)」라는 천관우(千寬宇) 씨의 논문(『歷史學報』第2

輯-3輯, 1952)은 이 방면에 있어서의 제일성이었다. 천관우 씨는 그의 논문에서 반계학(磻溪學)의 전체계를 살펴본 뒤에 '실학파의 계보와 반계'라는 1장을 특설(特設)하고 실학을 신사조(新思潮)라고 설명하여 신사조의 발생과 추세, 신사조의 방법 등을 유창한 필치로 논술하였다. 여기서 신사조의 발생과 추세에 대한 그의 논술의 일단을 옮겨보기로 한다.

16세기 중엽부터 17세기 중엽에 이르는 동안(宣祖·光海君·仁祖)은 신사조(新思潮)의 준비기라 할 것으로 비조직적인 시책으로서의 정론(政論)이 관료의 손에 뚜렷이 나타나고 때마침 자극적인 서양문물이 그 편린을 보이기 시작하나 이들은 아직 호기심의 대상이었을 뿐이며, 그밖에 양명학(陽明學)이 잠행적(潛行的)으로 발아(發芽)하고 백과사전파(百科事典派)가 싹을 트기 시작하는 등 이후에 나타날 시기를 위하여 발효를 계속하고 있는 것이니, 한백겸(韓百謙)·이수광(李睟光)·김육(金堉)·권문해(權文海) 같은 이들이 이때의 인물이었다. 17세기 중엽부터 18세기 중엽에 이르는 동안(孝宗·顯宗·肅宗·景宗·英祖)은 맹아기(萌芽期)라 할 것으로 준비기의 최종을 거두면서 맹아기의 시초를 이루는 유형원(柳馨遠)을 선진(先陣)으로 하여 이익(李瀷)·안정복(安鼎福) 이하 사회정책에서, 서학(西學)에서, 국학(國學)에서 눈부신 활동을 개시하고 있으며, 특히 이수광의 서구적 문화와 유형원의 실사구시적(實事求是的) 태도 및 학문적 체계가 이익에 의하여 통합되고 신사조로 하여금 확실한 지위에 서게 한다. 또 비판이 허용되지 않는 학문적 자유의 박탈 속에 학문의 기아(飢餓)를 느낀 지식욕은 드디어 새로이 나타나는 모든 학문에 대하여 손을 뻗치고 학문의 규모는 갈수록 부풀어가고 있다. 이 당시의 인물로 유형원·박세당(朴世堂)·안정복·이중환(李重煥)·신경준(申景濬)·서명응(徐命膺) 같은 이들을 꼽을 수 있다. 18세기 중엽에서 19세기 중엽에 걸치는 동안(英祖·正祖·純祖·憲宗)은 실로 이 신사조의 백화요란(百花燎亂)한 전성기이니 경학(經學)·북학(北學)·자연과학…… 어느 곳에나 전력을 발휘하며 특히 그중에도 기독교는 정치적 혁명사상으로 대두하는 과정을 밟고 있음을 본다. 국가적인 대규모의 편찬사업 또한 이 풍조와 걸음을 같이하고 있거니와 이 당시의 대표적인 인물로는 박지원(朴趾源)·박제가(朴齊家)·홍대용(洪大容)·성해응(成海應)·정약용(丁若鏞)·김정희(金正喜)·이규경(李圭景)·최한기(崔漢綺) 등을 비롯하여 그 제제(濟濟)한 진용을 이루 헤아리기 어렵다.

이와같이 종횡으로 이조 후기 신학풍의 전반에 걸쳐 설명한 씨는 이어서

1세기의 준비와 1세기의 맹아와 1세기의 전성을 자랑한 실학(實學)이 그 광망(光芒)을 걷고 그 뒤를 따르는 서구적 근대문명과 서로 그 시대사조의 주류(主流)로서의 위치를 바꾸지 않을 수 없게 되는 것이다.

라고 하여 실학은 역사상으로부터 자리를 물러나버리고 서구적 근대문명이 뒤를 이어 우리나라 시대사조의 주류를 이루었다고 하였다. 여기에서 우리는 천관우(千寬宇) 씨의 연구 입장을 새삼 이해하게 될 것이다. 즉 천관우 씨의 경우에 그의 연구입장은 서구적 근대문명이라는 시대사조를 사이에 두고 그 전에 있었던 실학을 연구한 것이다. 실학파와 천관우 씨의 사이에는 서구적 근대사조가 가로놓여 있을 뿐 아니라, 천씨 자신이 서구적 시대사조를 통하여 실학을 관찰한 것으로 천씨와 실학파의 사이는 어느덧 의식상의 일단층이 생기게 된 것이다. 과거 국학의 종장(宗匠)들 —— 박은식(朴殷植)·장지연(張志淵) 이하 정인보(鄭寅普)·문일평(文一平) 씨 등에게서와 같이 실학을 오늘의 현실적 의의를 가진 학문으로 받아들여지지는 않았다. 과거 국학의 종장들에게 현실성을 가진 학문으로 그들의 연구에 바로 연결될 수 있었던 실학, 그러한 의미에서 글자 그대로의 '실학'이었던 그것이 천관우 씨에 이르러서는 단지

역사상에 나타난 일 문화현상으로 객관적 연구대상이 되어 있을 뿐이었다. 따라서 그것이 천관우 씨에게는 이미 '실학'이 될 수 없었던 것이다.

여기 문제가 있다. 이조 후기의 신학풍은 천관우 씨에게 이미 '실학'이 될 수 없었음에도 불구하고 씨는 과거 선학(先學)들의 호칭을 그대로 답습하여 '실학'이라고 불렀다. 이와같이 이미 현실성이 느껴지지 않는 그 학풍을 부르는 데 있어서 씨는 새로운 이유를 들지 않을 수 없었다. 씨는 이조 후기 신학풍의 특징이 '실정(實正)' '실증(實證)' '실용(實用)'에 있다고 말하고

조선에서 이 '실학'이란 용어가 쓰이기 시작한 것은 그 유래(由來)를 자세히 알 수 없으나, 종래의 지칭하는 바 '실학'이라는 개념은 모호함을 면치 못한 것이었으며, 위에서 말한 '실정' '실증' '실용'의 어느 일면을 가진 것이며 '실학'의 범위 내에 들어오는 것이었다. (前揭 論文, 『歷史學報』 3輯 137면)

라고 하여 학문 그 자체의 내용을 특정지어 실학이라고 부른 것이다. 즉 오늘에 있어서의 가치나 의의와는 상관없이 역사상에 있어서의 학문 그 자체의 특징을 가지고 이름을 붙인 것이다.

이미 현실성이 상실된 학문, 다만 역사상의 그것을 논하는 것으로 되었으니, 자연 그 명칭의 부여가 간단히 타결될 리 없는 것이다. 천관우 씨의 견해에 대하여 진작 반론을 펴고 나온 이는 한우근(韓沽劢) 씨다. 한우근 씨는 「성호이익연구(星湖李瀷研究)」의 일련의 논문을 육속(陸續) 발표하여 『이조후기의 사회와 사상』(乙酉文化社, 1961) 속에 일괄하여 실리고 그 끝에 「이조 실학의 개념에 대하여」라는 1편의 논문을 첨부하여 실학 명칭의 타당성 여부를 논하였다. 그는 주로 실학이라는 용어가 역사상(高麗末로부터 李朝後期까지)에서 어떻게 씌어 왔는가를 살피고 결론으로 실학은 고려말로부터

이조 일대를 통하여 우리 선인들이 주자학(朱子學)을 지칭했던 말
이며, 따라서 이조 후기의 신학풍 그것을 특별히 실학으로 부를 수
없는 것이라고 하였다. 여기 한씨의 실학의 개념에 대한 견해를 적
어보면 "그것은 멀리는 중국 삼대의 학문을 가리키는 한편, 가까이
는 송·원대의 정주학(程朱學)을 가리켰다"라고 말하고, "이와같은
성격을 지닌 학문을 종래로는 바로 정주학(程朱學)을 의미하는 실
학(實學)으로 지칭하여왔고 반계(磻溪) 유형원(柳馨遠)을 가리켜
실학의 비조(鼻祖)라고 하여왔음은 오로지 실학이 의미하는 개념과
그 내용에 대한 반성이 없었기 때문이다"라고 한 뒤에 다시

　　우리는 이와같이 실학복고(實學復古)를 제창하고 고증학(考證學)의 선
　구(先驅)를 이룬 그 과도적인 학풍을 위의 논거에서 '경세치용(經世致用)
　의 학(學)'이라고 이름하는 것이 좋으리라고 생각하여 반계 유형원은 바
　로 '경세치용의 학'의 비조라고 해야 할 것이라고 생각하는 바이다. (前揭
　書 391~392면)

라고 끝을 맺었다. 한우근 씨는 실학이라는 말 대신에 '경세치용의
학'이라는 명칭을 붙이자고 주장한 것이다.
　이에 대하여 천관우 씨는 다시 "영·정 전후의 학풍이 반드시 경
세학(經世學)에만 국한된 것도 아니다"(韓㳓劤 저서에 대한 書評, 『歷史
學報』15輯 153면)라고 한 뒤에 실학이라고 불러온 것이 이미 근 30년
이 되었으므로 구태여 바꿀 필요가 없는 것이라고 하였다.
　사실 한우근씨의 주장과 같이 실학이라는 말이 고려말로부터 이
조 일대에 걸쳐 경학(經學) 내지 성리학(性理學)을 지칭하는 말로
사용되어왔는데, 오늘말 우리가 그것을 무시하고 이조 후기의 신학
풍 그것만을 실학으로 칭하는 것이 문제가 아닐 수 없다. 그러나
이 신학풍을 창도한 학자들이 자기의 주장들을 '실학'이라고 일렀
다. 이익과 박지원·홍대용이 모두 '실학'이라는 말을 사용했는데

그것은 자기들의 학문 경향을 표시하는 것이었다. 그리고 후세에서 이를 받아 또한 실학으로 이름을 붙인 것은 오늘의 우리가 아니라, 과거 국학(國學)의 종장인 선학들이다. 이 국학의 종장인 선학들이 고려 이래 실학이라는 말이 사용된 관례(경학 내지 성리학을 가리키는 의미)를 몰랐을 리 없다. 그럼에도 불구하고 이 신학풍을 특별히 실학이라고 한 것은 위에서 누설(屢說)한 바와 같이 이 신학풍이 이들 선학에게는 말 그대로의 '실학' 즉 현실성을 가진 학문이었기 때문이다. 여기에서 우리는 역사적 견지에서 실학이라는 말을 고찰해볼 필요를 느낀다. 고려 이래 이조 일대의 사대부(士大夫)들에게 경학 내지 성리학은 현실성이 있는 학문——실학일 수 있었다. 여말 선초의 관료학자들이 불교를 배격하면서 불교의 비현실적인 것에 대하여 현실적인 윤리도덕(倫理道德)의 실천성을 강조하는 뜻에서, 경학 내지 성리학을 실학으로 불렀다. 이조 중기에 들어오면서 불교는 이미 논외가 되었으나, 사장지학(詞章之學)의 부허무실(浮虛無實)을 경시하는 정통파 학자들이 사장지학에 대하여 다시 경학 내지 성리학을 내세워 그것을 실학이라고 했던 것이다. 그러나 구한말——근대 계몽기 학자 지식인들에게 경학 내지 성리학이 그대로 실학이 될 수 없었다. 위에서 말한 바와 같이 이조 후기의 신학풍이 현실성을 가진 학문으로 유일한 실학이라고 생각되었다. 이리하여 고려 이래의 용례를 염두에 두면서도 이 신학풍이야말로 오늘의 실학이라는 뜻에서 종전의 것은 묵살해버렸던 것이다.

그렇다면 오늘의 우리에게는 어떠한가? 위의 천관우 씨의 경우는 이조 후기의 신학풍이 우리 세대에 그대로 '실학'이 될 수는 없다는 것이다. 서구적 시대사조 속에 생장하고 교육된 우리 세대에 있어서 그것은 이미 하나의 역사현상으로밖에 보이지 않는다는 것이다.

위·진(魏晉)의 현학(玄學)이나 송·명(宋明)의 이학(理學)과 같이 특정된 내용을 갖추어 가지고 있는 말이 아니고 다만 현실성 내지 현실적 의의를 말하는 이 실학이라는 말은 원래 시대에 따라 그 개념이 달라질 수밖에 없는 것이었으므로 문제는 더욱 어려워지는 것이다.

3

천관우 씨의 이 논문은 해방후 미군정하에서, 그리고 6·25전쟁 중 미국을 위시한 서양 각국 군대가 진주 활동하던 상황하에서 이루어진 것이다. 1950년대 구미풍조가 범람하던 이 시기에 이루어진 이 논문은 서구적 근대문명이 한국의 모든 것을 지배하게 된 것으로 속단한 것이 아니었던가 한다. 1960년대에 들어와 사회가 다소 안정되어가면서 민족의 주체성 문제가 논의되고 정치 주도층에서 새로운 경제건설의 의욕과 함께 '조국근대화'를 높이 부르짖었다. 정치 주도층의 구호와는 직접 관련이 없으면서도 '조국근대화'라는 공감된 명제 아래 학자 지식인들 사이에서 민족사에 대한 회고와 반성이 거듭되고 전통문화에 대한 비판적 재인식이 깊어졌다. 이리하여 새삼 이조 후기의 실학에 관한 높은 평가가 나오고 그것을 정신적 자원으로 발굴하여 오늘에 활용하려 하였다. 이리한 추세 속에 천씨도 그의 제2 논문에서 실학은 민족 자주성과 근대 지향성이 있는 것임을 인정하였다. 이것은 당시 일반 학자들의 실학에 대한 공통된 이해였다. 60년대에서 70년대에 걸쳐 젊은 세대에 의한 실학 연구의 축적과 그 성과는 모두 이러한 이해 위에서 나오게 된 것이었다.

이 시기에 제창한 '조국근대화'는 곧 자본주의화·산업사회화를 의미하는 것으로 경제계획을 수립하고 법령을 정비하여 전국 곳곳에 공업단지를 만들고 공장을 세우고 과학기술을 도입 발전시키고 유통구조를 개혁하는 등, 정부·자본가·근로계층이 일체가 되어 생산과 경쟁에 여념이 없었다.

이와 때를 같이 하여 백화난만(百花爛漫)한 관(觀)을 보였던 실학 연구도 가일층 심화되어 몇개의 유파(流派)로 정리 파악됨으로써 그 성격이 좀더 선명해졌다. 경세치용파(經世致用派)·이용후생파(利用厚生派)·실사구시파(實事求是派)로 나누어놓고 그중에서 주로 구조개혁을 주장하는 경세치용파와 기술혁신과 유통 확대를 주장하는 이용후생파에 역점을 두었다. 조국근대화의 달성에 있어서 실학파(實學派)의 주장들은 바로 오늘의 의식에 연결되는 것이며, 따라서 실학 그것이 또한 오늘의 실학일 수 있는 것이었다.

그런데 70년대에서 80년대로 접어들면서 '조국근대화'라는 용어는 한국땅에서 사라져버렸다. 아시아의 여러 개도국 가운데 한국은 신흥공업국으로서 일단 성공을 보아 빈부 격차, 노사 갈등 등 많은 문제를 양출(釀出)하면서도 이른바 국민소득이 크게 향상되어 풍요를 누리고 세계의 교역국들 가운데서 큰 몫을 차지하게 되었다. 그 사이에 넓은 의미의 중간층이 형성되어 나름대로 사회의 안정에 기여하기도 하였다. 거리에는 '조국근대화' 대신 '선진조국의 창조'라는 어구가 곳곳에 게양되었다. 근대화의 달성을 토대로 하여 선진국들을 따라잡겠다는 것이다.

여기 이르러 실학 연구는 전환기를 맞이하게 되었다. 이조 후기의 실학이 근대지향성을 가졌다는 점에서 지금껏 가깝게 느껴왔는데 근대화라는 용어마저 사라져버린 마당에 매력이 전과 같을 수 없다. 뿐만 아니라 그동안 경제제일주의·물질지상주의가 인간을 이욕(利慾)의 화신(化身)으로 만들어, 탐학(貪虐)·사치·방종(放縱)을 일삼고 재화(財貨)를 위해서는 살인도 불사하는 지경이며, 산업시설을 핑계로 산천을 마구잡이로 추착(椎鑿)하여 자연이 제 모습을 유지하지 못하는 형편이다. 이러한 경향은 90년대로 오면서 날로 더욱 심해졌다. 사회의 비리(非理)가 확산 일로에 있고 자연의 파괴와 공해의 심각성은 필설(筆舌)로 형언하기 어려울 정도다. 사태가 이렇게 되고 보니 이제 무엇보다도 인간성 —— 도덕성의 회복과 끝없는 이윤추구에 대해 일정한 절제가 필요한 것이다.

이 문제는 한국에서뿐 아닐 것이다. 일본이 먼저 공업화되어 거기에 따른 폐단이 있을 것이고 중국도 불원간에 같은 경우를 당할 것이다. 이에 대처할 학자의 자세는 어떻게 해야 하는 것인가, 앞으로 실학의 방향은 어느 쪽으로 가야 하는 것인가.

17세기 이래 동아시아 삼국은 서세동점(西勢東漸)의 대세를 앞두고 중세의 깊은 잠에서 깨어나, 비록 선후 관계는 다르지만, 그리고 농담(濃淡)의 차이는 있지만 근대지향이라는 역사의 행정(行程) 속에 서서히 사상적인 준비를 해오고 있었다. 이것이 삼국의 실학(實學)이다. 실학자들은 지역적 제약 때문에 서로 접촉하고 교류할 수는 없었지만 후기에 오면 그런 대로 성기(聲氣)의 상통(相通)이 가능하였다. 특히 한국은 지리적 위치로 인하여 중국과 일본 양쪽에 소식이 통할 수 있었다. 고정림(顧亭林)·황이주(黃梨洲)의 책이 금서(禁書)로 되었지만 결국 유입되었고 건가학자(乾嘉學者)들과의 연결은 끊이지 않았으며, 한편으로 이등인재(伊藤仁齋)·태재춘대(太宰春臺) 등의 저술을 단편적이나마 접할 수 있게 되었다. 박제가(朴齊家)·정약용(丁若鏞)과 같은 학자들의 논술 속에서 그런 것을 볼 수 있다. 형이상적 사변적 학문에서 벗어나 실증실용의 새로운 세계를 추구하는 데에 공통점이 있었던 것이다.

우리는 지금 20세기가 저물어가고 21세기가 개막되려는 지점에 서서 실학의 전환기를 맞이한 셈이다. 오늘 이 회합은 동아시아 연대의식 위에 삼국의 학자들이 무릎을 맞대고 있는 자리이다. 우리 선인들이 공통적으로 새로운 세계를 추구했던 사실을 전감(前鑑)으로 삼아, 더욱 개방적이고 확대된 이 접촉의 기회에 허심탄회하게 의견을 교환함으로써 과거의 모든 모순과 불행을 극복하고 다가올 신세기에 대처할 사상적 준비를 함께 해나가기를 원하는 바이다.

<1994년 10월 日本 東아시아 實學研究會 主催 國際學術會議 基調講演>

# 開化期의 成均館
### 한국 近代 教育史의 시발점

## 1. 開港 전후의 成均館

### (1) 開港卽前에 있어서의 天主教 탄압과 儒教傳統의 재확립

유럽 여러 나라의 식민정책과 관련을 가진 천주교(天主教)가 우리나라에 처음 전래된 것은 18세기 후반기였다. 전통적인 유교문화와는 전혀 이단적인 종교였지만 그것에 묻어오는 유럽 근대문명과 함께, 일부의 지식인들 특히 권력권에서 밀려나 있었고 또 성리학적 지도이념에도 회의를 품고 있었던 지식인들에게서 호응을 얻을 수 있었으며, 양반 통치에 시달리고 염증을 품은 민중들 가운데서 상당한 지지자를 얻게 되었다.

17·18세기 이후의 사회경제면의 발전과 실학사상(實學思想)의 대두 등, 내부로부터의 비판과 천주교의 침투로 인한 외부로부터의 위협에 직면한 이조말의 지배층은 19세기에 접어들면서 그 통치형태를 세도정치(勢道政治) 형태로 바꿈으로써 이에 대처하려 하였다. 따라서 천주교에 대한 대규모의 탄압을 벌이게 되었으니 신유사옥(辛酉邪獄: 1801)·기해사옥(己亥邪獄: 1839) 등이 그것이었다.

조선왕조 말엽의 이와같은 탄압에도 불구하고 천주교의 포교활동은 꾸준히 계속되었다. 조선교회(朝鮮教會)가 북경교구(北京教區)로부터 분리되어 조선교구(朝鮮教區)로 독립되었고(1831), 프랑스인 선교사도 계속 밀입국하여 1863년경에는 그 수가 12명에 이르렀으며, 신도의 수는 1865년 현재 2만 3천 명으로 증가하였다.

세도정치는 사회경제적 모순을 더욱 조장하여 필경 국민으로 하여금 대규모의 저항운동을 일으키게 하였으니 홍경래란(洪景來亂: 1811)과 진주민란(晋州民亂: 1862)을 비롯한 전국적인 농민항쟁이 그것이었다. 한편 이 무렵에는 외부로부터의 위협도 절박한 것이어서 1800년대 중엽에 통상을 요구하는 유럽 선박들의 한반도 근해의 출몰이 대단히 빈번하였다.

이와같은 안팎으로부터의 위협이 높아갈 때, 안동김씨 세도정치가 무너지고 대원군(大院君)의 섭정정치(攝政政治)가 시작되었다. 대원군정권은 민란을 진압하는 과정에서 성립되었으므로 안으로부터의 위협을 해소하기 위하여 안동김씨를 중심으로 하는 특권귀족(特權貴族)의 세력을 억제하고 상대적으로 서민층에 혜택을 주는 정책을 채택하였다. 호포법(戶布法)의 실시와 서원(書院)의 철폐 등이 그것이다. 그러나 외부로부터의 위협은 이제 무력침략으로 변하였고 그것의 전초적 세력으로 생각되었던 천주교에 대하여 일대 탄압을 가하게 되었다. 1866년 대박해가 그것이었다. 이때의 천주교 박해는 이후 7년간 계속되면서 전후 약 1만 명의 신도가 처형되었고, 그것을 이유로 외국의 군함이 침입하여 무력충돌을 일으키기도 하였다.

조선왕조 말엽의 천주교 탄압은 포교활동에 뒤따라오는 유럽 열강의 무력침략을 미리 저지하려는 정책의 일단이기도 했지만 우선 중요한 것은 이단 종교의 침입 앞에서 전통적 문화질서를 유지하려는 것이었다. 그러기 위하여서는 먼저 유교의 전통적 가치관의 재확립에 의한 국민사상의 통일이 절실히 요구되었고 유교전통의 확립을 위하여서는 무엇보다 이 나라 수선지지(首善之地)인 성균관으로 문제가 귀착될 수밖에 없었다. 그런데 당시의 성균관의 상황은 어떠했는가 여기 그 실정을 일별(一瞥)해보기로 하겠다.

조선왕조 후기로부터 성균관은 차차 국학으로서의 권위를 상실하여왔다. 원래 200명의 학생 정원이었던 것이 재황(災荒)과 재정난 (財政難)으로 반수로 줄어든데다가 귀족의 자제들은 아무도 거재 (居齋)하려 하지 않았다. 종래 성균관의 재정기반이었던 학전(學 田)의 적지 않은 부분이 궁가(宮家)에 빼앗기게 되어 경영이 더욱 어려워졌지만 대신들의 환부(還付) 건의는 임금(英祖)에 의하여 묵 살되고 말았다.

영조 6년에 헌납 허집(許集)은 성균관을 비평하면서 말하기를, "성균관은 많은 선비들의 '유담지지(遊談之地)'에 불과하며 사람들 은 한갓 잇속을 추구할 뿐이다"(『英祖實錄』 49, 同王 6년 癸酉條)라 하였 고, 동왕 16년 지평 유언협(兪彦協)은, "성균관이 교도(敎導)의 규 범을 잃어서 그 책임자인 국자장관(國子長官: 대사성)이 달이 넘도 록 명륜당(明倫堂)에 나와 앉지 않고 있다"라고 하여 성균관은 사 실상 본래의 기능이 거의 마비되어 있었고 다만 형식만 남아 있을 뿐이었다.

그러한 반면에 당쟁의 고질은 여기에도 깊숙이 젖어들어 대사성 의 당색 여하에 따라 학내 분위기가 좌우되고 학생은 유소(儒疏)· 권당(捲堂) 등 정치적 도구로 이용되기가 일쑤였다. 영조조의 정언 서명응(徐命膺)은, "금일의 성균관을 보면, 한갓 해염(薤鹽)을 소 비할 뿐이고, 학생들은 오직 분경(紛競)만을 일삼을 뿐 다른 여념 이 없다."(同上 82, 同王 30년 甲戌 7월 庚辰條)라고 하였고 실학파의 대 가인 성호(星湖) 이익(李瀷)은, "학교란 양사(養士)하는 곳으로, 장차 인재(人才)의 수용(需用)을 위해서인데 오늘날 수용되는 자들 이 과연 학교의 양사에 힘입어 얻은 자들인가, 지금의 학교는 있어 도 그만 없어도 그만이다."(『藿憂祿』 學校篇)라고 하여, 이같은 성균 관의 실정으로 보아 있어도 보탬이 없고, 없어도 해로울 것이 없다 는 것이다.

이러한 실정이고 보매 유교전통의 재확립을 필요로 한 대원군의 정권은 성균관을 그대로 방치할 수 없었던 것이다.

(2) 高宗 6년의 「太學別單書」

고종 6년 즉 1869년 9월 29일에 의정부는 이른바 「태학별단서(太學別單書)」라는 것을 왕에게 보고하였다. 그 서문의 첫머리에 학교란 것은 예의(禮義)를 앞세우고 교화(敎化)의 근원이 되는 곳이라고 하여 학교에 대한 전통적 개념을 새삼 강조한 뒤에 조선왕조 건국 이래의 역사를 소급하여 태조 이성계(李成桂)가 성균관을 창립한 이후부터 금일에 이르기까지의 공적을 찬양하였다. 그리고 끝으로 「태학별단서」를 제작하게 된 연유와 조목의 수를 밝히고 있다. 그 10조목 중에 1조와 6조는 월중행사에 관한 것이다. 성균관의 학생들은 매월 초하루마다 관대(冠帶)를 갖추고 문묘(文廟)에 참배한 후, 주자의 백록동규(白鹿洞規)를 읽는다. 이 날의 시험범위는 백록동규로 한정되어 있으며, 그 성적은 연말에 왕에게 보고해서 상을 내리게 한다. 불응시자(不應試者)는 출좌(黜座: 퇴거처분)하는 것을 원칙으로 하지만 단 질병·기일(忌日) 등의 사유가 있었던 자는 제외한다. 시험에 관계되는 것은 1조와 6조뿐만 아니라 4·5·7조 등이 또 있다. 4조는 매일, 5조는 매순(每旬), 7조는 매 춘추(春秋)마다 각각 치르는 시험에 관한 것이다. 4조의 일강(日講)은 삼경(三經) 중에서 1경, 사서(四書) 중에서 1서를 학생들로 하여금 각각 선택케 하여 보는 강경(講經) 즉 구술시험이며, 이에 비하여 5조와 7조는 제술(製述) 즉 필기시험이다. 특히 5조의 순과(旬課)는 초순(疑·義·認), 중순(賦·表·頌·銘·箴), 종순(對策·記) 등으로 구분하여 달리 출제했다.

2조는 독서에 관한 원칙이고 3조는 학령(學令: 勸奬·懲戒에 관한 학칙)이고, 8조는 지방 수재(秀才)를 발탁하는 절차이다. 그리고 9조는 대사성(총장) 및 교수의 빈번한 교체에 따른 폐단과 그것의 시정점, 10조는 학생의 사기 배양의 중요성 등을 각각 기술한 것이다.

위에서 볼 수 있는 바와 같이, 소위 「태학별단서」라고 하는 것은, 이때 완전히 새로 창안된 것이 아니라 종래의 각 학규를 종합 정리한 것에 불과한 것같이 보인다. 그러나 여기서 이것을 새로 종합 정리하게 된 그 배경에 관하여서는 이미 앞에서 말한 것처럼 유교전통의 재확립을 위한 노력의 표현임을 알아야 한다. 여기 우리는 또 한가지 주목할 것이 있다. 대원군은 특히 종래 적폐로 지목되어오던 서원의 철폐를 1865년(고종 2년)부터 단행하였다. 여기에 반발이 너무나 컸다. 그는 한때 중단하였다가 1871년부터 다시 철폐하기 시작하였다. 의정부에서 이른바 「태학별단서」라고 하는 것을 입계(入啓)한 시기는 서원 철폐를 한때 중단하고 있던 시기에 해당된다. 이로 볼 때 「태학별단서」의 입계는 단순히 종래의 각 학규를 종합 정리하여 보고한 것이 아니고, 서원을 철폐하고 성균관을 명실상부한 교육기관으로 다시 정비하기 위한 준비작업인 것 같다. 특히 8조의 "지방의 수재를 태학에 발탁 수용할 수 있는 방안을 강구한다"라고 한 것은 그러한 의미에서 나온 것이다. 그러나 국내의 정변과 외세의 영향 등으로 이때 성균관 교육의 쇄신작업은 결실을 거두지 못하고 말았던 것 같다.

### (3) 高宗 24년의 經學院의 설치

고종 24년 즉 1887년 7월에 경학원(經學院)을 성균관에 부설하였다. 『일성록(日省錄)』에 의하면, 당시에 경학원이 이미 설치되고 그 사무는 성균관 대사성으로 하여금 관장케 하여 학생을 모집하였다고 한다. 그리고 원임 문형(原任文衡), 시·원임 문임(時原任文任)·반장(泮長) 등의 자(子)·서(婿)·제(弟)·질(姪) 중에서 각각 2명을 천거케 하였다는 것이다. 여기서 보면 이 경학원은 성균관에 부설된 특수 귀족학교이다. 이 특수 귀족학교를 설립하게 된 경위에 관하여 『고종실록』에서는, '재액다궐(齋額多闕)' 즉 성균관 학생의 많은 결원으로 더 이상의 존속이 거의 무의미하게 된 형편에 이르러 이를 개선하기 위한 수단으로 특수 귀족학교인 경학원을 설치하게 되었다는 것이다. 그런데 이 경학원이 설치된 일자가 명확하지가 않다. 이미 앞에서 본 바와 같이 『일성록』에서 고종 24년 7월 23일조에 "경학원이 이미 설치되었다(經學院旣設置矣)"라고 하였으니, 이로 볼 때, 7월 20일 전에 경학원은 이미 설치되어 있었던 것이 분명하지만 그러나 실제 개학을 한 것은 동년 4월 27일 이후였다고 여겨진다.

이제 경학원은 새로운 교육기관으로서 그 첫출발을 하게 된 것이다.

요컨대 위의 경학원은 유명무실한 성균관을 일신하기 위하여, 원임문형·시원임문임·반장 등의 자·서·제·질을 교육 대상으로 하여 설립된 학교이다. 그런데 이 경학원은 종래 성균관의 교과과정과 체제를 크게 달리하지 못하고 거의 그대로 답습하였던 것이 아닌가 생각된다. 이것이 사실이었다면, 이 경학원을 설립한 목적이 소기의 성과를 거두기란 거의 불가능한 일이었을 것이다.

시대적 조류는 종래와는 완전히 다른 새로운 양식의 교육을 요구하고 있었던 것 같다. 위의 경학원은 마침내 폐지되고 1895년 7월 성균관에 새로운 경학과(經學科)가 신설되었다. 이 경학과는 전의 경학원과는 그 면모와 내용을 완전히 달리했다. 이에 대한 것은 절을 달리해서 살펴보기로 하겠다.


## 2. 成均館의 新體制


### (1) 新學制의 思想的 淵源과 시대배경

우리 역사상 진정한 의미의 근대화운동은 대체로 개항 이후인 개화자강(開化自强)운동에서 비롯된 것이었다. 그러나 이 개화자강운동을 이끌어온 개화사상은 개항 이전부터 이미 싹트기 시작하였다. 실학사상이 개화사상을 발전시키는 전제조건을 이루었고 또 두 사상 사이에 직접적인 연결성이 확인되고 있는 것이다.

실학의 3파 중 연암(燕巖) 박지원(朴趾源), 초정(楚亭) 박제가(朴齊家) 등 이용후생파(利用厚生派)의 개국통상론(開國通商論)은 개항 당시의 주도적 이론의 바탕이 되었고, 성호 이익, 다산(茶山) 정약용(丁若鏞) 계통의 경세치용파(經世致用派)의 제도개혁론(制度改革論)은 개화시대의 관제개혁에 한 연원이 되었다. 그리고 추사(秋史) 김정희(金正喜)의 실사구시파(實事求是派)는 이상적(李尙迪)·오경석(吳慶錫) 등 중인층 인사들을 통하여 역시 개화사상의 형성과 개화당(開化黨)의 활동에 일정한 기여를 하게 되었다.

그러나 개화당의 활동은 자연히 개화의 방법에 있어서 의견을 달리하는 분파를 낳게 하였다. 김옥균(金玉均)을 중심으로 하는 급진파와 김윤식(金允植)을 중심으로 하는 온건파가 그것이다. 급진파가 정치적으로나 사회적으로 일시에 구제도를 청산하고 근대적인 개혁을 단행하려 하였음에 반하여 온건파는 '동도서기(東道西器)'에 의한 개량적 방법으로 개화정책을 적용시키려 하였다. 이와같은 양자의 차이에서 전자는 갑신정변(甲申政變)을 일으켰고 후자는 갑오개혁(甲午改革)을 담당하게 되었던 것이다.

갑신정변을 일으킨 급진파가 몰락한 지 10년 만에 갑오개혁을 담당한 온건파들은 제1차·제2차의 김홍집내각(金弘集內閣)을 통하여 나름대로 적지 않은 개혁을 실시하였다. 개국기년(開國紀年)의 사용, 반상제도(班常制度)와 연좌율(緣坐律) 및 노비법(奴婢法)의 폐지, 재가(再嫁) 허용, 조혼(早婚) 금지 등이 결정되었고 이밖에도 재정구조의 일원화, 세금의 금납화(金納化), 은본위(銀本位)의 화폐제(貨幣制)를 채택하였다.

이와 병행하여 근대적 교육제도가 수립되었다. 종래 학정(學政)을 맡았던 예조를 학무아문(學務衙門 : 1895년 학부라 개칭)으로 바

구고 반상의 구별없이 인재를 육성하겠다는 교육 기회 균등의 뜻을 밝혔으며 1895년에는 구교육체제를 근대적 교육체제로 개혁하겠다는 국왕의 교육입국조서(敎育立國詔書)가 나오기도 하였다. 이로부터 각급 학교 관제가 발포되었다. '한성사범학교 학제(漢城師範學校學制)'(1895) '외국어학교 관제(外國語學校官制)'(1895)와 '소학교령(小學校令)'(1895) 등이 그것이다. 이어서 최고학부로서의 성균관의 관제가 같은 해에 마련되었던 것이다.

이 시기는 제2차 김홍집내각이 붕괴되고 과도정부 격인 박정양내각(朴定陽內閣)이 성립된 때로서, 성균관 관제는 내각총리대신 박정양과 학부대신 이완용(李完用)의 이름으로 공포되었다.

(2) 成均館 經學科의 여러 規則

고종 32년(1895년)에 내린 칙령 제136호(관보 제105호 소재)는 성균관의 관제를 반포한 것이다. 이것은 부칙을 포함하여 전문 7조로 간단하게 반포된 칙령이다. 그 전문은 아래와 같다.

### 成均館 官制

제1조  成均館은 學部大臣의 管理에 屬하게 하여 그 文廟를 虔奉하고 經學科를 學習하는 處로 함.

제2조  成均館에 아래와 같은 職員을 둔다.

| | | |
|---|---|---|
| 長 | 1명 | 奏任 |
| 敎授 | 2명 이하 | 奏任 或 判任 |
| 直員 | 2명 | 判任 |

제3조  成均館長은 學部奏任官中으로 兼任케 하니 館務를 掌理하여 所屬職員을 監督함.

제4조  敎授는 學部奏判任官으로 兼任케 하니 生徒課業에 關하는 事를 掌함.

제5조  直員은 判任 5等 이하로 定하며 文廟를 直守하고 上官의 命을 承해서 館內庶務에 從事함.

제6조  經學科 程度는 學部大臣이 定함.

제7조   本令은 頒布日로부터 施行함.


위의 제1조에서 볼 수 있는 바와 같이 성균관은 이제 단순히 문
묘를 받드는 기관으로 규정되고, 교육은 경학과에서 전담하였다.
이것은 이제 성균관은 종래의 모든 퇴영적 요소를 일소(一掃)하고
새로운 교육기관으로서 면모를 갖추게 되었음을 의미하는 것이다.
따라서 이것은 우리나라의 획기적인 사실이 될 것으로 믿는다.

위의 칙령의 세칙으로 발표된 학부령 제2호(관보 제135호)에서
경학과에 대한 상세한 것을 볼 수 있다. 본 학부령은 첫머리에 "본
년 7월 27일 칙령 제136호 성균관 경학과 관제에 의하여 동과(同
科)의 규칙을 좌와 같이 정함"이라고 하고 그 다음에 총 7관 23조
로 된 규칙들을 열거하고 있다. 그 전문을 아래에 옮겨보기로 한
다.


### 成均館 經學科 規則

第1款   總則
제1조   成均館은 勅令 第136號에 依해서 學生으로 하여금 經學을 肄習하고 德行
   을 修飾해서 文明한 進步에 注意함을 要旨로 함.
第2款   學科及程度
제2條   成均館 經學科 學生에게 課할 學科目은 三經四書 及 其諺解 綱目 宋元明
   史 幷 本國史 作文으로 함.
      但, 時宜에 의하여 本國地誌 萬國史 萬國地誌 算術을 肄習케 함.
제3조   學生의 修業年限은 3個年으로 定함.
제4조   學生은 館中에 留宿하여 課程을 勤篤함.
제5조   學級은 學生의 造詣를 隨하여 編制함.
제6조   學年을 分하여 前後 2學期로 하되 前期는 7月 21日로 始하여 12月 25日
   에 終하며, 後期는 正月 16日로 始하여 6月 28日에 終함.
제7조   授業日數는 每年 42週, 授業時間은 每週 28時間 以內로 함.
   第3款

제8조  學課目의 程度는 아래와 같이 함.

　　　學科程度表

　　　經　書

　　　諺　解 ⎱ 講　讀

　　　講　讀 ⎰

　　　綱　目　宋元明史幷

　　　作　文　日用書類記事論說 經義

　　　歷　史　本國及萬國歷史

　　　地　誌　本國及萬國地誌

　　　算　術　加減乘除比例差分

　第4款　入學在學及退學

제9조  入學을 願하는 者는 資格이 具한 者로 入學試驗에 及第함을 要함.

　　但, 成均館長이 其 學業과 操行 等의 優異함을 確認하면 試驗을 不行함이

　可함.

　1. 年齡은 20歲 以上으로 至 40歲者

　1. 操行方正者

　1. 志氣確固者

　1. 分曉義理者

　1. 頗識時宜者

　　入學試驗 科目은 별도로 定함.

제10조  入學은 每學年의 初로 하되 不得已한 境遇에는 臨時入學을 許함이 可

　함.

　　但, 其 期日은 豫爲廣告함.

　第5款

제11조  入學을 願하는 者는 第1號 書式의 入學願書 幷 第2號 書式의 學業履歷

　書를 呈出함이 可함.

　　第1號　書　式

```
┌─────────────────────────────────────────
│                入 學 願 書
│       住　址 :
│          姓　名 :
│       玆에 成均館 入學試驗을 應코자 하여 稟請狀을 具呈하옵나이다.
```

```
        開國    年   月   日    姓名           印
  成均館長 座下
```

第2號 書 式

```
              學 業 履 歷 書
  1. 經  傳
  1. 本國歷史地誌
  1. 國  文
              姓  名           生年月日
  成均館長 座下
```

제12조  入學生徒는 現居漢城하여 根地分明한 戶主로서 保證人을 立함이 可함.
　　但, 保證人은 學生의 身上에 一切責을 擔任함.

제13조  入學許可를 得한 者는 一週以內에 第3號 書式의 在學證書를 呈出함이
　　可함.

제14조  入學한 者는 半途에 退學을 不許하고 但 不得已한 事故있어 保證人이
　　連書한 後에 退學을 願하는 者는 或 許함이 可함.

제15조  左에 一項 或 數項에 該當한 者 있으면 成均館長의 意見으로서 退學을
　　命함이 可함.

　　1. 操行을 不修하며 屢度戒飭하되 悔悟치 아니하는 者.

　　1. 學業이 不進하며 或 連續하여 2回 居下하는 者.

　　1. 不告缺席이 1個月 以上에 及하는 者.

제16조  試驗을 分하여 臨時 定期 卒業의 3種으로 함.

제17조  臨時試驗은 每月終에 各 學科 進度程度에 其業을 試하며 定期試驗은 每
　　學期及 學年의 課程을 學修한 後에 其業을 試하며 卒業試驗은 卒業한 時에 施
　　行함이 可함.

第3號 書 式

```
              在 學 證 書
  鄙生이 今般 成均館에 入學할 許可를 得함에 諸規則을 相守하여 轉學과
  退學等事에 妄行치 못할 實旨를 謹告함.
```

```
               開國   年   月   日
                  住址
                  姓名              生年月日
      成均館長 座下
      前文誰某의 在學中 一切事件은 鄙生이 負擔하여 其 責任의 盡心함을 保
   證함
         住  址
            保證人 姓名
                        生年月日
```

제18조  定期試驗 評點은 其期內의 各學科 得點에 和하여 合計通驗하여 定함.
　　但, 卒業試驗 評點은 在學中 各學年 試驗評點을 平均함.
제19조  試驗成績은 各學科의 百點으로써 定함.
　　定期試驗의 各學科 評點은 50點 以上을 得하지 못하면 不許及第함.
제20조  定期試驗에 落第한 者와 定期試驗을 不受한 者는 原級에 留함이 可함.
　　但, 疾病과 或 不得已한 事故로 試驗을 不受한 者는 成均館長의 意見에 依
하여 再試驗을 行함도 可함.
제21조  卒業試驗에 及第한 者는 第4號 書式의 證明書로 授與함이 可함.

　　第4號　書　式

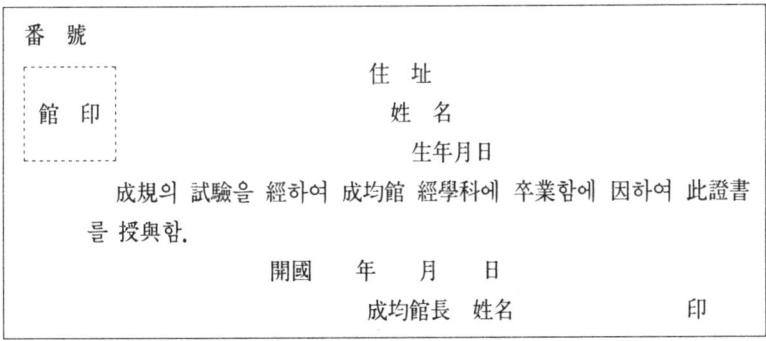

```
   番　號
   ┌──────┐            住  址
   │      │              姓  名
   │ 館 印 │            生年月日
   └──────┘
      成規의 試驗을 經하여 成均館 經學科에 卒業함에 因하여 此證書
   를 授與함.
            開國   年   月   日
               成均館長 姓名              印
```

제22조  文廟直員이 竣後有闕하면 經學生中에 試驗하야 高等生으로 陞差함.
　　第7款
제23조  休業日은 左와 같이 定함.

1. 開國紀元節 7月 16日
1. 大君主陛下誕辰 7月 25日
1. 誓告日 12月 12日
1. 夏　期　自 6月 16日 至 7月 20日
1. 冬　期　自 12月 26日 至 正月 15日
1. 文廟春秋釋菜日
1. 日曜日
　　開國 504年 8月 9日


　위의 제1조는 총칙으로서 성균관에 경학과를 신설하게 된 동기를 밝히고 있다. 즉 경학과 학생으로 하여금 "문명한 진보에 주의함을 요지로 함"이라고 한 것에서 그 동기가 나변(那邊)에 있었던가를 알 수 있다. 시대의 추세(趨勢)는 새로운 양식의 교육을 강력히 요구하고 이 요구는 감히 누구도 저버릴 수 없는 절대적인 것이다. 요컨대, 성균관에 경학과를 신설한 것은 이 절대적인 요구에 부응한 것에 불과한 것이었다.

　제2~8조까지는 교과목 및 교과과정에 관한 것, 제9~15조는 입학·재학·퇴학의 제규칙과 그에 따른 각종 서식에 관한 것, 제16~22조는 각종 시험 및 경학과 학생의 특전에 관한 것이며, 제23조는 공휴일 및 등교하지 않는 날을 명시한 조목이다. 위의 학부령 중에서 교과목 종류에 관한 것은 우리에게 특히 주목된다. 여기에는 우리나라의 역사·지리 과목이 포함되어 있다. 이 과목의 중요성에 관하여 일찍이 실학파 학자들이 주장하여왔거니와 이때에 이르러 비로소 성균관 경학과의 교과목으로 정식 편입되었던 것이다.

　이 학부령 제2호는 1년 후인 건양 원년(建陽元年) 7월에 학부령 제4호로써 다시 약간의 개정이 있었다. 거기에 또 몇가지 주목할 것이 있다. 여기 그 개정된 조항만 들어본다.

제2조 成均館 經學科 學生의 課할 學科目은 三經四書並諺解 史書·左傳·史記·綱目·明史 등 本國史·本國地誌·萬國地誌·歷史·作文·算術로 함. 但 時宜에 因하여 他經傳 及 史·文을 肄習함도 可함.

이에 의하면 학과목은 필수과목으로 본국사(本國史) 외에 본국지지(本國地誌)와 만국지리(萬國地理)·만국사(萬國史) 및 산술(算術)을 더 첨가하였다. 앞의 제2호 영에서는 모두 "단, 시의(時宜)에 의하여 이습(肄習)함도 가(可)함"이라고 되어 있던 것이다. 말하자면 선택과목으로밖에 취급되지 않았던 본국지리와 세계지리·세(勢)계사 그리고 수학 등의 과목들이 이제 필수로 승격된 셈이다.

제6조 學生이 他學校例를 依하여 冬夏兩期에 放學하되 或 學業에 銳意精進코자 하여 放學을 願치 아니하는 者는 그 願에 依하여 1年長課함도 可함.

이것은 이 시기의 젊은 세대의 향학열에 부응하기 위하여 학생이 원하면 연중 내내 방학없이 공부할 수 있게 한 것이다.

제11조 入學生徒는 本部大臣·協辦·各局長·敎授가 保薦함이 可함.

앞의 제2호 영에서는 제12조에서 입학생도의 보증인으로 "현거한성(現居漢城)하여 근지분명(根地分明)한 호주(戶主)"이면 되었는데 이제 학부대신과 차관 이하 국과장, 그리고 관장 및 교수의 보천(保薦)이 필요하게 되었다. 학생의 사회적 수준과 학생의 신원에 대한 보다 엄격한 파악이 요청되었던 것이다.

제20조 年終試에 及第한 者의 證書는 紅紙에 大書하여 給與함.
제21조 年終試에 及第한 者의 姓名은 本部에 留案하고 宮內府와 內閣·各部에

通照하여 相當職으로 次第調用함을 要求함이 可함.

졸업증서를 홍지(紅紙)에 대서(大書)하여 주는 것과 졸업생을 중
앙 각 관청에 취직을 보장하려 한 것은 모두 앞에서는 볼 수 없던
것이며 성균관 학생의 격을 높여주는 좋은 규정이었다. 끝으로 부
언할 것은 입학자격에 있어서 연령을 20세 이상 40세까지로 되어
있던 처음의 규정을 다시 20세 이상 50세까지로 하여 연령의 상한
선을 10년이나 올려놓음으로써 더 많은 인재의 수용을 가능케 하였
다는 사실이다.

이리하여 매년 연말시험이 끝나고 학생들을 졸업시켜 보낼 때가
되면 학생의 원액(原額) 즉 정원(定員)을 채우기 위하여 신입생 모
집광고를 내게 되었다. 이 광고는 성균관 정문이나 시내 각처에 방
(榜)을 붙이고 또 관보(官報)를 통하여 지방에도 널리 알렸다. 여
기 실례로 광무 6년 10월 30일자의 관보에 게재한 광고를 소개하여
보면 다음과 같다.

廣　告

成均館 經學科 年終大試驗을 已經하야 原額을 充代홀 터이니 京外儒生이 入學
을 願ᄒ거든 本館 經學科 規則 第3款 第8欵와 第4款 第11條에 依ᄒ야 本部大臣
協辦 各局長課長 本館敎授中 捺章한 保薦書를 得ᄒ야 來 11月 6日 上午 10時(陰
曆 十月 初七日)에 明倫堂으로 來하야 本館長에게 持呈應試ᄒ되 試驗은 左와 如
홀 事.
1. 七書中 1經에 1章을 抽栍背講
1. 漢文으로 命題 作文一度
　　　　　　　　　　　光武 6年 10月 27日
　　　　　　　　　　　　　學　部

학부에서 내는 이 광고는 두 가지 종류가 있었다. 하나는 위와
같은 정기적인 모집광고(募集廣告)이고 하나는 임시적인 충원광고

(充員廣告)이다. 다시 이 임시적인 충원광고의 실례를 소개한다.
광무 11년 4월 6일자 관보에 게재된 것이다.


　　廣　　告
　成均館 儒生中 有闕을 臨時로 試驗選充홀 터이니 本部令을 依ᄒ야 本部奏任官
以上과 本館敎授中 捺章ᄒ 保薦書를 得ᄒ야 本月 9日(陰曆 2月 27日) 上午 10時
에 成均館으로 來ᄒ야 應試홈
　　　　　　　　　　　　　光武 11年 4月 3日
　試驗科目
　1. 七書中 1章背講
　1. 漢文作文


## 3. 光武 9년 成均館 官制와 그 후의 변천


### (1) 光武 9년 전후의 時代相

　광무 9년 즉 1905년은 소위 을사조약이 일본에 의하여 강제로 체
결되던 치욕적인 해였다. 2년간에 걸친 러일전쟁이 일본의 승리로
기울어지자 그동안 열강의 세력균형 위에 어느정도 주체성을 유지
하면서 근대적 개혁을 수행하고 있었던 대한제국이 일방적인 일본
의 침탈을 받아 주권상실의 비운에 직면하게 되었다.
　이 시기를 전후하여 민족저항운동이 여러 갈래로 전개되었다. 첫
째 위정척사론(衞正斥邪論)의 주류를 이어받은 의병전쟁(義兵戰爭)
을 들 수 있다. 의병전쟁은 흔히 을미의병(乙未義兵: 1895) 을사의
병(乙巳義兵: 1905), 그리고 군대해산 후의 의병(義兵: 1907) 3단계
로 나누어 말하거니와 바로 이 시기에 해당하는 을사의병은 민종식
부대(閔宗植部隊)·정용기부대(鄭鏞基部隊)·신돌석부대(申乭石部隊)

등 유생·관인층과 그외에 평민 출신의 지휘자도 등장하여 을미의
병 때보다 훨씬 전투적이었으며 또 광범한 동원이 이루어졌다.

둘째, 신흥 지식인들의 언론투쟁(言論鬪爭)을 중심으로 한 애국
계몽활동(愛國啓蒙活動)을 들 수 있다. 근대적 언론기관에서 애국
적 논설을 펴고 있던 지식인들은 을사조약의 체결이 발표되자 비등
하는 민중의 적개심을 필봉(筆鋒)으로 구현시켰다. 황성신문(皇城
新聞)의 사장이며 주필인 장지연(張志淵)은 동지에 「시일야방성대
곡(是日也放聲大哭)」이라는 유명한 글을 실어 민중을 격동시켰고
황성신문이 폐간된 뒤에도 제국신문(帝國新聞)·대한매일신보(大韓
每日申報) 등 지면을 통하여 많은 지식인들의 열화 같은 언론이 계
속 발휘되었다.

이러한 상황 속에 교육열이 더욱 고조되었다. "아는 것이 힘이
다"라는 표방 밑에 각 지방의 학회·교육회가 서로 호응하여 일어
났고 서울에서도 무수한 남녀 학교가 우후죽순처럼 계속적으로 생
겨났다. 그러면 국립 최고학부인 성균관은 이 시기에 또 어떻게 달
라져갔는가? 아래에 다시 한번 살펴보기로 하겠다.

### (2) 改正 成均館 官制와 '博士'制度

건양(建陽) 이래, 계속하여 1조 2조씩 부분적 보완이 있어왔던
성균관 관제는 광무 9년에 이르러 상당히 폭넓은 개정을 보게 되었
다. 광무 9년 3월 1일자 관보에 실린 것을 그대로 옮겨본다.

勅令 第23號
成均館官制
제1조  成均館은 學部大臣의 管理에 屬ᄒ야 文廟를 虔奉ᄒ고 經學科를 肄習ᄒᄂ
　　　處로 홈이라.
제2조  成均館은 左開職員을 寘홈이라.
　　　　長　　　　1명　　　勅任

教授      3명        判任

博士      3명        判任

直員      2명        判任

제3조   成均館長은 館務를 掌理ㅎ며 敎員을 監督ㅎ야 尊經興學의 責을 專任ㅎ이
        라.

제4조   敎授는 生徒課業에 關亨 事를 掌ㅎ이라.

제5조   博士는 經學科儒生被選人과 3年 1次式 京外各道 經義問對 或 時務策被選
        人과 常年에는 京外各道에 宿學老儒被選人으로 循次敍任(每年通計 無過 20명
        으로 但 3年 1次는 33명을 添選ㅎ디 京畿 忠北 忠南 全北 全南 慶北 慶南은
        各 3명이오 江原 黃海 平南 平北 咸南 咸北은 各 2명으로 排定ㅎ이라) ㅎ얏다
        가 更히 各府部院廳으로서 量才取用ㅎ고 常時에는 敎授가 兼任ㅎ이라.

제6조   直員은 文廟를 直守ㅎ고 上官의 命을 承ㅎ야 館內庶務에 從事ㅎ이라.

제7조   經學科程度는 學部大臣이 定ㅎ이라.

            附    則

제8조   本令은 頒布日노부터 施行ㅎ이라.

제9조   開國 504년 勅令 제136호 成均館官制와 開國 505년 勅令 제6호 成均館官
        制中 改正件과 同年 勅令 제27호 成均館官制中 改正件과 開國 506년 勅令 제
        13호 成均館官制中 改正件과 光武 2년 勅令 제14호 成均館官制中 改正件과 光
        武 3년 勅令 제8호 成均館官制中 改正件은 廢止ㅎ이라.

                          光武 9年 2月 26日

                     御押 御璽 奉

                勅 議政府議政臨時署理   內部大臣  趙  秉  式

                                學部大臣  李  載  克


전문 9조 중에 제2조 직원에 관한 규정에 장(長) 1명(勅任), 교
수(敎授) 3명(判任), 박사(博士) 3명(判任), 직원(直員) 2명(判任)
으로 되어 있는데, 교수의 수가 2명에서 3명으로 늘려지고 관등이
주임 혹 판임에서 판임으로 확정된 것은 이미 건양 2년 2월 17일
칙령 제13호로 공포된 적이 있었고(건양 2년 3월 23일자 官報), 다
만 여기에서 재확인한 것에 불과하지만 새로 주목할 것은 박사(博

士)라는 직제이다. 박사는 교수와 수도 같고 관등도 같은 매우 중
요한 자리라고 생각되지만 그 직책이 교수처럼 분명하지는 않다.
교수의 직책에 관하여서는 제4조에 "교수는 생도과업(生徒課業)에
관한 사를 장함이라"라고 밝혀놓았지만 박사에 대하여서는 그러한
규정이 없다. 여기 박사에 관한 제5조의 규정을 분석하여본다.

  (1) 임명 대상

    ① 경학과 유생에서 피선된 사람.

    ② 3년 1차씩 서울과 각도에서 실시하는 경의문대(經義問對),
      혹은 시무책(時務策)에서 피선된 사람.

    ③ 상년(平常時, 3년 1차가 아니고)에 서울과 각도의 숙학(宿
      學) 노유(老儒)에서 피선된 사람.

  (2) 임명 인원수

    ① 매년에 20명을 넘어서지 않는다.

    ② 단 3년 1차의 경우에는 33명을 첨선(添選)하되 도별(道別)
      로 안배하여 경기·충남북·전남북·경남북을 각 3명씩, 강
      원·황해·평남북·함남북을 각 2명씩으로 한다.

  (3) 특  전

박사로 임명된 자는 그 능력에 따라 각 부(府)·부(部)·원
(院)·청(廳) 등 중앙 각 관서로 전직 서용(敍用)한다.

  이와같이 임명된 박사에 대하여 그 직책이나 소관 업무가 밝혀져
있지 않을 뿐 아니라 제5조의 끝에 가서 "상시에는 교수가 겸임(兼
任)함이라"고 하여 박사라는 존재는 더욱 이해하기 어렵게 되어 있
다.

  그런데 제2조에서 박사를 3명으로 규정을 정하여놓고 제5조에서
는 "매년 20명을 넘어서지 않는다"라고 한 것이라든지, 도별 안배
(按排)로 3년 1차씩 33명을 첨선(添選)한다라고 한 것을 보면, 그
리고 능력에 따라 각 관서에 서용(敍用)된다라고 한 것을 보면, 박
사는 교수와 같이 실무직이 아니고 일종의 후보직(候補職)·대우직

(待遇職)이라고 생각된다. 정원이 3명으로 되어 있으니까 이 3명을 자주 교체함으로써 매년 20명 정도가 박사 자리에 앉을 수 있지만, 또 어떤 경우에는 일평생 박사의 칭호만 얻었을 뿐, 한번도 실제 그 자리에 앉아볼 수 없는 사람이 있었을 것이다.

그런데 당시의 성균관은 왜 이와같은 박사제도가 필요했을까? 아마 그것은 성균관 자체의 내부 사정 때문이 아니고 당시 정부 당국자들의 정책적 의도에서 마련된 것이 아닌가 생각된다. 앞서 시대상의 설명에서 언급된 바 있지만 당시의 의병활동과 언론활동은 정부 당국에 커다란 위협이 되고 있었다. 광무 9년을 전후한 한성 정부는 완전히 친일파로 조직되어 있었고 당시의 민중으로부터 반국가·반민족 집단으로 지목되기도 하였다. 이에 정부 당국자들은 여러가지 정책으로 국민을 회유 무마하려고 하였거니와 성균관에 있어서의 박사의 신규 설치도 그러한 정책의 일단이었다고 짐작된다. 박사제도를 통하여 지방 유생이나 지식인을 선발함으로써 의병활동이나 언론활동 등 과격한 활동으로 달려가는 인사들의 수를 한명이라도 줄이는 동시에 오랫동안 사환(仕宦)에서 소외된 사회계층에 대하여 일정한 포섭책(包攝策)이 될 수 있었기 때문이다.

광무 9년에 개정된 성균관 관제는 이 박사의 신규 설치를 주안점으로 하고 그 실시를 서둘렀던 것이며 그와 동시에 종래 변경을 거듭해왔던 조목들을 일괄 정리한 것이라고도 하겠다. 그것은 부칙으로 된 제8조 제9조를 검토해보면 곧 알 것이다.

### ⑶ 博士에서 司業으로

융희(隆熙) 1년에 이르러 위의 개정 성균관 관제는 또 일부 개정되었다.

勅令 第23號
成均館官制中 改正件

光武 9年 勅令 第23號 成均館官制 第1條 中 博士는 司業으로 改正ᄒ고 第5條
下에 "博士는 經學科 儒生被選人과 3年 1次式 京外各道에 經義問對 或 時務策被
選人과 常年에는 京外各道에 宿學老儒被選人으로 循次敍任 每年通計 無過 20人
ᄒ고 但 3年 1次는 33人을 添選ᄒ되 京畿 忠北 忠南 全北 全南 慶北 慶南은 各
3人이오 江原 黃海 平南 平北 咸南 咸北은 各 2인으로 排定ᄒ이라" 125字를 刪
去하고 "司業은 每年通計 無過 50人ᄒ되 經學科儒生被選者 10人과 京城及各道
40歲 以上 儒生 時務策及經義問被選者 40人을 循次敍任" 56字를 添入하고 第7條
中 經學科程度下에 '는'字는 刪去ᄒ고 時務策 及經義問對에 關ᄒ 細則은 15字를
添入ᄒ.

隆熙元年 9月 28日

御押 御璽    奉

勅 內閣總理大臣 勳 2等    李 完 用

學部大臣 勳 3等    李 載 崐

　

이것은 융희 1년 10월 3일자 관보에 실린 것이다. 즉 제2조의 박
사를 사업(司業)으로 바꾸고 제5조의 박사에 관한 규정을 사업에
관한 규정으로 바꾸어놓았다. 이에 의하면, 사업은 매년 통산하여
50명까지 뽑을 수 있으며 그 50명은 경학과 유생에서 10명, 서울과
각도의 유생 40세 이상자에서 40명을 뽑는다는 것이다. 박사의 경
우 매년 20명을 넘지 못하였던 것에 비하여 사업은 50명으로 늘어
났고, 박사의 경우 연령 하한(年齡下限)이 나타나 있지 않았는데
사업은 40세 이상자로 못박은 것이 특징이라고 하겠다. 지방 유생
을 수적으로 더 많이 흡수하고 유생 중에도 40세 이상의 관록과 명
망이 있는 자를 뽑아 올린다는 것이 사업제도의 정책적 조치였다고
생각되기도 한다. 다시 사업시선(司業試選)의 구체적 절차를 관보
에서 살펴본다.

學部令 第3號

成均館司業試選規程

제1조  成均館官制 第5條에 規定ᄒᆞᆫ 바 京外儒生을 司業으로 試選ᄒᆞᄂᆞᆫ 方法은 初
　　　考와 會考로 施行ᄒᆞᆷ.
제2조  初考ᄂᆞᆫ 學部大臣이 試驗問題를 定ᄒᆞ야 漢城府 及各觀察道에 訓飭ᄒᆞ거든
　　　直接 或 間接으로 各該管內 儒生에게 佈諭ᄒᆞ야 試令을 收上ᄒᆞ야 學部에
　　　서 考選케 ᄒᆞᆷ.
제3조  會考ᄂᆞᆫ 初考入格儒生이 아니면 許赴치 아니ᄒᆞᄂᆞ니 學部大臣이 期日을 另
　　　定ᄒᆞ고 前期知委ᄒᆞ야 學部에 召集ᄒᆞ야 面試選取ᄒᆞᆷ.
제4조  初考 試驗問題ᄂᆞᆫ 左開各種으로 定ᄒᆞᆷ.
　　　　經義學
　　　1. 四書中 1題
　　　1. 三經中 1題
　　　　時務策
　　　1. 內外歷史中 1題
　　　1. 內外地誌中 1題
　　　1. 經濟學中 1題
　　　1. 法律學中 1題
　　　1. 政治學中 1題
제5조  會考 試驗問題ᄂᆞᆫ 左開各種으로 定ᄒᆞᆷ.
　　　　經義學
　　　1. 四書中 1題
　　　1. 三經中 1題
　　　　時務策
　　　1. 歷史地誌中 1題
　　　1. 政治法律中 1題
제6조  初考入格人 及會考及第人은 竝히 官報에 揭載ᄒᆞᆷ.
제7조  本令과 抵觸되ᄂᆞᆫ 規定은 竝廢止ᄒᆞᆷ.
　　　隆熙 1年 10月 25日
　　　　　　　學部大臣　　李　載　崑


이리하여 융희 2년에는 일차적으로 43명의 사업(司業)이 회고(會
考)에서 뽑혔다. 그 명단은 아래와 같다.

隆熙 2年 7月 10日 成均館 司業試選會考榜

| | | | | | | | | |
|---|---|---|---|---|---|---|---|---|
| 李學魯 | 李載重 | 朴晉爕 | 梁斗煥 | 金鍾冕 | 朴文植 | 張載濂 | 朴道鎭 | 朴海奭 |
| 李 侃 | 張泰炫 | 崔雲鏞 | 尹光濟 | 吳永業 | 金正佑 | 金鳳國 | 柳寅夏 | 朴斗鎔 |
| 李光淳 | 兪鎭九 | 崔相奎 | 金泰濟 | 高墉柱 | 李周碩 | 池台源 | 姜信鶴 | 蔡承業 |
| 崔岐鳳 | 洪秉周 | 韓中洙 | 姜信克 | 李弘求 | 李貞和 | 李寅和 | 金基瀁 | |

위의 사람들은 모두 동년 7월 14일자로 '임성균관사업(任成均館司業) 서판임관(敍判任官)'의 발령을 받았다.

동년 10월에 다시 성균관관제와 사업시선규정이 약간 변경되면서 성균관에서 매년 1회 사업시선을 행하게 되고 성균관 졸업생 또는 사업시선의 합격증서가 있는 자를 사업(司業)이라 칭한다고 하였다.

이 개정관제(改正官制)에는 또 달리 몇가지 기억해두어야 할 것이 있다. 고종 32년 최초로 성균관 관제를 공포한 이래 그 제1조의 성균관의 성격에 관한 설명에서 "문묘를 건봉(虔奉)하고 경학과를 이(利)습(肄習)하는 처(處)"라고 한 것은 그 후 그 여러 차례의 개정을 겪으면서도 전혀 변동이 없었던 것인데 여기에서 처음 "경학 기타 학과를 이습(肄習)하는 소(所)"라고 경학과 기타 학과(역사·지리·수학 등)와의 분과를 분명히하였다는 점이다. 그리고 제2조 직원 서열에서 사업을 빼어버리고 따로 제6조에서 관장은 교수상사세에 의하여 학부대신의 인가를 얻어 강사를 촉탁(囑託)하여 모모(某某) 학과에 담임케 하였다는 점이다. 학과의 분야에 따라 교수 3명으로 도저히 부족했던 인력을 강사로 충당하려 하였던 것이다.

### ⑷ 成均館 관계 인사들의 愛國活動

지금까지 개화기에 관한 서술에서 주로 성균관의 제도사적 변천을 그 시대와의 관련에서 설명해왔거니와 이제 끝으로 성균관 관계 인물들의 역사적 활동을 간단히 적어보기로 한다.

성균관 경학과 초창기에 보재(溥齋) 이상설(李相卨)이 교수 겸 관장으로 활약하여(고종 32년 말에서 건양 원년 연초까지) 근대교육의 터전을 마련하는 데 정신적으로 많은 기여를 하였거니와 광무 9년 이후에 성균관 박사인 단재(丹齋) 신채호(申采浩)와 성균관 강사인 백암(白巖) 박은식(朴殷植)의 애국계몽사상가로서의 활동은 눈부신 바가 있었고 당시 성균관 주변 학생들에게 크나큰 영향을 주었다. 이때 성균관 남재(南齋)에서 단재 신채호와 함께 기거하고 있던 영남 출신 유인식(柳寅植 : 호 東山)이 신채호의 영향으로 종래의 보수적 유자(儒者)의 사고방식을 청산하고 애국계몽운동에 투신하여 후일 유명한 독립운동·교육운동가로 발전한 것은 그 한 예였다.

신채호는 광무(光武) 2년 가을에 신기선(申箕善)의 추천으로 성균관에 입교하여 학문에 열중하고 있었는데 당시의 성균관장인 수당(遂堂) 이종원(李鍾元)은 그를 무척 사랑하고 촉망했으며 "나를 알아줄 사람은 오직 신채호 한 사람(知我者 唯君 一人)이라고 할 정도로 그에게 신기상통(神氣相通)했다고 한다. (丹齋年譜, 『申采浩全集』 所收) 그는 광무 9년 3월에 박사가 되었고 그해에 단발하였다. 융희 원년에 와서 황제의 단발의 조(詔)가 내린 바 있고 동 3년 2월에 와서 "성균관 학도는 모두 단발했다(成均館學徒 皆斷髮)"(『大韓季年史』 下 309면)라고 한 것을 보면 신채호의 단발은 상당히 앞선 셈이었다. 그는 그때 이미 황성신문의 논설위원으로 필봉을 휘두르기 시작하였고 뒤에 대한매일신보에서 주필로 활약하면서 국정의 득실(得失)을 통론하였고 시류인물(時流人物)의 장단(長短)을 포폄

하였다. 더군다나 "당시 사상의 오탁(汚濁)과 도의(道義)의 저하
(低下)를 분개하여, 그 병균인즉 국가 사통(史統)의 바로잡히지 못
함과 민족정기가 두드러지지 아니하였음에 있는 것임을 똑바로 보
았을 때, 문득 선유(先儒) 사필(史筆)의 왜곡됨과 가치의 전도와
시비의 착오됨을 역론(歷論)한 그는 당시 의연한 국민사상 개혁의
급선봉이었다."(安在鴻氏의 評) 그는 많은 우리 선열 및 영웅들의 전
기를 썼고, 우리 '역사에 대한 새 관점'을 엮은 『독사신론(讀史新
論)』을 대한매일신보에 연재하기도 하였다.

　박은식(朴殷植)은 성균관 강사로 재직한 기간을 정확히 알 수 없
다. 그의 연보에 경학원 강사로서 곽종석(郭鍾錫)과 함께 강의를
한 것으로 되어 있으나 앞뒤가 맞지 않는다. 그는 교육구국의 이론
및 실천가로서, 주자학과 양명학을 절충한 유교개신론자로서, 광
무·융희 연간에 이미 명성을 날린 인물이었다. 그는 『학규신론(學
規新論)』이라는 저서(1904)에서 국문전용교육(國文專用敎育)을 주
장하는 한편 '논유지종교(論維持宗敎)'라 하여 서양문화의 신풍조
속에 우리의 전통문화인 유교의 유지와 발전으로 국민사상의 지주
를 삼고 국가의 기초를 굳혀놓아야 한다고 역설하였다. 그는 세계
각국이 다 자기 나라의 종교를 숭봉하고 있으니 우리는 우리 종교
인 유교를 더욱 높이 받들어야 한다고 거듭 강조하였다. 그는 당시
의 우리나라 유교를 다음과 같이 보았다.

　우리나라 유교문화는 원래 찬란한 역사를 가져왔는데, 후세로 내
려오면서 사풍(士風)이 날로 변하여 지금은 '실교지민(失敎之民)'이
되게 되었고 따라서 외국의 사조에 너나없이 빠져들어감으로써 나
라의 원기가 더욱 위약(萎弱)해지고 있다는 것이다.

　그는 끝으로 유교를 존중하는 뜻에서 성균관의 격을 높여야 한다
고 말하였다.

　그는 성균관이 학부의 산하에 있는 현행 제도를 몹시 못마땅하게
여기고 그 대안으로 성균관장은 학부의 지배를 받지 않으며 제왕이

직접 존경하는 인물을 모셔서 국중의 유교를 전관(專管)케 하고, 각군에 교수를 분치(分置)하여 학도를 지도하면서 모두 성균관의 통솔하에 있게 하자고 하였다.

경술국치(庚戌國恥)와 더불어, 성균관은 국학으로서의 기능을 잃고 신채호(申采浩)·박은식(朴殷植) 등 성균관 관계 인물들의 활동은 해외로 옮겨지고 말았지만, 유교적 전통과 함께 성균관의 기본 이념은 면면히 그대로 이어오면서 다음 역사의 장을 기다리고 있었다.

<成均館大學校史, 1978>

# 우리나라 中世大學의 傳統과 그 繼承關係

서울의 수선지구(首善之區)인 성균관대학교(成均館大學校) 정문
(正門)을 들어서는 외부 인사들은 우선 고색창연(古色蒼然)한 대성
전(大成殿)·성균관(成均館)과 5백살이 넘은 거대한 은행나무들의
위용(偉容)에 경이로운 시선을 보낸다. 명륜당(明倫堂)과 동재(東
齋)·서재(西齋)가 존경각(尊經閣)·식당 등 다른 부속건물과 함께
동양의 '중세대학'으로서의 전형적 유구(遺構)를 그대로 보존한 채,
오늘의 대학본부 및 기타 즐비한 현대식 대학건물들과 조화를 이룬
장엄한 광경에 다시금 경건(敬虔)한 기분을 느낀다.

이 고전적인 캠퍼스가 처음 열리게 된 것이 1398년, 그러니까 조
선왕조가 수도(首都)를 개성(開城)에서 지금의 서울로 옮긴 지 4년
후인 태조(太祖) 7년이다. 이로부터 조선왕조 5백년간 우리나라 국
립대학으로 최고교육기관의 구실을 해왔다. 그리고 이 중세대학이
구한말(舊韓末) 서세동점(西勢東漸)의 역사적 조류 속에 서구문화
를 수용하여 근대대학으로 전환한 뒤에 우여곡절을 겪으면서 8·15
의 민족해방을 맞아 새로운 출발과 함께 비약적 발전을 거듭하여
오늘의 웅장한 대학 규모를 갖춘 것이다.

조선왕조가 망하고 국립대학의 기능이 상실된 뒤에 사립(私立)으
로 바꿔지기는 했으나 모든 면에서 국립 시절의 그것을 그대로 계
승하였다. 중요한 것을 열거해보면 다음과 같다.

첫째로, 캠퍼스를 그대로 물려받았다. 명륜동(明倫洞)을 본거지
로 발전하는 성균관대학이 오늘날 수원지방에도 캠퍼스를 확대 조

성하고 있으나 본거지는 의연히 명륜동의 옛 캠퍼스이다.

둘째로, 건학이념(建學理念)을 물려받았다. 조선왕조의 건국이념은 유교(儒敎)이다. 오늘날 유교가 옛날과 같이 국교(國敎)는 아니지만 동양의 전통사상·전통문화의 정수(精髓)를 체득한 바탕 위에 현대적 인간교육·과학교육을 실시하는 이 대학의 기본이념은 곧 유교 그것이다.

셋째로, 재정기반을 그대로 물려받았다. 왕조시대의 '성균학전(成均學田)'을 기본재산으로 발족한 이 대학이 뒤에 각도(各道)의 향교재단(鄕校財團)의 일부를 흡수하여 재단법인을 성립시켰고 개인 독지가(篤志家)의 기부를 받아 재단을 확충시키기도 했으나 역시 근본을 따져보면 왕조시대의 학전(學田) 그것이 기반이었다. 지금은 토지개혁에 의해 옛것이 없어졌지만 발족 당시의 재정기반을 알아야 할 것이다.

넷째로, 교명(校名)을 그대로 물려받았다. 성균관이라는 본 이름 밑에 대학 또는 대학교라는 말을 붙여 근대식 호칭을 삼고 있지만 알맹이는 '성균관' 바로 그것이다.

위와 같이 캠퍼스·건학이념·재정기반·교명 등이 모두 왕조시대의 그것을 물려받았다는 사실은 천하 만인이 공지(共知)한다. 따라서 비록 경영주체가 국립에서 사립으로 바뀌었다고 하더라도 위의 네 가지 요건의 구비(具備)에 의해 왕조시대로부터의 계승관계를 아무도 부인하지 못한다. 현 캠퍼스가 처음 열린 1398년을 이 대학의 건학연대로 소급(遡及) 계산하는 소이(所以)가 여기에 있다.

그러나 문제는 남아 있다. 위의 네 가지 요건 가운데 더욱 중요한 것이 건학이념과 교명이다. 대학의 캠퍼스는 대학의 사정에 따라 이동될 수가 있고 재정기반이라는 것도 변천이 생길 수 있다. 그러니까 대학의 역사를 말할 때에 캠퍼스가 이동했다고 해서 그리고 재정기반에 변천이 생겼다고 해서 그 대학이 달라지지 않는다.

반대로 생각해서 캠퍼스와 재정기반이 그대로라고 하더라도 건학이
념과 교명이 아주 고쳐지면 그것은 종래의 것과 단절된 다른 대학
이 되는 것이다. 따라서 대학의 역사는 무엇보다도 건학이념과 교
명에 의해 그 연속성이 보증되는 것이다.

그렇다면 성균관대학의 역사는 왜 1398년으로 시작된다고 치는
가. 건학이념으로 말하면 삼국시대에 이미 유교를 이념으로 하는
국학(國學)이 등장했고 교명으로 말하면 고려시대에 이미 성균감
(成均監) — 성균관(成均館)이 있었다. 삼국시대는 시대가 너무 멀
고 지역적으로도 고구려가 창건한 국학이 국내성(國內城: 滿洲 쪽),
신라의 국학이 금성(金城: 慶州)이어서 서울과의 거리가 너무 떨어
져 있으므로 오늘의 서울 성균관대학에 바로 연결시키는 것은 어불
성설(語不成說)이다. 그러나 고려시대의 성균관은 다르다. 조선왕
조의 건국의 주체세력이 대체로 고려 성균관의 출신들이고(조선 건
국의 주동자인 李芳遠을 위시하여 鄭道傳 등 많은 人士들이 고려
成均館에 관계한 사람들이다) 고려 성균관의 제도를 그대로 옮겨다
가 한양의 성균관을 만들어놓았다. 얼핏 보아 고려 성균관은 한양
의 성균관과 불가분의 것이다. 따라서 오늘의 성균관대학의 건학연
대를 왕조시대로 소급시키려면 1398년으로 한정할 것이 아니라 적
어도 고려시대의 성균감 — 성균관에까지 올라가야 할 것이 아닌가
하는 의견이 나온다. 이 의견은 지난날 이 대학의 건학연대를 정할
때에 가장 고심했던 문제의 하나였다.

그런데 여기에는 우리나라 교육사(教育史) · 대학사(大學史)에 대
하여 중대한 사실 하나를 간과한 큰 잘못이 있다. 조선 5백년간 우
리나라에는 두 개의 성균관이 있었다. 하나는 고려 성균관의 간판
을 그대로 달아둔 개성의 성균관이고 하나는 1398년 조선왕조가 새
로 설립한 한양의 성균관이다.

왕조가 고려에서 조선으로 바뀌고 수도가 개성에서 한양으로 옮
겨지면서 고려 성균관은 중앙 국학으로서의 자격은 잃었지만 고려

5백년 고도(故都)의 전통 속에 성균관이라는 칭호를 그대로 보유하면서 '양사(養士)'의 기능을 계속하였다. 또한 조선정부는 그것을 제2의 국학으로 인정하고 각별히 지원하여 전토(田土)·노비와 더불어 서책(書册)을 하사함이 끊이지 않았다. 그러니까 고려 성균관은 개성에 그대로 남아 조선왕조의 '지방대학'으로 계속 운영되었던 것이다.

오늘의 서울 성균관대학이 고려 성균관의 계승자가 될 수 없었던 까닭은 여기에 있다. 우리가 물려받은 현 캠퍼스의 모든 유산은 조선왕조의 것일 뿐이고 고려의 것은 개성 쪽에 독자적으로 내려왔기 때문이다. 비록 이념과 명칭이 상통한다 하더라도 개성의 '지방대학'의 전신(前身)인 고려 성균관은 우리와 갈래가 달라져버린 것이다. (현재 개성의 성균관은 그 건물과 校址가 그대로 보존되어 북쪽 정부에 의하여 역시 성균관대학이란 이름으로 새로운 대학이 설립 운영되고 있다.) 여기 서울 성균관대학의 1398년을 기점으로 하는 '건학 6백주년(建學六百周年)'의 논리가 있는 것이다.

중국 북경의 국자감(國子監)과 일본 동경의 성균관은 모두 근대대학과 관계를 맺지 못한 중세적 유물로 적막한 상황에 있다. 동양 삼국 중 오직 우리만이 중세대학의 캠퍼스 안에 근대대학으로의 발전과 현대교육의 첨단에의 지향을 자임(自任)하는 성균관대학교를 가졌다. 건학 6백주년을 앞두고 우리는 유구한 전통을 배경으로 더욱 힘차게 전진하자.

<大成路 제4호, 1992>

제 2 부

# 序·記

# 新羅四山碑銘 序

　신라 최치원(崔致遠)이 지은 사산비명(四山碑銘)은 우리나라 금석학(金石學)의 최고의 보전(寶典)이다. 역사 연구에 있어서 금석학이 보조과학으로 중요한 의미를 가지고 있는 것은 새삼 이야기할 필요가 없거니와 사산비명은 문헌적(文獻的)으로도 『삼국사기(三國史記)』 『삼국유사(三國遺事)』에 비해 시대가 훨씬 앞서는 귀중한 자료이다. 뿐만 아니라 『사기』와 『유사』에서 볼 수 없는 역사사실(歷史事實)이 여러가지로 나타나, 일반 역사 연구자 특히 불교사(佛敎史)·문학사(文學史)·사상사(思想史) 등 전문분야의 학도들 사이에 널리 필요하게 되어 있다.

　최치원은 신라 육두품(六頭品) 출신으로 유학(儒學)의 기본 소양 위에 불교(佛敎)와 노장(老莊)을 두루 섭렵하여 그야말로 삼교(三敎)에 달통(達通)하였다. 9세기말 동아시아 역사의 전환기에 있어서 그는 신라 사람으로 당시 동방(東方)의 지성(知性)을 대표하는 탁월한 인사였다. 그는 당(唐)나라에서 활동하면서 이미 『계원필경(桂苑筆耕)』 등 많은 시문(詩文)을 남겼고 신라로 돌아온 뒤에도 문한(文翰)의 직을 맡아 외교사명(外交辭命)을 위시한 여러 종류의 글을 썼지만 그 가장 값진 것이 이 사산비명이었다고 할 만하다.

　사산비명은 신라 말엽 역대 왕(王)의 명령을 받아 당대 고승(高僧)의 행적(行蹟)을 다루어놓은 ① 지리산 쌍계사 진감선사대공탑비명(智異山 雙溪寺 眞鑑禪師大空塔碑銘 : 慶尙南道 河東) ② 만수산 성주사 낭혜화상 백월보광탑비명(萬壽山 聖住寺 朗慧和尙 白月葆光塔碑銘 : 忠淸南道 藍浦) ③ 희양산 봉암사 지증대사적조탑비명(曦陽山 鳳巖寺 智證大師寂照塔碑銘 : 慶尙北道 聞慶)의 3편과 신라 왕가(王

家)의 능원(陵園) 및 거기 따른 사찰(寺刹)에 대한 것을 다루어놓은 ④ 초월산 대숭복사비명(初月山 大崇福寺碑銘 : 慶尙北道 慶州)의 1편을 말한다.

이 비명들은 각기 이름난 문장으로, 진작부터 승·속(僧俗)에 관계 없이 읽고 외우고 했겠지만 고려 일대(高麗一代)를 거쳐 이조(李朝)에 들어오면서 불교가 현실사회로부터 소외당하고 최치원이 영불(佞佛 : 불교에 영합했다는 뜻)의 인사(人士)로 사림(士林)의 배척을 받는 동시에 승려(僧侶) 중에 또한 식자인(識字人)이 줄어들어, 이 비명들은 아예 난해(難解)한 옛글로 고각(高閣)에 묶어둔 채 일컫는 이조차 별로 없었던 것 같다.

그러다가 이것을 한데 엮어 '사산비명'이란 명칭으로 세상에 유행하게 된 것은 대략 16세기말 17세기초(宣祖·光海年間)에 철면노인(鐵面老人)으로 알려진 중관자 해안(中觀子 海眼 : 西山大師의 弟子로서 壬辰倭亂 때 嶺南에서 僧侶들을 규합하여 義兵을 일으킴)에게서 비롯된 것이라고 전해온다. 최치원의 『고운집(孤雲集)』에서 이 비명들을 따로 뽑아내어, 약간의 주석(註釋)을 붙여 불교학인(佛敎學人)에게 송습(誦習)케 함으로써 드디어 불교학인의 과외독본(課外讀本)이 되다시피 한 것이라고 한다. 그 뒤 정조 6년(1782)에 화엄사(華嚴寺)에서 몽암(蒙菴)이라는 스님이 주석을 보완하여 송습에 좀더 편리하게 해두었으나 원문(原文)에 워낙 전고(典故)가 많아 웬만한 학승(學僧)으로서는 뜻풀이가 매우 어려웠다. 여기에 결정적으로 주석을 대성(大成)한 이는 거사(居士) 홍경모(洪景謨)였다. 홍경모는 19세기 전반기(純祖·憲宗年間)에 서울에서 호남(湖南) 쪽으로 낙향한 사람으로 승려가 아니면서 불교경전에 조예가 깊었고 백파장로(白坡長老)와도 친교가 있었는데 그는 이 비명들에서 문단(文段)을 가르고 비해(批解)를 가하여 누구나 알기 쉽게 해놓았던 것이다.

이리하여 사산비명은 사찰에서 송습 교재로 더욱 보급되면서 수없는 필사본들이 이곳 저곳에서 나오게 되었고 효용가치가 높아짐에 따라 주석에 대한 관심도 높아져 근대로 내려오면서 더욱 상세한 주석이 뒤이어 나왔다. 석전(石顚) 박한영(朴漢永, 1870~1948)의 이른바 『상교사산비명주해(詳校四山碑銘註解)』가 그 예이다.

이러한 필사본들은 사산비명이란 명칭 외에 갖가지 이름들로 표제를 삼아, 사산비록(四山碑錄)·해운비명(海雲碑銘)·해운집(海雲集)·문창집(文昌集)·사갈(四碣)·계원유향(桂苑遺香) 등등으로 산만(散漫)하기 짝이 없고 거기 실린 주석들도 각기 상략(詳略)이 다르고 설명의 방식도 대동소이한 것이 많아 일견(一見) 복잡하게 여겨진다.

이와같이 필사본의 유행과 더불어 최치원의 후예(後裔)인 경주 최씨들에 의해 최치원의 문집이 발간되고 거기에 사산비명이 다 수록되게 되었다. 1926년 최국술(崔國述) 등이 목판(木板)으로 펴낸 『고운선생문집(孤雲先生文集)』이 그것이다. 원래 철면노인(鐵面老人)이 『고운집』에서 사산비명을 뽑아냈다고 했는데 이 『고운집』이 간본(刊本)인지 사본(寫本)인지는 확실치 않다. 오늘날 현존한 간본은 최국술 등의 것이 유일본이다.

나는 일찍부터 사산비명의 가치를 중시해왔다. 1963년경에 우리나라 고대 토지소유(古代土地所有)에 관심을 가지면서 이 비명들에서 발견한 자료를 가지고 「신라시대의 왕토사상(王土思想)과 공전(公田)」이라는 논문을 발표한 바 있었는데 이로부터 사산비명은 항상 나의 책상 위에 놓여 있게 되었고 차차 관심은 토지소유에서 벗어나 널리 문화사적(文化史的) 시야(視野)로 확대되었다. 1969년 성균관대학교 대동문화연구원의 책임을 맡고 있으면서 최국술 등의 간본을 중심으로 『최문창후전집(崔文昌侯全集)』을 편집하여 영인(影印)할 때에 사산비명을 그대로 수록하였고, 1980년에서 1981년에 걸쳐 무려 4학기 동안 대학원에서 학생들과 함께 사산비명을 강독(講讀)하였다. 강독은 원문(原文)의 뜻을 깊이 있게 파악하고 여러 주석들을 하나하나 대조하면서 장단점을 검증하기에 주력하였

다.  일단  강독을  끝낸  다음  나는  그대로  덮어두기가  아깝게  여겨져
서  그동안  새로  깨닫고  느낀  것을  토대로  한번  정리를  해보고자  하
여  시작한  것이  이  책이다.

이  책은  다음과  같이  3부의  분편(分編)으로  구성되어  있다.  제1
부  원문,  제2부  주석,  제3부  역문이  그것이다.

제1부  원문(原文):  원문을  교감(校勘)한  것이다.  원문은  탑본(搨
本)과  함께  간본(刊本)·사본(寫本)의  원문을  가리키는  것인데  이
원문에  문제가  있다.  간본·사본에  오자(誤字)·탈자(脫字)  등  잘
못된  점이  있는  것은  이해할  수  있지만  탑본  즉  비면(碑面)에  새겨
진  원문에  잘못이  있다는  것은  놀라운  일이다.  특히  연자(衍字)  곧
불필요한  글자가  끼여있어  문장을  그르쳐놓은  것이다.  다  알다시피
이  비명들은  사륙변려체(四六騈儷體)로서  댓구(對句)로  엮어나가는
문장인데  댓구는  양쪽의  자수(字數)가  서로  같아야  한다.  그런데
비면(碑面)에  새겨진  글에  한쪽의  자수(字數)가  많거나  모자라는
경우가  종종  나온다.  이것은  분명히  잘못된  것이다.  한문(漢文)  문
장을  제대로  읽는  사람이라면  곧  그것을  알게  된다.  원작자(原作
者)가  그렇게  했을  리는  만무하고  다만  비면에  새기는  과정에서  착
오가  생긴  것이다.  이런  경우에  대하여  간본·사본에서는  대체로
모두  시정(是正)되어  있다.  그것은  간본·사본의  작성자(作成者)들
이  모두  한문  문장을  읽을  줄  아는  분들이기  때문이다.

금석학(金石學)에  있어서는  일자일획(一字一畫)도  소중히  다루어
야  하지만  이미  그것을  하나의  문헌으로  정리할  때에  문장을  바로
잡아야  하는  것이다.  물론  원문은  우선적으로  탑본을  따라야  하지
만  이와같이  잘못된  경우에는  탑본을  따르지  않고  간본·사본을  취
하지  않을  수  없었다.  다만  주석에서  그것을  밝혀놓았다.

제2부  주석(註釋):  주석을  산정(刪整)한  것이다.  주석은  간본과
함께  사본  10여  종에  들어  있는  것으로,  위에서  말한  바와  같이  각
기  상략(詳略)이  다르고  설명의  방식이  또한  일치하지  않은  데가

많지만 어쨌든 우리의 원문 해독에 크게 도움을 준다. 그런데 시대
가 내려올수록 주석의 양(量)이 늘어나고 내용도 다양해지고 있다.
그중에는 다분히 현학적(衒學的)이거나 견강부회(牽强傅會)한 것이
있다. 그리고 불필요한, 지저분한 설명들이 곁들여 있다. 이리하여
원문을 이해하는 데에 도리어 혼란을 일으키는가 하면 어떤 것은
아주 틀리게 말해놓은 곳도 적지 않다.

이에 그중에서 간명(簡明)하고 정확한 것만을 골라서 제2부 주석
에서 원문 속에 넣기로 하였다. 그러나 생각해보면 이 주석들은 우
리 선인(先人)들, 특히 승려사회(僧侶社會)에서 오랫동안 축적되고
사용되어온 것이므로 한칼에 베어 없앨 수 없다. 그리하여 원문 속
에 넣지 못한 주석들도 그 정도를 참작하여 '참고' 또는 '비고(備
考)' 난(欄)에 실어두기로 하였다. 하지만 독자들은 원문 속에 들어
있는 주석만을 살펴보면 그것으로 족(足)하다고 여긴다. 다만 특수
한 경우에 한하여 신주(新註)를 끼워넣었다. 특수한 경우라고 한
것은 기존(旣存) 주석들이 모두 분명치 못하거나 아주 틀렸다고 생
각되는 곳을 말한다. 이러한 경우에 나의 의견으로 신주를 만들어
넣었다. 신주를 만들어 넣는 것은 외람된 일이기에 되도록 자제(自
制)하여 근소한 범위에 그쳤지만 부득이한 일이었다.

제3부 역문(譯文): 역문은 되도록 평이(平易)한 기술(記述)로써
독자에게 쉽게 접근이 가능토록 하였다. 우리말 우리글의 생리(生
理)를 따르면서 원문의 뜻을 충실히 옮기기에 노력하였다. 경우에
따라 의역(意譯)하기도 했지만 원문의 용어를 되도록 많이 살려서
당시의 분위기를 그대로 전달해보려 하였다.

맨 처음 나의 강의(講義)를 바탕으로 1차의 원고를 작성한 사람
은 유영봉(劉永奉: 현 成均館大 講師)·김병국(金炳國: 현 建陽大 助敎
授)·박영주(朴英柱: 현 江陵大 助敎授)·황의열(黃義洌: 현 慶尙大 助敎
授) 네 명이었다. 유영봉이 「진감선사비」, 김병국이 「낭혜화상비」,
박영주가 「지증대사비」, 황의열이 「대숭복사비」를 각각 분담하여

해를 넘기면서 교감(校勘)과 주해(註解) 그리고 번역에 힘을 기울였다. 그동안 두 차례에 걸쳐 하동(河東)·남포(藍浦) 등지에서 비(碑)의 실물을 조사하였고 그 뒤 또한 여러 날을 밀양(密陽) 서고정사(西皐精舍)에서 합숙하면서 원고를 검토하기도 하였다. 모두들 많이 애를 썼지만 그 성과를 놓고 보면 나는 항상 만족을 얻을 수 없었다. 그러나 일단 마무리를 지어 두었다.

그런데 이 무렵 성균관대학 유학과 출신 최영성(崔英成) 씨의 『주해사산비명(註解四山碑銘)』이 출판되어 나왔다. 최씨는 젊고 의욕적인 학도로서 그의 주해는 상당한 업적으로 평가해도 좋은 것이었다. 나는 최씨의 책을 본 뒤에 그동안 서둘러오던 출판 준비를 당분간 중지하기로 하였다. 같은 종류의 책을 뒤미처 낸다는 것이 바람직스럽지 않기 때문이었다. 그러나 그 뒤 적지 않은 세월이 흘렀고 또 이 낡은 적발을 무한정 방치할 수도 없어서 이제 상재(上梓)하기로 한 것이다. 뿐만 아니라 최씨의 것과 비교하면 교감과 주해 그리고 번역에 다른 점이 적지 않아, 이 책이 지닌 나름대로의 특성을 몰각(沒却)시킬 수도 없는 것이었다.

이에 실시학사(實是學舍)의 한구석에 쌓아두었던 원고를 다시 끄집어내어 마지막 퇴고(堆敲)를 가하였다. 실은 이 기회에 나는 다시 손을 대어 상당 부분을 깁고 고쳤다. 그리고 김시업(金時鄴) 교수에게 부탁하여 일일이 교열(校閱)을 보고 또 색인(索引)을 만들어 붙였다.

털면 털수록 먼지가 나는 법이라, 이 책의 원고가 원래 진선진미(盡善盡美)할 수 없는데다가 나의 현재의 사정이 이 일에 전적으로 매달릴 수 없어서, 곳에 따라 소루함이 있음을 면치 못할지 모른다. 그러나 오늘날 우리나라 고전의 현대화 작업이 다방면으로 진행되는 과정에서 이 책이 하나의 조그만 보탬이 될 수 있을 것이다.

1995년 上元節  實是學舍에서

# 渤海國志長編 影印序

　신라인(新羅人)들이 북국(北國)으로 불러왔던 발해(渤海)는 고구려(高句麗) 고토(故土)의 대부분을 수복하여 무려 200여 년 동안 남쪽의 신라와 함께 남북으로 대치(對峙)하고 있었다. 우리나라 역사는 삼국시대(三國時代)에 뒤이어 남북국시대(南北國時代)를 출현시켰던 것이다.

　『삼국사기(三國史記)』이래 발해를 아주 망각했거나 부용시(附庸視)해오던 우리나라 역사책들의 부당성을 깨닫고 발해사(渤海史)에 깊은 관심을 기울이기 시작한 것은 이미 실학시대(實學時代)로부터이다. 유득공(柳得恭)이 『발해고(渤海考)』에서 남북국설(南北國說)을 제창하여 삼국시대사의 뒤에 남북국시대사를 따로 엮을 것을 역설하였고, 한치윤(韓致奫)이 『해동역사(海東繹史)』에서 발해를 고구려·백제·신라·고려와 동일 비중으로 다루어놓은 것 등이 그 예이다. 애국계몽시대(愛國啓蒙時代)에 이르러 강렬한 민족적 자각과 함께 우리나라 사가(史家)들의 역사서술(歷史敍述)에 있어서 발해사는 더욱 큰 비중을 차지해왔다. 이것은 주지의 사실이다.

　그러나 일제관학자(日帝官學者)들은 식민지 민족 분열정책에 편승하여 발해는 물론, 나아가 고구려까지 우리나라 역사에서 분리시켜놓았다. 그들은 '만주사(滿洲史)'라는 허상(虛像)의 역사권(歷史圈)을 멋대로 만들어서 그 속에 고구려·발해를 넣음으로써 우리 역사와는 완전히 딴 계통에 속한 것으로 처리하였다. 뿐 아니라 고구려와 발해와의 혈윤관계(血胤關係)도 의식적으로 부정하려 했다.

　최근 우리 국사학은 민족주체성의 확립과 더불어 식민지 사학의 잔재를 청산하여 새로운 민족사학의 성장과 발전에 박차를 더하고 있는 중이다. 따라서 발해사에 대한 연구는 우리 사학도에게 지워진 중요 과제의 하나이며 발해 관계 문헌의 정리와 보급은 우리 학계의 시급한 요청이 아닐 수 없는 것이다.

이번 태학사(太學社)에서 내는 이 책은 요양 김씨(遼陽金氏) 천화산관본(千華山館本)인 『발해국지장편(渤海國志長編)』을 영인(影印)한 것이다. 요양 김씨는 곧 이 책의 저자인 김육불(金毓黻)의 일가(一家)를 뜻한다. 요양지방에 김씨가 살고 있었던 것은 알려지고 있지만 김육불에 관하여 우리는 그 가계와 경력을 자세히 아는 바 없다. 다만 그는 1887년생으로 일찍이 북경대학(北京大學)을 졸업한 뒤에 동북지방(滿洲)의 역사와 지리를 연구하여 많은 업적을 남겼으며 한때 요령성(遼寧省) 교육청장(敎育廳長)으로 있다가 구일팔변(九一八變)으로 일본에 망명하기도 하였다. 귀국 후에 안휘성(安徽省) 교육청장에 일차 취임하기도 했으나, 뒤에 주로 동북대학(東北大學)·중앙대학(中央大學)·북경대학(北京大學)에서 역사학 교수로 활동했다고 한다. 그는 문장이 매우 조창(條暢)하고 서술에 능하다. 현재 우리는 그의 다른 저작에 접할 수 없지만 그의 학자적 역량은 이 『장편(長編)』 한 가지만으로 충분히 보증될 수 있을 것 같다. 이 『장편』은 그가 1937년에 완성하여 출간한 것으로, 발해국의 흥망과 발해유민(渤海遺民)의 기복(起伏) 천착(遷着)에 관한 문헌사료집(文獻史料集) 내지 연구서적으로서 그 분야에 있어서 획기적 성과가 되는 것이다.

『장편』이란 명칭은 『자치통감장편(資治通鑑長編)』 등의 전례(前例)도 있거니와 김육불은 1919년(民國 8년)에 나온 솔빈(率賓) 당안(唐晏)의 『발해국지(渤海國志)』를 남본(藍本)으로 하여 거기에 약간 체재를 달리하고 다시 풍부한 징인(徵引)을 가하여 만든 것이므로 장편이라고 한 것이다. 이 『장편』의 구성을 보면 전지(前志) 2권, 정지(正志) 15권, 후지(後志) 3권의 세 부분으로 크게 나눌 수 있고 별도로 보유(補遺)와 부록(附錄)이 붙어 있는데, 전지(前志) 2권은 총략상하(總略上下)로써 중국·한국·일본 등 제문헌(諸文獻)에서 발해에 관한 모든 기록을 수라포괄(搜羅包括)하여 기본자료를 삼은 것이고, 후지(後志) 3권은 문징(文徵)·총고(叢考)·여록(餘錄)으로, 문징(文徵)은 발해 관계 시문(詩文)들을 모은 것이고 총고(叢考)·여록(餘錄)은 저자 자신의 연구논고에 해당하는 것이다. 이 전지(前志)와 후지(後志)를 앞뒤로 끼고 있는 정지(正志) 15권은 전통적 사체(史體)에 따라 기(紀) 2권(世紀·後紀), 표(表) 4권(年表·世系表·大事表·屬部表), 전(傳) 5권(宗臣列傳·諸臣列傳·士庶列傳·屬部列傳·遺裔列傳), 고(考) 4권(地理考·職官考·族屬考·食貨考)으로 이 책의 중심부를 이루는 것이다. 그러나 이 장편의 가치의 소재는 이미 내외 학자간의 정평(定評)이 있는 바와 같이 저자 자신의 연구논고에 해당하는 총고(叢考) 그것이다. 총고의 내용은 석의(釋義)·명례(明例)·고이(考異)·존의(存疑)·정오(正誤)·호증(互證)의 육례(六例)에 입각하여 100여 종의 문헌을 검토 비판하고 자가견해(自家見解)를 밝혀놓은 것이다. 이 총고에서 미진한 것을 여록(餘錄)으로 보충하였고 끝에 가서 다시 보유(補遺)와 부록(附錄)을 붙여 그 보완에 힘을 다하였다.

솔빈(率賓) 당안(唐晏)과 요양(遼陽) 김육불(金毓黻)은 모두 만주계 인사이다. 솔빈은 발해시대의 솔빈부(率賓府: 黑龍江省 綏芬河)를 뜻하는 것이며, 요양(遼陽)은 발해유민의 깊은 연고지(緣故地)이다. 당(唐)·김(金) 양씨가 발해사를 다루게 된 것은 결코 우연이 아닐 것이다. 따라서 그들은 일제 관학자들과는 태도가 상당히 다르다. 이『장편』은 발해 건국자에 관한 문제를 논하면서 특히 총고(叢考)에서 대조영(大祚榮)이 고구려 출신임을 분명히하였고 발해문화를 고구려문화의 계승으로 설명하였다. 발해의 유년기원법(踰年紀元法)을 신라의 선례(先例)로써 인증(引證)하여 신라문화와의 근친성(近親性)을 시사하기도 하였다.

그러나 당(唐)·김(金) 양씨는 모두 한화(漢化)된 인물들이다. 그들의 의식은 모두 중국본위(中國本位)로 되어 있다. 따라서 그들의 발해관(渤海觀)에는 많은 한계가 있으며 이론상의 모순도 많다. 뿐만 아니라 우리나라 문헌의 인용에도 부족한 점을 감출 수 없다. 특히 신라시대의 발해에 관한 기록이 소홀하게 되어 있다. 『삼국사기(三國史記)』 신라본기(新羅本紀)에 북국(北國)에 사신(使臣)을 보냈다는 두 차례의 기록이 간과(看過)되었을 뿐 아니라 최치원(崔致遠)의 유문(遺文)은 전혀 인용되어 있지 않다. "유피구려 금위발해(唯彼句麗, 今爲渤海)"(「新羅王與唐江西高大夫狀」) "지석지구려, 즉금지발해(知昔之句麗, 即今之渤海)"(「與禮部裵尙書狀」) "고구려잔얼유취북의태백산하 국호발해(高句麗殘孽類聚北依太白山下, 國號渤海)"(「上太師侍中狀」) 등이 모두 귀중한 사료인데 이것을 빠뜨렸고 대조영이 신라의 대아찬(大阿飡)의 위계(位階)를 받았다는 사실도 『해동역사(海東繹史)』에서 인용하면서 그것이 최치원의 「사불허북국거상표(謝不許北國居上表)」에 있는 것임을 몰랐던 것이다.

이제 우리는 발해사를 본격적으로 연구하게 되겠거니와 그것은 '만주사(滿洲史)'가 아님은 물론, 막연히 동양사(東洋史)의 입장에서가 아니라 우리나라의 역사—— 남북국시대사(南北國時代史)로서 연구해야 할 것이다.

이러한 시기에 이 『발해국지장편(渤海國志長編)』이 널리 학계에 이용되게 된 것은 경하(慶賀)할 일이며 우리나라 학자들의 손에서 그 학문적 성과가 비판적으로 섭취되는 동시에 그 한계성이 우리 민족사의 입장에서 훌륭히 극복될 수 있을 것이다.

1977년 3월 29일 栖碧山莊에서

# 三峯鄭道傳研究 序

『삼봉정도전연구(三峯鄭道傳研究)』라는 이름으로 간행되는 이 책
자는 삼봉(三峯)에 관한 지금까지의 많은 학자들의 연구논고들을
수집 편차하여 만든 것이다. 1930년대로부터 시작하여 최근에 이르
기까지 무려 50여 년 동안에 걸친 모든 기존 논문들 중에서 나름대
로 선발해 모은 것이다.

처음부터 어떤 일정한 기획 아래 집필된 것이 아니기 때문에 우
선 목차만을 보아도 박잡(駁雜)한 느낌이 들고 내용에 있어서도 다
소 중복된 부분이 없지 않다. 그러나 고려말·이조초라는 커다란
역사적 전환기를 배경으로 정치·경제·법제·사상 등 다방면에 걸
쳐 삼봉을 고찰 분석하여 그의 역사상의 위상을 뚜렷이 해놓은 여
러 학자들의 그간의 업적이 이 책을 통해서 일목(一目)에 요연(瞭
然)해지고 있다. 이 책의 가치와 의의는 여기에 있다.

여기 수록된 논문들의 필자의 면면들을 살펴봐도 아주 다채롭다.
두계(斗溪) 이병도(李丙燾), 상백(想白) 이상백(李相佰) 선생과 같
은 지난날 우리 학계의 원로 학자들의 유문(遺文)이 적지 않은 면
수를 차지하고 있는가 하면 오늘날 활동 중인 중견학자의 무게 있
는 글과 신진 기예한 재사(才士)들의 발랄한 문장이 함께 나열되어
있다. 이 책의 특색이기도 하다.

이 책에서 보다시피 우리 학계에서 삼봉에 대한 관심이 이처럼
높았던 것은 단적으로 삼봉 자체의 역사적 존재의 중요성에서 온
것이다. 조선왕조의 건국이 단순한 왕조의 교체가 아니고 토지(土
地)·조세(租稅)·군사제도(軍士制度) 및 정치이념(政治理念)의 일
정한 개혁(改革)과 진보(進步)를 수반한 우리나라 역사상의 중요

시기이고 이 시기의 중심적 인물로서 모든 일에 주동적 역할을 담당한 분이 바로 삼봉이기 때문이다. 이러한 삼봉의 공로가 유감스럽게도 그의 불행한 최후와 함께 퇴색되어 조선왕조 5백년간 별로 빛을 보지 못했다. 그것은 이씨왕조의 정책적(政策的) 조치와 일반 사대부의 유교주의사관(儒敎主義史觀)에 기인한 것이다.

첫째, 고려의 신료(臣僚)로서 역성혁명(易姓革命)에 주동하여 이씨왕조를 세웠으니 절의(節義)에 어긋난다는 것이다.

둘째, 건국과정에 태종(太宗: 李芳遠)과 가장 협력했다가 왕자(王子)의 난(亂)에서 태종을 등지고 방석(芳碩)을 지지하여 잘못 죽은 동시에 신의를 저버렸다는 것이다.

이 두 가지 견해는 순전히 이씨왕조의 정치적 입장에서 나온 것이고 또 그렇게 해서 더욱 강조되었던 것이다. 이씨왕조는 일단 건국이 성공되고 안정기에 들어간 뒤에 또다른 새로운 역성혁명이 유발될 것을 염려하여 역성혁명을 봉쇄할 방침으로 고려사직에 순절한 포은(圃隱) 정몽주(鄭夢周)를 적극 찬양하고 반대로 건국의 원훈(元勳)인 삼봉을 도리어 격하시켰던 것이다. 역사의 아이러니다. 더구나 왕자의 난에 있어서의 삼봉의 태도를 성토한 것은 오로지 태종의 정치적 이해(利害)에 말미암은 것이고 객관적 도덕기준에 의한 것이 아니다.

이태조가 일단 방석(芳碩)을 왕세자(王世子)로 책봉한 이상, 태조와 가장 가까운 신하인 삼봉이 방석을 옹호한 것은 너무나 당연한 일이다. 왕자의 난에서 삼봉이 실패한 것은 세불리의 탓일 뿐이고 도덕적인 문제는 전혀 없는 것이다. 그럼에도 불구하고 태종은 승자의 위치에서 삼봉을 극도로 배척하였고 이후 대대로 왕위를 누린 태종의 자손들은 삼봉에 대해 계속 관전(寬典)을 베풀어주지 않았던 것이다. (왕조말에 와서 겨우 伸雪하고 諡號를 내린 바 있다.)

뿐만 아니라, 일반 사대부들의 전통적 관념도 왕조의 정책에 일치되어 삼봉에 대한 인물평을 끝까지 좋지 않게 해왔다. 그러나 오늘날 우리 시대의 개명된 안식으로 볼 때에 삼봉에 대한 평가는 크게 달라지지 않을 수 없다. 이미 왕조가 멸망된 지 오래이고 유교주의사관(儒敎主義史觀)도 아주 바뀌었다. 왕조나 왕실보다 국민(國民) —— 민중(民衆)을 중시하는 우리의 관점에서는 낡은 왕씨고려를 밀어내고 신왕조의 건설을 통하여 개혁과 진보로써 국민의 복리를 상대적으로 향상시켰던 삼봉의 정치적 판단을 긍정적으로 수용하는 바이다. 특히 왕자의 난에서 보여준 삼봉의 선택은 도덕적으로 옳은 것이며, 비록 실패했다 할지라도 거시적으로 보아 결코 반역시할 수는 없다. 오직 태종의 쿠데타에 의하여 삼봉이 억울하게 희생을 당했던 것일 따름이다.

　이제 우리는 왕조시대의 낡아빠진 개념에서 벗어나, 역사를 다시 인식하고 역사상의 인물을 옳게 조명하여, 과학적 사고방식을 확립하는 데에 매진해야 할 것이다. 그런 뜻에서 이 책의 출간은 결코 무의미한 것이 되지 않으리라고 생각한다.

　'삼봉선생기념사업회(三峯先生紀念事業會)'에서 간행에 앞서 나에게 이 책의 고본(藁本)을 보이면서 교정(校正)을 부탁하고 잇따라 서문(序文)을 요청하기에 몇줄의 글을 초(草)하여 이에 색책(塞責)하기로 한다.

1992년 2월 7일 實是學舍에서

# 聾巖集 國譯序

이 책은 농암(聾巖) 이현보(李賢輔) 선생(1467~1555)의 문집(文集)·속집(續集)·부록(附錄) 및 관계문헌들을 우리말로 옮겨 한 책으로 출판한 것이다. 지난 1972년에 성균관대학교(成均館大學校) 대동문화연구원(大東文化硏究院)에서 이조명현집(李朝名賢集) 제3 책에 농암의 문집을 수록 영인하여 학계에 반포(頒布)시킨 바 있었으나 이제 국역(國譯)으로 쉽게 풀어, 좀더 널리 강호(江湖)의 일반적 독자층을 얻게 된 것은 참으로 다행한 일이 아닐 수 없다.

민족문화의 재인식·재비판을 통하여 과학적이고도 정당한 계승 방법을 강구(講究)해야 할 오늘의 역사적 요청에 부응하는 의미에 있어서도 고전 국역사업의 필요성은 췌언(贅言)을 요하지 않는 바이거니와 이 국역사업을 오로지 소수 전문가의 손에 기대하고만 있어서는 방대한 고전의 유산이 언제 모두 우리말로 옮겨질지 알 수 없는 일이다. 이리하여 오늘날 각 가문(家門)에서 자손들의 힘과 정성으로 조상의 글을 번역 출판하는 일이 드물지 않다. 이『농암 선생문집(聾巖先生文集)』도 그 좋은 예의 하나다. 농암의 종손(宗孫) 이용구(李龍九)옹이 80 고령(高齡)으로 손수 번역에 착수하고 그 중제(仲弟)인 봉구(鳳九)씨가 그 역고(譯稿)에 소세(梳洗)를 가하여 이제 곧 출판사에 넘길 준비가 되었다고 한다. 필자는 아직 그 역고에 접해본 일이 없지만 한자(漢字)와 시문(時文)에 각기 조예가 깊은 백중 양공(伯仲兩公)의 힘과 정성이 원문의 일자일구도 소홀하게 다룸이 없었을 것은 분명한 일로 믿는다.

농암의 생애와 그 역사적 존재에 대해서는 세상에서 너무나 잘 알고 있다. 따라서 여기 새삼 설명할 필요가 없다. 그러나 요즘 농암에 대한 일반 사람들의 이해가 과연 올바른 이해이며, 또 남김없이 이해하고 있다고 말할 수 있을 것인가. 대체로 해방 후 학계에 있어서의 농암에 대한 평가는 국문학(國文學)＝시가문학(詩歌文學) 쪽에서 많이 나온 것 같다. 농암의 어부장단가(漁父長短歌)의 정리·제작과 「효빈가(效嚬歌)」「농암가(聾巖歌)」「생일가(生日歌)」 등의 시조작품(時調作品)이 우리나라 시가문학사(詩歌文學史)에 중요한 위치를 차지하고 있을 뿐 아니라 그 당시 사대부사회(士大夫社會)에 이런 유의 가사(歌詞)가 드물었기 때문에 더욱 높이 평가되었던 것이다.

그러나 농암에게 있어서 이 가사는 그야말로 지엽말절(枝葉末節)에 불과한 것으로 가사만을 가지고 농암을 논한다는 것은 당치 않은 일이다.

농암은 15세기말 16세기 전반을 살아온 분이다. 이 시기는 우리나라 사림파(士林派)의 형성 발전기이며 중앙정치무대에 있어서 소위 훈구파(勳舊派)와의 대립 투쟁에서 몇 차례의 좌절을 겪으면서 마침내 승리를 얻어 장차 사림정치(士林政治)의 시대가 다가오려던 때였다. 농암은 사림(士林)의 본고장인 경상도 특히 안·예지방(安禮地方)에서 생장(生長)하여 사림파 문화의 성립에 선구적 역할을 수행했던 분이다. 안·예(安禮)를 중심으로 한 영남문화(嶺南文化), 바꾸어 말해서 영남문화의 중심인 안·예문물(安禮文物)은 학문(學問)·덕행(德行)·절조(節操)·문장(文章)으로 융합되어 유교세계(儒敎世界)의 모범이 되어왔다. 물론 이 안·예문물은 퇴계(退溪) 이후에 완성된 것이지만 농암은 퇴계의 선배로서 송재(松齋) 이우(李堣)와 함께 선도자가 되었던 것은 부인할 수 없는 사실이다. 퇴계는 농암의 행장(行狀)을 지으면서 그에 대한 존경을 최대한으로 표현하였고 또 제문(祭文)에서는 '등문질업 자피부황(登門質業 自彼府黌)'이라 하여 소시(少時)부터 남다른 관계를 맺었던 것을 밝혀놓았다. 그만큼 안·예문물에 있어서의 농암의 위치는 중요했던 것이다.

　농암의 서거 후 근 5백년 동안 그의 유풍 여운(遺風餘韻)이 그대로 남아 있던 분천(汾川)의 정대(亭臺) 구장(舊莊)이 이제 유감스럽게도 수몰지구(水沒地區)에 들어가서 옛모습을 찾을 길 없다. 그러나 후손들의 노력으로 모든 방촉(芳躅)이 완연(宛然)하게 가까운 도곡(道谷)으로 옮겨져서 다시 잘 보존되게 되었으니 우리 후학들의 경행(慶幸)이 더할 수 없다. 뿐만 아니라 이 국역의 문집이 세상에 나가 젊은 세대들의 정신적 양식이 될 것을 생각하면 더 한층 기뻐할 일이다.

　역고(譯稿)가 완성되어 인쇄에 넘겨질 무렵, 15세(世) 통가(通家) 후생의 한 사람인 나는 남다른 감동과 흔송(欣頌)을 누르지 못하던 차에 본가(本家)의 요청으로 외람되게 권두(卷頭)에 이 무사(蕪辭) 몇마디를 초(草)하여 역고의 서문(序文)을 대신해둔다.

1985년 초봄 栖碧山莊에서

# 鶴峯의 學問과 救國活動 序

16세기의 마지막 무렵 한반도에서 벌어진 조(朝)·명(明)·일(日) 삼국의 대전역(大戰役) —— 임진왜란(壬辰倭亂)은 동아시아 지역의 정치판도와 그 역정에 커다란 변화를 초래하였다. 전쟁을 도발했던 침략자 일본과 원군(援軍)을 동원한 명나라가 전후하여 정권의 붕괴와 왕조의 교체를 보았고, 전란의 직접 무대가 된 조선은 왕조는 지속되었으나 이로부터 사회의 전부면(全部面)에 중세 해체기(中世解體期)의 현상이 광범히 나타나게 되었다.

이 전쟁은 실로 우리에게 혹독한 상처를 입혔다. 그러나 우리 민족은 슬기로운 판단과 피나는 인내와 용감한 저항으로 백척간두(百尺竿頭)에서 조국의 위기를 극복하였다. 임진왜란은 우리에게 있어서 창발력(創發力)과 저항정신(抵抗精神)에 차 있는 위대한 역사의 한 시기였다. 특히 전세를 뒤바꾸고 끝내 적을 물리칠 수 있었던 결정적 계기가 된 의병(義兵)의 활동은 이 난(亂)을 '민중(民衆)의 승리(勝利)'라 이름지을 수 있게 할 뿐 아니라, 이조후기 민중 역량의 활기찬 성장을 약속하는 역사적 관건이 되게 하였다.

학봉선생(鶴峯先生)은 이 시기에 우리 민족이 낳은 특출한 학자로서 애민·애국에 지극한 정성을 바친 분이었다. 난(亂)이 일어난 초기에 초유사(招諭使)로서 의병(義兵)의 발기와 지원에 적극적 역할을 수행하였고 경상우도(慶尙右道) 감사가 된 뒤에는 관군과 의병을 함께 지휘하여 임진년 10월 진주대첩(晋州大捷)을 이끌어낸 분으로, 불과 몇개월 뒤에 진중에서 순국(殉國)하였다. 말이 감사이지 휴식할 방 한칸 변변히 없고 장졸이 함께 주리고 병마에 시달리는 가운데 다음의 전투를 주획(籌劃)하다가 운명하였다.

선조(宣祖) 28년 12월 경연(經筵)에서 두암(斗巖) 김응남(金應南)은 학봉(鶴峯)을 "적심(赤心)으로 순국(殉國)하였으니 포상(褒賞)의 특전(特典)이 없을 수 없다"라 하였고, 선조 29년 2월에 역시 경연에서 동강(東岡) 김우옹(金宇顒)은 "의병을 규합 통솔하여 적과 싸우면서 노심초사로 성의를 다하다가 군중(軍中)에서 쓰러져 죽으니 남쪽 인민들이 그를 추모하여 눈물을 흘리지 않는 사람이 없다.(糾率義旅, 忧慨焦勞, 僵死軍中, 南人思之, 無不隕涕)"라고 하여 학봉의 죽음에 특별한 의미를 부여하였다.

금년은 학봉선생의 순국 400주년이 되는 해이다. 이에 우리는 그의 삶과 정신을 되새기고 올바르게 평가하고자 학술발표회를 준비하면서 아울러 이 기념논문집을 펴낸다. 이 책에는 '김학봉(金鶴峯)의 학문(學問)과 구국활동(救國活動)'이라는 주제로 열리는 이번(5월) 기념학술발표회를 위해 새로 준비된 5편의 논문과 지난 1976년 『국역학봉전집(國譯鶴峯全集)』 간행기념 학술발표회에서 보고되었던 4편의 논문 및 기타 지금까지 연구자들이 개별적으로 발표한 논문들 가운데서 가려 뽑은 글 등, 연구논문 15편을 3부로 나누어 엮고 연보(年譜)를 완역(完譯)하여 부록으로 실었다.

이 논문들이 한데 모여 정리됨으로써 우리는 학봉의 생애에 대한 좀더 구체적인 이해가 가능하고, 그의 현실주의적(現實主義的) 사고(思考)와 실천적(實踐的) 애국정신(愛國精神)을 오늘에 비춰볼 수 있는 좋은 기회가 될 것임을 믿어 마지않는다.

끝으로 논고의 수록을 쾌락해주신 필자 여러분과 제작을 맡아준 여강출판사(驪江出版社)에 감사드리며 이번 학술발표회와 함께 이 논문집 출간에 정성스러운 뒷받침을 해주신 학봉선생기념사업회(鶴峯先生紀念事業會)에 깊은 사의를 표한다.

1993년 5월

# 雲川集 影印序

"조선 인재의 절반은 영남지방에 있다. (朝鮮人材 半在嶺南)"라고 한다. 이조(李朝) 초기로부터 전해오는 말이다. 우리나라 역사상에 활동한 영남 인물들의 비중으로 보아 결코 과언이 아니다. 그러나 위의 말에 연결된 "영남지방 인재의 절반은 일선(一善: 現 善山)고 을에 있다(嶺南人材 半在一善)"라고 한 말은 그후 곧 사정이 달라 져서 일선(一善) 대신 안동(安東)을 들어야 할 것 같다. 16세기로 접어들면서 도산서당(陶山書堂)의 사석(師席)의 권위와 함께 그 문 하 여러 굉재석덕(宏才碩德)의 배출은 드디어 안동으로 하여금 영 남 인재의 부고(府庫)가 되고 나아가 영남 유교문화의 중심지가 되 게 했기 때문이다.

그런데 가계(家系)와 신분(身分)을 중시하는 중세사회에 있어서 는 역시 특정한 문족(門族) 중에서 집중적으로 인재가 나타나게 마 련이다. 안동 또한 예외일 수는 없다. 일찍이 안동지방에 대한 염 칭(艶稱)으로 '천김쟁쟁(川金錚錚) 하류청청(河柳靑靑)'이라는 송사 (頌辭)가 있어온 바와 같이 하회 유씨(河回柳氏)와 천전 김씨(川前 金氏) 양문(兩門)에 특히 많은 인재가 나왔던 것은 이해할 만한 일 이다.

여기 이 『운천집(雲川集)』은 곧 천전 김씨(川前金氏)의 명조(名 祖)의 한분인 운천(雲川) 김용(金涌) 선생의 문집이다. 운천은 천 전(川前) 마을에 처음 자리잡은 청계(靑溪: 璡)의 손자이며 청계의 아랫대 —— 약봉(藥峰: 克一) 귀봉(龜峰: 守一)·운암(雲巖: 明一)·학 봉(鶴峰: 誠一)·남악(南岳: 復一) 5형제 중에서 둘째분인 귀봉(龜 峯)의 장남이었다. 이와같이 욱욱호문(郁郁乎文)인 현부조(賢父祖)

의 문정(門庭)에서 자라난 운천은 다시 퇴계(退溪)선생의 손서(孫婿)가 되어 도산으로 왕래하면서 퇴계의 유풍(遺風)을 승습(承襲)하게 되었다. 원래 영매(英邁)한 자질을 타고난 선생은 안팎으로 남다른 환경에서 훈도(薰陶)를 입어 10대 시절에 이미 큰 촉망을 받았다. 조부 청계선생으로부터 세전(世傳)의 문장검(文章劍)・문장답(文章畓)을 사여(賜與)받았던 것도 이 시기였으며 숙부 학봉(鶴峯)선생으로부터 문호의 장래를 책임지우려는 기대를 받았던 것도 이때부터였다고 한다.

운천은 환로(宦路)에의 진출이 다소 늦었으나 등과 후 이내 한림이 되었고 이어 병으로 귀향, 요양 중에 임진왜란의 발발을 당하여 향중 인사들과 창의토적(倡義討賊)에 앞장서는 한편 의병 모집의 격서(檄書)를 손수 기초(起草)하여 도내 각읍(道內各邑)을 고동(鼓動)시켰다. 이 무렵 학봉선생은 경상도초유사(慶尙道招諭使) 내지 감사(監司)로서 적의 전면에서 활약 중이었으므로 이때 선생 숙질분의 한어(捍禦)의 공은 길이 기념되어야 할 것이다. 익년 계사 4월에 학봉선생은 진주 진중(晋州陣中)에서 작고했지만 운천은 학봉선생의 "살아서는 마땅히 열사가 되고 죽어서는 마땅히 충혼이 되어야 한다. (生當爲烈士 死當爲忠魂)"라는 유훈(遺訓)을 가슴에 새기면서 그후 계속 나라를 위해 분주진췌(奔走盡瘁)하였다. 선생은 그후 내직으로 홍문관(弘文館)을 위시한 삼사(三司)・양조(兩曹)의 청요(淸要)의 자리와 외직으로 여주(驪州)・홍주(洪州) 등 웅주거목(雄州巨牧)을 역임하면서 강직한 조집(操執)과 명민한 처리와 청백한 봉공(奉公)으로 조야(朝野)의 칭송이 자자하였다. "학봉선생은 조카를 두었고 선조임금은 참다운 신하가 있었다. (鶴爺有姪 穆陵有臣)"라는 말이 곧 그것이었다.

그러나 광해조(光海朝)에 들어오면서 운천은 뜻이 합하지 않아 벼슬을 버리고 영남으로 돌아와 고향에서 여생을 마쳤다. 이로 인하여 운천은 만년을 학문과 수양에 정진할 수 있었다. 맹자(孟子)

의 '궁불실의 달불이도(窮不失義 達不離道)'의 8자를 일생의 지침으로 삼아온 운천은 이에 이르러 자기의 거실을 '불이실(不貳室)'이라고 이름하고 조조일념(慥慥一念)으로 자기완성의 길을 닦았다. 64세를 1기로 세상을 떠난 운천의 일대의 완인(完人)으로 깨끗한 기록을 남기게 된 것이다.

이번에 영인으로 펴는 운천의 문집은 문집 4책 6권에다가 새로 속집(續集)과 부록문자(附錄文字)를 첨가하여 그것을 모두 1책으로 압축 인출한 것이다. 운천의 원집(元集)은 이미 세상에 행하여졌지만 속집은 이번에 처음 발간되는 것이며 그중에 임진왜란 중 국왕의 행재소(行在所)에서 사관(史官)으로서 남긴 친필 일기초(日記草)는 『선조실록(宣祖實錄)』을 보완하는 데 도움이 될 귀중한 사료(史料: 보물 제484호)이기도 한 것이다.

이 책을 통하여 우리는 운천의 일대에 관한 인식을 새롭게 할 뿐 아니라 운천의 승전계후(承前啓後)의 공적을 아울러 알게 될 것이다. 운천 후승(後承)에 제제(濟濟)한 다사(多士)가 계기적(繼起的)으로 나타난 것은 부록을 일별(一瞥)하더라도 곧 알 수 있기 때문이다.

우리는 "영남지방 인재의 절반은 안동지역에 있다.(嶺南人材 半在安東)"라고 고쳐 말하면서 다시 안동 인재에 천김씨(川金氏)의 비중이 얼마나 컸던가를 이 『운천선생집(雲川先生集)』에서 거듭 실감하고 흠탄해 마지않는다.

끝으로 이러한 선현의 유저를 이해(利害)를 떠나 출판을 담당한 경인문화사(景仁文化社) 한상하(韓相夏) 사장에게 독자의 한 사람으로서 경의를 표해둔다.

1977년 3월 13일 栖碧山莊에서

# 消憂軒集 國譯序

　　우리나라 유사 5천년간(有史五千年間) 하고많은 외구의 침략 속에서도 임진왜란(壬辰倭亂)과 병자호란(丙子胡亂)은 우리 민족사회에 가장 심각한 영향을 끼쳤다. 이 두 차례 침략전쟁의 기간을 살아오면서 모든 어려움을 저항과 인내로 이겨온 우리 조상들의 슬기와 용기와 희생심은 지상(地上)에서의 인간 의지의 고귀함을 새삼 느끼게 하는 것이다.

　　소우헌(消憂軒) 이공(李公: 諱 道一)은 위의 두 차례의 침략전쟁을 몸소 체험하면서 굳건히 삶의 의의를 지녔던 분이다. 16세기 후반 경상도 영산(靈山)에서 문학과 덕행으로 향성(鄕省) 내에 물망(物望)이 높았던 벽진 이씨 가문(碧珍李氏家門)에 태어나, 겨우 13세 소년으로 임진왜란을 만났다. 부친을 따라 강릉으로 피란한 그는 백중 양형(伯仲兩兄)과 함께 숙수(菽水)의 지공(支供)과 정성(定省)의 절차에 정성을 다하면서 여러 번 적의 출몰 속에 드나들었으나 조금도 위포(危怖)의 기색이 없었다. 당시 강릉부사로 재임중인 정한강(鄭寒岡) 선생은 그의 자품(資稟)을 칭도(稱道)하면서 후일의 성취에 기대를 걸었다. 정유재란 때에는 다시 부친을 모시고 창녕 화왕산성(火旺山城)으로 가서 곽망우당(郭忘憂堂)의 막하에서 어른들의 군사주획(軍事籌劃)에 참청(參聽)하니 망우당(忘憂堂)은 그를 기재(奇才)로 여겨 장차 제시(濟時)의 인재가 될 것이라고 하였다. 뒤에 그는 백형 복재공(復齋公), 중형 창랑수(滄浪叟)와 함께 한강(寒岡)의 제자가 되어 사양정사(泗陽精舍)에 왕래 수업했는데 삼형제가 모두 학업에 열중함으로써 양친에 감지(甘旨)의 빠짐이 있을까 염려하여 그는 가사 관리와 치산(治產)에 특히 유의하였다. 원래 사물을 종리(綜理)하는 특장이 있는데다가 현명한 내조에 힘입어, 더욱 부를 축적할 수 있었다. 큰 난리를 겪어, 국토는 황폐되고 아직 상품화폐경제(商品貨幣經濟)가 성립되지 않았던 당시의 상황에서 어떤 방법으로 부(富)를 축적할 수 있었는지 지금 알 수가 없다. 그러나 일찍이 복재(復齋)가 "젊었을 때 상봉하솔(上奉下率)의 가계를 위해 혹은 영로(嶺路) 혹은 선운(船運)으로 장사를 했다"라고 한 것을 보면 아마 그는 또한 당시의 고립·봉쇄적 자연경제(自然經濟) 속에서 지역간에 물화를 무천(貿遷)함으로써 이윤을 획득했던 것으로 여겨진다. 한강(寒岡)이 "재물은 도(道)에 손(損)이 된다"라고 훈계하자 그는 '부이호례(富而好禮)'라는 공자의 가르침에 힘쓰겠다 하였다. 실제 그는 시종 유가(儒家)의 본색을 지켜 자신은 검소한 생활을 하면서 사우(師友)·인척(姻戚)에 대해서는 항상 후시(厚施)를 잊지 않았다. 우리나라 선비들이 형이상적·관념적 학풍과 비생산적 생활방식에 젖어, 공사(公私)의 빈핍(貧乏)으로 국운이 몰락 일로를 걷고 있었는데 그는 진작 실생활에 관심을 가져 경제활동에 손을 댄 것은 참으로 탁식(卓識)이 아닐 수 없는 것이다.

병자호란이 일어나, 남한산성(南漢山城)의 치욕적인 강화를 당한 뒤에 국민은 사기가 땅에 떨어지고 국가는 재정이 탕진(蕩盡)되어 갈피를 잡지 못하였다. 정부에서 궁여지책(窮餘之策)으로 '모속(募粟)'의 영을 내리게 되었으나 지방 사림 가운데 누구 하나 저장이 없어 응하는 이가 나오지 않았다. 평소 우국의 충정이 간절했던 그는 솔선(率先)하여 1차로 정조(正租) 160석을, 그리고 2차로 정조 240석을 내어, 합 400석을 회사(喜捨)하였다. 청음(淸陰) 김상헌(金尙憲)의 연주(筵奏)에 의해 칠원현감(漆原縣監)으로 특배되었으나 관직을 바라지 않았던 그는 부임할 리 없었다. 그는 대신 사직소(辭職疏)를 올리면서 우국의 충정을 토로하였다. 그의 이 상소문은 그의 문집 가운데 가장 귀중한 글이며 당시 영남의 재야인사 중에서 특출한 식견이라고 할 만하다. 무엇보다 그는 '자강(自强)'을 강조하고 자강을 위해서 '실(實)'을 중시할 것을 요구하였다. 그는 가장 중요한 4개 항목을 다음과 같이 열거하였다.

첫째, '답천지도(答天之道)'에서 실을 다할 것. 군주의 자세를 가다듬기 위하여 감선(減膳) 피침(避寢)과 같은 형식문구(形式文具)를 버리고 진심으로 반성하여 여정도치(勵精圖治)를 해야 한다.

둘째, '보민지술(保民之術)'에서 실을 다할 것. 기아에 헤매고 있는 백성들을 구제하기 위하여 부비(浮費)를 절감하고 부세(賦稅)를 줄여야 한다.

셋째, '용사(用舍) 형정지공(刑政之公)'에서 실을 다할 것. 당색을 초월하여 인재를 공평히 등용하고 상과 벌은 분명히해야 한다.

넷째, '생취(生聚) 교훈지방(敎訓之方)'에서 실을 다할 것. 백성을 사랑하는 마음으로 어루만지고 군사들을 잘 가르치고 훈련시킨 뒤에 싸움에 임하게 해야 한다.

이 몇가지를 성심으로 시행하면서 더욱 '무실(務實)'에 매진(邁進)하면 국치를 씻을 수 있고 나아가 치세를 구현시킬 수 있는 것이라고 끝을 맺었다. 사대주의(事大主義)와 공리허문(空理虛文)에 빠져 있었던 당시의 정신풍토에서 공의 이 자강론과 무실론은 백번 강조하여도 지나침이 없는 것이다.

오호라, 공의 이 지극한 우국충정의 개진이 단순한 의례적인 비답(批答)과 관자(官資)의 승품(陞品)으로 끝나고 말아, 국리민복에 직접 기여할 수 없었으니 어찌 탄식할 일이 아니겠는가. 이리하여 환로(宦路)에 뜻이 없었던 그는 임해진(臨海津) 위에 별업(別業)을 마련하여 '소우헌(消憂軒)'이라 명명하고 금서(琴書)의 아취(雅趣)로 여생을 보냈다. 우분(憂憤)의 해소가 '소우(消憂)'이겠지만 나라와 겨레를 위한 공의 우분은 강산과 함께 길이 사라지지 않을 것이다.

『소우헌집(消憂軒集)』은 양이 적지만 시와 산문이 모두 박실(樸

實)하여 꾸밈이 없으면서 격조(格調)가 높은 것이다. 이번에 이재호(李載浩) 교수의 명역(名譯)을 얻어 한결 빛이 나게 되었다. 출판에 즈음하여 후손 이건중(李健中)씨와 종후손(從後孫) 이흥중(李興中)씨의 부탁으로 삼가 권두(卷頭)에 몇마디 말씀을 싣는다.

1982년 9월 日本 松戶寓舍에서

# 息山全書 序

　조선왕조의 통치철학이 지나친 명분론과 권위주의에 의하여 국민과의 정감(情感)의 교류가 차단(遮斷) 경색(梗塞)되고 지배층의 당론(黨論)이 한번 분열되자 다시 융합(融合)의 계기를 찾지 못한 채 고질화되어 왕조 후기로 접어들면서 그 폐해가 말할 수 없는 지경에 이르렀다.

　이러한 정치상황은 학술사상면에 그대로 반영되어 당색(黨色)에 따라 학파가 갈라지고 학파와 학파 사이에는 당동벌이(黨同伐異)로 대립이 날로 심해졌다. 이 와중(渦中)에서 공심공안(公心公眼)으로 시비를 변별하고 오직 진리 그것을 탐구하는 학자로서 나아가 사회의 정의를 올바로 주장하는 사람은 봉모인각(鳳毛麟角)과 같이 극히 드물었다. 따라서 오늘날 우리 후학들이 국고문헌(國故文獻)을 열람할 때마다 회의와 불만을 품는 한편 민족의 양식과 지성에 대한 아쉬움을 금할 수 없는 것이다.

　이번에 여강출판사(驪江出版社)에서 영인 반포하는 『식산전서(息山全書)』는 우리나라 한우충동(汗牛充棟)의 문집들 가운데서 특출한 것으로, 내용과 소재가 신선하고 풍부할 뿐 아니라 일반 시문집 잡저(詩文集雜著) 외에 『지서(志書)』 『도동편(道東編)』 『역대상편람(易大象便覽)』 『역통(易統)』 『만동사의(萬東祠議)』 『태학성전(太學成典)』 등등 독립된 저서들을 함께 수록하여 국고문헌의 값진 유산으로, 우리 학계에 적지 않은 보탬이 될 것이다. 특히 이 모든 것들이 그 시대의 분위기에 추수(追隨) 부화(附和)한 것이 아니고 한 학자의 자기 생각 자기 판단에 입각한 주체적 신념에서 나온 것이기 때문에 위에서 말한 우리 후학들의 아쉬움에 대하여 일정한 해갈(解渴) 작용을 해줄 수도 있을 것이다.

저자인 식산(息山) 이만부(李萬敷) 선생은 1664년(현종 5년) 서울에서 태어나, 1732년(영조 8년) 경상도 상주에서 세상을 떠난 분으로, 60평생 호학독행(好學篤行)으로 일관(一貫)한 거룩한 재야학자이다. 식산은 연안 이씨(延安李氏) 명문(名門)의 자제이다. 이조판서를 역임한 봉조하(奉朝賀) 근곡(芹谷) 이관징(李觀徵)이 그의 조부이고 예조참판 박천(博泉) 이옥(李沃)이 그의 부친이다. 모계는 지봉(芝峰) 이수광(李晬光)의 후손이고 처가는 서애(西厓) 유성룡(柳成龍)의 후손으로 모두 혁혁(赫赫)한 남인의 가문들이다. 이와 같이 식산은 철저한 남인의 가계에 속하면서 남달리 높은 지처(地處)에 있었지만 그의 염퇴(恬退)의 아조(雅操)는 일찍부터 청운의 꿈을 버렸고 따라서 정쟁의 격류에 말려들지도 않았다.

당시 남인학파는 영남과 근기(近畿)의 두 학통으로 이루어져 있었는데 모두 퇴계학을 조술하지만 그 기질과 사고가 각기 특징을 가졌고 예설(禮說)과 이기론(理氣論)에 있어서도 지향점이나 해석 방식이 반드시 일치하지는 않았다. 그런데 식산은 서울에서 성장하여 가정의 문견(聞見)을 근기(根基)로 삼은 뒤에 위로 미수(眉叟) 허목(許穆)과 용주(龍洲) 조경(趙絅) 등 선배의 풍상(風尙)을 이어받고 아래로 성호(星湖) 이익(李瀷)과 같은 후배를 장려하여 근기 학통을 크게 진흥시키는 한편 30대로부터 상주에 이주하여 갈암(葛菴) 이현일(李玄逸), 청대(淸臺) 권상일(權相一)을 위시한 영남 인사들과 널리 접촉하면서 상호 자익(資益)을 얻게 됨으로써 두 학통 간에 가교적 역할의 수행과 더불어 공동의 장이 마련될 수 있게 하였다.

식산의 공심공안(公心公眼)은 항상 편당적(偏黨的) 경향(傾向)에서 벗어나 있으면서도 일단 자기 견해가 서게 되면 그것에 의해 시비를 변별하는 데에 과감하였다. 퇴계의 이발기발설(理發氣發說)이 자칫 오해를 불러일으킬 소지가 있음을 인정하고 퇴계의 본의를 체득하여 '발(發)'을 '각(覺)'으로 보자고 하였다. 이발(理發) 기발(氣發)은 이와 기 그 자체가 발하는 것이 아니고 심(心)이 이(理)에서 발하는 경우, 또는 기(氣)에서 발하는 경우를 말하는 것이므로 '발(發)'을 '각(覺)'으로 바꾸어놓는 것이 좋다고 하였다. 즉 심(心)이 각어리이발(覺於理而發 : 이성적인 것에 각하여 발하는 것) 또는 각어기이발(覺於氣而發 : 본능적인 것에 각하여 발하는 것)하는 경우를 말한다는 것이다. 이렇게 볼 때 율곡의 기발이승일도설(氣發理乘一途說)은 아주 무의미하다는 것이다. 식산은 율곡이 퇴계의 본뜻을 종용 완미해보지 않고 성급하게 자기 입론(立論)으로 퇴계에 대한 논박을 일삼은 것은 그의 인격의 문제라고 하여 매우 심한 비판을 가하였다.

그러면서 그는 우리나라 '성리대전(性理大全)'에 해당하는 『도동편(道東編)』을 엮을 때에 율곡의 학설은 물론, 사계(沙溪)까지 실었다. 영남의 일부 학자들이 종래의 강경한 지론으로 율곡(栗谷)·사계(沙溪)를 삭제하라고 요구하였다. 식산은 이 책이 어디까지나 객관적 견지에서 다루어져야 한다고 말하고 상당한 알력을 겪으면서까지 뜻을 굽히지 않았다.

가장 특기할 것은 『만동사의(萬東祠議)』를 지은 것이다. 당시 서인학자들이 북벌론(北伐論)과 존주대의(尊周大義)의 기치 아래 만동사(萬東祠)를 세워 명나라 황제를 제사하고 있었다. 식산은 그것이 사대주의의 권화이며 주창자들의 정치적 입장 강화의 방책임을 간파(看破)하면서도 감정적으로 대응하지 않고 항상 경전(經傳)을 주각(註脚)으로 삼는 그들에게 두루 예경(禮經) 고전을 열거(列擧) 소증(疏證)하여 그것이 비례(非禮)라고 공척(攻斥)하였다. 열염(烈焰) 같은 서인들의 세력 앞에 온 국민이 입을 열지 못하고 있는 당시에 식산이 이와같이 정정당당한 논조를 펼쳤던 것은 그의 의연(毅然)한 학자적 풍도를 천추(千秋)에 상망(想望)할 만한 것이다.

이러한 판국이라 조선왕조 체제하에서 『만동사의(萬東祠議)』가

세상에 공표될 수 없었던 것은 물론이고 식산의 문집 외의 그 많은
저서들이 거의 하나도 간행되지 못하고 초고 그대로 건상(巾箱) 속
에 전해오고 있었다. 왕조가 망하고 명분론과 권위주의가 함께 사
라져갔건만 이 땅의 불행한 역사와 사회는 식산의 숭고한 정신이
담긴 글들을 지금껏 온 국민이 공유할 수 없게 하였다. 그러나 이
제 뜻있는 후학들의 노력으로 늦게나마 큰 광명을 방사(放射)하게
되었다. 책이 나올 무렵, 학계의 동경(同慶)을 위해 삼가 몇줄의
서문(序文)을 쓰기로 한다.

1993년 新春 實是學舍에서

# 星湖 藿憂錄 序

이 책은 나의 가형(家兄) 소정공(素丁公∶ 李翼成)이 성호(星湖) 이익(李瀷) 선생(1681~1763)의 『곽우록(藿憂錄)』을 우리말로 번역한 것이다.

성호 선생은 이조 후기 근기지방(近畿地方)의 실학(實學)의 대종(大宗)인 동시에 우리나라 사상사·문화사에 있어서 하나의 신기원을 그은 분이다.

고려 말기에 중국으로부터 수입된 주자학(朱子學)이 이조 건국과 더불어 관학화(官學化)되고 16세기, 17세기로 접어들면서 소수 특권적 지배층── '벌열(閥閱)'의 정치적·사상적 도구로 이용되어 대외적으로는 비굴한 외교를, 그리고 대내적으로는 절대적 권위주의를 구축하여 국민을 정신적으로 압박 통제하였다. 한편 임진왜란과 병자호란의 두 차례 전쟁을 치르고 국가기구의 퇴폐와 사회기강의 이완 및 경제상태의 침체로 인하여 나라의 형편은 말이 아니었다. 국민의 불신과 이반(離叛)을 수습할 수 없었던 지배층은 남한산성(南漢山城)의 치욕에 대한 국민의 적개심을 '북벌론(北伐論)'으로 끌어들여 발산 해소시키는 동시에 명나라에 대한 사대주의를 대의명분화시켜 국민의 창의적·자주적 비판의식을 봉쇄하였다. 그런 가운데서 주자학을 소술(紹述)하는 유자(儒者)들은 성리설(性理說)과 예설(禮說)의 비생산적 논쟁을 일삼아, 현실에서 유리된 관념론으로 전락되었다. 민족과 역사의 발전을 위한 새로운 방향 타개가 절실히 요구되었다.

성호선생은 이러한 시대적 요구에 의해 나온 분이다. 그는 서울과 지척의 거리에 위치한 안산(安山) 땅에 일생을 살고 있으면서 당시의 '벌열'정치에 협력을 거부하고 한 사람의 재야학자로서 새로운 학풍운동으로 민족의 맥박에 신생 활력소를 주입하였다. 그는 학문에 있어서 실증·실용(實證實用)주의를 강력히 제창하였다. 그리고 자아의 자각으로 민족주체적 입장을 선명히하였다. 그는 특히 유자들의 비생산적 관념론을 반대하고 정치·경제적 현실관계로 관심을 돌리게 했으며, 나아가 널리 국민의 의식개혁을 선도하게 되었다. 그는 '벌열'의 권력독점과 그것을 비호하는 군주전제(君主專制), 그리고 인재(人材)의 올바른 등용을 막고 있는 과거(科擧)를 정치의 3대 죄악이라 하여 통렬히 비난하는 동시에 토지제도·조세제도를 위시하여 군사·교육 및 인사행정 내지 사회정책 등 국정 전반에 걸쳐 정책의 연구와 개발에 심혈을 기울였다. 이는 재야학자의 주관적 이상론(理想論)이 아니라, 당시의 현실을 구체적으로 분석하고 곧 실천에 옮길 수 있는 대안들을 제시한 것이다. 이러한 학문적 업적을 대표하는 것이 곧 이 『곽우록』이다. 다시 말하면 『곽우록』은 성호선생의 학자생활 팔십 평생에 남긴 방대한 저서 중에서 그의 실학자로서의 사상체계, 즉 경세치용학(經世致用學)의 구체적 내용을 가장 잘 보여주는 것이라 하겠다.

가형이 이 『곽우록』을 정성껏 번역하여 세상에 내어보내려 했던 충정은 실로 남다른 바가 있다. 원래 성호학통(星湖學統)에 속한 우리 부조(父祖)의 가학연원(家學淵源)에다가 가형의 탄생한 날이 바로 우리 집에서 성호선생 문집의 간행을 착수한 1917년 음력 정월 12일 개판일(開板日∶木板刻字의 開始)이었다. 그때 영남 및 기호(畿湖) 지방에서 참집(參集)한 많은 학자들은 우리 조부 성헌(省軒)선생에게 하나같이 경사를 축하하면서 신생아의 아명(兒名)을 성석(星錫)으로 하자고 제의하였고, 조부께서는 흔쾌히 받아들이셨다고 한다. '성석'은 성호가 주신 것이라는 뜻이다. 뒤에 관명(冠名)을 '익성(翼成)'이라고 한 것도 성호의 휘(諱)인 익(瀷)의 오른쪽을 따온 것이다.

 이러한 연유에서 형님은 성호를 항상 방계 조상으로서가 아닌, 직계 조상에 다름없는 존모(尊慕)의 정을 가져왔고, 중년 이후 여러 고전을 번역하면서 진작 성호문집 가운데서 잡저(雜著)를 골라 번역 출판하였다. 이『곽우록』에 대해서는 특별히 힘을 기울여 몇 차례 역고(譯稿)를 바꾸어가며 성의를 다하고자 하였다. 그러나 어느덧 노경에 접어들고 건강상의 제약 때문에 스스로 만족할 만한 것이 못된다고 여겨, 출판사에 넘기지 않고 초고 그대로 두었던 것이다.

 이번에 한길사의 호의로 모든 역서(譯書)를 일괄 출판하면서 이『곽우록』도 함께 내기로 하였다. 다만『성호잡저』중에서『곽우록』에 없는 것을 뽑아, 뒤에 첨부하여 한 책으로 만들었다. 성격이 동일한 것이기 때문이다. 형님의 본뜻에 어긋나지 않을까 두려움이 앞선다.

1991년 7월 19일 實是學舍에서

# 燕巖文抄 序

　이 책은 나의 가형(家兄) 소정공(素丁公 : 李翼成)이 연암 박지원(朴趾源) 선생의 문집 가운데서 중요한 글들을 골라 우리말로 번역한 것이다.

　해방 후 우리나라 학계에 실학(實學)에 대한 관심이 높아지면서 많은 연구물들이 쏟아져나왔다. 그중에서도 연암의 문학과 사상이 국문학·국사학 쪽에 크게 흥미를 끌게 되어 근 수십년래로 연암 연구의 붐이 일어나 연암에 관한 각종 저서·논문이 백여 종에 달하고 있고 번역도 여러가지가 나왔다.

　그러나 그 여러 종의 저서·논문 내지 번역물들을 검토해보면 대체로 한쪽에 치우쳐 있는 느낌이다. 연암외집(燕巖外集)에 실린 『방경각외전(放璚閣外傳)』이나 『열하일기(熱河日記)』를 다루어놓은 것이 거의 전부라고 해도 과언이 아니다. 아마도 『방경각외전』의 전(傳)들은 이야기로서 재미가 있으니까 그것을 소설이라고 하여 너도나도 천편일률로 접근하게 되었고, 『열하일기』는 중국 여행기, 특히 북학파—— 이용후생파(利用厚生派)의 대표적 견문록이라 하여 그 가치가 강조되어왔다. 그것은 당연한 일이다.

　그러나 연암의 글을 깊이 있게 읽고 음미하면서 그의 문학이론과 사상구조에 대해서 투철하게 파악한 사람은 그리 많은 것 같지 않다. 연암의 문학이론과 사상구조를 옳게 이해하려면 『방격각외전』이나 『열하일기』에 앞서서 연암의 문집 가운데서 서간(書簡)·서(序)·기(記)·발(跋) 등 일반 산문(散文)과 논(論)·의(議)에 해당하는 글들을 다루어야 할 것이다.

　그런데 지금껏 연암을 연구하는 분들이 위의 서간·서·기·발·

논·의 등에 대해서 깊이 있게 읽고 음미하면서 본격적으로 다루어 놓은 것이 없다시피 한 것은 웬일일까?

그것은 각자의 취향에 따라 대상을 달리할 수 있는 것이라고 말할 수 있겠지만, 그리고 당시 우리 학계의 일반적 요구를 우선적으로 충족시켜주기 위함이라고 말할 수 있겠지만, 보다 간과할 수 없는 중요한 이유 중의 하나는 위의 서간·서·기·발·논·의 등의 문장이 연암의 심오(深奧)한 생각과 탁월(卓越)한 식견과 고묘(高妙)한 논리를 담아놓은 것이어서 보통 능력으로 손쉽게 파헤치기 어렵기 때문이라는 것이다. 소설적 구성으로 된 『방경각외전』이나 사실의 서술로 엮어진 『열하일기』에 비하여 위의 서간·서·기·발·논·의 등이 연암의 문학이론과 사상구조에 있어서 훨씬 본질적 내용에 속하는 것이다. 따라서 그만큼 알고 풀이하기가 쉽지 않은 것이다.

이 『연암문초』는 위의 서간·서·기·발·논·의 등을 주로 뽑아 번역하고 주석을 붙여 한권의 책으로 엮어놓은 것이다. 남들이 선뜻 달려들지 않고 남겨둔 부분을 가형이 회피하지 않고 어려운 작업에 착수했던 것이다.

가형이 세상을 떠나신 지 이미 5년. 서울 삼각산 아래에 있는 적막한 옛집에 손수 심은 몇 그루 나무가 작은 뜰을 덮고 있고, 창안의 서가(書架)에는 손때 묻은 책들이 그대로 꽂혀 있는데, 이 『연암문초』도 여러 가지 역고(譯稿) 속에 끼여 있었다. 이제 연월을 조사해보니 이 역고는 형님이 마지막 병석에 드시기 직전에 겨우 일차적으로 번역을 마치고 대강 주석을 달아두신 것이다. 중년 이후에 수많은 고전을 번역하셨지만 원래 자상하고 정밀하신 천성 때문에 모든 번역은 일차적으로 원문을 우리말로 바꾸어놓은 뒤에 재차 삼차 퇴고(推敲)를 가하고 주(註)에 대해서도 재삼 고증을 거쳐 비로소 출판사에 넘기는 것을 관례로 삼아오셨다. 그런데 이 『연암문초』는 그럴 겨를이 없었던 것이다.

　이번에 한길사 김언호 사장의 호의로 지금까지의 모든 역서를 일괄 출판하게 되어 이 『연암문초』도 함께 내기로 하였다. 혹시 형님의 평소의 취지에 어긋나는 것이 아닐까 염려가 앞선다. 독자 여러분의 양해가 있으시기를 빌어 마지않는다.

1991년 6월 1일　實是學舍에서

# 松南雜識 序

　실학시대(實學時代)의 특징의 하나는 학자들의 저술·편찬의 활동이 왕성해지고 그중에서 백과전서(百科全書)내지 백과사전적(百科事典的) 대부질(大部帙)의 책들이 수없이 나온 것이다. 성리학(性理學)의 폐쇄적인 학문풍토에서 벗어나, 넓은 세계로 눈을 돌리기 시작하면서 종전의 공리(空理)·허상(虛想)과는 달리, 온갖 사물에 대한 객관적 고찰과 구체적 이해가 진전되어 그것을 기록으로 정리하려는 욕구가 대두한 때문이었다고 생각된다. 『지봉유설(芝峰類說)』과 『성호사설(星湖僿說)』은 그 대표적인 것으로 이미 세상에 널리 알려져 있거니와 그밖에 안순암(安順菴)의 『만물유취(萬物類聚)』『잡동산이(雜同散異)』를 위시한 유명·무명의 유사한 엮음들이 뒤를 이어 나타나고 실학시대의 말기에 이르러 다시 출색(出色)한 도미(掉尾)의 업적으로서 우리는 일반적으로 이규경(李圭景)의 『오주연문장전산고(五洲衍文長箋散稿)』를 기억해오고 있다.

　그런데 『오주연문장전산고(五洲衍文長箋散稿)』와 거의 같은 시기에 또하나 간과할 수 없는 중요한 업적이 있었으니 그것이 곧 조재삼(趙在三)의 『송남잡지(松南雜識)』이다. 『송남잡지(松南雜識)』는 천문류(天文類)·세시류(歲時類)·지리류(地理類)를 필두로 한 33개의 분류에다가 무려 4378개의 항목으로 구성된 방대한 내용의 책이다.

　저자 송남(松南) 조재삼(趙在三)은 17세기 후반 재야학자(在野學者)로 유명한 졸수재(拙修齋) 조성기(趙聖期) 선생의 오대손(五代孫)이다. 훌륭한 조상을 지닌 송남(松南)은 이조후기 벌열정치(閥閱政治)·세도정치(勢道政治)의 과정에서 계속 소외당한 사대부의 후예로서 유수(幽愁)·고분(孤憤)이 없을 수 없었을 것이다. 흔히 이런 경우에 처한 선비들이 세상에 대한 뜻을 잃고 시인묵객적(詩人墨客的) 생활로 흘러, 금서(琴書)·난죽(蘭竹)으로 자기를 해소시키고 말기가 쉬운데 송남은 그렇지 않고 오로지 박학다식(博學多識)의 독공(篤工)을 쌓아 일반 문집과는 성격이 다른 저술·편찬에 전념함으로써 학술적으로 큰 비익(裨益)을 후세에 끼치게 되었다. 우리 후생들에게 크게 존경을 받아 마땅한 일이다. 특히 이 『송남잡지』가 바로 그의 필생의 정력이 결집된 산물임을 생각할 때 우리는 더욱 이 책을 소중히 다루지 않을 수 없는 것이다.

그런데도 이 책이 저자의 손에서 성편된 지 1세기 반이 가깝도록 아직 정식으로 인쇄된 적이 없었고 초고 그대로 대학도서관에 묻혀 있거나 아니면 임시 유인물로 한때 근소하게 동호자들에게 배부되었을 뿐이었다. 따라서 이 책은 지난날 국문학의 선배 몇분에게 부분적으로 이용되었을 따름이고 일반 학도들은 이 책의 면영(面影)조차 엿본 적이 없을 정도였다.

이번에 임형택(林熒澤) 교수의 많은 노력으로 이 책이 비로소 학계에 널리 펴지게 되었다. 임형택 교수는 서울대학교 고도서에서 이 책을 열람하고 곧 그 가치를 인식하였다. 그런데 그것이 송남의 초고본이기는 하나 정정(訂正)·도말(塗抹) 및 삽입(揷入) 부분이 많아 그대로 읽고 보기가 곤란하기 때문에 대신 청주인사(淸州人士)에 의해 만들어진 유인본을 어렵게 구득하여 자세히 검토한 끝에 초고본보다 항목이 훨씬 많다는 것을 확인하였고 이어서 저자의 가계와 처지를 고득(考得)한 뒤에 한편의 해제를 작성하여 그것을 아세아문화사(亞細亞文化社)의 한국학고사전총서(韓國學古辭典叢書)의 하나로 내게 된 것이다.

임형택 교수는 이 책을 보다 완벽하게 만들기 위해 새로 목차를 마련하고 각 항목마다 따로 소제목을 붙여, 이 책의 내용이 한눈에 선명하게 파악될 수 있도록 하였다. 저간의 노고가 실로 간단치 않

앉음을 알 만하다. 이 책의 출판에 즈음하여 우리는 임교수의 학문
적 열의와 아세아문화사의 국고문헌(國故文獻) 간행의 두터운 공로
에 아울러 치사해 마지않는다.

1986년 7월 서울강남 來靑閣에서

# 淸州版 明心寶鑑 序

　이　청주판(淸州版)『명심보감(明心寶鑑)』은　1454년(李朝　端宗　2년)　충청도　감사(忠淸道監司)　민건(閔騫)의　주재하에　청주에서　목판으로　새긴　것이다.　우리나라『명심보감』의　최초　판각본이며 '당본(唐本)' 즉　중국의　원본을　충실히　옮겨온　것으로　보인다.　당본의　정식　명칭은『신간대자명심보감(新刊大字明心寶鑑)』으로　여겨지는데　이　청주판에서는　권상(卷上)의　목록　앞에　그리고　권하(卷下)의　종미(終尾)에　교정(校正)이란　두　글자를　삽입하여『신간교정대자명심보감(新刊校正大字明心寶鑑)』이라고　해놓았다.　당본을　복각(覆刻)할　때에　약간의　교정을　가했을지　알　수　없는　일이다.

　1393년경　중국에서　편저된　이『명심보감』이　진작　우리나라에　들어오고　뒤이어　월남·일본　등　각국에　유포되었으며　서양인(西洋人)들이　동양(東洋)으로　진출했던　16세기　말엽에　필리핀(比律賓)에서　화란어(和蘭語)로　번역되었다.　이로부터　화란어　또는　독일어의　역문으로　몇　차례　구주(歐洲)에서　출판된　바도　있었다.　동양의　서책(書冊)으로서　서양말로　번역된　최초의　것이　바로　이『명심보감』이라고　한다.　놀라운　일이다.

　언제부터인지　우리나라에서　청주판『명심보감』은　자취를　감춰버리고　대신　청주판의　내용을　초략(抄略)한　책이　널리　유행하였다.　청주판의　내용의　3분의　1이　채　안되는　이　초략본(抄略本)이　방방곡곡의　촌학당(村學堂)에　초학교재(初學敎材)로　보급되면서도　그것이『명심보감』의　전부인　줄　알았으며　편저　연대(編著年代)도　전혀　알려지지　않았다.　엉뚱하게　고려조(高麗朝)의　명신(名臣)　노당(露堂)　추적(秋適)의　편저로　잘못　인정되기도　하였다.

1970년대 초에 나는 우리나라 동해안의 어느 고가에서 청주판 한 책을 발견, 입수하여 비로소 현 유행본(流行本)이 모두 원전(原典) 그대로가 아닌 초략본이라는 것과 편저자가 중국 명초(明初)의 범입본(范立本 : 字는 從道)이라는 사실을 확인하였다. 나는 이 사실을 기록하여 당시의 독서신문(讀書新聞)에 실리는 한편 동방문화사(東邦文化社) 주인(主人) 황모(黃某)의 요청을 받아들여 그 책을 영인에 붙이기로 하였다. 그런데 동방문화사는 어떤 사정으로 문을 닫으면서 조잡한 형태로, 그나마 근소한 부수로 책을 찍어, 이내 품절되고 말았다. 그러나 그것은 예상 밖에 국내외(國內外)에 반향을 일으켰다. 일본(日本) 부사시대학(武藏大學)의 와타나베 마나부(渡部學) 교수는 「원본(原本) 명심보감(明心寶鑑) 영인본(影印本)의 간행(刊行)」(『韓』 7권 3호, 東京 1978년)이라는 글에서 나의 해제(解題)를 자세히 옮겨놓았고 화란(和蘭) 라이덴대학의 프리쯔 휘스(Frits vos) 교수는 「명심보감(明心寶鑑)에 대하여」(日本 東北大學 日本文化硏究報告, 21집, 仙臺, 1985년)라는 제목으로 역시 나의 해제를 참고하여 긴 논문을 발표하였다. 특히 휘스 교수는 나에게 보내온 그 논문에서 『명심보감』이 서양 선교사(宣敎師)들에 의해 번역 소개되는 과정을 상세히 추적하고 서양말로 옮겨진 최초의 동양서(東洋書)라는 점과 화란(和蘭)에 전존(傳存)된 사본(寫本)에 의해 편저자인 범입본(范立本)의 자(字)가 종도(從道)라는 것을 함께 알려주었다.

여기 나는 크게 유감스러운 일을 말하지 않을 수 없다. 1981년 내가 해외여유(海外旅遊)를 떠나면서 청주판 『명심보감』을 다시 영인할 양으로 소중하게 간직하고 있던 책을 경인문화사(景仁文化社) 한상하(韓相夏) 씨에게 빌려주었다. 익년(翌年)에 귀국해보니 한씨(韓氏)는 화재를 만나, 다른 책들과 함께 『명심보감』도 오유(烏有)로 돌아가고 말았다는 것이다. 우리나라 유일본(唯一本)인 청주판 『명심보감』이, 그것도 5백여 년 전 고인쇄본(古印刷本)이 드디어 영영 사라지고 없어진 것이다. 이는 우리 서지학계(書志學界)의 큰 손실일 뿐 아니라, 나라의 전적문화재(典籍文化財)를 잘못 간수한 나의 책임을 무엇으로 속죄할 것인가. 나는 그야말로 통석(痛惜)의 염(念)을 금할 길이 없었지만 또한 어찌할 도리가 없었다.

불행중 다행으로, 일본 츠꾸바대학(筑波大學) 도서관에 우리 청주판 『명심보감』 1책(册)이 있음을 알았다. 츠꾸바대학의 전신인 동경교육대학(東京敎育大學)의 소장본(所藏本)으로, 양안원(養安院) 장서인(藏書印)이 찍혀 있다. 경위를 알 수 없지만 임진란(壬辰亂) 중에 가져간 것으로 생각된다. 목판이 낡은 뒤에 인쇄한 것인 듯 자획의 마모가 심한 곳이 있어, 초판본이 아님을 짐작할 만하다. 꿩 대신 닭이라는 우리나라 속담을 생각하며 나는 이것을 복사하여 해외수일본(海外蒐佚本)의 하나로 다시 영인에 부(付)하기로 한다.

1990년 6월 서울 栖碧新居에서

# 實學硏究入門 序

현실을 어떻게 인식하며, 어떻게 파악하느냐 하는 것이 역사학의
시발점이다. 역사학은 학자 자신의 현실 인식·현실 파악의 태도
여하에 따라 방향과 관점이 규정되기 때문이다.

'지금' '이곳'의 현실을 여하히 인식, 여하히 파악하느냐 하는 것
은 오늘을 사는 이 땅의 역사학도에게 주어진 가장 절실한 과제다.
이러한 문제의식에서 출발하지 않은 역사공부는 소박한 고증학적
(考證學的) 사학으로 필경 역사 속에 흐르는 민중의 소리 —— 시대
의 소리를 완전히 외면해버린 형해화(形骸化)한 골동사학(骨董史
學), 생명이 없는 제도사학(制度史學) —— 인간이 부재(不在)한 사
학으로 고락(枯落)되고 말 것이다.

역사 속에 있어서의 인간의 주체적 노력, 역사상황에 대처하는
인간의 저항과 참여, 역사의 변혁과 추진을 창조적으로 수행하는
과정에서 인간의 분노·환희·번뇌의 소리 —— 그 집단(集團)으로
서의 소리가 바로 민중의 소리인 것이다.

역사학도가 역사연구를 창조적 수행과정의 작업으로 의식하면서,
역사 속에 흐르는 민중의 소리가 바로 자기의 소리로 주체화할 때
에 비로소 그 시대의 고민을 올바로 체득(體得)할 수 있을 것이며,
따라서 역사학은 과학의 기반 위에 무한한 전진적 의의를 가지게
될 것이다.

역사학회(歷史學會)는 1966년에 『한국사(韓國史)의 반성(反省)』
이라는 책자를 낸 바가 있다. 우리 국사의 제시대(諸時代)·제분야
(諸分野)에 관한 근래 각종의 글들을 유별(類別)로 편찬했던 것으

로, 일제식민지사학(日帝植民地史學)을 포함한 종전 사학의 타성
(惰性)을 극복 청산하고, 새로운 좌표를 정립하려는 이 땅의 역사
학의 과도기적 양상(樣相)을 잘 보여주었다. 여기에는 이 땅을 둘
러싼 국제정세, 특히 일본과의 새로운 관계가 민족주체적 자각을
촉진하는 자극제가 되었던 것이다.

이번에 이 『실학연구입문(實學硏究入門)』은 이조 후기 실학파 학
자들의 사상에 관한 일련의 논술들을 수록한 것이다. 필진(筆陣)은
모두 한층 더 젊은 역사학도들이다. 아직 미숙한 면과 불비(不備)
한 점이 있을 수 있다. 그러나 학문에 대한 정열과 참신한 시대감
각이 기성세대에서 볼 수 없는 특색인 동시에 이 땅의 역사학의 저
력을 알려주는 것이다.

오늘의 상황 속에서 참되게 살아가며, 바르게 대처하려는 우리들
에게 우리나라의 지적(知的) 전통(傳統)은 훌륭한 정신적 자산이
되고 있다. 그중에서도 이 '실학(實學)'은 그 당시의 현실 인식·현
실 파악을 위한 우리 선현들의 고민에 차 있는 학문적 탐색의 결정
(結晶)이다. '국민을 위한 역사학'으로 폭을 넓혀야 할 우리 국사학
의 현상에 비추어, 선현들에게서 물려받은 훌륭한 정신적 자산을
소수 학자의 연구실로부터 국민의 것으로 공유함에 있어서 이 조그
만 책자가 적지 않은 공헌이 될 것으로 믿는다.

여기 수록된 글들은 처음부터 역사학회의 기획하에 집필된 것이
아니다. 그 대부분이 『창작과비평』이라는 잡지에 시리즈로 실렸던
것이고, '연구서설(硏究序說)' 한 편은 『문화비평(文化批評)』이라는
또 다른 잡지에 실렸던 것을 뽑아다가 한데 엮어놓은 것이다.

어려운 사정 속에 이 책의 출판을 쾌히 허락해주신 일조각(一潮
閣) 한만년(韓萬年) 사장에게 심심(深甚)한 감사를 드린다.

1973년 1월 15일 泮橋에서

# 茶山의 政治經濟思想 序

　1990년 가을, 나의 정년퇴직에 즈음하여 여러 정다운 벗님들이 창작과비평사의 협조를 얻어, 기념논총으로 『민족사의 전개와 그 문화(民族史의 展開와 그 文化)』 상·하 두 책을 출판하고 뒤이어 그 논총 속에 수록된 다산(茶山) 관계 논문 11편을 따로 뽑아, 『다산의 정치경제사상(茶山의 政治經濟思想)』이란 이름으로 단행본 한 책을 만들기로 하면서 나에게 그 취지를 알려왔다.

　여기 다산 관계 논문의 집필자는 예외없이 다산연구회(茶山研究會) 동인(同人)들이다. 다산연구회가 발족되어 정식으로 연구작업을 시작한 것이 지금 꼭 15년, 그동안 나는 회원의 한 사람으로 매주(每週) 정례적인 모임에 거의 빠짐없이 참석하여 여러 동인의 진지하고도 적극적인 토론을 지켜보면서 학문적으로 많은 것을 얻었다. 그리고 어려운 세상 탓으로 한때 동인 중 반수에 가까운 사람이 영어(囹圄)의 몸이 되거나 대학강단에서 추방되어 생활에 위협을 받고 있는 가운데서도 끝내 모임을 중단함이 없이 연구작업을 계속하고 있으면서 인간적으로 서로 신뢰하고 서로 격려하는 그 동지애적 결합(同志愛的 結合)에 대하여 나는 또한 적지 않은 감동을 받았다. 고난(苦難) 속에서 뜻을 함께 하는 벗들이 있다는 사실이 얼마나 소중한 것인가를 절실히 느껴왔다.

　우리가 다산을 연구하게 된 것은 단순히 우리나라의 문화유산으로서의 한 고전을 다루어보자는 것이 아니다. 그리고 다산이 우리나라 실학사(實學史) 위에 차지하는 위치가 크고 중요하다는 의미에서만도 아니다. 무엇보다 다산이 처한 암울한 시대상황 내지 그가 개인적으로 놓여 있었던 곤궁한 형편에서 조금도 타협과 비굴을 일삼지 않고 떳떳이 자기의 주체성을 지키면서 오직 나라를 걱정하고 백성을 사랑하는 일념(一念)으로 연찬(研鑽)과 저술에 전생애를 바쳐 그와같이 탁월한 학적(學績)을 남기게 된 그 숭고하고도 참다운 충정에 깊이 공명했기 때문이다. 흔히 다산과 비슷한 처지에 빠져 있는 인사(人士)들 중에는 울분과 좌절 속에 시문(詩文)과 난죽(蘭竹)으로 자기를 해소(解消)시키면서 시인·묵객의 아취(雅趣)를 누리는 것으로 자위(自慰)하고 마는 경우가 적지 않다. 이에 비하면 다산이 어디까지나 한 사람의 학자로서, 고심 정의(苦心精義)로 이룩한 그 결과는 너무나 위대한 것이다.

다산은 처음부터 재야학자(在野學者)이거나 불우(不遇)한 관인(官人)이 아니다. 젊은 관료시절, 국왕(國王)의 지우(知遇)를 입어 개인으로 장래가 크게 촉망되었을 뿐 아니라 한 나라의 정치를 혁신해보려는 큰 뜻을 품기도 하였다. 당시에 실학사상이 이미 한 시대의 조류(潮流)를 이루고 있었는데다가 국왕 정조(正祖)가 또한 실학적 사고(思考)를 지닌 임금으로 선왕 영조(先王英祖) 이래 주창해오던 실심실정(實心實政)을 더욱 추진하려 하였다. 그가 남긴 방대한 문집 『홍재전서(弘齋全書)』를 보면 그 속에 정치·문물에 관한 논의(論議)의 주제(主題) 내지 제기된 문제들이 다산의 논책(論策)들에 나타난 사상과 상관관계를 가진 것이 아주 많다. 철학하는 사람이 왕이 되어 이상국가(理想國家)를 만들어야 할 '철학왕(哲學王)'이란 말이 있듯이 우리는 정조를 '실학왕(實學王)'이라고 불러서 무방할 듯하다. 실학왕 정조와 실학자 다산의 사상적 계합(契合)은 군신간(君臣間)의 주종관계(主從關係)를 넘어 인간적으로 깊은 우의(友誼)를 맺게 하였다.

귀척(貴戚)을 중심으로 한 서인계 벌열(西人系閥閱)들의 집권이 반근착절(盤根錯節)이 되어, 왕으로서도 손쉽게 개혁할 수 없는 형편이고 보면 다산의 경륜과 포부가 실현될 수 없음은 오히려 당연지세였다. 농업생산기구나 축성기구(築城機具) 등 기술적 측면에

관한 근소(僅少)한 공헌을 남겼을 뿐 정치의 원칙이나 권력구조의
변경 등에 관한 것은 전혀 생각할 수조차 없었다.

18세기에서 19세기로, 세기의 교체는 다산의 운명을 하나의 분기
점으로 갈라놓았다. 1800년에 정조가 죽고 순조(純祖)가 왕위에 올
라 외척이 다시 횡포를 부리게 되자 다산의 일가는 혹독한 수난기
로 접어들었다. 천주교(天主敎) 옥사에 휘말려, 기나긴 귀양살이로
떠나는 다산은 정조의 죽음부터 납득할 수 없었다. 노론 벽파(老論
僻派)의 음모와 어의 심인(御醫 沈鏔)의 하수(下手)로 비명에 가게
되었다고 믿고 있는 다산은 비통한 생각을 평생 잊을 수 없었다.
국왕의 힘을 통하여 자기의 이상(理想)을 구체화하려던 것이 일조
에 수포로 돌아갔기 때문에 그의 상심과 실망은 더욱 심했던 것이
다.

그러나 그로부터 다산의 사상은 중요한 전환의 계기를 찾았다.
국왕의 힘을 통하여 정치를 바로잡아보려던 다산은 이제 고개를 돌
려 '민(民)'의 존재에 주의를 기울였다. 실제로 '민'의 성장과, 성장
에 따른 새로운 동향은 중세 후기로부터 두드러지게 나타나고 있었
다. 원목(原牧)·탕론(湯論) 등 '민'을 주체로 한 정치사상과 여전
론(閭田論)과 같은 토지제도의 구상(構想)도 모두 그의 후기의 작
으로 보인다. 여전론이 초년작이라는 기록이 있다고 하지만 사상내
용으로 보아, 현실적으로 이씨조정(李氏朝廷)과 밀접한 관계가 다
끊어지고 난 뒤에 아무런 부담이 없는 상태에서 나올 수 있었던 이
론이라고 여겨진다. 일표이서(一表二書)와 같이 현실적 법제도의
개선을 위한 것은 별문제로 하고 그의 근원적 사상논리를 담아놓은
몇편의 글에서 우리는 다산이 도달한 사상사적 지점(地點)을 측정
할 수 있으리라고 믿는다.

이 책에 실린 여러 동인의 논문은 각기 관심대상에 따라 쓴 것이
고 처음부터 공동기획에 의해 체계적으로 씌어진 것은 아니다. 따
라서 다산의 정치경제사상을 계통 있게 서술해놓은 것은 아니다.

그러나 그 제목에 따른 내용의 추구와 파악은 각자의 역량에 따라 달성된 것이므로 앞으로 다산 연구에 있어서 한 이정표의 역할을 할 것으로 보고 있다.

  책머리에, 여러 동인들이 언급하지 않은 부분을 두서없이 적어서 다소의 보완이 되기를 바란다.

1990년 10월 實是學舍에서

# 19世紀의  韓國社會  序

『19세기의  한국사회(韓國社會)』라고  이름한  이  책은,  실은  19세기의  전반기,  즉  개항  이전의  우리나라  전통사회를  다루어놓은  것이다.

1876년  강화도(江華島)에  있어서의  일본과의  소위  '수호조규(修好條規)'의  조인을  계기로  하여  이조정부는  오랫동안의  폐관쇄국(閉關鎖國)에서  개국통상(開國通商)으로  전환하게  되었고  세계열강의  자본주의  물결은  이  조용한  아침의  나라를  뒤흔들기  시작하였다.  국민국가를  형성시킬  바탕이  성숙되지  못했던  우리나라에서  소수  척족(戚族)에  의한  지배로  적폐(積弊)와  적약(積弱)에다가  외교적  안식(眼識)마저  부족했던  이조정부는  개국통상의  과정에서  비주체적(非主體的)  비능동적(非能動的)  자세로  대처해왔고  외국과의  관계에  있어서  불평등의  입장을  감수해왔다.  이에  대한  우리  민중의  반제반봉건투쟁(反帝反封建鬪爭)과  애국적·선각적  지식인들의  정치  문화활동이  강력하고도  활발하게  전개되어왔으나  악랄한  일본  군국주의(軍國主義)의  수법과  그것을  방조  묵계한  영미  여러  강대국의  힘의  작용에  의하여  우리의  민족적  저항은  한계에  부딪치게  되고  한일합병(韓日合倂)이라는  이름  밑에  왕조의  폐막과  국권의  상실을  겪게  되었던  것이다.

36년간의  일제  어용학자(日帝御用學者)들은  이러한  침략행위를  정당화시키기  위해  한국의  자주적  근대화의  능력의  결여를  강조하고  한국의  식민지화를  한국역사의  필연적  결과라고  주장하였다.  그러기  위해  그들은  소위  타율성사관(他律性史觀)·정체성사관(停滯性史觀)을  구사하여  한국역사의  내재적  발전법칙을  전혀  부정해버리는 한편 일본의 통치가 한국인들에게 근대적 생활·문화를 향수케 한 것으로 허위 선전하였다.

8·15 이후, 특히 6·25 이후 우리 젊은 국사학도들은 새로운 민족사학(民族史學)의 수립을 위한 정지작업에서 무엇보다 당면과제로서 일제 식민지사관(日帝植民地史觀)의 청산에 주력하였다. 그것은 일제 교육하에 성장한 기성세대들 사이에 의식적·무의식적으로 타율성(他律性)·정체성(停滯性) 이론에 깊이 젖어 있는 사람이 많았고 나아가 한국학을 한다는 외국학자들의 한국관에도 결정적 영향력을 주고 있기 때문이었다. 게다가 분단시대의 동요 불안한 상황과 많은 지식층의 패배의식은 민족허무주의(民族虛無主義)를 만연케 하여, 우리 역사의 주체적·전진적 파악이 어느때보다 더 한층 절실히 요망되는 실정이었다.

때마침 자본주의 맹아론(資本主義萌芽論)이 국제적 논쟁으로 등장하여 여러 역사학자들의 관심을 환기시키고 동아시아 역사의 새로운 이해에 한 전기를 가져왔다. 서구 자본주의 문명의 동점(東漸)에 앞서 동아시아 사회 내부에서 자본주의 맹아가 발생하여왔다는 사실과 그것을 밝혀낸 이론은 종래의 아시아적 생산양식의 그릇된 이해에 결부된 타율성·정체성 사관을 타파하는 참신한 무기 구실을 할 수 있는 것이었다.

1960년대 중반에 접어들면서 우리나라에도 차차 자본주의 맹아론이 도입되어 국사학계의 일각에서 새로운 활기가 움트고 있었다. 그 무렵 나는 1년간 외지(外地)에서의 체류를 마치고 귀국하여 여러 동학들과 만날 적마다 맹아론에 관한 작업을 좀더 적극화할 것을 의논하였다. 1969년 가을 어느날, 김재원(金載元) 박사와 만난 자리에서 고병익(高柄翊)·이기백(李基白) 양씨(兩氏)도 자리를 함께 하여 차년도(次年度) 연구계획 관계 의견교환 끝에 나에게 19세기 전반기의 한국사회에 관한 공동연구의 계획을 세우고 그 팀을 짜보라고 종용하였다. 나는 그 취지에 찬동하면서도 내가 전공하는

시대가 아니므로 나 자신의 참여는 사양하였다. 그러나 실학사상
(實學思想)과 개화사상(開化思想)과의 관계를 다룰 필요도 있고 하
니 사양 말고 해보라는 권유에 나는 이를 받아들이고 곧 연구목표
를 정하는 한편 연구진을 구성키로 하였다. 연구목표는 개항 이전
의 우리 사회가 어떤 처지 어떤 단계에 도달해 있었던가, 그리고
우리 사회 내부에 자본주의적 요소가 어느 만큼 이루어져 있었던가
를 밝히는 데에 두기로 하고 연구진은 김용섭(金容燮 : 農業 분
야)・김영호(金泳鎬 : 手工業・鑛業 분야)・강만길(姜萬吉 : 商業  분
야)・정석종(鄭奭鍾 : 社會・身分 관계)씨 등으로 구성하게 되었다.
그리고 나는 사상관계를 담당하기로 하였다.

　이리하여 이듬해 5월부터 본격적 연구작업에 들어갔다. 성균관대
학교(成均館大學校)  교수회관(敎授會館)  제515호실인  나의  연구실
에서 매월 1회씩 전원 5명이 회합하여 상호 토론을 가졌고 10월부
터는 매월 회합에서 각자의 연구개요를 1명씩 차례로 보고하게 되
었다. 그런데 유감스럽게도 이해 12월부터 나의 건강이 나빠져서
1971년 2월부터는 이 회합이 중단되게 되었다. 다른 네 분의 연구
자는 각자의 정력적인 작업을 계속하여 그 연구가 대체로 기한 안
에 완성되었으나 나는 당뇨와 심장 두 갈래의 신양(身恙)으로 소정
의 작업을 거의 포기하다시피 되었다.

　원래 나는 사상부문에서 '실학사상(實學思想)의 개화사상(開化思
想)으로의 전회(轉廻)'라는 주제를 잡고 구체적으로 최한기(崔漢綺)
의 사상을 연구해보려 하였다. 최한기의 방대한 편저를 대충 수집
정리하여 대동문화연구원(大東文化硏究院)의 고전총서(古典叢書)로
출판을 끝내고 그 사상의 종합적 체계화를 시도한 것이 나의 당초
의 야심이었다. 그러나 나는 겨우 종래 의문에 싸였던 최한기의 가
계와 연표를 작성하고 곧 중도반단(中途半端)에 머물러버렸다. 나
는 어떻든 나의 연구를 마무리하여 다른 네 분의 연구논문과 함께
묶어, 1책으로 간행하려고 애써 보았으나 건강의 쾌복(快復)은 지

연되고 다른 네 분에게 미안하기도 하여 결국 졸고는 할애하고 네 분의 논문만을 실어서 이제 대동문화연구원의 연구논집으로 세상에 내어보낸다. 그리고 나의 최한기 연구는 장차 완성되는 대로 따로 1책으로 내어서 학계에 대한 약속을 이행키로 하겠다.

19세기 전반기의 한국사회는 이 책에 수록된 네 분의 논문에 의하여 많은 새로운 조명이 가해지고 자본주의 맹아 문제에 있어서 적지 않은 진전이 있을 것이다. 우리는 이 책의 내용이 우리의 지금까지의 사정에 비추어서 상당한 의의를 가지게 될 것을 의심치 않는다.

역사는 명암(明暗)의 양면을 동시에 가진다. 따라서 긍정(肯定)과 부정(否定)을 아울러 지니게 마련이다. 지금까지의 식민지사관(植民地史觀)의 지나친 부정적 조작에 대한 반대공작으로 우리는 우리 역사의 긍정적인 면을 부각하기에 노력하였다. 이 책은 곧 그러한 노력의 한 표현이다. 물론 우리의 이러한 노력은 결코 오늘의 현실에 대한 안가(安價)한 해석과 낙관론(樂觀論)의 견지에 선 것이 아니며 또한 자본주의 맹아론 그것만으로 한국 역사의 방향의 주류를 파악하려는 것도 아니다. 그러나 이러한 노력이 한국역사의 내재적 발전법칙을 밝히는 데에 커다란 기여를 할 수 있다는 점은 췌언을 요하지 않을 것이다.

끝으로 이 공동연구를 위해 연구비를 지급해주신 동아문화연구위원회(東亞文化研究委員會) 관계 제위(諸位)에게 감사를 드린다.

1972년 12월 大東文化研究院에서

# 韓國의 歷史像 序

  이름하여 『한국의 역사상』이라고 한 이 책자는 그동안 여러 학술지·잡지 및 기타 단행본들 속에 발표했던 글들을 추려 모아 한 책으로 엮은 것이다.

  이 중에 논문 형식을 취한 꽤 긴 것이 한두 편 실려 있지만 대부분 짧은 형식에 압축된 내용을 담은 것이고 본격적인 논문으로 서술된 것은 아니다. 또 이 중에는 고사(故事)를 빌어 수상(隨想)을 적은 것이 한두 편 있기도 하지만 대부분 역사 문제를 하나의 테마로 잡아 학술적으로 다룬 것이지 수필이나 논설조(論說調)의 일반 잡문은 아니다.

  본격적 논문이 아니면서 일반 잡문도 아닌 것으로 대부분을 이룬 이 책자는, 말하자면 나의 최근 십수년래의 신체적 이유와 정신적 상황의 산물이라고 할 수 있다. 당뇨와 심장병으로 장편 논문을 쓰기가 힘겨웠고, 한편으로 현실에 대한 긴장관계(緊張關係) 속에 한 사람의 역사학도로서의 의식(意識)이 역사 연구작업으로 제대로 소화되지 못했던 괴리(乖離) 때문에 딱딱한 고증과 번거로운 나열에 흥미를 가질 수 없었다. 이리하여 여기 수록된 글들은 대개가 그때그때 느끼고 생각되는 점들을 매우 요약된 형태로 표출한 것이다. 그 제목들의 성격으로 보아 격식을 갖춘 서술에 의해 한편 한편의 논문으로 이루어져야 마땅하지만 그것이 나에게 불가능하였다.

  '그때 그때 느끼고 생각되는 점'이란 모두 역사 사실에 관한 것이고 그것은 역사에 대한 나의 문제관심의 소재(所在)를 말한다. 따라서 이러한 문제관심에 의한 역사 사실에의 접근은 곧 역사 연구의 한 부분이다. 그러나 본격적 논문이 아닌 이 산고(散藁)의 형태에서는 그만큼 필자 자신의 관점이 상대적으로 강하게 작용하게 마련이다. 과연 한국의 역사상을 그대로 그려낼 수 있는 것일까?

그런데 현대의 역사학이 창조적이며 능동적인 학문으로 현실 타개에 공헌하려면, 느끼고 생각하는 사람으로서의 '나'의 주체(主體)가 역사의 주체로 통일되어야 하며, '나'의 주체가 역사의 주체로서의 위치에 서게 될 때 그 역사 기술(記述)은 개인의 것이 아닌 역사 그 자체의 하나의 상(像)으로 형성될 수 있는 것이 아닐까? 이것은 고뇌(苦惱)에 차 있는 역사의 행정(行程) 속에 인간의 주체적인 참여와 그 지향(指向)의 일치를 의미하는 것이다.

이 땅의 역사학이 해방 30여년간 여러가지 계약 속에 그런 대로 꾸준히 전개되어왔다. 그러나 '국민을 위한 역사학' '국민과 호흡을 함께 하는 역사학'으로 새로운 변혁기에 대처해나갈 주체적 자세가 확립되어 있지 못한 것은 너무나 아쉬운 사실이다.

지금 와서 반성해보면 해방 당시의 출발 싯점에서 우리는 역사학의 방향부터 잘못 선택했던 것 같다. 당시 우리에게는 기존 역사학의 흐름에서 두 가지 선택의 가능성이 주어져 있었다. 하나는 구한말 이래 계몽사상가들의 애국적 민족사학의 흐름이요, 다른 하나는 일제 관학자 내지 그 추종자들의 식민지사학의 흐름이었다. 그런데 일제 압박하에서 민족사학은 발전이 저지당한 채 그 잔루(殘壘)를 지키던 몇몇 사람들의 고루(固陋)·폐쇄(閉鎖)적 경향으로 현실적 학문권(學問圈) 밖에 밀려나 있었고, 반대로 식민지사학은 외형상(外形上) 근대적 체계와 방법을 이용한 실증적 학풍을 갖춘 것으로 대학 강단을 통하여 무난히 해방 후의 학계에 그대로 인계되다시피 되었다. 이리하여 당시 20대의 젊은 학도들은 무자각 상태에서 본의(本意) 아닌 선택으로 식민지사학의 그릇된 유산을 이어받게 되었던 것이다.

민족사학의 학맥이 중단되고 식민지사학이 실증사학으로 개량되는 한편 냉전(冷戰)시대에 있어서의 자유세계 대(對) 공산세계의 양극화는 이 땅의 지식인들로 하여금 자유세계의 한 시민으로 자신을 정립(定立)시키고, 이러한 시민적 의식 위에 민족과 역사를 객관적으로 대하는 것을 학문의 기본 방향으로 잡게 하였다. 민족 주체적 입장에 서지 않은 이러한 객관성은 시대의 변천에 영향받을 필요도 없다. 따지고 보면 식민지시대나 냉전시대나 이러한 객관성은 그대로 통하고 그대로 유지될 수 있겠기 때문이다. 주체성이 없는 객관성, 어떤 시대에도 그대로 통하는 객관성, 이것은 중성적(中性的) 객관성이다. 민족의 통양(痛痒)과 무관(無關)인 것이다.

4·19, 5·16의 격동과 국제사회의 커다란 변화를 거쳐 사정은 상당히 달라지는 것 같았지만 이른바 민족 주체성이란 용어가 정치적으로 이용되고 뒤를 이어 일부 국수주의적 사관(國粹主義的 史觀)이 대두됨으로써 다시 일반의 혐기(嫌忌)를 받아 진정한 의미의 민족 주체성마저 경원(敬遠)을 당하는 형편이다. 요즘 민족사학이 많이 거론되고는 있지만 민족사학의 방법과 이념을 비판적으로 섭취하여 정당한 계승(繼承) 위에 창조적·능동적인 현대역사학의 성립으로 연결시키는 일은 아직 앞으로의 과제로 남겨져 있다.

이 땅의 역사학에 대한 나의 소회(所懷)는 이미 다른 기회에도 똑같이 개진(開陳)한 바 있었거니와 지금 이 변변치 못한 책자를 내면서 다시 되풀이하게 된다. 이는 남을 비평하려는 것이 절대로 아니다. 우선 나 스스로의 반성이요 고백이다. 이 책자를 통하여 나는 과거에 대한 반성을 한층 심화시키고 장래의 과제를 향해 한 걸음 더 다가서는 계기를 삼으려 할 뿐이다.

한가지 부언(附言)할 것은 이 책자를 엮으면서 지난 글들을 다시 검토한 결과 그중에는 결론 부분이 불완전한 데가 더러 있었다. 그리고 새 자료가 나와 첨가하고 싶은 데도 있었다. 이리하여 깁고 다듬은 데가 적지 않다. 앞으로 졸고(拙稿)를 참고하려는 분은 원래의 게재지(揭載誌)에서 달라진 부분이 있을 경우 이 책자의 것을 취해주시기 바란다.

　끝으로, 어려운 여건 속에 이 책을 간행한 창작과비평사에, 특히 편집과 교정에 직접 성의를 다해준 정해렴(丁海廉) 사장에게 깊은 감사를 드린다. 그리고 이 책 속의 인용문 특히 한시(漢詩)의 번역을 맡아 많은 수고를 하게 된 성균관대학교 김시업(金時鄴) 교수에게 아울러 사의를 표해둔다.

　　　　　　　　　　　1982년 6월 일본 동경에서

# 韓國의 歷史像 日語版 序

　나의 『한국(韓國)의 역사상(歷史像)』의 일본어판이 평범사(平凡社)에서 나와 일본의 여러 친지(親知)들과 일반 독서자에게 손쉽게 읽혀지게 된 것을 무척 기쁘게 생각한다.

　한국과 일본은 일의대수(一衣帶水)를 격(隔)한 가장 가까운 나라이면서 불행한 과거의 상처 때문에 두 나라 국민의 감정의 밑바닥에는 아직 소통(疎通)되기 어려운 심구(深溝)가 가로놓여 있다. 특히 피해자인 한국인에게 있어서 그러하다. 게다가 오늘날 동아시아 내지 세계열국의 동향 속에서 정치적・경제적으로 얽히고 설킨 한・일양국의 관계가 한국의 대다수 국민의 염원에 부응해주지 못하기 때문에 문제는 더욱 복잡해지고 있다.

　전후 일본에는 많은 양심적 학자지식인들이 학술연구(學術研究)・언론(言論)・출판(出版) 제분야(諸分野)에 있어서 일본 제국주의를 비판하고 질타하는 소리를 높여왔으며 지금도 일부에서 아직 존속되고 있기도 하다. 그러나 제국주의의 잔재는 학자지식인들의 소리만으로 깨끗이 청산될 수 없으며 반대로 요즘 더욱 굳어진 기세로서 역코스로 나가고 있는 것 같다. 우선 일본의 역사교과서는 두 나라 국민에게 적지 않게 나쁜 영향을 미치고 있다. 이에 대하여 학자지식인들이 논란을 벌이고 그것의 시정(是正)을 위해 노력하고 있음은 우리가 감명을 받고 있는 바이지만 아직도 그 교과서들은 한국에 관한 부분에서 정직한 기술에 끝까지 인색한 태도를 보이고 있다. 이것은 여러가지 이유가 있겠지만 지난날 일본의 역사교육이 왜곡된 한국의 역사상을 일반 국민 속에 깊이 주입시켜 놓았다는 사실을 간과할 수가 없다. 한국의 역사를 일본적 견지에서 기술함으로써 무엇보다 한국의 역사사실 그 자체를 그릇되게 인식하도록 해온 것 같다. 이와같은 그릇된 사실인식의 근원은 '국학(國學)'시대를 거쳐 근대 초기에 이르러 확대된 것이 아닌가 한다. 오늘날 학자지식인들은 과학적 방법과 진보적 사고에 의해 종래의 것에서 과감히 탈피하여 새로운 한국관(韓國觀)을 형성하려고 한다. 그러나 혹시 그분들에게도 한국의 역사사실에 대한 종래의 그릇된 인식이 완전 불식되지 못한 점이 있지나 않을까? 그릇된 사실인식을 토대로 한 진보적 이론구성—— 이러한 것이 오늘의 일본의 '조선사(朝鮮史)' 학(學)에 내재한 한 흐름으로 지적될 수 있지나 않을까? 주관상(主觀上)의 양심과는 달리, 상대편에 피해를 주는 경우가 있음을 우려하지 않을 수 없는 것이다.

우리가 바라는 것은 우선 기성(旣成)의 모든 통념에서 벗어나, 역사자료에 대한 냉철한 구명과 역사사실에 대한 정확한 이해 위에 올바른 한국의 역사상을 재정립하는 것이다. 그렇지 않고서는 아무리 지난날의 한국침략을 죄악시하고 제국주의를 매도한다고 하더라도 한국인의 입장에서 볼 때에 그것은 단지 가해자의 여유 있는 심정에서 나온 자기위안일 뿐이며 한국인으로서 도저히 받아들일 수 없는 동정론(同情論)에 불과한 것으로 오해될 수도 있는 것이다.

나는 일제 식민지시대의 한국에서 10대 시절을 보냈지만 한국의 보수적인 가정의 특수규범 속에 일본교육을 전혀 받지 않았고 일본문화와 거의 절연(絕緣)된 환경에서 성장하였다. 나는 일본을 너무 모르기 때문에 전후에 몇 차례나 일본에 건너가 장기체류(長期滯留)하면서 일본을 직접 듣고 보고 하였다. 이 동안에 나는 일본의 양심과 지성을 대변하는 여러 친지들을 얻게 되었다. 20년 가까운 연장(年長)의 노선배를 위시하여 대학원에 적(籍)을 둔 젊은 학도들에 이르기까지 역사를 토론하고 발표하는 자리에서 함께 흉금을 트고 지낼 수 있었다. 그러나 인간적인 우정과는 달리, 역사학을 하는 학자의 입장은 국경을 넘어설 수 없음을 실감하였다.

나의 『한국(韓國)의 역사상(歷史像)』은 원서(原序)에서 밝혔듯이 처음부터 어떤 목적 아래 체계적으로 서술된 것이 아니다. 그런데도 감히 '한국의 역사상'이라고 이름붙이게 된 것은 이 책이, 한국인이 한국 속에서, 역사의 제단계를 통하여 주어진 여건하에서 어떻게 주체적으로 적응 또는 대결하면서 역사를 추진해왔는가를 나름대로 느끼고 생각한 대로 적은 것이기 때문이다. 좌절과 시련을 딛고 극복과 창조를 거듭해나가는 발전과정에서 한국인으로서의 고뇌와 환희를 체험 그대로 보이면서, 고발할 것은 고발하고 평가할 것은 평가하는 곳에 한국인의 상(像) —— 한국(韓國)의 역사상(歷史像)이 떠오를 수 있다고 여긴다. 물론 여기에는 주관에 사로잡힐 소지가 있다. 순전히 객관적 입장에 선 외국학자들의 관점이 도리어 유리할 수도 있다. 그러나 대안(對岸)에서 조망(眺望)할 경우에, 특히 그 조망경(眺望鏡)이 어떤 착색(着色)된 것일 경우에 실태와 괴리되기 쉬운 것이다. 이에 비하면 이 책의 내용은 비록 서투른 고발이요 평가라 하더라도 한국인 자신이 본 거짓없는 한국역사의 여러 양상(樣相)이다. 따라서 이 조그만 책이 일본의 친지들의 새로운 한국관의 형성과 한국사상(韓國史像)의 재정립에 일조가 될 수 있다면 망외(望外)의 행(幸)이 아닐 수 없다.

끝으로 어려운 형편에서 이 책을 출판해주신 평범사(平凡社) 당국(當局)과 편집부의 타께시따 후미오(竹下文雄)씨 그리고 번역의 책임을 맡아 많은 수고를 해주신 카나자와대학(金澤大學) 츠루조노 유따까(鶴園裕) 조교수 외 제씨(諸氏)에게 감사를 드리며 이 모든 것을 시종 주선(周旋)해주시고 전고(全稿)의 감수(監修)와 해설(解說)까지 써주신 하따다 타까시(旗田巍) 선생의 후의(厚誼)에 거듭 사의(謝意)를 표하는 바이다.

1987년 1월 서울에서

# 栖碧外史 海外蒐佚本叢書 序

우리나라 책들이 해외로 대량 유출된 것은 크게 보아 두 차례의 시기로 나눌 수 있다. 첫째로 임진왜란(壬辰倭亂) 시기를 들어야 할 것이다. 부산(釜山)에 상륙한 일본군은 경상(慶尙)·충청도(忠清道)를 거쳐 서울에 이르는 동안 도처에서 일반 재화(財貨)와 함께 많은 서적(書籍)들을 약취(掠取)하여 바다 저쪽으로 운반해갔다. 우리나라 특유의 호화로운 활자본들이 수없이 일본으로 건너가서, 저 사람들로부터 귀중한 보물처럼 여겨지게 된 '조선본(朝鮮本)'이 토요또미(豊臣)씨로부터 토꾸가와(德川)씨에게 인계(引繼)되었고 그것이 오늘날 존경각(尊經閣)·봉좌문고(蓬左文庫) 등 일본 각처의 장서 속에 잘 보존되어 있다. 임란 전 활자본 하면 우리 국내에서는 봉모인각(鳳毛麟角)처럼 희귀한 것으로 되어 있는 데 반하여 일본에서는 웬만큼 유서 있는 장서라면 으레 그 활자본이 다수 포함되어 있다. 활자본으로서뿐 아니라 그 책 자체가 우리 국내에서 아주 없어져서 책 이름조차 잊어버려진 것들이 일본에서는 지금 그대로 전해져 오는 것도 적지 않은 실정이다.

두번째로 구한말(舊韓末)·일제초(日帝初)를 들어야 할 것이다. 병인양요(丙寅洋擾) 때 불란서군(佛蘭西軍)이 강화도(江華島)에서 약취해간 것을 위시하여 경술국치(庚戌國恥) 이후 일본에 의하여 왕조실록(王朝實錄) 등 대부질(大部帙)이 공공연히 반출된 것은 차치하고라도 외국학자들의 손으로 수집·구매하여 가져간 책들이 그 수량을 헤아릴 수 없을 만큼 과다(夥多)한 것이었다. 특히 일본 학자 중에는 개인문고(個人文庫)를 만들어놓은 것이 한두 군데가 아니다. 마에마 쿄오사꾸(前間恭作)의 재산루장서(在山樓藏書)를 필두로 이마니시문고(今西文庫)·카와이문고(河合文庫) 등이 그 예이다. 이러한 문고 속에는 희귀한 고본들도 있지만 18·9세기 이래 우리나라 학자문인들의 잡록(雜錄)·패사(稗史) 및 각종 수기류(手記類)들이 많이 들어 있는 것이 특징이다.

한편 해방 후에 미국 쪽으로 나간 책도 많은 것 같다. 미국국회도서관(美國國會圖書館), 하바드대학 합불연경도서관(哈佛燕京圖書館), 캘리포니아대학 극동도서관(極東圖書館), 콜럼비아대학 도서관 등에 소장된 것만도 상당한 양에 이르고 있는 줄 안다. 이 잡록·패사 및 각종 수기들은 학술적으로 중요한 자료가 되는 것인데, 대부분 친필로 된 수사본(手寫本) 그대로 해외에 유출되어, 국내에서는 그 부본(副本)조차 남기지 못한 경우가 허다하다.

나는 그동안 3, 4차의 해외 만유(海外漫游)를 통하여 일본·미국 등지에서 수많은 우리나라 책들을 대할 때마다 우리 선인들의 수택(手澤)과 체취(體臭)를 이역에서 어루만지는 감개 실로 형언하기가 어려웠고, 더욱이 국내에 없는 여러 책들을 발견할 때에는 선인들의 정신유산을 남의 손에 넘겨준 채 까맣게 모르고 지나온 우리 후손들의 처지에 대한 스스로의 죄의식을 견딜 수가 없었다.

나는 우선 국내에서 보지 못한 책들 가운데 내게 필요한 자료라고 생각되는 것들을 골라 복사를 하고 제본을 의뢰하여 귀국시에 가져오곤 하였다. 개중에는 국내에 있는 책이라도 내용이 더욱 완벽한 것 또는 판본이 진귀한 고판본(古版本)일 경우(『매월당집(梅月堂集)』『청파집(靑坡集)』의 예)에는 역시 복사를 해왔다. 횟수를 거듭함에 따라 책수도 늘게 되어, 『서벽외사 해외수일본총서(栖碧外史 海外蒐佚本叢書)』라는 이름 밑에 내용별로 분류하여 ① 문집류(文集類), ② 야승류(野乘類), ③ 법제(法制)·잡저류(雜著類), ④ 야담(野譚)·단편류(短篇類)의 4종으로 묶었다. 이제 혼자 서재에서 비치해두고만 있어서는 안되겠다고 생각하였다. 물론 이미 몇몇 학우들에게는 재복사를 해서 나누어 가지게 했지만 좀더 널리

학계의 동호자들에게 읽을 기회를 드리고 연구에 활용되게 하는 것
이 옳다고 느꼈다. 마침 아세아문화사(亞細亞文化社)에서 고전 출
판계획의 일환으로 이 해외수일본총서(海外蒐佚本叢書)를 간행하겠
다고 청해왔기에 나는 쾌히 응하였다. 각 책의 해제는 주로 김태영
(金泰永)·이동환(李東歡)·송재소(宋載邵)·임형택(林熒澤)·김시업
(金時鄴) 다섯 분 교수가 담당하였고 강만길(姜萬吉)·정창렬(鄭昌
烈) 교수 및 그 밖의 몇분이 참여해주었다. 어려운 여건에서 간행
을 책임진 출판사와 다망한 시간을 할애하여 해제(解題)를 집필한
교수들에게 삼가 사의를 표해둔다.

　　　　　1982년 5월 31일 다시 海外旅行을 준비하면서

# 安東文化圈 學術調查報告書 序

1964년도로부터 1966년도에 이르기까지 네 차례에 걸친 안동문화권(安東文化圈)의 학술조사(學術調査)가 그 일차적인 성과의 정리를 보아 이제 이 단행본의 보고서를 내게 되었다. 많은 불비(不備)와 미흡(未洽)을 자인(自認)하면서 그런 대로 우리의 조그만 업적이요 보람임을 또한 스스로 느끼고 기뻐한다.

'안동문화권'이란, 우리 성균관대학교 국어국문학과에서 안동지방 일원에 대해 부여한 명칭이다. 그것은 광의(廣義)와 협의(狹義) 어느 쪽으로 해석해도 좋다. 협의로는 오늘의 행정구역으로서의 안동시(安東市)·안동군(安東郡)을 가리키게 될 것이고, 광의로는 옛 안동부(安東府) 관할에 속했던 춘양(春陽)·내성(乃城)·재산(才山) 등 속현(屬縣) 및 소천(小川)·개단(皆丹) 제부곡(諸部曲: 이하 모두 현 奉化郡)은 물론, 그 밖의 일정한 인접지방(鄰接地方)까지를 포함시킬 수 있는 것이다. 우리가 '안동문화권'이란 명칭을 표방하게 된 것은 우리의 조사대상이 안동이라는 특정지역(特定地域)이기보다 안동의 전통적 문화(傳統的 文化)에 치중되어 있느니만큼 우리의 조사범위는 안동시·안동군을 중심으로 그 전통적 문화의 파급지대(波及地帶)에까지 확대되지 않을 수 없겠기 때문이다.

안동의 전통적 문화 그것은 한마디로 유교적 문화(儒教的 文化)라고 할 것이다. 조선왕조 5백년간, 이 유교국가(儒教國家)에 있어서 영남(嶺南)은 '추로지향(鄒魯之鄉)'이라 하여 유교문화의 연원지(淵源地)이며 유림(儒林)의 정신적 고향으로 칭도되어 왔거니와, 안동은 바로 이 영남문물(嶺南文物)의 중심지였다. 퇴계(退溪: 李滉)·학봉(鶴峯: 金誠一)·서애(西厓: 柳成龍)와 같은 여러 현철(賢

哲)이 이 고장의 문화를 계적(啓迪)하였고 이 선현(先賢)의 유풍 (遺風) 속에 여러 세가고족(世家故族)이 경내에 기포(碁布)하여 문호(門戶)를 자랑해왔다.

역사의 발전과 더불어 사회경제 제관계의 격심한 변동은 모든 전통적 문화를 허물어뜨렸다. 이 고장도 예외일 수 없다. 천김쟁쟁 하류청청(川金錚錚 河柳靑靑)이라고 칭송되던 안동의 '양반사회(兩班社會)'도 이제 그 양상이 크게 달라지지 않을 수 없다. 그러나 오늘날 우리나라의 전통적 문화를 현지에서 구경하려면 먼저 영남으로 가야 하고 영남으로 가려면 또한 먼저 안동으로 가야 한다. 그만큼 안동은 전통적 문화의 잔존관계(殘存關係)와 농도(濃度)가 짙게 남아 있는 고장이다. 여기 우리가 '안동문화권(安東文化圈)'을 설정한 소이(所以)가 있다.

그런데 '안동문화권'에 대한 우리 국어국문학과의 학술조사는 시종 민속학적 관점(民俗學的 觀點)에서 다루어질 것이다. 안동의 전통적 문화＝유교적 문화 그것이 직접 목표가 아니라, 이러한 전통적 문화＝유교적 문화의 밑바닥에 놓여 있는 이 고장의 민속적 문화를 더듬어보는 것이다. 전자가 상층적(上層的)인 것이라면 후자는 하부적(下部的)인 것이고 전자가 외부로부터 도입된 것이라면 후자는 원생적(原生的) 토착적(土着的)인 것이다. 후자는 전자를 위한 소지(素地)가 되어주었던 한편, 전자의 지배적 영향하에 적응(適應) 또는 반발(反撥)하면서 자기를 존속 전개(存續展開)해왔다. '안동문화권'을 설정하고 조사에 착수한 우리의 일차적 관심은 유달리 유교적 문화의 농도가 짙게 남아 있는 이 고장에 있어서 그 민속적 문화가 다른 지역에 비하여 어떠한 특징을 지니고 있는가에 대해서이다. 이것은 한개의 지방문화(地方文化)의 본질(本質)에 대한 새로운 분석(分析)의 시각(視角)이기도 한 것이다.

3개년계획에 의한 민속학적 조사는 민속(狹義의 民俗, 鄕土娛樂・歲時風俗 등)・민요・전설・방언의 4개의 조사반에 의하여 실시되었다. 3년 동안에 걸친 조사활동의 경과는 각반별 보고내용(報告內容)으로 자세히 알려지겠거니와, 동기휴가를 이용한 것이 3회, 하기휴가를 이용한 것이 1회로, 살을 에는 북풍과 찌는 듯한 염열(炎熱) 속에 궁촌벽항(窮村僻巷)을 돌아다니는 동안, 제한된 경비와 불편한 숙식의 갖가지 애로를 극복하면서 교수・학생의 일치된 노력으로 작업을 일관해왔다. 우리의 노력이 차차 주효(奏效)함에 따라, 이웃 대학의 교수님들이 기꺼이 참가 협조해주었고 현지 지방인사들의 물심 양면의 지원도 놀라웠다. 우리는 여기에 적잖이 고무(鼓舞)되었다.

이번에 이 단행본의 보고서를 출판하게 된 것은 성균관대학교 당국의 깊은 이해와 특별한 배려에서 이루어진 것이다. 우리는 학교 당국에 감사를 드리는 한편 스스로를 격려하여, 이 보고서로써 지난 3개년의 성과를 결산하고 다시 제2차 3개년계획을 수립하여 '안동문화권'에의 학술조사가 좀더 과학적(科學的)인 방법에 의하여 풍부한 발굴과 체계적인 파악에 도달되게 할 것을 기하고 있다.

이 보고서의 작성에 있어서 각반별 책임 편집위원은 아래와 같다.

민속편(民俗篇)…………… 이우성(李佑成)・김열규(金烈圭)

민요편(民謠篇)…………… 이우성(李佑成)・조동일(趙東一)

전설편(傳說篇)…………… 최진원(崔珍源)

방언편(方言篇)…………… 강신항(姜信沆)

끝으로 우리 조사단에 참가 협조해주신 서울대학교 이숭녕(李崇寧) 박사, 동대학원 조동일(趙東一) 씨, 서강대학 김열규(金烈圭) 교수와, 본대학교 경제학과 최임환(崔壬煥) 교수 여러분의 노고에 치사한다. 특히 김열규・조동일 두 분은 이 보고서의 민속편과 민요편의 편집을 담당하여 온갖 수고를 다해 주신 데 대해 우리는 거

듭 심심한 사의를 표한다. 그리고 이 기회에 지방인사로서 우리 조
사단에 많은 편의를 제공해주신 도산(陶山) 이원각(李源慤)·이윤
덕(李潤悳), 오천(烏川) 김종구(金鍾九) 첨위(僉位) 노숙(老宿)과,
천전(川前) 김시우(金時雨), 하회(河回) 유영하(柳寧夏), 유곡(酉
谷) 권정우(權廷羽), 법전(法田) 강희직(姜熙直), 춘양(春陽) 강희
조(姜熙祚)·권창환(權昌煥) 제씨에게 기왕의 후권(厚眷)과 앞날의
고의(高義)에 아울러 배수계수(拜手稽首)하여 마지않는다.

1967년 2월   成均館大學校 硏究室에서

# 溪南烟霞閣家乘 序

  한 가문(家門)의 역사가 지역사회·지방문화에 대한 기여도에 따라 그 기록의 보존가치의 중경(重輕)이 규정되겠지만, 한걸음 나아가 일국(一國)의 수평(水平)에서 보아 보존가치가 높다고 생각될 때에 우리는 더욱 그것을 소중하게 다루지 않을 수 없는 것이다.

  여기 진성 이씨(眞城李氏) 『계남연하각가승(溪南烟霞閣家乘)』이 새로운 책자로 세상에 나왔다. 계남(溪南) 연하각(烟霞閣)의 가승(家乘)이지만 위로 소급하여 1세 시조 증밀직사공(贈密直使公)으로부터 7세 퇴계선생(退溪先生)을 거쳐 이하 20세에 이르기까지 역대 조선(歷代祖先)의 행장(行狀)·유사(遺事)·갈명(碣銘) 등 문자(文字)를 세대별(世代別)로 편차하여 한문 원문과 우리말로 옮긴 역문(譯文)을 함께 싣고 거기에 유물·유적에 관한 풍부한 도판들을 수록하여 한 가문의 역사자료로서 훌륭한 문헌이 되게 하였다.

  계남(溪南)은 경상북도 안동군 도산면(陶山面) 토계동(土溪洞)의 한 마을이고 연하각(烟霞閣)은 이 마을 종택(宗宅)의 당호(堂號)이다. 도산면의 각 동리(洞里)는 거의 전부가 진성 이씨 일족(一族)의 전거지(奠居地)이며 이씨 일족은 대부분 퇴계선생의 자손들이다. 그중에서 계남(溪南)은 퇴계수(退溪水)의 남쪽에 위치하여 계남이란 이름이 생긴 것이다. 상계(上溪)·하계(下溪)와 함께 각기 퇴계수의 한 굽이에 자리잡은 계남은 도산면의 중심지였으며 도산서원(陶山書院)에서 이씨 일족의 고장으로 들어가는 첫동네였다.

  기실 5백년 유서 깊은 이 고장에서 계남마을의 형성은 비교적 후기에 속한다. 퇴계선생의 8대손 함인재(含忍齋) 이공(李公: 諱 龜容)이 단사(丹砂)·천사(川沙) 등지에서 살다가 비로소 계남에 터를 잡은 것이 영조 24년 무진, 그러니까 서기 1748년이었다. 그 뒤 잠시 순흥(順興) 땅에 우거했다가 순조(純祖) 4년 갑자——1804년 에 계남으로 환고(還故)했으며 이로부터 자여손(子與孫)의 영달(榮 達)과 문호(門戶)의 창륭(昌隆)으로 계남동네가 명성을 떨쳤다. 함 인재공(含忍齋公)이 첨추(僉樞) 증이조참판(贈吏曹參判), 그의 아 들 농와공(聾窩公: 諱 彦淳)이 개성유수(開城留守)·이조참판(吏曹 參判), 손자 황고공(潢皐公: 諱 彙廷)이 충주목사(忠州牧使)·형조 참의(刑曹參議)·증이조참판(贈吏曹參判), 증손 쌍취공(雙翠公: 諱 晚運)이 경주부윤(慶州府尹)·이조참판을 역임했으며, 특히 황고공 의 대에 수고복록(壽考福祿)이 조야(朝野)의 첨령(瞻聆)을 용동(聳 動)하였다. 아드님의 전성지양(專城之養)으로 경주관아(慶州官衙) 에서 회혼연(回婚宴)을 행할 때에 중성(衆盛)한 자손들의 상징으로 만들어진 백자도병(百子圖屛)은 영남의 한 고사(故事)로서 동도(東 都) 부로들 사이에 널리 전송(傳頌)되기도 하였다. 이 시기에 중앙 권력에 의해 소외 몰락된 영남지방은 어려운 일이 생기면 계남에서 영남사족(嶺南士族)의 정치사회적 입장을 대변하기도 하였다. 예를 들면 진주민란(晋州民亂)을 수습하는 과정에서 안핵사(按覈使) 박 모(朴某)가 영남 일도(嶺南一道)의 사족 부형들을 모두 연루자인 양 조정에 보고하여 온 도내가 불안에 떨고 있을 때 당시 부호군 (副護軍)으로 있던 쌍취공(雙翠公)이 영남인사의 선두에 서서 상소 항의(上疏抗議)하여 국왕의 이해성 있는 비답(批答)을 얻어냈던 것 이다.(『哲宗實錄』, 13년 임술 6월 戊申條) 더구나 대를 이은 심인후덕(深 仁厚德)이 사람들의 마음에 협흡(浹洽)하고 청백(淸白)과 검소를 가세(家世)의 규범으로 삼아, 근대 일제 때에 이르기까지 계남은 큰 변화 없이 그 문염(文艶)과 범절을 그대로 누려왔다.

필자는 일제말기에 16세 소년으로 계남 생관(溪南 甥館)에 들어 장인 남파공(南坡公: 諱 尙鎬)의 애무(愛撫)를 받으면서 고사(故事) 에 관한 말씀을 듣잡고 처남 원광(源廣)·원강(源康)씨 형제분에게서 정다운 담론(談論)을 자주 듣게 됨으로써 처가세덕(妻家世德)에 대한 흠모(欽慕)의 마음이 남다른 바 있었다.

그러나 남파공의 별세 후, 8·15해방과 더불어 세태의 혼란이 심해지고 6·25전쟁의 발발로 인한 혈육의 분리가 걷잡을 수 없는 환난으로 번져, 계남마을에도 전원(田園)이 무몰(蕪沒)되고 제택(第宅)은 비워져서 지난날의 좋은 광경을 다시 찾아볼 수 없었다. 게다가 설상가상으로 안동댐의 축조에 따라 계남마을은 다른 여러 동리와 함께 물나라가 되어 오랜 조상의 방형(芳馨)이 스며 있던 운림천석(雲林泉石)이 하루아침에 어룡(魚龍)의 굴혈로 화하고 말았다. 이 천고에 없는 창상겁운(滄桑劫運) 속에 원강(源康)형은 고심노력(苦心勞力)으로 각처 선산(先山)의 분림(墳林)을 새삼 보살피고 모든 석물(石物)을 갖추는 한편 연하각(烟霞閣)의 내당 및 안사랑의 부속건물과 별업(別業)인 서운정(棲雲亭)을 대세 선산 아래에 옮겨세워, 불완전하나마 석일(昔日)의 면모를 복원해두었다.

세월은 흘러 원강형은 이제 74세의 노경(老境)에 접어들었다. 자손들에게 조선(祖先)의 의행(懿行)을 알게 하기 위해 가승(家乘)을 엮어 국역(國譯)으로 출판할 것을 계획한 지 십유여년(十有餘年)에 이제 준비가 끝나 인쇄에 넘기게 되었다. 원강형의 부탁으로 서문(序文)을 초(草)하게 된 필자는 일말(一抹)의 감구지회(感舊之懷)가 없을 수 없지만 또한 뿌듯한 기분을 느끼는 것도 사실이다. 그것은 이 가승이 내용의 화려함이나 체재의 정돈된 면에서 우리 영남에서는 물론, 널리 국내의 동종의 간행물에서 비견할 만한 책자가 그리 흔하지 않을 것으로 보이기 때문이다.

다시 말하면, 이 책은 영남지방의 가승으로서 나아가 우리나라의 한 문헌으로 소중한 가치를 지닐 것이다.

1993년 新春에 栖碧新居에서

# 金昌淑文存 序

위대한 조국애와 투철한 선비 정신으로 일생을 살다 가신 심산 (心山) 김창숙(金昌淑) 선생은 길이 이 땅에 숭고한 한 인간상을 심어놓았으며 동시에 성균관대학의 창설자 및 초대 총장으로 우리 나라 대학교육의 발전에 그 이념과 방향을 정립해주신 구원(久遠) 의 사표(師表)이기도 하다.

선생의 유고(遺稿)는 1973년 국사편찬위원회에서 한국사료총서 (韓國史料叢書) 제18집 『심산유고(心山遺稿)』로 간행되었고 1979년 선생의 탄신 100주년을 맞이하여 다시 여러 제자들의 노력과 대동 문화연구원의 협조로 『국역심산유고(國譯心山遺稿)』가 출판되었다. 그 후 성균관대학교 심산사상연구회에서는 『국역심산유고』에서 선 생의 시(詩)와 산문(散文)과 자서전(自敍傳)을 가려 뽑아, 따로 한 길사의 '한국근대사상가선집(韓國近代思想家選集)'의 하나로 출판하 게 하여, 널리 일반 국민과 대학 학생들에게 펴기도 하였다.

이번에 심산사상연구회에서는 대학 학생들의 교양도서로 삼기 위 해, 위의 선집의 내용을 더욱 보충하고 교정하여 독자적으로 『김창 숙문존(金昌淑文存)』이라는 이름의 단행본을 만들게 되었다.

선생의 시는 종래 일반 문집에서 볼 수 있는 음풍농월(吟風弄月) 식 싯구를 거의 찾아볼 수가 없고 오직 겨레와 나라를 걱정하는 충 정에서 우러나온 것뿐이며 그것도 추상적인 것이 아니고 하나하나 구체적인 문제를 다룬 것들이다. 말하자면 선생의 시는 우리나라 현대사(現代史)의 하나하나의 단편(斷片)들이다. 이러한 시의 경향 은 산문에서 더욱 두드러지게 나타난다. 산문은 서간(書簡)·제문 (祭文)·비문(碑文) 할 것 없이 모두가 애국애족의 기록 그대로이

다. 유감스러운 것은 이 책의 면수(面數) 관계로 선생의 시와 산문
을 다 싣지 못하고 극히 일부분에 해당한 것만을 골랐을 뿐이란 점
이다.

선생의 자서전은 73세 때에 집필한 것으로, 원래 명칭은 「벽옹
73년회상기(躄翁七十三年回想記)」이다. 벽옹이라는 말은 앉은뱅이
라는 뜻인데, 선생이 일제하에서 오랫동안 감옥 생활을 하던 중 두
다리가 마비되어 자유롭게 기동을 못했으므로 '벽옹(躄翁)'이라는
별호를 사용한 것이다. 이 자서전은 상·중·하의 3편으로 되어 있
는데 일제시대 국내·국외에서의 민족독립운동의 이면사(裏面史)이
며 8·15해방 후의 정치적 대립과 혼란에 관한 생생한 기록들이다.
특히 이 자서전에서 선생의 선명한 의리관(義理觀)에 기준을 둔 인
물의 평가와 사실의 서술은 독자에게 깊은 감명과 강렬한 인상을
줄 수 있을 것이다.

끝으로 이 시와 산문과 자서전을 통하여 심산선생의 불굴의 기백
(氣魄)과 올바른 생활태도가 젊은 세대의 의지(意志)로 계승되고
모든 정치인·지식인의 본보기가 될 수 있기를 바라마지 않는다.

1986년 1월 泮橋에서

# 申采浩의 思想과 民族獨立運動 序

　해방 후 우리나라 역사학계에 커다란 자극과 함께 새로운 방향을 열어준 것이 단재사학(丹齋史學)이다.

　36년간 식민지 정책하에서 일제 관학자들은 횡포무도(橫暴無道)한 수법에 의하여 역사를 마음대로 왜곡하였고 그들의 여력(餘瀝)에 첨개(霑丐)로 자족하는 이 땅의 아류(亞流) 사학자들은 비열한 근성으로 오직 그것에 추종하였다. 이리하여 이조시대 모화사대주의자(慕華事大主義者)들의 자기비하(自己卑下)의 통폐(通弊)에 의한 잘못된 기록들이 더욱 악용되고 오도(誤導)됨으로써 우리의 역사는 만신창이(滿身瘡痍)가 되고 말았다. 뿐 아니라 이 왜곡된 역사로 말미암아 민족의 자존심은 여지없이 짓밟히게 되었고 식민지의 현실을 숙명적·필연적 결과로 자인하게 되다시피 하였다.

　이 시기에 해외에서 과감한 민족해방투쟁을 전개하는 한편 구한말 계몽적 정치·문화 활동가들의 애국적 민족사학의 흐름을 한층 더 발전적으로 확대 심화시켜 훌륭한 민족주체사학의 달성을 보게 된 것이 단재(丹齋) 신채호(申采浩) 선생이다. 우리나라 역사에 대한 선생의 수많은 새로운 발견과 새로운 주장을 일일이 열거할 자리는 아니지만 그 모든 축적에 의한 조국역사의 신체계(新體系)의 수립은 우리 사학사(史學史)에 있어서 신기원을 그은 것이다. 한걸음 나아가 이로 인한 민족정신의 진작(振作)은 일제와의 대결에서 무한한 힘의 원천을 터놓았던 것이다.

　8·15와 더불어 냉전시대가 지속되어 자유세계 대 공산세계의 양극화는 이 땅의 지식인들로 하여금 자유세계의 한 시민으로 자신을 정립시키게 함으로써 민족주체적 인식이 희박하게 되었고 따라서

단재사학에 대한 이해도 불충분하였다. 5·16을 지나, '민족주체성'
론이 집권층에 의해 제창되고 잇따라 민족사학이 거론되기 시작했
지만 다분히 정치적 목적으로 이용하려는 움직임이 있어, 단재선생
의 본래 취지에 부합되는 올바른 지향이 좀처럼 이루어지지 않았
다. 그중에도 특히 일부 사람들의 국수주의적 사관의 강력한 대두
와 더불어 비학문적·비논리적 역사의 설교가 횡행하고 있다. 단재
사학에 가탁한 국수주의 사관은 요즘 일제 군국주의의 부활에 대한
우리 국민의 우려를 배경으로 더욱 강화될 소지가 있는 것이다.

우리는 이런 때일수록 민족의 지성과 양식(良識)에 입각하여 단
재사학의 이념과 방법을 비판적으로 섭취함으로써 그 정당한 계승
위에 진취적이고도 과학적인 역사학의 앞길을 개척해야 할 것이다.

이번에 단재선생이 세상을 떠나신 50주년을 기념하는 추모논문집
이 나오게 되었다. 오늘 우리나라 학계의 제(諸)분야에서 활약하는
많은 중견 학자들에 의하여 단재선생의 박흡(博洽)한 학식과 호한
(浩汗)한 저술에 대한 다각적인 연구가 논문으로 결실되어 이 한
책 속에 엮어져 있다. 단재선생의 정치사상·시문학·언론활동 등
이 다채롭게 다루어져 있거니와 그중에도 단재사학의 바탕을 이루
고 있는 국민주의(國民主義)·민중주의(民衆主義)가 극명히 묘사되
고 있는 점은 크게 주목할 일이다. 국민주의·민중주의를 외면한
민족주의는 단재사학의 그것과 본질적으로 다르기 때문이다.

그동안 단재선생에 관한 연구업적이 계속 나오고 있어서 우리 학
계의 좋은 현상으로 보아오던 차에 또 이 책이 나타나, 한결 고무
적(鼓舞的)이다. 단재선생기념사업회의 꾸준한 노력과 선생의 영윤
(令胤) 신수범(申秀凡)씨의 지극한 효심에서 이룩된 것임을 생각할
때 단재선생을 존경하는 후학의 한 사람으로서 느낀 바 없을 수 없
다. 이에 삼가 몇줄의 무사(蕪辭)로써 서(序)를 삼는다.

　　　　　　　　　　1986년 9월 26일 서울 江南 來靑閣에서

# 申采浩 歷史論説集 序

한 나라 문화(文化)에 있어서 전통(傳統)의 가치가 얼마나 중요한 것인가는 새삼스럽게 말할 필요가 없다. 훌륭한 전통, 올바른 전통을 가지지 못하고 잘못된 고실(故實), 좋지 못한 유서(由緒)를 전통으로 이어오고 있을 때 그 민족(民族)과 역사(歷史)에 끼친 폐해는 형언할 수 없는 것이다.

우리나라의 근대화과정은 양반 집권층의 반동적(反動的) 저해(阻害)와 아울러 외세 특히 일제침략과 맞물려 있어서 근대사회·근대문화의 형성은 애초부터 자유롭고 정당하게 진행되기 어려웠고 급기야 국권(國權)의 상실과 식민지화에 이르러서는 우리 문화가 전반적으로 억압되고 왜곡되게 되었다.

해방 후에 문화의 재건을 시작하면서 우선 근대의 설정(設定) 내지 근대의 확립을 요구하게 되었고 근대문학(近代文學)과 근대사학(近代史學)의 기점(起點)을 논하는 경우가 많았다. 그런데 근대문학과 근대사학에 처음 주동적 역할을 하다시피한 사람 가운데 뒤에 친일행위(親日行爲)로 전락하여 우리 근대문화의 전통에 먹칠을 하게 되었다.

그러나 문단(文壇)과 학계(學界)에서는 그것을 아쉬워하면서도 문학사(文學史)·사학사(史學史)에서 친일인사의 저작들을 그대로 받아들여 마치 그것을 근대문학·근대사학의 주된 유산(遺産)으로 계승하려 하였다. 심지어 나쁜 조상도 조상이라 하여 친일인사들의 저작에서 근대문화의 전통을 찾으려 하기도 하였다. 이 얼마나 우리 문학사·사학사의 불행한 일이었던가.

다행하게도 60년대에서 70년대로 접어들면서 민족주체성(民族主

體性)에 관한 논의가 일어나고 주체의식(主體意識)의 선명도(鮮明度)에 따라 우리 근대문화에 대한 종래의 인식이 많이 달라져 왔다. 이리하여 문학에서 만해(萬海) 한용운(韓龍雲), 사학(史學)에서 단재(丹齋) 신채호(申采浩)가 뚜렷이 부상(浮上)하게 되었다. 그동안 한쪽 구석에 밀려나 있었던 두 분의 문학작품과 사학업적(史學業績)이 문단과 학계의 중심의 위치로 등장한 것이다. 따라서 우리의 근대문학·근대사학은 이제 새로운 성좌(星座)를 얻어, 그 광망(光芒)을 우러러보는 동시에 훌륭한 전통, 올바른 전통을 가질 수 있게 된 것이다.

요즘 만해(萬海)와 단재(丹齋)를 추앙하는 것이 시대조류를 이루다피 되어 있어, 만해상(萬海賞)·단재상(丹齋賞)의 행사가 각광을 받고 있기도 하다. 그러나 두 분의 저작을 옳게 읽고 깊이 이해하는 사람이 많다고 여겨지지 않는다. 그것은 다른 까닭도 있겠지만 두 분의 저작이 모두 전집(全集)의 형식으로, 많은 양이 한데 묶여져 있어서 독자들에게 무거운 부담을 주었다는 것도 중요한 이유일 것이다.

이번에 현대실학사 정해렴 씨가 『단재신채호전집』에서 그 정수(精粹)를 가려뽑아 한책으로 만들어 세상에 펴려고 한다. 제1부에 「독사신론」「조선상고사 총론」을 수록하고 제2부부터는 「전후삼한고」「조선역사상 일천년래 제일대사건」 등 유명한 논설(論說)들을 수록하여 3부 4부에까지 이르렀으며 제5부에서는 「용과 용의 대격전」이라는 소설도 한편 실었다. 그리고 끝에 가서 연보를 부재(附載)하였다. 이로써 누구나 손쉽게 단재선생의 사상(思想)과 절조(節操)와 지상(志尙)을 살피고 연구하는 데에 거의 모자람이 없을 것이다.

정해렴 씨는 성실(誠實) 정민(精敏)한 그의 자세와 능력으로 책을 만드는 일에 반평생을 바쳤다. 그동안 창작과비평사를 통하여 우리나라 출판문화의 발전에 적지 않은 기여를 해왔던 그는 정년퇴직(定年退職)을 전후하여 따로 현대실학사라는 출판사를 열어 책을 내기 시작하였다. 맨처음 『한용운 산문선집』을 내어 세상에 이바지 하더니 이번에 다시 이 『신채호 역사논설집』을 내게 된 것이다. 그의 안식(眼識) 그의 솜씨에 의해 만들어진 이 책들이 우리 선학(先學)의 정신을 되살려, 지금 흐트러진 이땅의 사회기풍을 바로잡는 일에 일조가 되기를 바라 마지않는다.

1995년 新春 北漢山 기슭에서

# 李朝漢文短篇集 序

책 이름을 『이조한문단편집(李朝漢文短篇集)』이라 했으나, 내용은 이조(李朝) 전시대(全時代)의 것이 아니고 주로 이조 후기(李朝後期) 특히 18세기 이후의 것으로 엮어놓았다. 그중에는 19세기 말경의 것도 얼마쯤 들어 있다.

'한문단편(漢文短篇)'이란 그리 흔히 사용되었던 말이 아니다. 18세기 당시에 '패사소품(稗史小品)'이란 용어가 많이 나타나고 있거니와, 이 '한문단편'은 바로 '패사소품'을 알기 쉽게 바꿔놓은 것이라 해도 좋다. 그런데 이른바 '패사소품'은 대체로 문인학사(文人學士)들의 문예적 취미에 의하여 애독 내지 모작되었던 것임에 대하여, 이 '한문단편'은 주로 거리의 전기수(傳奇叟)나 사랑방 이야기꾼들에 의하여 전수된 서민층(庶民層)의 화제(話題)를 그대로 옮겨놓은 것이다. 따라서 위의 '패사소품'들은 문장이 유려한 반면, 사실의 윤색과 감정의 분식이 지나침을 면치 못할 경우가 많은 데 비하여, 여기 이 '한문단편'들은 표현이 졸박(拙朴)하면서 진실이 그대로 생동하여, 독자에게 훨씬 더 많은 공감을 주고 있는 것이다. 그중에는 원래 민담계(民譚系)의 것, 동화(童話)·전설계(傳說系)의 것, 그리고 견문된 사실을 소재 그대로 남겨둔 것 등이 간혹 섞여 있으나, 대부분의 작품들이 당시의 사회와 인생에 관한 심각한 문제의 일면을 다뤄놓은 것이다.

이조 후기, 특히 18세기 이후에 상품·화폐 경제의 발전에 따라 도시의 형성과 농촌의 변화, 양반사족의 광범한 몰락과 중인·서리 등을 위시한 상인·수공업자·농민들 사이에서의 신흥 부자들의 대두 등 많은 새로운 역사현상과 더불어 전통적 가치관이 크게 동요

되면서 부(富)와 신분(身分)의 갈등, 남녀간의 본질적 정욕과 기존 규범과의 모순이 중대한 문제로 제기되는 동시에, 그 해결에의 추구가 이 작품들에 의하여 진지하게 그려지고 있으며, 또한 장래의 역사를 담당할 훌륭한 인간형 내지 인간기질이 양반계급에서가 아니고 민중 속에서 발견되고 있음을 이 작품들은 가장 잘 포착하였고, 또 가장 잘 묘사했다고 할 것이다.

이 한문단편집(漢文短篇集)은 『동패낙송(東稗洛誦)』 『삽교별집(霅橋別集)』 『청구야담(靑邱野談)』 등 여러 화집(話集) 속에서 작품들을 발굴하여 상·중·하 3책으로 편성한 것이다. 상책에는 제1부 '부(富)'와 제2부 '성(性)과 정(情)'을 수록하였고, 중책에는 제3부 '세태(世態) I'과 제4부 '세태(世態) II', 그리고 하책에는 제5부 '민중기질(民衆氣質) I'과 제6부 '민중기질(民衆氣質) II'를 싣기로 하였다.

이 작품들은 대체로 이번에 처음 학계에 소개되는 것이다. 한두 개의 예외를 빼고는 모두 무명(無名) 작가들의 것이다. 뿐만 아니라 이 작품들을 담아둔 종래의 화집(話集)들의 대부분이 인쇄를 겪지 못하고 필사본(筆寫本)으로 남아 있다가, 그중에는 해외로 유출되어 국내에서는 그 면영(面影)조차 볼 길이 없게 되었던 것도 상당히 많다.

나는 1967년과 1971년의 양차(兩次)의 해외 만유(海外漫游)를 통하여 일본·미국 등지에서 적지 않은 자료들을 수집하였고, 귀국 후에 다시 서울대학교 동아문화연구소(東亞文化硏究所) 임형택(林熒澤)씨의 협력으로 국내 각처의 자료들을 발췌하여 그것을 합침으로써 이 책을 만들게 되었다.

이번에 이 책이 나옴으로 하여 우리나라 문학사(文學史)의 재구성에 한 계기가 될 수 있을 것이며, 또한 현대작가들에게 풍부한 주제들을 제공하게 될 것이다. 뿐만 아니라 이조 후기의 사회경제사·사상사를 다루고 있는 국사학도들에게도 귀중한 자료로서 큰 참고가 될 수 있을 것이다.

끝으로 이 책의 출판을 맡아주신 일조각(一潮閣) 한만년(韓萬年) 사장과 편집과 교정 등 많은 수고를 다해주신 동 편집부 여러분에 게 삼가 감사를 드린다.

1973년 7월 13일 栖碧山莊에서

# 韓國中世社會研究 序

이 책에 수록된 논문들은 주로 나의 30대 후반에서 40대 전반 약 10년 동안에 씌어진 것으로서, 내용은 고려시대를 중심으로 한, 우리나라 중세사회에 관한 연구논고들이다. 거기에 한두 편의 만래(晚來)의 작이 곁들여 있기도 하지만 중심을 이루는 거의 전부가 1960년대의 연구작업의 소산인 작은 성과 그것이다.

이 논고의 대부분이 진작 일조각(一潮閣)에 넘겨져서 일부 인쇄까지 되었으나 원래 책을 내기를 좋아하지 않고 또 완벽을 기다리려는 나의 결벽 때문에 그것이 보류되어 지금껏 장기간 속치(束置)해온 것이다. 이제 늘그막에 와서 새삼 한권의 책으로 묶어 세상에 내어보내는 것은 출판사의 호의 어린 독촉과 여러 친지의 정다운 권유 때문이기도 하지만 또한 나로서도 두 가지 조그만 이유가 있다. 하나는 이 논고들이 그때 그때 학술지 및 기타 단행본 속에 발표되어 그동안 국내외 동학 및 후배들에 의해 인용 섭취된 나머지 빈 쭉정이가 되어버린 듯하지만 학설사적(學說史的)으로 일정한 의의를 지닐 수 있다는 것이고, 다른 하나는 지금의 나의 처지에서 더이상의 고려시대의 연구가 나올 수 없다는 판단에서 산만한 논고의 주제들을 하나의 체계 속에 엮어서 다음 세대의 독자들에게 도움을 주려고 하는 것이다.

역사의 연구는 어디까지나 객관적이고 실증적이어야 한다. 그러나 유의할 것은 그 시대의 정치사회적 사정이나 당시 학계의 상황에 따라 관심의 소재와 문제의 시각이 달라진다는 점이다. 뿐아니라 동일한 여건 아래에서도 연구자의 기본적 사고와 시대현실에 대한 인식의 차이 때문에 논문에서의 추구의 방향과 강조의 촛점이 또한 달라지지 않을 수 없다는 것이다.

오늘의 젊은 독자들이 이 책에 실린 30년 내지 20년 전의 논문에 대하여 위와 같은 관점에서 살펴주기를 바라면서 여기 대강 내용 소개를 하기로 한다.

'제1부 토지소유(土地所有)'는 겨우 두 편에 불과한 것이지만 일제 관학자(日帝官學者)들의 토지공유(土地公有)=국유(國有)의 이론을 타파하기 위한 것이다. 일제 관학자들이 과거 우리나라 토지가 공유·국유였다는 설을 제창한 것은, 첫째, 우리나라 토지에 사유(私有)가 발달하지 않았다고 하면서 우리나라 역사의 후진성을 논증하려 한 것이고, 둘째, 소위 토지조사사업에서 많은 땅을 자의적으로 탈취한 것을 정당화한 것이다. 이에 따라 식민지 시기로부터 우리나라 학자들이 독자적 견해를 표명하지 못하고 저들의 영향 아래 미리(迷離)하고 있었기 때문에 나는 그것을 극복하기 위해 신라·고려의 사료를 활용하여 사유제(私有制)의 존재와 그 전개를 증명하면서 적극적으로 대응했던 것이다.

'제2부 사회제계층(社會諸階層)의 동향(動向)'은 이 책의 가장 중요한 부분에 해당하는 것이다. 당시 우리나라 역사학에 새로운 경향을 도입하기 위하여 나름대로 '인간중심(人間中心)의 역사(歷史)' '생동(生動)하는 역사(歷史)'를 파악해보려 한 것이다. 역사를 창조하고 움직여온 것은 바로 인간이다. 이러한 지극히 당연하고도 알기 쉬운 대전제가 있음에도 불구하고 종래 우리 국사학은 인간 부재의 사학(史學)이 되어왔다. 특히 제도사(制度史)·문화사(文化史)로 주류를 이룬 국사학은 제도 및 문화 그것의 변이(變移)만을 다루어서 신라의 제도는 고려의 제도로, 그리고 신라의 문화양식은 고려의 문화양식으로 그 스스로 옮겨온 듯이 설명되고 제도와 문화를 만들어온 주체자로서의 인간 자체는 역사의 배후에로 면영(面影)을 감추어버린 결과가 되고 말았다.

그러나 여기 말하는 인간이란 어느 특정한 인간, 또는 일상 속에 살고 있는 한 사람 한 사람의 개인을 말하는 것이 아니다. 사회를 구성하는 계층·집단으로서의 인간을 말한다. 사회는 크게 보아 두 개의 계급의 대립관계로 규정하고 있지만 역사의 전개과정은 너무나 다양한 움직임을 보이고 있으므로 두 개의 계급의 대립관계만으로 단순화시켜서는 역사의 움직임을 구체적으로 파악할 수가 없다. 이에 여기 각계각층에 속하는 집단적 인간들의 위치와 성격을 그 구조로부터 분석하고 다시 이 구조론적 분석에서 한걸음 나아가 그 역사적 활동을 전진적(前進的) 방향에서 부각시키려고 하였다. 다시 말하면 어떠한 집단적 인간들이 어떠한 사회체제 속에 살아가면서 그 체제를 어떻게 수용, 어떻게 저항했으며, 어떻게 변혁시켜 나갔던가, 그리고 무엇에 기뻐하고 무엇에 고통받았던가를 나름대로 체득하고 서술해보려고 노력한 것이다. 다만 여기 당시 사회의 직접생산자인 농민층에 대하여 좀더 상세하게 구명하지 못하고 만 것은 크게 유감스러운 일이다.

　나는 또한 제2부에서 달리 역점을 둔 것이 있다. 우리나라 중세의 관인지배층(官人支配層) 특히 고려 중기로부터 이조 말기에 이르는 지배층에 대하여 처음으로 ‘사대부(士大夫)’라는 명칭을 붙이고, 사대부의 출자(出自)를 고려의 지방이속(地方吏屬) 내지 촌락 토호계(村落土豪系)에서 찾는 동시에 그 원초 형태가 고려 무신정권하에서부터 나타나기 시작한 ‘능문능리(能文能吏)의 신관료(新官僚)’라고 주장한 것과 신라·고려에 걸쳐 우리나라 지방행정 말단의 한 단위로서 광범히 존속해온 부곡(部曲)에 대하여 종래 국내외 학자들이 모두 천민집단의 거주지로 여겨오던 통설을 처음으로 부인하고 부곡의 대다수가 신라 이래 지방제도의 하나로 설치된 것으로 주민의 신분이 일반 군현의 주민과 별차가 없음을 강조한 것이다.

　‘제3부 설화(說話)와 문학(文學)’은 역사연구와의 관련에서 설화의 기록과 문학자료들을 다루어본 것이다. 설화는 역사사실을 여러 가지 굴절된 형태로 반영해주는 것이어서 연구방법에 따라 설화를 통한 사실(史實)의 발굴이 가능하다는 것과 문학 특히 서사시(敍事詩)는 대외적 저항기에 민족공동체(民族共同體)로서의 집단의식(集團意識)의 기반 위에 이루어질 수 있는 것으로, 그 집단의식이 분열될 때 서사시는 파국이 온다라고 한 것이다. 전자의 예가 처용설화(處容說話)이고 후자의 예가 「동명왕편(東明王篇)」「제왕운기(帝王韻紀)」이다.  나머지  소악부(小樂府)와  어부가(漁父歌)는  고려말·이조초의 거듭되는 정치사회적 파동 속에 사대부의 생활세계 및 그 의식세계의 형성과 흐름을 측면적으로 고찰한 것이다.

이상으로 이 책의 내용을 요약해놓고 말을 마치기로 한다. 나의 취지와 의도가 개개의 논고들을 통하여 충분히 달성되었다고는 생각하지 않지만 앞으로 젊은 세대에 의한 새로운 역사학의 좌표의 정립에 조그만 보탬이 될 수 있다면 다행이다.

끝으로, 이 책의 출판을 위해 오랜 세월 참아오면서 나의 포만(逋慢)을 채찍질하여 마침내 결실을 보게 해주신 한만년(韓萬年) 사장과 매양 만나는 자리마다 책을 낼 것을 충고해주신 이기백(李基白) 교수에게, 그리고 최재유(崔在裕)씨를 위시한 편집부 여러분의 갖가지 노고에 대하여 진심으로 사의를 표해둔다.

1991년 6월 實是學舍에서

# 李家源博士回甲紀念論叢 序

　동아시아에 있어서 한문문화권(漢文文化圈)이 형성된 지 수천년, 기나긴 역사적 변천 속에 각 민족사회의 개별적 경험의 축적에도 불구하고 하나의 공통된 전통과 생활세계를 가져오게 되었다. 그것은 유교적(儒敎的) 의식구조와 한문자(漢文字)에 의한 표현방법으로 특징지어져 있는 것이다.

　이러한 공통된 전통과 생활세계 속에 고전적 교양과 절조와 예지를 한몸에 갖춘 전형적 인간상(人間像)을 일반적으로 '사군자(士君子)'라고 일컬어왔다. 사군자라는 말은 물론 중국에서 나온 것이지만 중국적 인간에 국한된 것이 아니고 한문문화권에서 널리 표준과 모범이 되는 인간형을 뜻해온 것이다. 서구의 '젠틀맨'과는 역사적 기원이 다르고 성격도 맞아들지 않지만 우리나라 말로는 쉽게 옮겨질 수가 있다. 다시 말하면 사군자는 우리나라 말로 '양반선비' 그 것이다. 이 '양반선비'는 양반과 선비라는 복합어로써 이루어진 것이지만 여기서 말하는 것은 두 개의 개념이 아니고 하나로 융합된 인간형을 의미하는 것이다. 우선 '양반'이라는 말이 역사상의 '양반' 계급을 말하는 것이 아니다. 역사상의 '양반'계급은 이미 사라진 지 오래지만 '양반'이라는 말은 '품위 있는 인간'의 대명사로 오늘날에 사용해도 아무런 저항을 받지 않는 것이다. 그러나 '양반'이라는 말은 '품위 있는 인간'으로서의 덕성(德性)은 나타내어주지만 그것만으로 학식 즉 지적 수준은 보증해주지 못한다. 여기 '선비'라는 말이 다시 필요하게 된 소이(所以)가 있다. '선비'라는 말은 학식 그 것과 떼어서 생각할 수가 없다. '양반'이 학식이 모자랄 수는 있지만 '선비'에게는 학식 그것이 바로 척도가 되는 것이기 때문이다.

흔히 '선비'를 한국의 지성이란 뜻으로 사용하고 있는 것은 이유가 없지 않다고 하겠다. 이와같이 '양반'과 '선비'가 융합되어 하나의 인간형을 이룬 '양반선비'는 '사군자' 그것과 어감에 있어서 완전히 일치한다. '양반'이 '군자(君子)'에 해당하고 '선비'는 곧 '사(士)'이기 때문이다. 말의 순서가 틀리기는 하지만 어감상 아무런 괴위(乖違)도 느껴지지 않는다.

오늘날 한문문화권은 동아시아의 근대화과정 속에 삼분사열(三分四裂) 걷잡을 수 없는 동요와 혼란을 거듭하고 있으며 구제도의 변혁과 가치체계의 붕괴는 새로운 인간 모럴의 창조와 정립이 절실히 요청되는 시대적 과제로 되어 있다.

그러나 전통을 무시한 창조가 제대로 성공할 수 없다면 오늘날 우리가 추구하는 새로운 인간 모럴은 마땅히 한문문화권에 있어서의 전통적 사군자상(士君子像)에서 그 발전적 계승을 구해야 할 것이다. 그런데 이러한 사군자상을 어디에서 찾을 것인가. 중국에서일까? 일본에서일까? 그렇지 않으면 월남에서일까? 우리는 모두 아니라고 생각한다. 그리고 오직 우리나라의 '양반선비'에서 사군자상을 찾을 수 있다고 믿는다.

사람들은 연민(淵民) 이가원(李家源) 박사를 우리나라의 '양반선비' 중의 대표적 인사로 손꼽고 있다. 유교적 의식구조와 한문문장의 대가적 수법은 말할 나위도 없고 위에서 말한 고전적 교양과 절조와 예지를 한몸에 갖춘 박사는 누구 못지않게 근대적 학문의 사변(思辯)과 논리(論理)를 지니고 있는 동시에 일반 대학교수들에게서 발견할 수 없는 '양반선비'의 본질이 그의 중후한 기상과 함께 우리 학계에서의 독특한 위치를 점하게 한 것이다.

세월은 빠르다. 올해 박사는 어느덧 61세 수연(晬宴)을 맞이한다. 많은 지우(知友)와 제자들이 박사에 대한 송수기념(頌壽紀念)으로 논문을 모아 책을 내기로 한다. 한문학(漢文學)·유학(儒學)·국문학(國文學)·중국문학(中國文學) 등 다양한 논문들이 수

록된 이 책은 이 여러 분야에 있어서의 박사의 학문적 영향력을 단
적으로 보여주는 것이지만 또한 덕성(德性)과 학식(學識)을 겸비한
박사의 사군자상(士君子像)은 요즘 지나치게 전문화를 내세우는 논
문 제작자들의 수공업적(手工業的) 직인의식(職人意識)과는 멀리
구별되는 것이다.

　현재 박사의 건강은 연부역강(年富力强)한 젊은이들에게 조금도
뒤지지 않는다. 부디 박사는 귀학(龜鶴)의 하령(遐齡)을 누리면서
한문문화권의 전통적 사군자상을 이 땅 위에 길이길이 남겨주기를
축원한다.

1977년 4월 6일

# 金容稷敎授回甲紀念論叢 序

외우(畏友) 향천(向川) 김용직(金容稷) 교수가 금년 11월에 61세 생조(生朝)를 맞이한다. 대학 동료·후배·제자 들이 뜻을 모아 기념논총을 내면서 나에게 서문을 청해왔다. 나는 향천에게 평소 남다른 정의(情誼)를 지녀온 터이므로 축하의 열에 동참하는 뜻에서 이를 흔쾌히 받아들여 몇줄의 무사(蕪辭)를 초(草)한다.

"소년(少年)은 이로(易老)하고 학(學)은 난성(難成)이라"는 옛 경구(警句)가 있지만 이 구절이 향천에게는 해당되지 않는다고 여긴다. 향천은 아직도 머리에 흰털이 별로 없고 얼굴에 잔주름도 보이지 않아, 언제나 단아한 귀공자의 모습을 하고 있으니 소년이 이로(易老)라고 할 수 없고 학문적으로는 이미 근대문학의 연구에 부연(葐然)한 일가(一家)를 이룬 지 오래되었으니 학(學)이 난성(難成)이라고 말할 수 없기 때문이다. 그러나 향천이 지금 환갑을 맞이한 것은 엄연한 현실이다. '환갑노인(還甲老人)'이라는 흔한 말이 차츰 향천의 귓전에 가까이 올 것이다. 지당춘초(池塘春草)의 꿈이 깨어나기도 전에 뜰앞의 오동잎이 가을의 소리를 알린다. 참으로 덧없는 세월이다.

이러한 세월 속에 강산이 몇번씩 변하고 세상이 크게 달라졌다. 개발과 건설의 소음이 이 땅을 진동시킨다. 향천이 태어나고 자라난 유서 깊은 오천 고장(烏川故莊)이 안동댐의 조성으로 물나라가 되어 4백년 조상들의 방형(芳馨)이 스며 있던 운림천석(雲林泉石)이 어룡(魚龍)의 굴혈(窟穴)로 화하고 말기도 했다.

오천 고장이 자리한 안동(安東) 예안(禮安)은 예부터 '추로지향(鄒魯之鄕)'으로 칭도되어왔다. 우리나라 유학의 본고장이란 뜻이다. 도덕·절조·예의가 일상생활 속에 규범화·체질화되고 거기에 정감의 세계를 배경으로 한 문학적 교양과 운치를 가미한 것을 우리는 '안·예문화(安禮文化)'라고 말한다. 그리고 이 안·예문화를 몸소 구현한 인사를 고전적으로 표현하여 '군자(君子)'라고 말한다.

퇴계(退溪) 선생은 일찍이 오천마을에 군자가 많다고 말씀한 적이 있다. 그 시대에 광산 김씨(光山金氏)를 중심으로 한 여러 숙질 형제 종반 가운데 무려 일곱 분의 명현이 있어, 세상 사람들은 '오천 칠군자(烏川七君子)'라고 불렀다. 그 칠군자의 유적이 지난번 수몰되기 직전에 김씨 일문이 힘을 모아 누정(樓亭)·제택(第宅)을 안동시의 한곳에 옮겨놓고 군자동(君子洞)이라고 명명하였다. 그중의 탁청정(濯淸亭)이라는 고색창연한 한 건물이 바로 향천의 직계 조상인 탁청공(濯淸公)의 정자이다.

향천은 그의 저서 『한국근대문학(韓國近代文學)의 사적 이해(史的理解)』의 책머리에서 자기 고장에 대한 절절한 향수를 나타내면서 아래와 같이 말했다.

생각했던 것보다 한층 더 역사(歷史)의 생리(生理)가 비정(非情)하다는 사실을, 그리고 비정하기 때문에 그것이 좀더 철저하게 인식되고 엄격하게 파악될 필요가 있지 않을까 하는 생각도 가져보았다. 여기서 내가 앞서 낸 두어 권 책의 경우보다 역사에 대한 관심을 좀더 많이 갖게 되었다······.

그러니까 향천은 그의 고장의 변화를 역사의 생리에서 온 것으로 인식하면서 하나의 소중한 체험으로 받아들였고 그것이 또한 그의 내면세계의 변화에 영향을 주기도 했다는 것이다.

사실, 향천은 그 스스로 말한 바와 같이 원래 문학의 해석에 있어서 현실(現實)·역사(歷史)·역사주의(歷史主義) 등의 어휘에 호감을 갖지 않았다. 따라서 나하고는 견해와 취향이 상당히 달랐다.

그러나 향천은 이제 "문학의 해석을 위해 역사를 도입하지 않을 수 없다"라고 실토하였다. 실제로 나는 향천이 근대문학을 다루어놓은 몇편의 논문을 읽고 그의 온당하면서도 참신한 분석적 시각——역사적 시각에 적지 않은 감동을 받았다.

그렇지만 향천은 절대로 요즘 사람들과 함께 시대풍조에 휩쓸려 가지 않는다. 그의 수필집에서 본 바와 같이 그에게는 '지킴'이 있다. 이 지킴이란 무엇을 내용으로 하는 것인가. 나는 그것을 '전통(傳統)'이라고 생각한다. 그리고 그 전통을 좁혀 말해서 '안·예문화' 그것이라고 생각한다. 사람에게는 굳건한 뿌리가 있어야 한다. 바람 부는 대로 물결 치는 대로 흔들리다 보면 끝에 가서 남는 것이 아무것도 없는 법이다.  현실인식(現實認識)·역사인식(歷史認識)에 병행하여 자아(自我)의 확립(確立)이 무엇보다 중요하다. 내가. 향천의 지혜와 신념에 경의를 표하는 까닭이 여기에 있다.

향천은 이제 여러 면으로 노숙의 경지에 접어들었다.  고전적 의미의 '군자(君子)'로서, 그러나 항상 젊음을 잃지 않고 소년 귀공자의 모습으로 우리 주위에 남아 있어서 다음 세대들에게 한 전범(典範)이 되어주었으면 하고 기원해 마지않는다.

1992년 晩秋에 實是學舍에서

# 文炯萬教授定年退職紀念論叢 序

　문형만(文炯萬) 명보(明甫) 교수의 정년퇴직을 앞두고 부산여자
대학교 사학회(史學會)에서 기념논총(紀念論叢)을 내기 위해 대학
동료·친지 들의 논문을 수집하는 한편 나에게 서문(序文)을 청해
왔다. 나는 명보(明甫)와 평생을 사귀어온 남다른 사이로서 이 일
에 흔쾌히 응하기로 하였다.

　언제 보아도 명보는 건강이 넘치는 얼굴이다. 그래서 나는 평소
에 막연히 명보는 아직 연부역강(年富力强)하여 연구와 교육에 한
창 활동중일 줄만 여겨왔다. 따라서 나는 그의 정년퇴직의 소식을
듣는 순간 조그만 충격을 받았던 것이 사실이다. 세월이 그만큼 우
리들을 젖혀둔 채 덧없이 흘러버렸다는 것도 한 서운함이 아닐 수
없는 것이다.

　내가 명보와 처음 만난 것이 부산 동아대학 시절이니까 적어도
50년대 중반쯤이었다고 생각된다. 그때 나는 강진철(姜晋哲) 교수
와 함께 고려시대에 관한 연구를 막 시작하여 당시 오리무중(五里
霧中)이었던 고려시대의 역사에 나름대로 개척적인 작업을 하노라
고 제법 자신에 차 있을 때였다. 이러한 분위기(雰圍氣) 속에 동참
(同參)한 사람이 곧 명보였다. 물론 몇몇 젊은 벗들이 추종(追從)
하고 있었지만 한자리에서 호흡을 통하기에는 연령적으로 거리가
있었다. 남북 분단과 이승만 독재정권의 암담한 현실 아래 멀리 부
산의 일우(一隅)에서 역사를 공부하는 사람들끼리 모여앉아 민족사
의 방향에 대한 희구(希求)와 학문적 진로의 모색으로 고민을 겪었
지만 꿈도 또한 많았다. 이런 가운데 4월혁명(四月革命)이 일어났
다. 혁명 초기에 부산지방의 교수·학생 들은 직접 참여하지 못했

으나 혁명의 진행중에 있어서 올바른 결실을 거두기 위해 힘을 기울였다. 당시 지방에는 관(官)의 지배체제(支配體制)가 종전 그대로 남아 있고 학원 내에 중앙권력과 결탁한 무리들이 끝까지 버티고 있었다. 이에 교수들은 관의 잔존세력(殘存勢力)의 퇴진을 촉구하고 학원의 민주화를 강력히 추진하였다. 나는 강진철 교수와 함께 이 운동에 적극 가담하였다. '부산교수단(釜山敎授團)'이라는 플래카드를 내 손으로 직접 써서 그것을 앞세우고 부산시가를 가득 메운 각 대학 교수들의 활기찬 데몬스트레이션을 벌였다. 강(姜)교수와 내가 이러한 행동에 나설 수 있었던 것은 젊은 벗들―― 사학과 학생 제군의 조직적인 뒷받침이 있었기 때문이었고 이 젊은 벗들의 리더의 한 사람이 명보였다. 그만큼 명보는 민주주의에 대한 지향에 있어서 분명한 정의감과 슬기로운 대응력을 가지고 있었다. 결국 4월혁명이 한계를 드러내고 민주화 운동이 실패로 끝나게 되자 나와 강교수는 부산에 머물러 있을 형편이 되지 않아, 양가(兩家) 가솔(家率)이 짐을 꾸려 서울로 향발(向發)하는데 그날 단 한 사람 우리를 전송(餞送)나온 이가 명보였다. 기차가 출발할 때에 부산역두에 혼자 오뚝 서서 눈물을 뿌리던 명보의 모습이 지금도 내 눈에 선하다.

그 뒤 명보도 부산을 떠나 여러 곳에 전전하면서 교편을 잡고 있었지만 방학이 되면 서울로 나를 찾아와 명륜동(明倫洞) 여사(旅舍)에서 함께 고려사를 공부하였다. 명보의 첫 작업이 「여대귀향고(麗代歸鄕考)」(『역사학보』 23집)였다. 비록 분량이 적은 논문이지만 '귀향(歸鄕)'이라는 특수한 고려율(高麗律)을 통하여 고려사회의 특징의 하나를 파악케 하는 출색(出色)의 논고였다. 일본의 하다다(旗田巍) 교수는 이 논문을 읽고 나에게 편지를 보내와, "문형만(文炯萬)씨의 「여대귀향고」는 중대한 문제의 제기에 공헌한 것"이라고 하면서 찬사를 아끼지 않았다.

세상살이에 시달리고 또 각기 형편이 달라, 이후 나와 명보는 자

주 만나기 어려웠지만 명보가 부산여자대학에 자리잡아 연구생활이
본격화되면서 다시 성균관대학(成均館大學)에 교환교수로 와서 1년
간 나와 함께 지냈다. 그러나 나는 이미 고려시대의 연구를 유보하
고 이조 후기의 실학사상(實學思想)에 관심을 집중시키고 있었던
때이어서 명보의 연구에 동반자로서의 도움을 줄 수 없었다. 지금
도 그것을 생각하면 나는 명보에게 큰 빚을 진 것 같아 미안한 마
음 금할 수 없다. 그러나 명보는 독자적으로 고려시대의 연구를 계
속하여 여러 편의 논문을 내놓았다. 명보의 꾸준한 노력과 알찬 집
념에 대하여 나는 새삼 높이 평가하고자 한다.

연전(年前)에 강교수가 세상을 버리고 나는 70고개를 턱앞에 두
고 있어, 인생역정을 종종 회고하게 되는데 그럴 때마다 명보는 나
의 추억 속에 제일 먼저 떠오른다. 이제 명보의 퇴직을 위한 기념
논총의 권두(卷頭)에 나와 명보와의 관계를 적어서 옛정을 되새겨
보는 것도 의미가 바이 없다고 여기지 않는다.

그러나 위에서 말한 대로 명보는 아직도 건강이 한결같다. 비록
대학강단에서 물러나더라도 학구적 자세는 '꾸준함'과 '알참'에 힘입
어, 여년(餘年)을 더욱 보람 있게 보내게 되기를 빌어 마지않는다.

　　　　　　　　　1994년 立春 다음날 實是學舍에서

# 密陽誌 序

근년 우리나라 역사학계에 지방사(地方史)에 대한 관심이 높아져서 지방사연구(地方史研究)를 위한 학술대회가 열리고 시중(市中) 출판사로부터 전국의 읍지(邑誌) 및 대형의 지방사자료총서(地方史資料叢書)가 영인 반포되고 있는 것은 주목할 일이다.

한 나라 역사를 연구하려면 먼저 구체적 파악을 위한 연구의 지역화(地域化)가 필요하고 연구의 지역화를 위해서는 먼저 그 지역의 행정적 연혁과 교통·경제·인물·문화의 다양한 여러 실정을 알아야 하며 나아가 그 지역이 국가적 차원에서 어떠한 위치를 차지하고 있는가를 밝히게 되어야 한다. 따라서 역사 연구자들에게 지방사 연구가 불가결의 과제로 등장하는 것이다.

이러한 지방사는 객관적 입장에서 다루는 것으로, 엄격한 과학적 관찰과 체계적 서술을 전제로 하는 것이다. 종래 애향적(愛鄕的) 감정에서 출발한 향토사(鄕土史)와는 스스로 궤를 달리하는 것이다.

애향적 감정에서 출발한 향토사, 그것은 주로 자기의 향풍(鄕風)과 토속(土俗)의 미화(美化), 그리고 가문(家門)의 계보(系譜)와 조선(祖先)의 의덕(懿德)을 서차(序次) 천명(闡明)하는 데에 중점을 두게 된다. 물론 이러한 것이 그 고장 주민의 정신적 긍지가 되고 생활환경 및 전통에 대한 신뢰에서 향토 건설의 의욕을 북돋아 주게 된다. 다만 이러한 향토사가 자칫 잘못하면 주관적 견해에 의한 자가도취(自家陶醉)에 빠지게 될 소지가 있으므로 일정한 주의가 있어야 하는 것이다.

밀양문화원(密陽文化院)에서 『밀양지(密陽誌)』의 편찬을 계획하

여 편찬위원회(編纂委員會)를 조직하고 나에게 편찬위원(編纂委員)
의 한 사람으로, 집필진(執筆陣)을 구성하여 집필에 착수해줄 것을
요청하기에 나는 사양치 않고 이를 수락하였다. 이것이 벌써 4년
전의 일이다.

우선 집필진을 모두 우리 고장 출신으로 역사·사회경제·문화
등 각 분야에서 활동하는 학자들로써 구성하였다. 다행히 밀양에는
농잠전문대학(農蠶專門大學)이 있어, 자연환경——풍토에 관한 것
은 이 현지 교수 두 분에게 맡길 수 있었고 민요(民謠)·설화(說
話)·방언(方言)과 문헌(文獻)의 조사에 관한 부분은 타지방 출신
이면서 나의 대학 동료인 두 교수에게 수고를 끼쳤다. 그밖의 집필
자들은 한결같이 밀양의 강토(江土)에서 자라난 사계(斯界)의 학자
(學者)·전문가(專門家) 들이다. 심지어 표지의 제첨(題簽)까지도
우리 고장이 낳은 서예가(書藝家)의 손을 빌린 것이다. 이것은 우
리 고장이 그만큼 능력을 가진 사람을 많이 배출시켰다는 증거이
다. 이 또한 우리 고장의 자랑이 아닐 수 없는 것이다.

그러나 막상 집필이 시작되면서 여러가지 어려움에 직면하게 되
었다. 첫째, 지금까지 향중(鄕中)에서 간행된 군지(郡誌)·향안(鄕
案) 등의 문헌과 기타 왕조실록(王朝實錄) 및 야승(野乘)·관문기
(官文記) 등 각종의 자료들을 죄다 섭렵한다는 것이 쉬운 일이 아
니고, 둘째 집필자들이 모두 각기의 직장에서 각기의 본업에 분망
한 몸으로서 서로 회합하기조차 힘든 형편이라 충분한 토의와 협동
적 작업이 불가능했다는 것이다. 향중 여러분들의 숙망(宿望)의 사
업이 지체되는 것 같아, 항상 마음 졸이면서도 욕속반졸(欲速反拙)
의 우려 때문에 그렇게 서두르지도 못했다. 결국 해를 거듭해가면
서 집필자들을 독려하여 4년 유여(有餘)가 되어서야 겨우 원고를
마감할 수 있었고 그 원고가 수집된 뒤에 또다시 반년(半年)이 걸
리도록 정리와 퇴고에 힘을 기울여야 하였다.

원래 내가 이 사업에 참여한 것은 오늘날 역사학계의 새로운 동

향에 관련시켜 순수하게 학문적 견지에서 밀양을 대상으로 한 하나의 지방사(地方史)를 만들고자 한 뜻에서였다. 자연환경을 필두로 역사·사회경제·문화의 제관계를 객관적으로 살피고 설명하려 했던 것이다. 이러한 의도가 과연 얼마만큼 이루어졌는지는 스스로 말할 수 없지만 최근 여러 고을에서 나온 군지(郡誌)들과 비교해보면 어느정도 숨은 노력의 일단이 이해될 수 있을 것이다. '사회경제사적(社會經濟史的) 지방사(地方史)' '문화사적(文化史的) 지방사(地方史)'를 의도하면서도 대부분의 집필진이 모두 향토애를 바탕으로 글을 썼기 때문에 또한 '향토사적 지방사'의 성격이 나타나지 않을 수 없는 것이다. 이것이 이 책의 특징일 수도 있다.

끝으로 우리 고장 출신이 아닌 객원 집필위원 김시업(金時鄴)·임형택(林熒澤) 두 교수와 역시 객원으로 편집 교정에 심혈을 경주하고 복잡한 색인까지 만들어주신 정해렴(丁海廉) 창비사(創批社) 고문(顧問)에게 심심한 사의를 표한다.

1987년 11월 密陽 退老 雙梅堂에서

# 密陽地名攷 序

　한자문화권(漢字文化圈)이 성립된 지 3, 4천년 동안에 우리 민족의 문화생활은 모든 것을 한문(漢文)으로 영위해왔다. 동아시아 주변국들 가운데서는 물론이고 중국 본저(中國本地)에 비해서도 한문의 섭취 소화가 그 심도(深度)와 광범(廣汎)함에 있어서 별로 손색이 없었다. 이리하여 한자·한문은 우리의 종교·예속(禮俗)·교육 내지 국민의 일상적 관행 속에 침윤(浸潤)되고 나아가 전장제도(典章制度)로서 우리나라 통치기구에 그대로 도입되어 체제로서 굳어지기도 하였다.

　여기 가장 중시할 것은 인명(人名)과 지명(地名)이 모두 한자로 되었다는 것이다. 인명과 지명은 우리의 원시·고대 사회에 있어서 물론 우리말——'토박이말〔土俗語〕'로 되어 있었을 것인데 이것까지 모두 한자로 개작(改作)된 것이다. 우선 인명을 보기로 하자. 삼국시대까지는 그래도 토박이 이름을 한자로 차용(借用) 표기(表記)한 것이 많았는데 고려 이후에는 점차 '토박이말'로 된 이름이 없어지고 음의(音義)가 모두 한화(漢化)되어, 이조(李朝)를 거쳐 오늘에 이르고 있다.

　그런데 인명의 이러한 변화에 비하여 지명은 상대적으로 그 변화가 적은 편이다. 그것은 두 가지 이유에서다. 첫째, 사람은 살다가 죽고 또 나고 하는 것이어서 한자문화의 진전에 따라 인명도 더욱 한화(漢化)되어왔지만 지명은 그렇지 않기 때문이다. 물론 지명도 왕조의 교체, 법령의 개정 내지 행정구역의 변경 등에 따라 얼마든지 변화가 생길 수 있다. 그러나 사람들과 같이 죽고 나고 하는 것이 아니므로 지명은 인명처럼 쉽게 변화하지 않는 것이다. 둘째,

인명은 자기의 품위를 높이기 위해 한화(漢化) 즉 미화(美化)로 생각하고 토박이 이름을 거부해왔지만 지명에 대해서는 그러한 노력이 덜 기울여졌기 때문이다. 물론 지명도 주(州)·부(府)·군(郡)·현(縣) 등 고을의 명칭은 모두 한화(漢化)시켜놓았지만 그 아래에 있는 촌락(村落∶ 自然部落)·계천(溪川)·구릉(丘陵)·암곡(巖谷) 등에 이르러서는 토박이 이름이 그대로 살아 있다. 우리말 그대로 불려지고 있는 것이 많을 뿐 아니라 한자로 표기되어 있는 것이라도 잘 헤쳐보면 그 속에 토박이말이 고이 들어 있는 것이다.

해방 후 우리 민족의 전통과 유서(由緖)를 회복하기 위해 우리말 우리 정조(情調)를 찾아내는 작업을 여러 면으로 전개해왔다. 우리 방언(方言)을 조사하고 우리 민요·전설을 채집하는 등 많은 성과를 내고 있다. 특히 최근, 지명에 관한 연구활동이 결실을 얻어, 『한국지명총람(韓國地名總覽)』『한국 땅이름 큰사전』(한글학회 편저)의 대저(大著)가 연이어 나오게 되었다. 역사적인 업적이라고 할 만하다. 그러나 전국토를 대상으로, 고을마다 마을마다 다루어놓은 것이어서 아무래도 오류가 없을 수 없고 또 소루(疎漏)한 곳도 적지 않다. 식자(識者)들은 이런 결함을 메우기 위해, 반드시 시군 단위(市郡單位)의 자세한 지명의 파악이 선행되어야 한다고 말하고 있다.

이번에 밀양문화원에서 『밀양지명고(密陽地名攷)』를 편저(編著)하여 간행하게 되었다. 1시(市)·2읍(邑)·9개면(面)의 289 행정이동(行政里洞) 구석구석에 온갖 이름들을 찾아 땀·각단·개울·언덕·골짜기·들녘 할 것 없이 무릇 이름이 있는 것은 거의 다 수록하고 가급적 그 원의(原義)를 설명하였다. 뿐 아니라 그 지명에 결부된 전설까지 첨부하여 이해를 돕게 하였다. 위에서 말한 식자들의 의견이 우리 밀양에서 먼저 시도되었고 일단 실현을 본 셈이다.

우리는 민족주체성을 강조하면서 종래 한자문화권에 있어서의 몰자각성(沒自覺性)에 깊이 반성하고 우리말 우리 정조(情調)를 되찾

기에 힘을 경주해왔다. 그러나 요즘 한자문화 대신 서양풍조에 휩
쓸려 몰자각성의 우려는 더욱 커지고 있다. 국제화·세계화라는 미
명(美名) 아래 자아를 송두리째 상실해버릴 위험까지 느껴진다. 우
리는 과거 역사의 한자문화 일변도(一邊倒)의 폐단을 거울삼아, 서
양문화의 섭취·소화에 각별한 선택이 요구되고 있다.

　이러한 견지에서 『밀양지명고』의 출판은 단순한 지방문화사업의
하나로 보는 데에 그치지 않고 상당한 의미를 부여해도 좋다고 본
다. 우리 밀양이 다른 지방에 앞서서 해낸 일로서, 앞으로 여러 고
을의 호응을 얻어, 뜻있는 운동이 펼쳐지기를 바라 마지않는다.

1994년 7월 密陽 退老 옛집에서

# 한국 古典의 發見 序

근대적 예지(叡智)와 고전적 교양(敎養)을 겸비한 사람으로, 오늘날 물질만능(物質萬能)의 풍조 속에 굳건히 자기를 지켜가며 민족과 사회의 기강을 바로잡을 지주(支柱)가 될 수 있는 품위 있는 학자 지식인이 지금 어느 시기보다 절실히 요망되는 상황이다.

이 땅에는 아직 한편에서 중세적 의식의 잔재가 완전히 청산되지도 않은데다가 첨단과학에 의한 초현대적 생활 방식이 열성적으로 추구되고 있는 판이라 전통문화에 대한 올바른 인식이 이루어지기 어려운 동시에 방관과 무관심으로 흐르고 있는 것이 지금의 실정이다.

전통문화를 정당히 계승해야 한다는 것은 역사적 당위에 속한 명제(命題)로서 지금 아무도 부정하지 못한다. 그러나 당위가 현실적 필연으로 연결되지 못하고 있는 것이 오늘의 안타까움이다. 전통문화 가운데서도 조형예술의 유물이나 서민층의 민속놀이와 같은 감각적 오락물들은 손쉽게 관심의 대상으로 떠오르고 있는 데 반하여 우리 조상들의 심오한 철학적 사색과 격조 높은 시문학(詩文學)의 정서가 담겨 있는 고전들은 일반적으로 먼 거리에 던져둔 채 가까이하려고 하지 않는다. 여기에는 중요한 이유가 있다. 첫째 우리 고전들이 대부분 한자한문(漢字漢文)으로 기록된 것이어서 일반 사람들이 읽기가 쉽지 않다는 것이고, 둘째 처음부터 흥미를 느끼지 않고 또 무슨 내용이 들어 있는지 몰라서 굳이 펼쳐보려고 하지 않는 것이다. 이 두 가지 중에서 두번째의 것이 더 문제이다. 한자한문은 현재 번역사업이 다방면으로 진행되고 있어서 언젠가는 모두 우리말 우리글로 바꾸어질 것이므로 읽기가 쉽지 않은 것은 해결이 될 수 있지만 처음부터 흥미를 느끼지 않고 또 어떤 내용이 들어 있는지 몰라서 펼쳐보지 않는다면 그것은 도리가 없는 일이다.

이리하여, 고전을 통해 우리 조상들의 고상하고도 진지한 정신유산을 이어받지 못한 채 온 세상이 오직 타산적인 실리주의와 현란한 시청각 문화 속에 경조부박(輕佻浮薄)한 사고와 행동을 날로 확산시켜 사회의 위기를 양성(釀成)하고 있다. 세계화의 외침 속에 우리는 자칫 뿌리 없는 문화로서 바람부는 대로 물결치는 대로 남을 따라 춤추는 격이 되어, 나중에 자기상실(自己喪失)로 남는 것이 아무것도 없게 되지나 않을까 우려되기도 한다.

세월은 자꾸 흘러 이제 20세기도 끝나려고 한다. '세기말 병(世紀末病)'을 앓고 있는 지구촌의 여러 인간군(人間群) 속에 우리 민족은 독특한 증상(症狀)을 노정시키고 있다. 중세와 현대의 의식의 혼류(混流) 속에 제대로 방향을 정립하지 못하고 있는 것이다. 이러한 때에 있어서 우리는 근대적 예지와 고전적 교양을 한층 더 요구하는 것이다.

"한평생 민족의 고전과 더불어 살아왔다"라고 한다면 초연한 생활, 뜻있는 생활을 해온 것처럼 여겨질지 모른다. 또 어쩌면 한자한문의 세계에서 자기를 한정시킨 전근대적 인간으로 진부한 생각의 소유자처럼 여겨질지도 모른다. 그런데 나의 경우, 전자(前者)로 해당시켜 초연한 생활, 뜻있는 생활이라고 한다면 적이 외람된 것이고, 후자(後者)에 해당시켜 진부한 생가 운운(云云)한다면 우선 고전을 욕되게 하는 것 같아 또한 받아들일 수 없는 것이다.

사실 나는 한때 고전을 떠나 살고 싶었다. 상아탑적 분위기 속에 있으면서 현실참여에 결연히 나서고 싶은 충동을 일으킬 때 특히 그러하였다. 그러나 상황이 달라지고 역사의 격류(激流)에서 한걸음 물러나 주위를 돌아볼 때 나에게는 언제나 고전이 감싸고 있었다. 이제 칠십고개를 올라선 인생의 역정(歷程)을 회고하며 고전에 대한 나름대로의 보답을 궁리해보기로 하였다.

1960년대로부터 우리 고전에 대한 해제(解題)를 쓰기 시작하여 지금까지 쌓여진 것이 수십 편이다. 고전을 체계적으로 연구하면서 발표해온 것이 아니고 그때 그때 나의 필요와 주변의 요구에 따라 쓴 것이므로 우리 고전의 중요한 것을 죄다 다루어놓은 것이 아니다. 따라서 이 글들을 모아 한 책으로 엮어놓고 보니 아쉬운 점이 한두 가지가 아니다. 그러나 우리 고전 가운데 중요한 것은 대체로 실려 있는 편이어서 독자에게 일정한 도움을 줄 수 있을 것이다. 특히 경사자집(經史子集) 가운데 지금껏 손이 미치지 못했던 집부(集部)에 많은 비중이 두어져 있어, 그동안의 학계(學界)의 결함이 상당 부분 메워질 것으로 믿는다.

옛책이라고 하여 다 고전이 아니다. 역사를 통하여 여과(濾過)된 고전만이 고전이다. 고전이라고 하여 모든 것이 누구에게나 다 좋은 것이 아니다. 읽는 사람의 눈을 통하여 가슴에 와닿을 때에 비로소 고전의 값을 하는 것이다. 그것은 독자에 의한 고전의 발견이다.

이 책에 수록된 글들은 내 나름대로의 '고전의 발견'을 적어둔 것이다. 여러 독자의 공감(共感) 여부는 여기서 기필(期必)하지 않는다. 그러나 위에서 말한 바 있는 고전을 가까이하지 않는 일반 사람들에게 어떤 내용이 들어 있음을 알리고 흥미를 느끼게 하는 데에 보탬이 될 수 있으면 그런 다행이 없겠다.

끝으로 어려운 여건을 무릅쓰고 이 책을 출판해주신 한길사 김언호(金彦鎬) 사장에게 감사드리며 현지를 누비면서 각종 유물·유적을 촬영한 사진작가 황헌만(黃憲萬) 씨에게 경의를 표한다. 그리고 기획·편집의 단계에서부터 애써준 송재소(宋載邵)·임형택(林熒澤)·김시업(金時鄴) 세 교수와 교정을 담당한 실시학사(實是學舍) 조교 제군(助教諸君)의 노고에 고마움을 전해둔다.

1995년 3월 北漢山 기슭에서

# 慕先齋記

용인(龍仁) 대덕산(大德山) 서쪽 기슭에 훌륭한 한 봉분(封墳)과 육척(六尺)의 높은 비(碑)가 있으니 곧 현풍 곽씨(玄風郭氏)의 선조인 포산군(苞山君) 문헌공(文憲公) 곽원진(郭元振)과 그 배위(配位)인 정경부인(貞敬夫人) 인동 장씨(仁同張氏)의 유택(幽宅)이요, 다시 그 무덤 아래 세 개의 비(碑)가 있으니 그것은 문헌공의 맏아들 충관(忠貫), 둘째아들 충경(忠敬), 그리고 맏손자인 부(孚)의 단향소(壇享所)이다.

원래 이 묘역(墓域)을 수호하기 위한 재사(齋舍)가 있어, 모선재(慕先齋)라고 일컬어왔는데 1977년 12월 곽씨 대종회(大宗會)에서 묘역의 정화사업과 함께 재사(齋舍)도 중건(重建)하게 되었다. 1979년 5월 낙성(落成)을 본 이 건물은 무릇 다섯 칸인데 동서(東西)로 각기 한 칸씩 온돌방이 되고 가운데 삼칸은 넓은 마루가 되어 있다. 굉창(宏敞)한 규모(規模)와 미려(美麗)한 결구(結構)가 족히 사람의 눈을 끌 만하다. 앞으로 세시(歲時)의 첨소(瞻掃)와 종족(宗族)의 연희(燕喜)를 위해 무궁한 장래까지 뜻있는 장소로 활용될 것이다. 이 건물의 영작(營作)과 그것을 위한 주선(周旋)에 많은 자손들의 공동의 정성이 어리어 있지만 실은 그 경비의 전액을 현재 일본에 교포로 살고 있는 곽모씨(郭某氏)가 독력(獨力)으로 마련하였다. 참으로 갸륵한 일이 아닐 수 없다.

현풍 곽씨는 온 나라가 다 아는 명문(名門)이요 그 조선(祖先)의 심인후택(深仁厚澤)이 칠백여년 쌓이고 쌓여 끝없는 유음(遺蔭) 속에 자손이 번성하여 옛말 그대로 '기려불억(其麗不億)'이 되었다. 국내에는 물론이요 해외 각지에서 활동하는 사람들만도 제제다사

(濟濟多士)이니 오늘의 이 사실이 어찌 우연한 소치(所致)이겠는 가. 옛적 세종대왕(世宗大王)의 『용비어천가(龍飛御天歌)』에 "뿌리 깊은 나무는 꽃 좋고 열매가 많다"라고 했으니 곽씨야말로 깊은 뿌리 위에 좋은 꽃과 많은 열매가 맺어진 것이다. 저 미국의 한 흑인 작가(黑人作家)가 『뿌리』라는 작품을 써서 자기들의 잃었던 조상을 밝히게 되자 그 소설이 전세계에 충격을 주고 많은 사람들에게 조상에 대한 새로운 인식을 심어주게 되었다고 하거니와 나는 생각하기에 우리나라는 남달리 조상을 숭배하는 전통을 가져, 뿌리를 잃은 적이 있을 리 없으며 그만큼 행복한 겨레임을 자부(自負)할 만하지만, 최근 수십년 동안 외래풍조(外來風潮)의 범람 속에 휩쓸려, 자칫 우리의 미풍양속이 송두리째 잊혀질 우려(憂慮)가 없지도 않은 터라 평소에 이를 개탄(慨歎)해왔음이 또한 사실이다.

이번에 이 모선재(慕先齋)의 중건은 곽씨 일문(一門)의 보람된 일일 뿐 아니라 '모선(慕先)' 두 글자의 고명사의(顧名思義)를 통하여 뿌리를 존중하는 우리 겨레의 유구한 전통에 새롭게 점화(點火)하는 한 계기가 되기를 바라 마지않는다.

1979년 5월

# 新四可齋記

이 재사(齋舍)의 편액(扁額)을 '신사가재(新四可齋)'라고 한 것은 고려시대 개성(開城) 서교(西郊)에 있었던 백운거사(白雲居士) 이규보선생(李奎報先生)의 별업(別業)의 명칭을 따온 것이다.

현재 백운거사의 문집인 『이상국집(李相國集)』에 수록되어 있는 「사가재기(四可齋記)」에 의하면 개성 서교에 있었던 그 별업은 원래 그의 부친 호부낭중(戶部郎中) 휘(諱) 윤수공(允綏公)이 창치(創置)한 것으로, 계곡(溪谷)이 깊고 아늑하여 하나의 별세계(別世界)를 이루었는데, 백운거사가 젊은 나이에 부친에게서 상속받아 독서와 수양의 처소로 삼아왔다고 한다. "그곳에 농토(農土)가 있어 가히 양식을 공급할 수 있고 뽕밭이 있어 가히 누에를 쳐서 옷을 지을 수 있고 샘물이 있어 가히 마실 수 있고 나무숲이 있어 가히 땔감을 조달할 수 있으니 내 마음에 가(可)한 것이 네 가지가 되므로 사가재(四可齋)라고 명명(命名)했다"는 것이다. 백운은 그곳에서 전원생활의 정취(情趣)를 맛본 듯 장차 고향인 여주(驪州)로 돌아가 태평세월(太平歲月)의 농수(農叟)가 되는 것도 무방하다는 뜻을 말하였다. 문집에는 이 기문(記文) 외에 따로 서교초당(西郊草堂)에 대한 시 3수(首)가 있는데 역시 사가재를 두고 읊은 것이다. 거기에서도 "쾌재(快哉)라 농가락(農家樂)이여 이제부터 전원으로 돌아가고파"라고 하였다.

그러나 선생의 탁월한 학식과 천재적 창작력은 시대의 요구와 역사의 소명 앞에 결국 관계(官界)로 진출하여 민족과 국가를 위해 보람찬 활동으로 일생을 보냈다.

백운이 활동한 시기는 우리 민족사상 가장 외구(外寇)가 빈번한

때이고 특히 몽고(蒙古)의 침입은 우리 강토 우리 문화를 온통 전화(戰禍) 속에 황폐케 하였다. 이에 대해 우리 국민은 강화도(江華島)를 마지막 보루(堡壘)로 하여 27, 8년간에 걸친 위대한 저항으로, 강산을 들어 분묘(墳墓)를 만들 만큼 불퇴전(不退轉)의 용감성을 보였다. 이 때에 백운은 국민의 선두에서 자기의 문학으로 헌신적 봉사(奉仕)를 하였다. 수많은 시와 산문으로 우리 전사(戰士)를 격려하고 적군인 달단완종(達旦頑種)의 야만적 행위를 폭로 규탄하여 전국민의 분기(奮起)를 촉구하였다. 구아대륙(歐亞大陸)이 온통 몽고의 영토가 되어버린 가운데 오직 우리 고려가 끝내 독립국가로 유지된 것은 이러한 배경에서 설명될 수 있는 것이다.

당시에 그는 이미 전원생활에 대한 동경을 포기했을 뿐 아니라 그의 청렴결백한 생활태도는 임시수도인 강화도에 들어온 이후 다른 관인(官人)들과는 달리 한뼘의 땅도 한칸의 집도 가진 것이 없었다. 재상의 반열(班列)에 있으면서 맑고 가난한 생계로 여년(餘年)을 마친 그는 개성 서교의 별업에도 고향인 여주에도 돌아가지 못하고 조촐하게 강화도 일우(一隅)에 묻히고 말았다. 고려정부가 개성으로 환도(還都)하고 자손들이 강화도를 떠난 뒤에 그의 무덤은 그대로 쓸쓸히 남아 있다가 허구많은 세월의 변천 속에 그 정확한 소재지에 관한 기록이 없어져서 수백년 동안 전국에 산재(散在)한 후예들이 직접 향화(香火)를 올릴 곳을 잃고 있었다. 그러나 천백 운잉(千百雲仍)의 남다른 추모의 정성과 영원불멸의 백운의 정령(精靈)이 마침내 그 유택(幽宅)을 도로 찾게 하였다.

근래 민족문화 재건과 조상의 유물·유적의 수호에 관한 운동이 활발해지면서 백운의 묘역(墓域) 정화사업이 본격적으로 추진되어 3년여의 노력 끝에 완공을 보았다. 이 과정에서 행정당국의 지대한 원조와 문순공파(文順公派) 대종회(大宗會)를 중심으로 한 전국 종원(宗員)들의 합심으로 순조로운 진전을 보게 된 것은 오로지 그의 숭고한 역사적 위치에 대한 후세의 끊임없는 존앙(尊仰)에서 나온 것이다. 묘역 정화사업의 일환으로 재사(齋舍)가 낙성(落成)되자 문순공파 대종회 회장인 이건현(李建鉉)씨가 여러 종원의 뜻으로 나를 찾아와 재사의 명칭과 기문(記文)을 부탁하였다. 나는 오래 생각한 끝에 재사의 명칭을 달리 구하지 않고 사가재의 이름을 부활시키는 것이 어떠냐고 하였다. 비록 개성 서교의 옛터는 아니지만 그의 체백(體魄)이 계신 지척지지(咫尺之地)에 이 편액을 걸어 둠으로써 그의 신마고륜(神馬尻輪)이 여기 척강(陟降)하여 그 옛날 사가(四可)의 낙(樂)을 되새기면서 위열(慰悅)을 얻을 것이요, 또한 후예들은 고명사의(顧名思義)하여 가문의 유서(由緖)를 되살리고 조상의 취상(趣尙)을 공감하는 좋은 계기가 되겠기 때문이다. 건현씨가 찬동하고 종중의 동의를 얻어 다시 왔기에 이에 삼가 위와 같이 적어서 기문(記文)을 삼는다.

                                        1989년 6월 20일

# 冲齋遺物館記

충재선생 권충정공(冲齋先生權忠定公)이 당시 안동부(安東府) 내 성현(奈城縣) 유곡(酉谷)에 터를 잡아 자손만대의 전거지지(奠居之 地)로 정한 것이 조선 중종 15년(1520)이었다. 이로부터 유곡(酉 谷)은 영남의 이름난 고장으로 경향에 널리 알려지게 되었다.

선생의 수학굉재(邃學宏才)와 직절청명(直節淸名)은 조선 5백년 역사상에 한 성좌(星座)로서 영원히 빛을 발하고 있거니와 특히 을 사사화(乙巳士禍)를 전후하여 선생의 입조정의(立朝正義)는 나라의 기강을 진작시키고 소소배(宵小輩)의 간담을 서늘케 하는 한편 정 인군자(正人君子)의 당당한 품격으로 시대의 양식을 대변해주었다. 비록 권력에 의한 일시적 좌절로써 멀리 북쪽 변지에 유배당하여 불귀(不歸)의 몸이 되셨지만 선생의 고매한 지개(志槪)는 길이 불 사(不死)하여 겨레의 원기(元氣)를 부식(扶植)시키고 사림(士林)의 정신적 지주가 되었던 것이다. 당시의 사관(史官)은 선생의 불굴의 강직성을 누차 찬양하여 철인(鐵人)에 비유하기까지 했지만 선생의 이 강직성은 결코 단순히 저 일절지사(一節之士)의 격앙(激昻)하는 체질과는 다르다. 선생은 성리학자로서 평소의 천리(踐履)와 함양 (涵養)에서 축적된 경의공부(敬義工夫) 즉 경이직내(敬以直內)와 의이방외(義以方外)가 자연히 생활화되었기 때문이다. 다시 말하면 선생의 일생의 탁월한 달성은 바로 선생이 항상 소매에 넣고 다니 던 『근사록(近思錄)』 속에서 나온 것이라 해도 과언이 아닐 것이다.

선생이 서거하신 후 5세기의 세월이 흘러온 동안 유풍여열(遺風 餘烈)이 가시지 않고 뒤를 이은 철자현손(哲子賢孫)의 잠조(簪組) 와 문한(文翰)이 대대로 가성(家聲)을 떨쳤다. 근대에 들어와서 우

리나라의 고가세족(故家世族)이 모두 영체(零替)하고 선인(先人)의
방취(芳臭)가 날로 사라져가는 가운데 유곡마을은 영남의 몇몇 명
촌(名村)과 더불어 고색창연(古色蒼然)한 촌양(村樣) 속에 유서 깊
은 옛모습을 잘 지켜왔다. 특히 선생의 구택(舊宅)과 청암정(靑巖
亭)은 선생의 향기로운 자취를 그대로 지니고 있는데다가 각종 유
물·유품이 고스란히 보존되어 있어서 우리 전통문화의 한 보고(寶
庫)라 할 만하다. 요즘 이쪽 저쪽에서 전통문화를 소중히 여기고
그 복원과 재현을 위한 노력이 일어나고 있거니와 유곡(酉谷)에서
도 시대의 요구에 부응하여 충재선생유물관(冲齋先生遺物館)을 건
립하게 되었다. 청암정(靑巖亭)과 사당(祠堂) 가까운 곳에 위치를
정한 뒤에 문중의 재정을 바탕으로 하고 정부당국의 보조를 얻어
착공한 지 연여(年餘)에 이 훌륭한 건물의 완성을 보았다. 이에 종
전 거제(居第)에 있던 소장품들을 이 독립된 건물에 옮겨 진열키로
하였다. 유명한 수진본(袖珍本)·내사본(內賜本)의 두 종류의 『근
사록(近思錄)』을 위시하여 여러 전적(典籍)·고문서(古文書)·유묵
(遺墨) 등 지정된 보물만도 38종 472점이고 일반 문집도 수천권에
달한다. 1992년 임신 초동(初冬)에 선생의 주손(冑孫) 정우(廷羽)
씨가 그 지하(支下)인 세기(世基)·덕기(德基) 양씨와 함께 서울로
나를 찾아와 유물관의 기문(記文)을 부탁하기에 나는 천식단문(淺
識短文)으로 쉽게 붓을 들 수 없었으나 해를 넘기면서 생각한 끝에
이 글을 초하였다. 실은 나 자신 선생에 대한 존모의 마음이 남다
른 바 있었고 또 선대(先代)의 세의(世誼)를 추사(追思)하면서 이
일에 자외(自外)할 수 없었기 때문이다.

 끝으로 이 유물관은 선생의 분복(芬馥)을 세상에 더욱 널리 전파
하게 되고 그만큼 유곡마을의 문염(文艶)을 앞으로 한층 더 빛나게
만들 것임을 의심치 않는다.

1994년 5월

제 3 부

# 碑　文

# 贊成事河敬復襄靖公事蹟碑

　朝鮮王朝 建國以來 內治 外交에 걸쳐 가장 國力이 伸張되고 民族 文化의 興隆을 이룩했던 시기는 世宗大王 御宇 三十年 동안이다. 이러한 治平의 成果는 當時의 經濟와 軍事力을 바탕으로 國防을 튼튼히 하여 南梗北頑의 外憂를 解消시킬 수 있었던 데서 온 것이다. 따라서 이 時期에 風雲의 際會로 수많은 英豪賢哲의 將相들이 中外에 활약하여 각기 그 抱負 力量을 當代에 遺憾없이 발휘하고 그 經綸事業이 後世에 길이 名聲을 떨치는 이가 많았다. 崇政大夫議政府 贊成事 河敬復襄靖公 은 곧 그중의 한분이다. 一三七七年 高麗 禑王 三年에 慶尙道 晋州 西面 離下里 지금의 晋陽郡 水谷面 士谷里에서 父 書雲觀副正 贈兵曹判書 諱承海와 母 寶城 宣氏의 長男으로 誕生한 公은 남다른 天稟으로 어려서부터 英彩가 發越하였다. 慶尙道의 大姓인 晋陽 河氏는 高麗前期의 有名한 死節臣 諱拱辰을 鼻祖로 하여 그後 代代로 簪纓聞人이 史牒에 輝映하였고 朝鮮의 建國과 더불어 家門이 더욱 旺盛하였으니 佐命功臣文忠公 浩亭 諱崙은 바로 공의 從祖叔父였다. 이와같은 門運의 조昌은 公을 또한 一世의 偉人으로 進就케 하였다. 少年時節 이미 膂力이 絶人하고 射御에 能하여 일찍 澗谷에서 사냥을 하다가 뛰어든 猛獸를 겨드랑이에 끼고 목을 눌러 물속에서 죽게 하니 이로부터 神勇으로 알려졌으며 武科를 거쳐 甲士로 宿衛할 때에 宮中으로 進上되는 盆梅의 꽃 한 가지를 꺾어버리면서 奇花異植은 人君의 喪志之物이니 지금 北虜가 蠢動하여 어느때보다 有用한 人材를 汲汲히 求해야 할 판에 어찌 이런 물건을 愛玩할 餘暇가 있겠는가라고 말하여, 임금이 듣고 크게 奇異하게 여기기도 하였다. 一四一〇年 太宗 十年에 重試武擧를

치른 뒤에 僉總制에 超授되고 上護軍을 거쳐 그해 五月에 吉州助戰 知兵馬使로 되었다가 六月에 慶源兵馬使로 옮겼으며 뒤에 鏡城等處 兵馬使에서 三軍都鎭撫 右軍總制를 거쳐 곧 咸吉道兵馬都節制使로 任命되었으니 이것이 十五年間 北方에 있어서의 公의 훌륭한 籌畧 의 運用과 뛰어난 勞績의 達成의 過程이다. 元來 女眞族은 高麗初 로부터 우리 咸鏡北部 一帶에 占居하여 계속 問題를 일으켜왔는데 한때 尹瓘의 征伐을 通하여 九城을 쌓은 적도 있었으나 女眞의 勢 에 밀려 그 땅을 도로 내주었고 朝鮮에 들어와 그대로 눌러 살면서 틈만 있으면 寇掠을 일삼았다. 일찍 朝廷에서 女眞을 물리치고 六 鎭을 設置할 것을 議論한 바 있었는데 廷臣들은 모두 그것을 어렵 게 생각하여 決定을 짓지 못하였다. 이에 公은 말하기를 北方山川 은 天險之固가 있고 軍士와 말이 또한 精强하니 무슨 두려움이 있 는가. 築城과 設鎭은 꼭 必要한 일이다라고 하여 北方開拓의 熱意 를 보였었다. 과연 公은 赴任하자 仁慈스럽게 士兵을 보살피고 威 嚴스럽게 虜賊을 制禦하여 우리 疆域의 確保와 邊境의 鎭靜, 그리 고 住民들의 生活의 定着에 決定的 轉機를 마련하였다. 이는 결코 쉬운 일이 아니었다. 우선 重要史實 몇가지만 든다면 世宗 四年 九 月과 十月에 嫌眞兀狄哈과 兀良哈이 차례로 入寇했는데 公은 먼저 兀良哈에게 사람을 보내 强穩兩法으로 說諭하여 被擄된 慶源地方의 人畜을 刷還시키는 한편 建州左衞指揮 童猛哥帖木兒가 正軍 一千과 婦人小兒 共六千을 이끌고 古慶源에 入住하려는 것을 嚴히 拒絶하 여 마침내 阿木河로 돌아가게 하였다. 다음해 九月에 嫌眞兀狄哈이 다시 大軍으로 慶源 高郞岐 等處에 入寇하는 것을 公이 先頭에 나 서 親히 矢石을 무릅쓰고 迎擊하여 敗走시키니 賊의 人畜·弓箭 등 을 노획한 것이 甚多하였다. 世宗大王은 公의 큰 功을 기리는 한편 老母의 곁을 오래 떠나 있게 된 公의 心情을 體念하여 멀리 晉州로 그 母夫人에게 綾絹 各 一匹과 米 三十石을 보내고 이어 內官 韓弘 을 시켜 公에게 御札을 傳하여 그 事實을 알리면서 北方問題에 公

을 長城처럼 倚重하고 있음과 任期가 지나도 交替시킬 수 없는 苦
衷을 말하였다. 三年 뒤 六月에 王은 다시 母夫人에게 米 三十石을
보내고 護軍 洪師錫을 公에게 派遣하여 宮醞 二百十瓶과 內廐馬 一
匹 衣服 一襲 및 笠靴 등을 宣賜하면서 前番 御札에서와 같이 母夫
人을 侍奉하지 못함을 慰勞하는 懇篤한 편지를 내렸다. 그리고 公
의 아우 諱敬履를 晋州 附近 九邑에 차례로 守令職에 앉혀 專城의
長으로 母夫人을 奉養케 함으로써 公을 安心하고 籌邊에 專念할 수
있게 하였다. 世宗 九年 三月에 議政府參贊에 오른 公은 十年 正月
에 비로소 還京 陛見하여 二月에 王命으로 故鄕에 계신 母夫人에게
歸覲하고 數月 안에 또 任地로 向發하게 되었는데 王은 禮曹로 하
여금 餞送케 하고 承旨·代言 등으로 하여금 內饍으로 대접케 하는
한편 慶尙道監司에게 傳旨하여 母夫人에게 또 米 三十石을 내리고
慰勞의 잔치를 베풀게 하였다. 그 뒤 世宗 十四年에 判中樞院事 兼
咸吉道都體察使로 陞進되고 四年 만에 다시 議政府贊成 兼義禁府提
調가 되었는데 이 기간에 鄭欽之·皇甫仁 등과 함께 陣書를 編纂하
기도 하였다. 한때 咸吉道都巡檢使로 나갔다가 飢民의 實態를 報告
함에 있어서 數字의 錯誤가 있다는 理由로 罷職 歸鄕한 일이 있었
다. 그러나 곧 慶尙右道兵馬節度使로 起用되게 되었다. 母夫人의
奉養에 便利케 함이었다. 六十二歲가 되는 一四三八年 世宗 二十年
八月에 別世하니 都人士女가 巷哭停市하였고 王은 朝官에게 特命하
여 公의 居第 東쪽 數里 밖에 있는 白石洞 午向之阡에 禮葬으로 묻
게 히었다. 公의 居第는 원래 茅屋數間이었는데 家人이 公의 俸祿
을 備蓄하여 새 집을 雄壯하게 지었던바 公은 故鄕에 돌아와 그것
을 보고 크게 怒하여 卽時 撤去하라고 命하였다. 子婿와 鄰里의 간
청으로 그대로 두게 되었다고 한다. 이것만을 보아도 公의 素志의
存한 바를 알 것이다. 配 鄭氏와의 사이에 一男一女를 두었는데 男
은 判中樞府事 諡剛莊인 漢이요 女는 參判 許璟에게 出嫁하였다.
剛莊은 四男인데 長은 錄事 孟溥요 次는 從仕郞 仲溥요 次는 亞卿

諡敬節인 叔溥요 季는 掌令 季溥이다. 嗚乎라 公의 一生을 決算하여 太常에서 襄靖이라 했으니 甲冑有勞와 柔德安衆의 뜻이다. 竹帛에 실려 千秋에 빛날 높고 거룩한 자취가 오직 그의 淸白立身에서 온 것임을 누가 알리요. 여기 짧은 頌辭로써 銘에 대신해둔다.

南服에서 태어난 偉人 北方에서 큰일 하셨네. 南北河山이 하나로 틔어지는 날, 晋陽의 祥瑞로운 구름 온 누리에 덮이리라.

一九八五년 乙丑 重陽節

# 漁溪趙旅先生事蹟碑

寧越은 莊陵의 所在地로서 朝鮮 五百年 王朝의 歷史에서 가장 슬픈 記錄을 남기고 數많은 忠良들의 거룩한 자취와 이야기로 點綴된 고장이다.

여기 生六臣의 한분으로 端宗임금의 變故를 當하여 한 時代의 良心과 正義를 몸으로 具現한 貞節公 漁溪 趙旅先生의 事蹟碑를 세워 옛일을 되새김으로써 이 고장의 젊은 世代들과 지나가는 길손들에게 새로운 感發과 興起의 契機를 삼고자 한다.

漁溪 趙旅先生은 慶尙道 咸安人으로 高麗 以來의 由緒 깊은 家門의 出身이다. 一四二○年 世宗 二年에 誕生한 先生은 어릴 적부터 儀表가 岐嶷하고 聰明이 過人하여 經傳을 공부하면서부터 大義를 通透하였다. 學問과 修養을 쌓아 三十四歲가 되던 一四五三年 卽 端宗 元年에 進士試에 合格하여 成均館에서 더욱 硏鑽을 加하니 先輩와 儕友의 推獎으로 士類들 사이에 聲望이 높았다. 先生은 본래 有爲의 資質로써 經國濟民의 抱負를 품고, 장차 雲路에 翶翔하려 하였다. 그러나 어찌 뜻하였으랴. 어린 임금이 寶位에 오른 지 겨우 一年 남짓하여 叔父 首陽大君이 暴力으로 先朝 顧命大臣들을 除去하고 軍國의 大權을 掌握하더니 二年 뒤에 결국 임금의 자리를 빼앗고 말았다. 君臣의 義理를 統治秩序의 基本으로 삼고 있던 儒敎國家에 있어서 이러한 政治的 事件은 어떠한 名分으로도 正當化될 수 없는 일이었다. 先生은 世相이 크게 잘못된 것을 눈으로 보고 自己自身의 志向을 바꿀 수밖에 없었다. 무엇보다 不當한 現實에 妥協해가면서 榮達과 兼善을 追求할 수 없었기 때문이다. 이때 金時習은 山寺에서 讀書하다가 책을 불사르고 逃亡했으며 元昊·李

孟專은 벼슬을 버리고 隱遁하였다. 先生은 아무런 豫告도 없이 成均館의 同學들을 謝別하고 浩然히 南쪽으로 돌아왔다. 그러나 先生은 自己의 去就를 아무 말로도 標榜한 적이 없었으므로 當時의 사람들은 先生의 內心을 全혀 몰랐다. 咸安으로 돌아온 先生은 郡西院北洞에 卜地하여 樹林과 草莽을 開墾하고 屋舍를 지은 뒤에 漁釣와 桑麻로 樂을 삼았다. 겉으로 보기에 先生은 世事를 다 잊은 듯했지만 憂世忠君의 衷情은 가실 理 없었다. 여러 詩篇을 通하여 平素의 회포를 消遣하는 가운데 특히 九日登高詩는 先生의 깊은 뜻을 담아놓은 作品이다. 이 詩는 단순한 詩人들의 秋思·秋興을 表現한 것이 아니다. 그중의 "羲軒遠矣悲何極 華勛不見心自傷"이라는 一聯은 伯夷叔齊의 西山採薇의 노래와 趣旨를 같이하는 것이고 맨끝의 "懷佳人兮不能忘"이라는 一句에 나오는 佳人은 임금 곧 端宗을 가리키는 것으로 보아 틀림없는 것이다. 一四五六年 成三問·朴彭年·兪應孚 等 六臣의 上王 復位工作이 失敗로 끝나고 다음 해에 上王이 魯山君으로 降封되어 이곳 寧越로 流配되자 先生은 咸安에서 寧越까지 五百餘里의 멀고도 險한 길을 자주 往來하면서 上王의 玉候를 探問하였다. 때로는 元昊의 觀瀾齋에서 留宿하면서 어린 임금의 安全을 함께 祈願하였고 때로는 雉岳山에 올라, 바람을 쏘이며 鬱憤을 풀기도 하였다. 지금도 雉岳山의 巖壁에는 元昊·李秀亨 두 분과 先生의 姓諱가 나란히 새겨져 있어, 風雨星霜의 許久한 歲月 속에 그날의 遺躅을 證示해주고 있다. 뿐만 아니라 이 고장에는 先生에 關하여 特異한 故事가 傳해온다. 一四五七年 丁丑 十月에 겨우 十七歲의 上王이 필경 죽음을 當하게 되자 先生은 鄕里에서 晝夜倍道하여 寧越로 왔으나, 淸冷浦에 到着했을 때 밤은 깊고 배는 한隻도 없었다. 물을 건널 수 없어 이리저리 彷徨하면서 失聲痛哭하니 江水도 嗚咽하였다. 衣冠을 裹負하고 물속에 들어가는데 무엇이 등짐을 당기기에 回顧하니 大虎가 머리를 숙이고 엎드려 있지 않은가. 先生은 그 뜻을 알고 虎背에 올라앉아 渡江을 했다고 한

다. 先生은 屍所에 가서 痛哭四拜하고 歸途에 다시 대기하고 있던
호랑이를 타게 되었다고 한다. 이 신기한 호랑이 傳說은 『寧越郡
誌』에 실려 있어 뒤에 그것이 『大東奇聞』에 轉載되었고 最近 『江原
道誌』에 再收錄되어 世人이 널리 알고 있다. 우리는 지금 그것의
事實 與否를 따지지 않는다. 보다도 이 傳說의 發生 流布된 背景과
原因에 留意할 必要가 있다. 그것은 이 고장 사람들이 代代로 내려
오면서 先生을 欽慕하여 先生의 事實을 神祕化시킨 것이다. 先生의
事行에 對한 狀碣序傳 等 學士大夫들의 撰述이 여러 種類가 있지만
이 傳說은 一般庶民들의 先生에 關한 信仰的인 態度를 보여주는 것
으로 매우 보배로운 資料라 하지 않을 수 없다. 秋江 南孝溫의 作
이라고 일러오는 "虎渡淸泠浦 趙翁斂魯山"이라는 詩는 이 傳說이
그만큼 오래된 것임을 말해준다고 하겠다.

　이번에 寧越郡民의 뜻을 모아 結成된 寧越忠節顯彰委員會가 그
첫 事業으로 先生의 事蹟碑를 이 자리에 세운 것이다. 歷代 朝廷으
로부터 褒贈이 있어왔고 西山書院을 爲始한 各處 院祠에 士林의 祀
享이 있어, 先生은 이미 千百代 不朽의 化身이 되어 있지만 오늘
이곳의 이 碑는 또 달리 先生을 紀念하는 重要 意味를 지닌 것이
다. 위의 委員會의 要請으로 趙光濟·趙性俊·趙鏞韶 諸氏가 나를
찾아와 碑文을 부탁하기에 나 또한 先生의 外裔로서 느낀 바 있어
이 글을 草하였다. 아아! 山高水長한 이 고장에 先生의 高風과 卓
節이 함께 永遠하리라.

一九八七년 三월

# 耕隱李孟專先生事蹟碑

朝鮮王朝 五百年間 政治的 變故가 있을 때마다 貞忠과 苦節로써 國家社會의 倫紀를 붙들어온 卓越한 人物들이 많았지만 端宗임금의 退位로 因한 死六臣과 生六臣의 忠節은 우리 歷史上 가장 빛나는 사실이다. 處地에 따라 死와 生은 달리했지만 精神은 다같이 死生을 초월한 분들이다. 옛 詩에 "慷慨殺身易하고 從容就義難이라"고 한 바와 같이 慷慨한 激情으로 죽음을 택함은 차라리 쉬운 일이지만 從容한 姿勢로 義를 다함은 더욱 어려운 것이다. 死六臣과 함께 生六臣을 우러러보는 까닭이 여기 있거니와 生六臣 가운데서 耕隱 李孟專 先生은 더욱 異彩로운 어른이다. 先生은 名門子弟로서 科擧에 올라 世宗·文宗을 섬겨 翰林·正言 等 淸華의 職에 계셨으며 한때 居昌縣監으로 나가 淸白의 名聲이 알려지기도 하여 前途의 官運이 方亨인데 先生은 朝局이 장차 달라질 것을 짐작한 끝에 아낌없이 벼슬을 버리고 善山 網障村으로 隱退하였고 世祖 登極後에는 완전히 盲聾으로 假託하여 듣지도 보지도 않은 채 三十年을 하루같이 보냈다. 당시의 世相을 부당하게 여기고 現實과의 妥協을 철저히 拒否한 뜻에서였다. 한 家族이 假託인 줄 모를 정도였으니 當局者들이 어찌 實際 病客으로 여기지 않았겠는가. 참으로 從容한 姿勢에서 義를 다한 분이며 難中의 難이 아닐 수 없다. 당시 오직 한 사람의 後輩인 佔畢齋 金宗直이 先生의 眞意를 알고 종종 拜謁했으며 『彝尊錄』에 기록으로 남기기도 했으나 歷史가 흘러 온세상이 그 옛날 先生의 참뜻을 알게 되자 朝野의 褒獎과 推仰이 갈수록 높았다. 退溪·西厓를 筆頭로 歷代 先賢들이 先生을 稱述하였고 士林들의 精誠으로 善山 月巖書院, 咸安 西山書院, 永川 龍溪書院에서 先

生을 祀享케 했으며 正宗朝에 이르러 資憲大夫 吏曹判書 兩館大提
學의 贈職과 함께 靖簡이란 諡號가 내려졌다.

先生의 字는 伯純이요 累代 善山에 사는 碧珍 李氏로서 碧珍將軍
忩言이 始祖이고 山花先生 堅幹이 五代祖이다. 高祖 玳는 大提學이
고 曾祖 君常은 司宰副正으로 贈刑曹參判이고 祖 希慶은 兵馬都元
帥이며 父 審之는 贈兵曹判書이고 妣는 星州 呂氏와 礪山 宋氏였
다. 先生은 朝鮮 太祖 元年 壬申에 善山 荊谷里에서 나서 成宗 十
一年 庚子에 善山府 東 彌石山 西向之原에 大歸하시니 享年 八十九
歲였다. 配善山金氏도 九十享壽를 하고 先生의 墓前에 묻혔다. 四
男을 두었는데 恂은 敎授요 懦는 通贊이요 怡는 失傳이고 惇은 主
簿였으며 恂의 四男中 堘源은 縣監이요 埠源은 直長이요 增源·培
源은 將仕郎이고 懦의 四男은 仁源·義源·禮源·智源이며 惇은 一
男碩孫이었다. 先生의 墓所에 舊碣이 있었으나 贈職과 贈諡의 사실
이 記入되지 않아 유감으로 여겨왔는데 이제 後孫들이 뜻을 모아
다시 崇碑를 고쳐 세웠다. 이에 삼가 짧은 銘辭를 달아둔다.

山高水麗한 明堂 이 겨레 거룩한 師表 잠이 드신 곳
비바람 기나긴 歲月 이 돌이 다시 삭아져도 그 정신 그 이름 江
山과 함께 長存하리라.

一九八○年 至月

# 悔堂申元祿先生事蹟碑

　　悔堂 申元祿 先生은 우리 嶺南先賢의 한분으로 鄕土 義城의 風敎와 文物에 거룩한 자취를 남긴 분이다. 여기 그의 行誼와 業績을 기록하여 지난 옛일에 대한 우리의 認識을 새롭게 하고 나아가 장래의 세상에 대한 훌륭한 교훈으로 길이 일깨움을 주고자 한다.

　　朝鮮 五百年 儒敎文化의 發祥地는 곧 嶺南이요 嶺南은 다시 上下道로 나누어 그 文化의 특색을 살필 수 있다. 일찍이 東方人文을 評한 先哲의 말씀에 依하면 白頭山의 正脈이 뻗어내려 嶺南쪽으로 大小白이 되고 智異가 되었는데 退溪는 小白山下에서 그리고 南冥은 智異山下에서 學과 德을 닦아, 上道는 仁을 爲主하고 下道는 義를 爲主하여 한쪽의 德化를 海潤에 비긴다면 한쪽의 氣節은 山高에 견줄 만하다. 이리하여 우리나라의 儒敎文化는 그 頂點에 到達한 것이라고 한다. 이 시기는 대체로 十六世紀 中葉으로 中宗 내지 明宗朝에 해당한다. 朝鮮王朝의 建國과 더불어 儒敎가 國敎化되었지만 初期의 儒敎는 國家의 政治理念의 指向과 典章制度의 마련에 그치고 있었고 널리 社會 全般에 浸潤하여 國民의 生活規範을 확고히 세우게 된 것은 十六世紀에 들어와서부터이다. 이러한 世運의 趨勢 속에 각 地方에서 先進的 人士들이 登場하여 鄕里를 導率하고 啓發함으로써 그 고장의 禮俗과 文艶이 燦然하게 되었다. 嶺南에 있어서는 退溪·南冥 兩儒宗의 影響 아래 安東과 晉州가 각기 上下道의 文化의 中心으로 되었거니와 安東에 隣接한 義城 또한 좋은 본보기이다. 義城은 召文國時代로부터 歷史的 由緖가 깊은 곳이지만 儒敎的 生活規範이 土着化되고 士林의 風韻이 떨쳐, 嶺南 有數의 文鄕으로 發展한 것은 悔堂으로부터 시작되었다. 悔堂은 本貫이 鵝洲이

지만 이미 그 先代로부터 義城縣 南쪽 元興洞, 지금의 ○○面 ○○ 洞에 자리잡아 子孫이 世居하였고 悔堂은 一五一六年 中宗 十一年 丙子에 바로 이 元興里第에서 誕生하였다. 聰明耿介한 資質과 孝友 의 至性을 타고난 悔堂은 七歲에 小學을 배우면서 벌써 一言一動을 遵行하려 하였다. 十一歲에 父親의 病患이 彌留하매 自意로 혼자 八公山에 들어가 藥草를 캐어오고 晝夜로 病枕 곁에서 손수 粥飮을 이바지하였다. 八年 侍湯과 三年 廬墓의 극진한 道理를 다하고 於 焉 二十代에 접어든 그는 母夫人의 命으로 上京하여 成均館에서 立 巖 柳仲郢을 爲始한 齋居儒生들과 함께 學業을 研磨했는데 儒生들 은 모두 그의 法度 있는 言動에 敬服하였다. 二十四歲로부터 慨然 히 求道의 길을 걷기 시작하여 覃思力學으로 不斷히 精進하는 한편 당시 善山에서 經學으로 名聲이 높은 龍岩 朴雲에게 往來하면서 質 疑問難하였다. 이 무렵 愼齋 周世鵬이 豐基郡守로서 順興 白雲洞에 書院을 짓고 學徒를 모아 敎育하니 이것이 우리나라 最初의 書院이 다. 悔堂은 卽時 그곳으로 負笈하여 가르침을 淸하니 愼齋는 그를 重待하여 我院有人 其人如玉 天將玉汝 申其祿矣라는 글을 써주면서 激勵하였다. 그러나 그의 一生에 있어서 가장 重要한 事實은 退 溪·南冥 兩儒宗을 찾아 陶山과 德川에서 上下道의 主仁과 主義의 學風에 직접 薰陶를 입었던 것이다. 특히 退溪門庭에서 얻은 바가 컸었다. 退溪는 당시 中央의 官學아카데미즘의 退化墮落과 地方의 新進士林派哲學의 擡頭에 注意하면서 士林派 젊은 子弟들에게 새로 운 敎育環境을 造成시키기 위하여 書院創設運動을 積極的으로 展開 하는 한편 地方社會에 있어서의 倫理秩序의 再定立을 위하여 鄕約 의 實施와 普及을 勸獎하였다. 悔堂은 義城에서 진작 書院의 營建 에 뜻을 두고 同志들과 의논하여 그 具體化에 着手하였다. 이에 앞 서 그는 義城고을에 원래 慕齋 金安國이 設置해둔 學資를 邑宰에게 요청하여 復活시키고 뒤에 榮川의 學制를 導入하여 業儒齋를 만들 기도 했으나 寤寐一念 이 고을의 興學育才의 바탕이 될 書院의 꿈을 實現시키기에 盡力하여 縣南 九成山下 長川上에 基址를 定하고 무려 十四年間에 걸쳐 萬難을 무릅쓰고 推進하여 마침내 落成을 보았다. 長川書院이 그것이다. 鄕約은 원래 이 고을에 있어왔는데 中間에 廢止된 채 아무도 修擧하지 않았다. 悔堂은 平素에 鄕約의 必要함을 느끼고 있었는데 陶山에서 退溪의 手編인 鄕約立條를 보고 온 뒤에 柳公 希潛과 商議하여 藍田 呂氏의 四條에다가 退溪의 罰則을 添附하여 每年 春秋에 同約者들과 勸懲을 行하였다. 이것과는 별도로 宗族間에 月朔會를 조직하여 崇祖와 睦族의 精神을 培養하기도 하였다. 그의 鄕土愛와 同族愛는 이에 그치지 않았다. 文籍에서 상고할 수는 없지만 父老의 口傳에 따르면 業儒齋 內에 蓮桂所가 있어, 進士 및 文科合格者들의 集會所로서 國初 留鄕所의 구실을 했는데 이것도 悔堂의 倡率과 周旋으로 이루어진 것이라 한다. 뿐만 아니라 당시 連이어 凶年이 들어 고을 百姓들이 飢餓死亡으로 말못할 지경에 빠졌는데 悔堂은 邑宰와 함께 賑濟의 責任을 지고 살뜰한 보살핌과 計劃性 있는 措處로써 境內를 完全救活하게 되었다. 이 賑濟事業이 해를 거듭함에 따라 君子의 仁民愛物之心이라 하여 稱頌이 자자하였다. 위의 事實들은 그의 手記인 「業儒齋完議」「長川書院營建顚末」「書鄕約後」「賑濟場志」 등이 文集에 수록되어 있어서 這間의 狀況을 잘 말해준다. 이와같이 고을을 위해, 百姓들을 위해 많은 어려운 일을 하신 悔堂이 자신의 生涯에 있어서는 不遇를 免치 못하였다. 일평생 科擧와 宦達에 因緣이 없고 오직 老母를 위한 百里負米의 뜻으로 長水・淸道・三嘉 등의 鄕校의 訓導로 轉轉하다가 母夫人의 春秋가 八旬에 이르자 飄然히 職을 버리고 歸鄕하여 東皐에 養老堂을 짓고 母夫人을 기쁘게 모시는 것으로 職分을 삼았을 뿐이며 母夫人이 九十三歲의 天年으로 逝去하시자 執喪의 過哀로 病이 沈重하여 母夫人의 墓側 廬所에서 六十一歲를 一期로 세상을 떠났다. 母夫人의 影幀을 자기의 棺 곁에 걸어두게 한 그의 지극한 孝心은 千秋에 모든 人子의 옷깃을 적시게 한다. 朝家

로부터 旌閭의 特典이 있고 士林으로부터 院祠의 奉享이 있어, 公
議의 不泯을 알 만하지만 그의 至行純德으로 한번도 廟堂에 앉아
一世를 陶鎔할 기회를 갖지 못함이 어찌 슬프지 않으리요. 그러나
그가 오로지 이 고장에 奉仕할 수 있음으로써 그의 不幸은 이 고장
의 多幸이기도 한 것이다. 끝으로 몇마디 말씀을 붙여 銘辭에 대신
한다.

　魯나라에 君子가 없으면 무엇을 取하랴 했거니 아름다운 이 韶
州에 君子가 아니 계실 수 있었으랴. 우뚝 솟은 이 貞珉 千百代
에 證言해주리라.

　　　　　　　　　　　　　　一九八六년 四월 一일

# 黃石山城殉國事蹟碑

安義 黃石山城은 壬辰倭亂 중 두 분 先賢의 壯烈하신 殉國으로 우리나라 歷史上에 빛나는 이름을 남긴 곳이다. 이 두 분 先賢은 곧 그때 安義縣監으로 守城將이 되었던 存齋 郭䞭 先生과 前職 咸陽郡守로서 城을 지키기로 同盟한 大笑軒 趙宗道 先生이시다. 壬辰年 四月 亂이 勃發하자 모든 州郡 모든 鎭堡가 一夕에 崩壞되고 이 疆土 이 겨레는 賊의 汎濫 속에 措手할 바를 몰랐다. 이런 가운데 官守의 責도 없었던 兩先生은 진작 소매를 떨치고 義로운 깃발을 올렸다.

趙先生은 變을 듣자 즉시 서울에서 鄕里로 돌아와 咸陽에서 倡義 檄文을 草하여 民衆을 鼓動시키고 同志를 糾合하여 義兵을 일으키기에 奔走하였고 郭先生은 高靈의 松菴金沔과 힘을 合하여 義兵을 發起한 뒤에 그 軍幕에서 모든 規畫에 참여함으로써 兩先生은 각기 救國活動을 시작하였다. 이 時期의 兩先生의 存在는 忘憂堂郭再祐와 서로 聲勢가 되어 江右 十數邑을 保存함으로써 湖南一道를 完全케 함에 큰 寄與가 되기도 했거니와 兩先生으로 볼 때에는 뒷날 黃石山城에 있어서의 大義의 完遂를 위한 緒戰的 意義에 不過한 것이다.

丁酉年 賊이 다시 猖獗할 때에 郭先生이 安義縣監으로 赴任한 지 滿三年이라 大亂 속에서도 이 고장 백성들은 어질고 밝으신 원님의 治化 밑에 生業을 도로 찾게 되었으나 당시의 安義는 慶尙·全羅 兩道의 咽喉이며 賊의 大軍의 길목이라 體察使 李元翼은 朝命으로 黃石山城을 修築하여 要塞를 삼게 하였다. 이때 趙先生은 咸陽郡守로 在任하면서 一個 險阻한 곳을 골라 陣地를 만들어 死守를 꾀하

던 참에 體察使의 馳報로써 咸陽 사람들을 이끌고 黃石山城의 修築에 合勢하였다. 오랫동안 聲氣의 感應으로 서로 미쁘게 여겨오던 兩先生은 이에 이 山城을 두고 목숨을 같이할 約束에 두 손이 굳게 잡혔다. 大寇의 臨迫 속에 돌을 나르고 흙을 모으고 機具를 갈고 닦기에 정성을 다하던 두 고을 民丁과 兵士들은 오로지 두 使道님의 나라 위한 血誠에 한마음으로 느꺼워하였다. 이 즈음에 趙先生은 老病으로 郡守의 職에서 遞任된지라 사람의 常情으로 이 死地를 버리고 갈 법하되 郭先生과의 信義와 咸陽 사람들과의 紐帶는 고사하고 士大夫로서 죽음의 경위를 明白히할 것이라 하여 妻子를 거느린 채 城中에 눌러앉았다. 이제 守城의 總責을 진 郭先生은 親히 南門을 防守하고 東北子城은 出戰將의 資格으로 새로 入城한 金海府使 白士霖에게 맡겼다. 白士霖은 武人이라 城中에서는 그를 맞아든든히 여겼다. 드디어 賊이 몰려왔다. 晋州를 위시한 右道 列邑을 風靡시킨 賊의 大軍은 浩盪한 氣勢로 城下에 結集하였다. 이것이 陰曆 八月 十六日이었다. 이튿날 數萬의 賊이 城에 肉薄하매 砲聲은 하늘을 震動하였다. 郭先生은 피와 눈물로 城中 士卒을 督戰하여 勇敢히 싸우는 者는 더욱 激勵하고 卑怯하게 달아나는 者는 목을 베어 警戒하면서 自身은 南門樓上에서 비오듯한 賊彈 속에 死力으로 활을 당겨 기어오르는 賊을 차례로 쏘아죽였다. 그러나 어찌 뜻하였으랴. 白士霖이 그의 家族과 함께 逃亡해버리고 東北門으로 賊이 潮水처럼 밀고들어왔다. 事態가 이러하매 趙先生은 南門으로 郭先生을 찾아 悲壯한 決心을 같이하고 함께 軍器庫로 가서 불을 지르고 마지막 瞬間까지 賊에 對한 不屈의 抵抗으로 最後를 지었다. 趙先生의 夫人과 郭先生의 二子一女가 다 殉死하여 兩家의 忠孝義烈이 千秋에 빛을 내었다.

아 슬프다, 저 軒軒한 武人이 槍劍을 버리고 도망하는 판에 어떻다 이 儒冠儒服이 죽음을 서슴없이 擇하느뇨. 진정한 勇氣는 心肝에 貫한 道理와 骨髓에 어린 忠義에 있는 것임을 이에서 알겠도다.

壬辰倭亂은 우리나라 우리 겨레의 犧牲心과 抵抗精神을 유감없이 발휘한 偉大한 歷史의 한 章이라 하겠거니와 兩先生은 바로 그 犧牲心과 抵抗精神의 最高의 具顯者였으며 그 凜凜한 生氣는 우리 民族生活에 길이길이 內面的 支柱가 될 것이다. 당시 朝廷으로부터의 여러 차례의 褒贈과 後世 史家들에 依한 끝없는 贊仰은 새삼 일러 둘 必要가 없거니와, 歷史의 바퀴는 돌고 돌아, 오늘의 情勢는 우리 겨레로 하여금 兩先生의 거룩한 모습 앞에 다시금 옷깃을 여미고 마음을 가다듬게 한다.

殉國하신 그해로부터 三百七十三年째 되는 올해, 兩家 子孫을 위시한 많은 地方人士들이 뜻을 모아 여기 높은 碑를 세워 그날의 事蹟을 되새기니 이 자리는 黃石山城을 背景에 두고 前日 士林이 兩先生을 俎豆하던 黃岩書院 옛터와 相望의 地點이라 한결 感慨스럽기도 하다. 보라, 지금 저 허물어진 山城 위에 지나가던 구름이 멈추어 있다. 그날의 悲憤한 눈물을 비삼아 뿌려주리라.

一九六八년 陰曆 八月 十七日, 兩先生이 殉國하신 三百일흔셋째 돌날에 李佑成은 삼가 짓다.

# 春睡堂鄭秀民先生事蹟碑

咸陽은 우리 嶺南의 名鄕이다. 이른바 一道西極之地인 奧部에 位置하고 있으나 智異山·白雲山과 潘溪·藍溪 등 喬嶽大川이 멀리 屛障을 이루고 가까이 襟帶를 지어 淸淑雄遠한 氣象이 다른 고을에 비길 바 아니다.

옛말에 人傑은 地靈이라 했거니와 여기 이 山川의 精氣의 所産으로 많은 人物들을 歷史上에 輩出시켜 鄕邦의 光彩를 더해왔다.

一蠹 鄭汝昌 先生은 바로 이 고장의 出身으로 朝鮮 五百年中 五賢의 한 분이 되어 그 遺化의 浸漸이 이 地域의 人文을 炳蔚케 하는 한편 靈長한 祚運이 子孫에게 이어내려 河東 鄭氏 一門에 材賢이 그치지 않았다. 특히 그 曾孫의 代에 뛰어난 人物로서 春睡堂 鄭秀民 先生과 같은 분이 있었다.

春睡堂은 字가 子賓 號가 東里인데 春睡堂은 그의 別號이었다.

小一蠹의 稱을 얻은 그는 天生 溫厚한 資質에 學問과 修養을 쌓아 篤實한 踐履와 謙恭한 態度가 一見에 善人君子임을 알게 했으며 學識의 該博과 文章의 要妙가 또한 凡流를 超絶하였다.

그런데도 先生은 一五七七年 宣祖 十年 丁丑에 介坪里第에서 父親 同知公의 第二男으로 呱呱의 소리를 올린 날로부터 一六五八年 孝宗 九年 戊戌에 이 世上을 떠나 昇安洞 先塋下에 묻히기까지 八十一年間이란 긴 歲月을 사는 동안에 한번도 世俗의 榮達에 발을 빠뜨린 일이 없었고, 오직 林下에서 修身齊家와 後進의 敎育에 一生을 바쳤다. 그러나 그가 當身의 生存時에는 勿論, 後世에까지 길이 남다른 追慕와 尊敬을 받고 道谷書院에 享祀까지 하게 된 까닭은 얼핏 보아 平凡한 듯한 一生의 經歷 속에 실상 一般 儒者들이 따르지 못할 어렵고도 重要한 행실과 業績을 많이 남겼기 때문이다.

그의 남다른 행실은 少年時節로부터 나타나기 시작했다. 十六歲 때에 壬辰倭亂에 이은 丁酉再亂을 當하여 安義 黃石山城의 防衛에 參加한 그의 一家는 城의 陷落과 더불어 父親 同知公이 殉死하고 母親 宋氏 또한 巖壁에 投身自決하기에 이르르매 그는 이 罔極의 悲痛 속에 兄 縣監公과 함께 兩親의 體魄을 安頓시켜 亂離 속에도 한결같이 禮制를 遵行하였고 葬後에는 三年 동안 墓側에서 廬幕生活을 하였다. 平常時에도 쉽지 않은 일을 干戈創攘한 叢中에서 始終如一한 執喪을, 더구나 一個 少年인 그가 辭色 없이 實行한 것은 『二倫行實圖』 속에서도 그 例가 흔치 않을 것이다.

그는 長成한 뒤에 向學을 爲하여 當時 星州에서 丈席을 열고 있던 寒岡 鄭逑 先生의 門下에 들어 많은 啓發을 입었고, 다시 旅軒 張顯光 先生에게 薰陶를 받아 더욱 造詣가 깊어져갔다.

大賢의 子孫으로 大賢의 弟子가 된 그는 門庭의 待望 속에 無限한 自己發展이 可能했으련만 時運을 일찍 達觀한 그는 진작 蕙佩荷衣로 江湖에 눌러앉아 初服을 닦음으로써 自家世界를 定立시켰다.

한때 逸薦으로 軍資監參奉으로 就任하라는 朝廷의 勸誘가 있었으나 謝絕하고 말았다.

그러나 그는 山澤의 癯仙과 같이 現實과의 沒交涉을 指向하지는 않았다. 그는 民間學者로서 自己 分內에 屬한 일이라면 家門을 爲해서 그리고 地域社會를 위해서 무엇이든지 創意的으로 일하였다.

이제 여기 그의 業績中에 뚜렷한 몇가지를 추려서 적어본다.

그는 祖上을 爲해서 貴重한 많은 일을 하였다.

첫째, 士禍 以來 一蠹 先生의 遺文이 모두 散佚된 것을 그가 至誠으로 片言隻字들을 掇拾하여 寒岡에게 就正補完하여 文獻實記를 編纂한 것이다. 子孫을 爲해서뿐 아니라 오늘날 우리 後學들이 一蠹 先生의 實記를 接할 수 있는 것은 오로지 그의 功德이 아닐 수 없는 것이다.

둘째, 一蠹 先生의 棲息處였던 花開縣의 舊莊이 날로 蕪沒되어감을 염려하여 그는 當時의 國工 李澄에게 岳陽亭을 中心한 花開縣의 風光을 그리게 하고 거기다가 東陽尉 申翊聖의 親筆로 一蠹 先生의 詩와 兪潘溪의 詩를 쓴 後에 東陽尉 自作의 後叙를 붙이게 하여 이로써 詩書畫 三絕의 寶物을 만든 것이다. 오늘날 우리는 이 花開縣 舊莊圖를 通하여 前代의 風流와 藝術을 理解하는 좋은 資料를 얻게 되었다.

셋째, 그는 咸陽郡을 爲하여 貴重한 著述을 남겼다. 『天嶺郡志』의 作成이 그것이다. 壬亂 七年間의 兵火 속에 우리의 公私文籍이 灰爐으로 化하고 모든 文物은 廢墟 속에 자취를 찾기조차 힘드는 狀況인데 그는 亂後에 진작 郡志의 作成에 着手하여 舊聞과 親踏으로 積年의 功을 들인 끝에 地方의 沿革・姓氏・風俗・土產・山川・人物・孝子・忠臣・烈婦 等 事實들을 一一이 收錄하여 上・下 二册을 만들기에 成功하였다.

壬辰倭亂은 우리 文化에 一浩劫인데 當時 各郡마다 그와 같은 地方史家가 있었더라면 오늘날 우리는 壬亂前 文獻의 缺乏을 크게 메워나갈 수 있었을 것이다. 우리는 앞으로 이 『天嶺郡志』를 通하여 壬亂直後의 地方實態와 그 雰圍氣를 硏究하는 데 큰 敎示를 받을 것이다.

於乎라, 그의 實德懿行과 끼친 功績을 어찌 다 枚擧하리요만 以上으로 그의 大概는 살필 수 있을 것이다. 그의 後裔들이 힘을 合하여 灆溪書院의 一牛鳴의 地點에 春睡亭이라는 아담한 亭閣을 지은 지 二十餘年에 다시 그 앞에 崇碑를 세워 그의 事行을 千秋에 昭示하게 되었다.

아, 저 智異山이 屹立하고 灆溪水가 滔滔히 흐르는 동안 그의 芳躅과 함께 이 三尺의 貞珉 또한 길이길이 保存되리라.

　　　　　　　　　　　　　　　　一九七三年 癸丑 九월

# 八松鄭必達先生事蹟碑

　여기 이 고장이 낳은 十七世紀 당시 嶺南右道의 先學 宿儒 鄭八
松 先生을 紀念하는 崇碑를 세운다. 今年은 先生의 逝世 三百周年
이 되는 해로서 居昌 人士들이 뜻을 모아 先生의 學德을 되새기고
자라나는 後生들의 敎化에 도움이 되고자 함에서다. 이 事役이 시
작될 무렵 先生의 後孫 鄭尙鎬 · 鄭載成, 從後孫 鄭載哲 諸氏가 同
鄕인 金東漢氏와 함께 佑成을 찾아와 여러 人士들의 趣旨를 傳하면
서 碑文을 請하기에 佑成 또한 同省의 한 後進으로 敬仰의 뜻에서
이 글을 草한다.

　先生의 諱는 必達이요 字는 可行이며 八松은 그의 號이다. 晋陽
을 本貫으로 하는 이 鄭氏는 嶺南의 大姓으로 歷代에 걸쳐 達官名
碩이 많았다. 高麗朝의 兵部尙書 鄭臣烈과 禮儀判書 鄭愈를 爲始하
여 高麗末 朝鮮初에 木綿業의 發達에 크게 寄與한 判府事 鄭天益이
모두 先生의 直系祖上이다. 代代로 晋州牧 管下인 召南里 白也洞
등의 마을에 살다가 先生의 高祖父 鄭碩佑에 이르러 三嘉로 옮겼고
曾祖父 鄭房이 비로소 居昌으로 入鄕하여 龍山에 터를 잡고 龍隱으
로 自號하였다. 龍山은 옛 加祚縣의 中心地로서 山中이면서 넓고
기름진 田野가 펼쳐 있고 北川과 東川이 合流하여 水源이 좋으며
마을 앞 솔숲은 한층 景觀을 더해주어서 실로 勝地名區라 할 수 있
다. 龍隱이 이곳을 擇한 것은 장차 그의 後承에 훌륭한 人材가 孕
育될 것으로 내다보았던 慧眼에서 온 것이지만 또한 그의 장인 曹
彦明의 사정에 따른 것이다. 曹彦明은 南冥先生의 叔父로서 龍山에
살고 있었는데 後嗣가 없어 家業을 外孫에게 傳해야 하기 때문이
다. 이로부터 鄭氏家는 龍山을 보금자리로 振振한 子孫을 길러왔

다. 一六一一년 光海 三年 辛亥 陰曆 四月에 父親 諱浚과 母夫人
咸陽 朴氏 사이에 長男으로 출생한 先生은 天禀이 瑩粹沈靜하고 총
명이 뛰어나 어려서부터 글재주가 사람을 놀라게 하였다. 七歲 때
普海寺에서 "平林落葉埋春色"이라는 一句가 있었고 十三歲 때 晋州
先墓를 拜謁한 뒤에 남의 詩에 次韻하면서 "白村南畔橋猶在 題柱人
歸記得無"라는 絶句 一首를 남겼다. 그야말로 出語驚人인 동시에
자기 스스로의 긍지도 대단하였다. 龍山에는 이미 茅溪 文緯 先生
과 같은 儒賢이 나와 講學의 傳統을 심어놓았고 里仁의 美가 좋은
環境을 이루어 先生은 幼少年時節 남다른 培養을 입었다. 十六歲
때 梧溪 曺公 挺立에게서 공부하다가 二十歲 때에 桐溪 鄭蘊 先生
을 정식으로 師事하였다. 이때 桐溪는 親喪을 당하여 龍山에 廬墓
生活을 하고 있었으므로 先生은 가까이서 그 門下에 드나들면서 受
學할 수 있었다. 그리고 이 시기에 居昌에 와 있었던 龍洲 趙絅 先
生에게도 가르침을 받았다. 龍洲는 한때 中央政界를 떠나 멀리 居
昌에 寓接하고 있었던 것이다. 먼 시골에서 生長한 先生이 이와같
이 一國의 丈席 두 분에게 직접 薰陶를 받을 수 있었던 것은 하늘
이 준 機會였다. 이리하여 文章과 學問이 日就月將한 先生은 또한
卓犖한 氣槪와 抱負를 지녔다. 伽倻山 頂上에서 지은 "左手掃天雲
右手奉天月"이라는 詩가 이를 잘 보여준다. 이것이 二十歲 때의 作
이다. 二十三歲에 長水의 韓氏宅으로부터 夫人을 맞이하는 한편 陜
川監試 兩場에 狀元을 하고 드디어 蓮榜에 올라 進士가 되었다. 名
聲이 날로 높아지고 鄕黨長德의 屬望이 점차 커져갔다. 一六三六년
그의 二十六歲 때의 「龍山泛菊會序」는 특히 有名한 글이다. 泛菊會
는 仁祖 丙子年 九月 九日에 龍山 落帽臺에서 開催된 文會로서 桐
溪先生을 筆頭로 曺梧溪 挺立, 林林谷 眞怤, 申妙亭 順蒙 등 무려
五個郡에서 十八名의 名士들이 集合하여 近古에 드문 盛會를 이루
었다. 이 자리에 最年少者로 참여한 先生은 滕王閣의 王勃과 같이
四六文으로 긴 序辭를 지어 많은 사람들의 擊節讚賞을 받았다. 落

帽臺는 東晋의 龍山宴席에서 孟嘉가 落帽한 風流故事를 본떠서 같
은 龍山인 이곳에 이름지은 것이지만 당시에 모인 名士들의 韻致와
함께 先生의 이 長文의 序辭는 길이 後代에 전해온다. 그러나 先生
은 이런 聲華에 조금도 만족하지 않고 더욱 硏鑽에 專念하여 事親
接人하는 가운데서도 마음과 눈이 書册에서 떠나지 않았다. 三十五
歲에 乙科 第一人으로 文科에 合格하여 靑雲의 길에 나가게 되었
다. 그러나 假注書로 出發하여 司宰監·廣興倉·內瞻寺·司瞻寺의
奉事·直長 등 中央各司의 末端官僚로 轉轉하였다. 朝鮮王朝는 仁
祖反正과 더불어 畿湖 西人이 政權을 壟斷하여 嶺南 쪽에 宦路가
잘 열리지 않는데다가 先生은 朝廷에서 援引해 주는 이가 全혀 없
었기 때문이다. 龍洲가 先生의 文章을 높이 評價하고 白軒 李景奭
이 先生의 文行雅操를 欽歎했지만 별로 도움을 줄 수는 없었다. 三
十七歲에 母喪으로 歸鄕했다가 服闋 後에 成均館典籍, 沙斤道察訪,
禮曹佐郞을 歷任했으나 父親의 別世 後에 더욱 世念이 稀薄하였다.
先生은 一六五一년경부터 鄕里에 對한 關心이 짙어져서 茅溪의 子
弟인 石峰 文誠後와 함께 八松齋를 重修하고 거기에서 茅溪가 남긴
講學의 遺風을 다시 振作시켰다. 많은 弟子들이 登門請業하면서 先
生을 八松先生으로 稱呼하게 되었다. 그 뒤 朝廷에서 다시 몇 차례
불러올렸으나 항상 禮刑曹의 郞官이거나 奉常寺僉正 따위에 맴돌고
있었으므로 先生은 그때 그때 잠시 나갔다가 곧 棄歸하였다. 그러
다가 五十五歲에 丹陽郡守로, 五十九歲에 蔚珍縣令으로 除授되자
欣然히 應命하였다. 첫째 專城之長으로서 民政을 所信대로 施行해
보려 한 것이고, 둘째 두 고을은 山水烟霞로 소문난 곳이어서 雅懷
를 한번 풀 수 있기 때문이다. 瓜期를 마치고 돌아오는 길에 醴泉
을 지나다가 金塘谷에 그대로 눌러앉아 그곳에서 餘生을 보내기로
하였다. 先生은 平生 龍山을 사랑하여 外處에 나가 있을 때 항상
애틋한 懷鄕의 情을 詩로써 노래하였다. 「望鄕山有思」와 「龍山二十
六詠」이 그 代表的인 것이다. 특히 丹陽에 있을 때 丹陽山水와 比

較하여 龍山의 山水를 詳細히 기록하고 아울러 龍山의 往昔人物과 遺蹟들을 紹介하면서 역시 詩로써 끝을 맺었다. 그러면서 先生이 他關에서 生을 마치려 한 것은 무슨 뜻일까. 어쨌든 時代에 對한 不遇의 심정에서 일찌감치 安心立命의 자리를 찾았던 것이다. 그러나 先生은 老境에 이르기까지 憂國一念이 지극하였다. 八十歲에 肅宗임금의 求言에 應하여 其命維新箴과 함께 疏를 올렸다. 내용은 社會秩序를 바로잡고 民間의 奢侈를 追放하고 國家財用을 節約하라는 등 五個項과 아울러 科擧의 末弊를 力說한 것이다. 八十三歲 卽 그의 卒年에 再次 上疏했는데 거기에서는 王이 勤謹和緩 四字로써 行政의 要諦를 삼을 것을 강조하였다. 특히 緩에 대한 설명에서 "緩以實之"라 하여 당시의 拙速行政 내지 形式主義 行政을 批判하고 그 是正을 간절히 요청하였다. 先生의 衷誠어린 進言에 對하여 王은 儀禮的으로 賞을 내리고 批答을 주었을 뿐, 實地로 받아들여 大改革에 着手할 엄두조차 못 냈던 것이다. 先生은 결국 其命維新을 보지 못하고 奄然히 手足을 거두어 夫人이 묻힌 永同 深源村으로 大歸하고 말았다. 이것이 一六九三年 陰曆 四月이었다. 先生의 一生을 마지막으로 점검하면서 짧은 頌辭로써 銘에 대신해둔다.

　산높고 물맑은 이 고장, 八松先生의 거룩한 風儀, 이 누리 이어지는 날까지 길이 우러러뵈이리라.

一九九三年 六月 二十日

# 順菴安鼎福先生事蹟碑

여기 十八世紀의 實學의 大家이며 民族史學의 淵源을 이룬 先進 的 學者로서 우리나라 學術文化史에 큰 빛을 남긴 順菴 安鼎福先生 의 業績을 돌에 새겨 널리 온 세상에 알리고 길이 子孫萬代에 傳하 려 한다.

十八世紀는 朝鮮王朝의 後期 특히 英祖·正祖朝에 해당하는 時代 로서 우리나라 實學思想의 全盛期가 되어 政治·經濟·社會 등 多 方面에 걸쳐 研究와 開發이 활발히 전개되던 때이다. 이때의 實學 은 近畿地方의 經世致用派로써 先矛를 삼거니와 經世致用派는 곧 星湖學派를 뜻한다. 星湖學派에는 穩健改革主義와 急進改革主義가 共存하고 있었거니와 穩健改革主義 入場을 堅持하면서 星湖學統의 발전을 主導해왔던 분이 바로 順菴先生이다. 先生은 同門 後輩中 대담하게 朱子學을 批判하고 天主教를 위시한 西洋文物을 과감하게 받아들이려는 急進改革主義者들에 對하여 항상 깊은 憂慮를 품고 注意를 喚起시켰다. 그것은 무엇보다 당시 執權層 속의 保守反動勢 力인 老論僻派에게 口實을 주어 中傷謀略으로 黨禍를 일으키게 함 으로써 政府內의 약간의 改革主義的 指向마저 抹殺당하게 될 것을 걱정했기 때문이다. 결국 先生이 逝去하신 그해에 珍山事件이 터지 더니 九年 뒤에 正祖임금의 昇遐와 함께 朝局이 크게 바뀌어 天主 教邪獄이란 이름 밑에 數많은 賢良名碩을 犧牲시켰다. 특히 鹿菴 權哲身, 貞軒 李家煥은 獄死하고 茶山 丁若鏞 등은 멀리 竄逐되었 다. 이리하여 星湖學派의 悲慘한 沒落을 가져왔다. 다행히 先生의 門下에서 직접 薰陶를 받은 弟子들이 先生의 教訓을 잘 지켜 禍를 免함으로써 斯文의 一脈이 存續될 수 있었다. 先生의 先見之明을 이에서 알 수 있다.

원래 先生의 家系는 廣州 安氏 중에서도 簪纓과 文翰으로 一國의 名門이 되어왔다. 高麗末 朝鮮初의 泉谷 思簡公 安省과 壬辰倭亂 때 扈聖勳으로 廣陽君을 封한 安滉은 다 先生의 直系祖上이었다. 그러나 東西分黨 以後 先生의 家系가 南人에 屬해 있어서 漸次 仕宦에의 進出이 어려워지고 나아가 政治權力에서 永永 疎外되었다. 先生의 남다른 天稟과 學識 내지 抱負와 理想을 政治上으로 實現시키지 못하고 오직 한 사람의 學者로서 著述과 修養에 精進하면서 星湖學派의 宗旨인 經世致用의 理念 위에 儒教經典은 勿論이고 政治와 行政實務 그리고 國史에까지 理論的으로 擴充시켜놓았다. 科擧出身이 아닌 先生은 四十이 가까워서 萬寧殿 參奉을 비롯하여 義盈庫 奉事, 歸厚署 別提, 司憲府 監察 등 中央官署의 下僚로 奉職하다가 곧 官界에서 물러났으며, 六十이 넘어서 王世孫을 輔導하는 翊衛司 翊贊이 되고 木川縣監으로 조그만 고을 원 노릇을 한 적도 있었으나 先生은 한번도 政治的으로 獻爲가 있을 만한 位置에 앉아본 일이 없었으며 또 그 자신 官吏생활에 미련을 가지지도 않았다. 木川縣監을 마지막으로 實職에서 물러난 先生은 七十九歲에 嘉善大夫同知中樞府事가 되고 廣成君을 襲封하기까지 했으나 그것은 어디까지나 高齡에 따른 形式的 禮遇에 不過한 것이었다. 이와같이 政治的으로 不遇했던 先生은 經濟的으로도 安定된 土臺가 없었다. 先生이 出生한 忠淸道 堤川 楡院은 祖父 安瑞羽가 家眷을 데리고 寓居하던 親戚 尹氏네 집이었고 四歲에 母親을 따라 上京해서는 乾川洞의 外家 李氏宅에서 살았으며 六歲에는 다시 母親과 함께 全羅道 靈光으로 가서 外家의 農莊에서 寄食하였다. 九歲에 서울로 돌아와 南大門밖 藍井洞에 살다가 十四歲에 祖父의 벼슬살이를 따라 慶尙道 蔚山으로 갔으나 겨우 一年 만에 祖父가 蔚山府使에서 解任되자 祖父를 따라 全羅道 茂朱로 가서 赤裳山下에서 살았다. 二十四歲에 祖父를 여의고 그 翌年에 비로소 이곳 廣州 慶安面 德谷里 先塋下

에 자리를 잡아 永住하게 되었다.

先生이 三十五歲 때부터 星湖先生을 師事하여 그의 學派의 核心 人物로 활동하게 된 것은 이 시기의 廣州 定着이 직접적 契機로 되었던 것이다. 위에서 본 바와 같이 先生은 幼年時節로부터 各地方으로 轉轉하면서 자라났거니와 그것은 主로 經濟的 不安定에서 온 것이었다. 廣州에 定着한 뒤에도 몇이랑의 薄田으로 生活을 지탱하고 있었다. 先天的으로 多病한 體質을 타고난 先生은 오직 意志로써 貧窮과 疾病을 克服하면서 學問에 專念하였다. 先生은 抄書籠을 두어 많은 책을 남의 집에서 빌려다가 손으로 베껴서 그 籠 속에 쌓아두는 한편 따로 著書籠을 두어 자기의 방대한 著述들을 담아두었다. 오늘날 우리 民族文化의 遺産으로 貴重한 古典資料가 되는 그의 纂錄物들과 著述物들이 모두 이 抄書籠과 著書籠 속에서 나온 것들이다. 前者를 代表하는 것이 『雜同散異』라면 後者를 代表하는 것이 『東史綱目』이었다. 이중에도 『東史綱目』은 우리나라 史學史에 不滅의 金字塔을 세운 것으로 先生의 學者的 地位를 確立하여 永遠히 빛나게 한 것이다. 이 『東史綱目』은 대략 三十代에 쓰기 시작하여 그후 三十年을 지나 木川縣監으로 있을 때 最終的으로 作業을 끝내고 자기의 序文을 붙여놓았던 것이다. 그러나 실상 그 草稿의 一次的 完成은 先生의 四十八歲 卽 西紀 一七五九年에 된 것이다. 말하자면 그 歷史的 大作이 廣州의 한 草家 밑에서 이루어졌던 것이다.

이제 『東史綱目』의 특징을 간단히 살펴보기로 한다. 첫째 우리 民族本位의 歷史라고 할 수 있다. 종래의 事大主義的 思考와 中國 中心의 歷史觀을 排除하고 星湖의 三韓正統論에 立脚하여 우리 民族史의 主體的 獨自的 發展을 體系化시켰다. 둘째 愛國的 思想으로 外來 侵略者를 擊退한 歷史的 事實들을 특히 留意하여 서술하고 忠臣과 名將들의 훌륭한 사적을 높이 평가하였다. 高句麗의 對隋唐戰爭과 高麗의 對契丹蒙古戰爭에 있어서 우리 民族의 勇敢性을 자랑스럽게 말한 것이다. 셋째 愛民的 意識으로 國家의 對民施策이 收取에만 置重하고 百姓들의 생활은 돌보지 않는 것을 批評하였다. 高句麗 故國原王의 賑貸法 施行에 관한 按說에서 賑은 좋지만 貸는 百姓들에 對한 國家의 착취라 하여 비난하고 高麗 光宗 때의 奴婢 按檢法에 관한 按說에서 그 不當性을 지적하고 文宗 때 억울하게 죽은 奴婢의 獄事에 분격하여 獄事를 신중하게 審理해야 할 것과 그 改革을 주장한 것이다. 이밖에 『東史綱目』의 價値를 한결 높여 준 것은 마지막의 附卷이다. 考異・怪說辨・雜說・地理考 등 네 개의 篇目이 있고 각 篇에는 여러 개의 個別的 問題들이 다루어져 있다. 近代啓蒙期에 이르러 이 책의 學問的・思想的 影響을 입어 朴殷植・張志淵・申采浩 등의 民族史學이 樹立되었고 오늘 우리들의 現代史學에 있어서도 우리나라의 傳統的 歷史書籍 가운데 가장 準據가 되는 文獻으로 重視되고 있는 중이다.

先生은 그야말로 百世의 師匠이다. 近畿南人들의 共通된 形便이지만 先生의 子孫들도 富貴榮華를 누린 적 없이 오직 介潔한 선비의 家範을 지켜왔다. 지금 이제 自由로운 세상에 無限한 飛躍이 可能하거니와 先生에 對한 後人들의 崇慕 또한 갈수록 간절하다. 이제 子孫들이 힘을 모아 先生이 居處하시던 麗澤齋 附近에 이 碑를 建立한다. 七代 胄孫 秉善氏가 佑成에게 碑文을 부탁하기에 佑成은 平素의 景仰하는 衷情과 先世의 誼를 생각하여 敢히 이 글을 쓴다.

一九九二年 九月

# 錦帶李家煥先生事蹟碑

　錦帶 李家煥 先生은 十八世紀 後半 朝鮮 正祖朝의 達官이며 碩學
으로 우리나라 歷史上 有名한 人物의 한분이다. 正祖王은 賢明한
君主로서 朝鮮朝의 積弊를 改革하고 國家를 重興하기 爲하여 政
治·經濟·文化 多方面의 刷新策을 推進하면서 당시의 莫强한 閥閱
貴族의 勢力을 抑制하고 王權의 伸張을 도모하고 있었다. 이때 王
을 도와 改革의 新機運에 同參한 一群의 進步的 良心的 人士들이
있었으니 蔡濟恭·丁若鏞과 錦帶先生이 곧 그 主軸이었다. 先生은
年齡的으로 蔡의 밑이고 丁의 위이지만 政治的 位置도 그러하였다.
三人은 다같이 學問과 經綸이 뛰어난 분들이지만 특히 先生의 博洽
한 識見과 敏達한 獻爲는 항상 두 분을 驚歎케 하였다. 閥閱貴族의
嫉視 속에 王의 絶對的 信任을 받았던 이 少數의 王黨派는 온갖 謀
略과 妨害 속에 조심스럽게 國政施策을 밀고나갔지만 언제 어떠한
變故가 일어날지 알 수 없었다. 장차 蔡濟恭의 다음으로 國政을 담
당하게 될 先生이 더욱 反對黨의 中傷의 標的이 되었다. 十七世紀
以來 西勢東漸과 더불어 天主敎가 北京을 통해 우리나라에 들어와
서 中人을 포함한 庶民層에 크게 流布되는 한편 南人系 學者知識人
사이에 새로운 思想과 理論으로 흥미를 끌게 되더니 드디어 宗敎로
서 信仰生活에 들어간 사람들이 나왔다. 처음에 李蘗이 熱性으로
敎理를 宣傳하였고 다음 李承薰이 北京에서 洗禮를 받고 돌아와 同
僚間에 信者를 넓히기에 積極性을 보였다. 李蘗·李承薰은 모두 先
生의 가까운 親知이며 姻戚 後輩들이었다. 先生은 이 新奇한 外來
宗敎에 관심을 가지고 李蘗과 討論을 벌이기도 하였다. 先生의 周
圍에는 두 가지 흐름이 있었다. 安鼎福과 같은 元老學者는 後患을

염려하여 이러한 趨勢를 阻止하려 하였고 權哲身과 같은 開明한 선비는 남들의 指目을 받으면서 이러한 狀況 속에 그대로 處해 있었다. 丁若鏞과 그의 兄弟들도 權哲身과 비슷한 處地였다. 一七九一年 辛亥 冬에 尹持忠 등의 珍山事件이 터졌다. 虎視耽耽 기회를 엿보던 反對黨과 그 앞잡이인 惡人들이 禍機를 釀成하려 했으나 王은 蔡濟恭을 시켜 事態를 收拾하고 先生을 承旨에서 成均館大司成으로 任命하였다. 反對黨은 學生 중 當路子弟들을 扇動하여 先生을 拒否케 하고 또 先生의 文體를 헐뜯어 成均館에서의 行公을 막으려 하였다. 先生은 開城留守를 거쳐 工曹判書로서 正卿의 地位에 오르기까지 했지만 謀略中傷은 끝이 없었고 자리는 계속 불안하였다. 一七九九年 봄에 蔡濟恭이 逝去하고 一八〇〇년 여름에 王이 昇遐하자 朝局은 一變하였다. 그 이듬해에 곧 天主教 彈壓을 빙자한 大獄事를 일으켜 많은 사람을 희생시켰는데 이것이 所謂 辛酉邪獄이다. 李承薰·丁若鍾을 죽이고 丁若銓·丁若鏞을 멀리 流配시키는 한편 先生을 凶醜餘孼이니 自作教主니 하여 獄에 가두어 지독한 拷問으로 自白을 강요하였다. 그들은 先生을 天主教 信徒의 魁率, 卽 首領으로 誣構하여 빠져나올 수 없게 한 것이다. 先生은 "내가 正卿의 한 사람으로 이런 辱을 당할 수 없다"라고 하여 斷食으로 自盡하였다. 그런데도 저 惡人들은 더욱 罪目을 添加하여 棄市의 慘刑을 行하였다. 아아 不仁한 그들이여.

先生의 字는 庭藻, 號는 錦帶 또는 貞軒이다. 그의 家門은 여러 代에 걸쳐 서울 西大門안 舊 貞陵洞에 살았기 때문에 세상에서 貞洞 李氏라고 일러왔다. 이 貞洞 李氏는 驪州 李氏 가운데서 가장 仕宦과 名賢이 많았다. 判書 繼孫과 贊成 尙毅 그리고 梅山 夏鎭, 星湖 瀷의 父子가 그 代表的인 분이다. 星湖는 특히 近畿實學의 大宗師로서 그의 影響下에 一家內에서 高才博學 鴻儒哲匠이 玉筍과 같이 簇出하였다. 그의 조카 貞山 秉休는 經學으로, 惠寰 用休는 文學으로, 아들 孟休는 經世實用之學으로 각기 큰 그릇을 이루었으

며 孫行에 와서 孫子 九煥이 祖父의 뒤를 이어 名聲이 있었고 從孫
長川 嘉煥은 博物學으로, 木齋 森煥은 禮學으로 또한 後光을 빛냈
다. 先生은 星湖의 從孫이며 惠寰 用休의 아들로서 門內 여러 從班
가운데 나이 가장 젊었으므로 그 속에서 培植이 가장 깊고 그 成就
가 또한 卓越하였다. 훌륭한 임금을 만나 抱負를 實現할 만했건만
黨爭의 渦中에서 원통하게 세상을 버렸으니 이 어찌 個人의 不幸이
리요 實로 驪李 一門의 不幸이며 어찌 一門의 不幸이리요, 實로 一
國의 不幸이라 할 것이다. 二百年의 歲月이 흐른 지금 많은 사람들
이 先生을 잊지 않고 稱道하고 있다. 이곳 原州는 先生의 先世墳墓
가 있는 곳으로 驪李 一門의 緣故地이다. 原州文化院에서 先生의
事蹟碑를 이곳에 세우려 하면서 先生의 從後孫 暾衡博士를 通하여
碑文을 請해왔기에 佑成 또한 驪李의 한사람으로 삼가 平素에 느꼈
던 점을 떠올려 이 글을 엮었다.

一九九一年 九月

# 燕巖朴趾源先生事蹟碑

이제, 安義와 西部慶南 一圓에 길이 역사적 기념물이 될 燕巖 朴趾源 先生의 事蹟碑를 세운다. 널리 알려진 바와 같이 朴趾源 先生은 李朝後期의 탁월한 實學派 學者이며 우리 역사상 최대의 文學家의 한분이시다. 『熱河日記』를 비롯하여 선생이 남긴 수많은 글들은 편편이 經世濟民과 利用厚生의 뜻을 담고 있어서 民族史의 창조적 발전에 기여한 바가 매우 컸었다. 이러한 선생의 업적을 특히 우리 고장에서 기념하게 되는 데는 그럴 만한 까닭이 있으니, 그것은 선생이 우리 고장과 不可分의 관계에 있기 때문이다.

1792년에서 1796년까지의 5년 동안 선생은 安義縣監으로 재직하면서 行政家로서 훌륭한 업적을 남겨놓았을 뿐 아니라, 평생 가슴속에 품고 있던 자신의 實學을 역사적 由緒가 깊은 이 고을에서 실천에 옮겨볼 수 있었으며, 작품활동에 있어서도 가장 왕성한 시기를 맞이하여 대표적인 著作의 대부분을 이때에 이루어놓았던 것이다.

先生이 이 고장에 남긴 뚜렷한 자취를 대강 추려보면 다음과 같다. 먼저 선생이 著作 활동을 통해 고장을 빛낸 점이다. 선생이 이곳에 있을 때 지은 저작으로 선생의 문집인 『燕巖集』에 수록되어 전하는 것만도 40여 편이 된다. 그 가운데는 國計·民生에 관련된 중요한 글이 다수 포함되어 있고, 이곳에서의 居官·治民의 과정에서 쓰여진 것, 그리고 安義를 비롯한 咸陽·居昌·陜川 등 우리 고장의 아름다운 山水와 文物에 구체적으로 연관된 내용 등이 그 대부분이다. 또한 선생은 이곳에서 자신의 文集을 정리하면서 篇題에 烟湘閣選本·孔雀館文稿와 같이 이곳 官衙 건물의 명칭을 붙여 자

신의 安義 시절을 기념하였다. 이러한 저작활동을 통하여 당시의
一流 文人들이 이곳을 찾아오게 하였고 그 결과 우리 고장이 당시
우리나라 문학의 중심지로 여겨지기까지 하였다. 다음은 선생이 평
소에 깊이 연구하였던 과학기술을 이 고장에 接木시킨 점이다. 利
用厚生의 學에 특히 힘을 기울였던 선생은 부임하자 곧 北京에서
체득한 지식으로 工匠에게 직접 기술을 가르쳐 風具・織機・龍尾・
水轉・輪碾, 즉 베틀・양수기・물방아 등 새로운 창안에 의한 생산
기구를 제작하여 사용하도록 했다. 또한 官衙의 부속건물로 百尺梧
桐閣・孔雀館・荷風竹露堂 등을 새로 짓고 蓮池를 만들었던바, 이
역시 자신이 北京에서 배워온 벽돌 만드는 기술을 그 建築物에 실
지로 사용하였던 것이다. 다음은 先生이 이 고장 주민들을 진정으
로 사랑하고 돌보아 民生에 특히 힘을 기울였던 행정적 자취이다.
큰 흉년이 들어 굶주리고 流離하는 飢民 1400여 명을 救恤하여 살
려냈으며, 咸陽 땅의 상습 水害지역에 堤堰을 쌓아 홍수를 막고,
敬老에 힘써 풍속을 아름답게 하였다. 특히 獄事의 판결에 神明해
서 이웃 고을과 道內의 어려운 獄事를 여러 件 해결하였다. 다음으
로 先生은 이 고장의 文化와 禮俗을 존중하여 이를 闡揚하였다. 지
방의 文獻을 발굴하고 學術을 振作하였던바, 예컨대 涷川 禹汝楙
선생이 지은 『洪範羽翼』이라는 방대한 저서의 학술 사상적 가치를
발굴하여 드러내었고, 이 고장의 先賢 林葛川・盧玉溪・鄭桐溪・劉
彦一 선생 등이 남긴 鶴氅衣와 帅角 등 遺制와 美風을 몸소 실천하
고 자신의 子弟들에게도 따르도록 함으로써 훌륭한 지방문화를 발
전시키기에 힘썼다. 이와같이 남다른 업적을 남겼음에도 불구하고
그 흔한 善政碑 하나 세워지지 않은 것은 선생 자신이 떠나면서 지
방사람들의 계획을 극력 말렸기 때문이라고 한다.

先生은 號를 燕巖, 字를 美仲이라 하였고, 1737년 英祖 13년 당
시 서울의 名門인 潘南 朴氏 집안에서 태어났다. 그러나 科擧에 뜻
을 두지 않고 洪大容・朴齊家・柳得恭・李德懋・李書九 등과 利用

厚生의 學問을 論究하는 데 온 힘을 기울였다. 41세 때 黃海道 燕巖峽으로 옮겨 지내다가 44세 때에 使臣을 따라 淸나라를 여행하였다. 이때에 새로운 사상과 과학문명의 세계적 조류를 여러 면에서 직접 체득하게 되었다. 이런 까닭에 이 여행의 체험을 기록한 『熱河日記』는 참신한 文體로서 당시 문단에 커다란 波紋을 일으켰을 뿐 아니라 선생의 實學思想이 집약적으로 담겨 있는 값진 민족문화유산이 되었다. 50세 때 비로소 벼슬길에 나서게 되어 55세에 지방관직으로서는 처음 安義고을 縣監이 되었으며 安義를 떠난 지 9년 후인 1805년 69세로서 일생을 마쳤다. 선생은 安義를 거쳐, 沔川郡守·襄陽府使 등을 잠깐씩 지내기는 했지만, 첫 부임지로서 가장 오래 있었던 우리 고장이야말로 선생의 사상과 포부를 실천해보고자 온 정열을 불태웠던 곳이다.

先生의 生涯는 18세기말의 落後한 祖國을 文明化하기 위하여 특히 利用厚生의 학문연구와 새로운 기운의 문학운동에 오로지 바쳐진 것이었다. 그리하여 상공업의 발전을 위한 流通의 확대와 기술의 혁신에 크게 공헌하였고, 이러한 신기운의 형성과 함께 나타나는 근대적 체질의 새로운 인간형들을 소설문학으로 형상화하였다. 서울의 도시적 분위기에서 자라난 선생은 일찍부터 민족의 미래를 내다보면서 商人·手工業者 들과 교류하는 한편 實學을 가지고 庶民들에게 이바지하려 하였으니 이것은 士로서의 自己任務를 자각한 때문이었다. 또한 선생은 中世的 權威主義와 姑息的 名分論에서 탈피하여 모든 사람들이 封建的 속박을 벗어나 人間다운 삶을 누려야 할 것을 주장하였으며 이를 훌륭한 문학작품들로 그려놓았던 것이다. 이들 작품은 新鮮한 구상과 寫實的 수법, 그리고 諷刺와 諧謔으로 깊이 庶民的 情趣를 묘사하여 正統文學의 완강한 城壁에 도전한 것이었다. 한마디로 선생은 민중들과 호흡을 함께 하며 자기 시대를 개척해 나간 思想家요, 양심적 知識人이었다.

그럼에도 불구하고 지금 先生의 生長地인 서울에는 격심한 변천으로 아무런 흔적도 찾을 길이 없으며, 선생의 墓所도 休戰線 북쪽에 있어 가볼 수가 없으니, 선생의 거룩한 자취를 더듬을 수 있는 곳은 오직 우리 安義뿐이다. 이제 先生이 在任時에 손수 지은 官衙의 부속건물들이 있었던 옛터, 이곳 安義國民學校 교정에 선생의 事蹟碑를 세우는 것이다. 우리는 先生을 통하여 民族史의 선진대열에 호흡을 같이 할 수 있었던 역사적 사실을 일깨우고, 다시 이 시대의 발전에 창조적으로 기여할 힘의 줄기가 될 것을 다짐하면서 여기, 이 돌에 우리 고장 전체 주민들의 마음을 새기는 바이다.

1985년 7월

# 俛宇郭鍾錫先生事蹟碑

玄風 郭氏는 嶺南의 名閥이요 우리나라의 望族이다. 高麗時代로부터 簪組와 文翰이 끊이지 않더니 朝鮮王朝에 들어와서는 忠臣義士 孝子烈婦가 歷史와 往牒에 赫赫한 자취를 남겼다. "靑丘禮樂三千里"에 "玄郭旌閭十二門"이라는 古人의 詩는 지금껏 널리 傳誦되고 있거니와 이제 이 旌閭門이 자리잡은 率禮마을에 다시 한 높은 碑를 세워 또 한분의 거룩한 어른을 紀念하게 되었으니 곧 近代 儒林의 宗匠인 俛宇 郭先生의 事蹟碑이다. 先生의 諱는 鍾錫이요 字는 鳴遠이며 俛宇는 그의 號이다. 한때 諱를 鋾라 하고 號를 晦窩라고도 했으나 일반적으로 위의 諱號가 알려져왔다. 先生의 先代에 일찍 玄風으로부터 漆原으로 옮겨 산 적이 있었고 先生의 王考 蒼溪公 때에 다시 漆原으로부터 丹城에 贅居하게 되었는데 先生이 誕生한 곳은 바로 丹城縣 沙月里 草浦村舍이며 때는 故韓 憲宗大王十二年 丙午 卽 西曆 一八四六年이었다. 先生은 外樣부터 남과 달라 두 눈이 샛별처럼 빛나고 총명은 뛰어나서 겨우 말을 할 적에 남이 읽는 글소리를 듣고 그것을 暗記할 정도였다. 五歲에 十九史略을 거쳐 六歲에 四書와 『詩經』을 讀破하였고 七歲에 『書經』을 공부하면서 朞三百註의 閏月推步를 自力으로 布算해내었으며 八歲에는 이미 모든 經典을 達通하고 한편으로 歷代史籍을 涉獵하여 知識이 博洽하니 보는 이들이 모두 놀라, 장차 天下에 이름을 떨치리라 하였다. 九歲부터 明經業을 준비하고 十五歲에는 程文을 익혔으나 원래 先生은 큰뜻을 품어 科擧에 屑屑히 매달리려 하지 않았다. 게다가 十二歲에 父親 道菴公을 여읜 뒤에는 더욱 功令文字에 힘쓸 意向이 적었으나 母夫人이 계시기 때문에 완전히 포기하지 못할 따

름이었다. 이때 先生은 대단한 自負 아래 天下의 모든 일은 다 그 理致를 窮究해야 하고 天下의 모든 글은 다 그 義諦를 把握해야 한다고 생각하여 古今의 政治制度·軍事·輿地·名物과 律呂·醫藥·卜筮·陰陽·佛老의 책들을 두루 읽어 모두 그 大要를 透得하였다. 그러나 先生은 聖賢의 爲己之學의 眞正한 門路가 어디에 있음을 깊이 깨달았다. 二十一歲에 「晦窩三圖」를 지어 朱子 以來 우리나라 性理學의 先賢들에 對한 尊慕의 뜻을 부쳤고 二十五歲에는 「四端十情經緯圖」를 지어 우리나라 傳統的 理氣論에 對한 깊은 造詣와 새로운 感覺을 보여주었다. 先生은 主理 二字로 自己의 思想體系를 定立하고 당시 心卽理說의 提唱者로 嶺南地方에 異彩를 띤 寒洲 李震相 先生을 星州 大浦로 찾아가서 그 門下에 執贄하였다. 寒洲는 京畿의 華西 李恒老, 湖南의 蘆沙 奇正鎭과 더불어 王朝末期의 思想界에 서로 約束이나 한 듯 主理論者로 登場한 분들이다. 그것은 西勢東漸에 따라 우리 傳統에 對한 危機意識과 西洋文明과의 對決에 待備할 自體 理論의 整頓過程에서 傳統思想으로서의 性理學의 正統性과 根本原理에 對한 再確認 및 그것의 固守라는 立場에 서게 될 때 主氣論보다 主理論 쪽으로 쏠리는 것이 당연했으리라고 생각되기도 한다. 寒洲의 門下에 들게 된 先生은 師弟間에 남다른 契合은 물론이고 寒洲의 學說을 더욱 發展的으로 繼承하여 嶺南의 主理論의 한 極致를 이루었다. 그러나 先生은 傳統思想을 敎條主義的으로 執着하지 않았다. 甲午·乙未 以後 특히 八月之變과 金弘集內閣의 斷髮令에 對하여 一部 儒生의 主導에 依한 義兵의 抗爭이 일어났을 때 先生은 安東義兵의 亞將 물망을 굳이 사양하였고 江原道 寧越로 가서 華西系 人士 柳麟錫의 陣地를 직접 參觀했으나 烏合之卒의 集散이 無常하여 全혀 勝算이 없음을 보고 太息하고 돌아왔다. 斥邪衛正이라는 大義名分만 追從하고 事勢의 判斷에 依한 成敗의 料量이 全혀 缺如되었을 뿐 아니라 낡은 華夷論에 立脚하여 西洋을 夷狄視하고 夷狄의 侵略으로부터 中華世界를 옹호하려 한 것

은 그 認識의 時代錯誤와 思想의 反歷史的 方向을 否認할 수 없는
것이다. 先生은 이와 달리 世界의 情勢 특히 近代國際社會의 現實
的 關係를 살펴, 당시의 國際秩序를 是認하고 우리 韓國을 國際秩
序 속에 位置시켜 그 獨立主權의 回復과 保障을 받아내려 하였다.
建陽 元年 丙寅 二月에 先生은 서울로 올라가 姜龜相·尹冑夏·李
承熙·張完相·李斗勳 等 同志 여러분과 聯名으로, 露·英·佛·
獨·美 等 여러 外國公館에 기다란 布告文을 보냈다. 내용은 萬國
의 公法과 그 精神에 비추어 日本의 韓國에 對한 橫暴와 이 外勢에
結託한 韓國朝廷의 奸兒輩들의 跳跟은 國際的으로 容認될 수 없는
것이며 모든 民族은 제각기의 體質과 文化傳統이 있어 각자 尊重되
어야 하므로 우리 韓國도 斷髮問題를 포함한 性急한 西洋化가 强要
되어서는 안된다고 한 것이다. 先生의 이 布告文은 西洋文化·西洋
法秩序를 認定하고 들어간 것이라 하여 당시 保守的인 儒林들로부
터 많은 疑惑과 비난을 받았다. 그만큼 先生은 儒林 중에서 先進的
인 분임을 말해주는 것이다. 나라의 형편이 날로 急迫해지는 것과
는 反對로 先生의 名聲은 날로 높아져서 光武 三年頃부터 高宗皇帝
의 여러 차례의 徵召가 내려왔다. 先生은 그때마다 疏를 올리고 나
아가지 않다가 光武 七年 癸卯 八月에 마지못해 上京하여 儒巾野服
으로 咸寧殿에 進對하였다. 그러나 皇帝는 先生에게 議政府參贊의
벼슬을 除授하고 第宅을 下賜하는 한편 三世를 追贈하고 또 이어서
弘文館經筵官 兼侍講院書筵官이라는 山林에 對한 榮譽로운 禮遇를
加히였다. 先生은 進對할 때나 疏章을 올릴 때마다 內修外交의 方
策을 開陳하고 무엇보다 外勢에 對處하기 爲한 政治的 主體性의 確
立과 그것을 爲한 皇帝의 精神姿勢의 奮勵를 促求하였다. 그러나
皇帝의 禮遇가 虛飾에 그치고 나라의 運命은 이미 隻手로 挽回할
수 없었다. 先生은 결국 서울을 하직하고 居昌 山居로 돌아왔다.
乙巳條約을 거쳐 庚戌國恥를 當하매 先生은 痛憤한 心情을 억누르
고 隱忍自重하다가 己未年 三月의 民衆의 獨立萬歲 소리가 全國에

퍼질 무렵, 先生은 七十四歲의 老軀로 蹶然히 일어났다. 門人들을
動員하여 한국 儒林 百三十七人의 이름으로 巴里에서 열리는 萬國
平和會議에 長書를 發送키로 하였다. 三·一獨立宣言이 民心을 鼓
動시켜 國內的으로 큰 轉機를 마련했으니 이제 필요한 것은 國際的
活動이다. 高潮된 國內 民衆運動을 背景으로 國際社會에 對한 呼訴
와 工作을 同時에 進行시켜야 한다는 것이었다. 이리하여 先生을
代表로 하는 이 儒林의 메시지는 國內·國外에 喧傳되었고, 獨立을
要求하는 民族總意의 國際的 闡明이란 點에서 우리나라 獨立運動史
上 큰 意義를 지니는 것이었다. 先生은 이로 因해 倭賊에게 被逮되
어 大邱監獄에서 고생하다가 二年刑의 言渡를 받았고 이어 病保釋
으로 還家했으나 마침내 病患의 添劇으로 考終하였으니 西曆으로
一九一九年이며, 日字는 陰曆 八月 二十四日이었다. 아아, 큰 별이
떨어지고 儒林은 빛을 잃었다. 그러나 天運이 돌아와 祖國은 光復
되었고 歲月이 흐를수록 先生에 對한 景仰은 더해져서 年前에 居昌
에서 神道碑가 建立되었고 올해에는 이 玄風에서 다시 事蹟碑가 세
워진 것이다. 後學 驪州 李佑成은 郭氏門中 父老들의 命으로 위와
같이 敍述하고 끝으로 짧은 銘辭를 달아둔다.

　　그 옛적 先生이 十贊을 지으신 旌閭門 곁에 오늘 우리 다시 先
生을 贊하도다. 玄風이 불고불어 이 겨레 그윽한 얼 온 누리에
스며드니 이 곧 先生之風이로다.

一九八一年 四月 一日

# 陶南趙潤濟博士墓碑

여기 우리 國文學의 原始林을 開拓하고 國文學史를 통하여 民族 史觀을 확립해주신 陶南 趙潤濟 先生의 萬年幽宅이 자리잡고 있다. 1904年 1月 26日 慶北 醴泉郡 知保面에서 父 鏞範과 母 韓氏 사이 에 次男으로 出生하여 1976年 4月 10日 서울 敦岩洞 是吾莊에서 아 들 時來·容來·復來·相來 四兄弟를 멀리 海外에 둔 채 세상을 떠 나신 先生은 民族의 受難과 不運 속에 七十平生을 오로지 教壇에서 書齋에서 國文學의 講義와 著述에 情熱을 바치는 한편, 나라에 큰 變動이 있을 때는 正義의 隊列을 이끌고 現實參與에 決然한 姿勢를 보였다.

先生의 學德은 온 누리에 우러러뵈이면서도 先生의 生涯는 순탄 치 못하였다. 日帝下의 困境은 말할 것 없고 해방 후에도 선생의 講席은 서울大學에서 成均館大學으로, 다시 嶺南大學으로 옮기면 서 그동안 몇차례 囹圄의 몸이 된 적도 있었다. 그러나 先生은 自 己 信念으로 후회없는 一生을 사시고 이제 地下에 고이 잠드셨다. 嗚乎라 蓋棺에 論定이니, 다음날 이 땅의 歷史家는 二十世紀의 한 完人으로 先生을 기록할 것이다.

이 坡州墓所는 先生이 손수 卜定하여 年前에 夫人 水原 白氏를 묻고 그 곁에 미리 穴을 만들어둔 것인데 이번에 멀리 奔喪해온 三 男 復來가 여러 兄弟의 마음을 모아 先生의 뜻대로 이에 모셨다. 葬後에 여러 門徒가 陶南學會를 조직하여 先生의 學風을 널리 펴기 로 하고 이번 一周忌를 맞아 學會의 이름으로 이 碑를 세웠다. 銘 을 대신하여 몇말씀 붙여둔다.

生於民族 死於民族. 이것은 先生의 自作 墓誌銘의 한 구절이

다.

　先生은 가셨지만 先生의 不屈의 精神은 이 民族과 더불어 永生
하리라.

1977年 4月 10日

# 荷農李萬煥公墓碑

洛東江 七百里 길고 넓은 流域, 특히 그 中流一帶에 名村勝境이
相望하고 古家世族이 集團을 이루어 사는 곳이 많다. 그중에서도
梅院은 朝鮮王朝 後期 數百年 동안 仕宦과 文翰으로 널리 알려진
마을이다. 廣州를 本貫으로 하는 李氏一門이 이 고장에 자리잡은
以來 鴻儒達官이 代를 이어 나왔고 近世에 이르기까지 그 文艶이
鄕省에 떨쳤다.

荷農 李公은 곧 이 家門의 出身이다. 公의 諱는 萬煥인데 初諱는
甯煥 字는 賴卿이고 荷農은 그 號이다. 始祖 遁村先生 諱集을 비롯
하여 中世에 石潭 諱潤雨, 洛村 諱道長, 朴谷 諱元祿은 모두 公의
家系를 빛낸 祖上들이다. 曾祖 諱以鉉은 假監役이고 祖父 海隱 諱
喆淵은 參奉이었다. 考의 諱는 相游이고 妣는 豊山 柳氏로서 西厓
先生 後孫 德榮의 따님이다. 一九一一年 辛亥 四月 七日에 本生考
諱相琦와 妣 仁同 張氏 사이에서 태어난 公은 作故하신 出系 伯父
의 뒤를 잇게 되었는데 이때 養家에는 祖母 張氏와 母夫人 柳氏가
계셨을 뿐 舍廊은 六年이 넘도록 비어 있었다. 公은 十歲에 母夫人
柳氏를 여의고 十六歲에 夫人 淸州 鄭氏와 結婚하여 새出發을 할
무렵 祖母 張氏마저 別世하여 五代承宗인 大宅에 오직 젊은 公 내
외뿐이었다.

公은 荒落한 집을 일으키기 爲하여 生庭 父祖의 敎導를 받으면서
勉學과 治産에 조금도 게을리하지 않았다. 원래 溫厚閑靜하고 孝友
의 至性을 타고난 公은 上奉下率에 秋毫의 遺憾이 없어 家庭은 항
상 和氣에 넘쳐 있었고 千石의 富를 누리는 處地에서 自奉은 寒士
와 같이 하면서 待人接物에 있어서는 寬平한 態度와 樂善好施의 仁

心으로 一貫하였다. 時潮에 따라 兄弟從班이 서울 또는 海外로 遊
學을 떠날 때에 公 또한 新學問에의 憧憬을 禁치 못하면서도 큰집
을 지켜야 할 責任과 어른들의 간곡한 만류 때문에 뜻을 펼 수 없
었다. 公은 靑年期의 이러한 정신적 葛藤을 오직 詩文과 書藝에의
精進을 通하여 解消시켜 나갔다. 詩는 杜甫를 좋아하고 글씨는 顔
魯公을 본받아 古典的 敎養으로 生活의 格調를 높였다.

  爲堂 鄭寅普 先生은 당시 一國의 尊敬을 받는 碩學이었는데 公을
한번 보고 곧 傾倒하여 그뒤 書辭往復과 더불어 一生 동안 남달리
지냈다. 公은 그를 師禮로 對했지만 爲堂은 매양 荷農으로 부르면
서 친구처럼 사귀었다. 日帝末期에 創氏改名이 强要되었을 때 公은
갖은 壓力과 懷柔를 拒否하고 끝까지 本色을 지켰다. 爲堂은 公의
志操를 歎尙하더니 光復後 初代 監察委員長이 되어 公을 監察委員
으로 推擧하였으나 公은 固辭하였다. 土地改革과 六二五動亂을 겪
고 公은 栗里 果樹園으로 寓居하여 悠然莊이라 命名하고 거기서 餘
生을 보냈다. 平生 모르던 經濟的인 어려움을 몸소 이겨내면서 十
男妹 子女의 敎育과 成就에 힘을 다하였다. 亂中에 長男 壽鏞이 失
踪되어 公은 倚閭之望으로 傷心이 깊었고 한편 拉北된 爲堂 또한
消息이 杳然하여 公은 멀리 그리면서 梅花詞 七疊으로 懷抱를 달래
기도 하였다.

  一九六八年 戊申 一月 十八日에 享年 겨우 五十八歲로 長逝하여
盤松 案山砂器店 巽坐原에 襄禮를 치르니 鄕省 人士들이 모두 痛惜
해 마지않았다. 夫人 淸州 鄭氏는 寒岡先生 後孫 在哲의 따님으로
十六歲에 入門하여 七十七歲에 卒하였고 公의 墓左에 祔하였다. 慈
愛롭고 厚德하여 우리나라 法家의 典型的인 賢母良妻의 像을 지녔
다. 七男 四女를 두었는데 男은 壽鏞·壽銓·壽鍊·壽鉢·壽錕·壽
銑·壽鐔이고 女는 鄭在夏·林守根·李熙昶·李世遠에게 出嫁하였
다. 壽銓의 男은 馨錫·忠錫, 壽鍊의 男은 政錫, 壽錕의 男은 重
錫·範錫, 壽銑의 男은 浚錫·炫錫, 壽鐔의 男은 泓錫·映錫이고

外孫男女 合 12名이다. 嗚乎라 不佞이 少時로부터 公의 聲望을 欽
慕하고 있었는데 通家의 誼를 맺었을 때 公은 이미 他界에 가신 뒤
라 늘 아쉬움을 느껴왔다. 이제 芳躅을 어루만지며 몇마디 蕪句로
써 銘을 대신해둔다.

　여기 福地에 吉人이 묻혀 있다. 仁心厚德을 길이 세상에 남기
듯 無窮한 遺蔭 또한 길이 後承을 昌盛케 하리라.

一九八八年 戊辰 五月 五日

# 松岡金文培公墓碑

옛 冶爐縣은 지금의 陝川邑 北쪽 三十里에 있는데 물이 맑고 山
이 빼어나 이름난 姓氏의 本原地가 되어왔고 歷代로 人物이 끊이지
않았다. 松岡處士 金公은 文行으로 士友間에 널리 알려졌고 子孫들
이 家業을 훌륭히 이어 鄕黨에 推重하는 바 되고 있다. 成均館大學
金榮秀 교수는 松岡의 曾孫인데, 兄弟 從班과 協議하여 松岡公의
事蹟碑를 세우기 爲해 글을 請하기에 나는 그 일을 아름답게 여겨
그 家傳記錄에 依據하여 적는다. 公의 諱는 文培 字는 德韻이고 本
貫은 金海인데 忠簡公 普의 後裔이고 大司憲 安敬公 永貞의 十五世
孫이다. 一八六四年에 父 顯景과 母 全州 李氏 사이에 遺腹子로 出
生한 公은 六十一歲가 되는 一九二五年에 別世하였다. 父親의 얼굴
도 모르는 公은 母夫人의 지극한 精誠 속에 자라나 마침내 착한 선
비가 되었고 특히 孝性으로 소문이 났다. 일찍 張晦堂 先生에게 受
學했는데 晦翁은 公을 가리켜 일평생 그 父母를 잊어본 적이 없는
사람이라고 칭찬하였다. 當代의 名儒碩學들과 두루 사귀어 滄江 金
澤榮, 蘭谷 李建芳, 恭山 宋浚弼, 深齋 曺兢燮, 晦峰 河謙鎭 諸公
이 모두 親近하게 되었는데 公이 母夫人을 爲해 『孝烈錄』을 編成할
때에 위의 諸公이 기꺼이 撰述에 應하여 卷面을 粧飾하였다. 公은
先山의 石物들을 完備하고 族戚 중 貧窮한 집은 따뜻이 보살폈다.
이는 모두 孝道에 바탕을 둔 行實이었다. 끝으로 銘을 달아둔다.

　　孝는 福의 근원이라 했거니 그 子孫의 昌盛함이 마땅하도다.
千秋에 이 돌이 우뚝 서 있으리니 이 고장을 지나는 사람 반드시
고개 숙여 敬意를 表하리라.

1988년 7월

# 平洲李昇馥公墓碑

平洲先生 李昇馥公은 우리나라 近代史의 裏面에 重要한 人物의 한사람으로 獨立運動과 言論暢達에 一生을 바치신 분이다.

一八九五年 七月 十日 忠南 禮山郡 大述面 上項里 閒谷 韓山 李 氏家에서 修堂公의 長孫이요 唯齋公의 長子로 出生한 公은 겨우 十 三歲에 祖父와 父親의 壯烈한 殉國을 當하여 어린 가슴에 큰 衝擊 을 받았으며 이로부터 남달리 일찍 國家民族에 獻身할 뜻을 굳히게 되었다. 徽文義塾・大東法律專門 등 學校의 敎育을 받은 다음 弱冠 의 나이에 俄領으로 나가 溥齋 李相卨, 石吾 李東寧 諸先輩 밑에서 光復을 籌謀하다가 上海로 가서 臨時政府에 참여하고 聯通制 祕密 組織에 가담하였다. 昇平六大洲라는 意味의 平洲의 雅號는 이 무렵 省齋 李始榮 先生으로부터 받은 것이다. 二十九歲에 還國하여 金相 玉烈士 義擧에 관련된 혐의로 投獄되었고 풀린 뒤에 新思想研究會 를 通하여 新思想의 普及에 注力했으며 곧이어 言論界에 投身하여 東亞日報 調査部長과 時代日報 常務理事를 거쳐 民世 安在鴻, 月峰 韓基岳씨와 함께 朝鮮日報社의 經營에 着手하여 理事 겸 營業局長 및 諸規定을 맡았다. 한편 民族合一戰線인 新幹會를 發起하여 幕後 에서 綱領을 만들고 宣傳部 總務幹事로서 실무를 담당하기도 하였 다. 이러한 公의 經歷은 항상 日帝의 監視를 받아왔거니와 一九四 五年 三月 豫備檢束으로 囹圄의 몸이 되어 八一五解放과 함께 自由 를 찾았다. 다시 建國事業에 분주하게 된 公은 朝鮮國民黨을 비롯 한 諸政黨에 職責을 갖게 되고 民主日報 副社長을 歷任하기도 하였 다.

그러나 民族分斷과 社會混亂 속에 그릇되어가는 現實과 妥協할

수 없어 一九四八年 浩然히 鄕園으로 돌아왔다. 六二五亂中에 長男
章遠이 海兵將校로서 戰死한 뒤에 次男 文遠이 中央大學敎授로서
효성으로 奉養하더니 一九七八年 十月 三十一日 서울 江南區 方背
洞 寓舍에서 八十四歲를 一期로 세상을 떠나셨다. 夫人은 陽川 許
氏이며 子女는 二男 三女이니 男은 章遠·文遠이고 女는 淑遠·禮
遠·禧遠이다. 嗚乎라, 公의 무덤은 곧 修堂·唯齋 두 어른 塋下이
니 祖子孫 三代의 높고 거룩함이 이 兆域의 萬年의 安固를 기약할
것이며 民族의 正氣가 길이 이 고장 山川에서 용솟음쳐 나올 것이
다.

一九八三年  九月

# 姜晋哲博士墓碑 ·

廣州郡 五浦面 文衡里 뒷山 아늑한 언덕은 우리나라 中世史 특히 高麗時代 土地制度史의 硏究에 一生을 바쳐 많은 業績을 남긴 南吾 姜晋哲 博士의 佳城이 자리잡은 곳이다. 博士는 一九一七년 七월 六일 慶南 咸安郡 郡北面 小浦里에서 父親 姜乃秀公과 母夫人 全州 崔氏 사이에 탄생하여 一九九一년 三월 二十일 서울에서 夫人 金千 龜 女史와 아들 英中·熙中·和中·殷中 및 딸 景信 사위 卓俊植이 臨終을 지켜보는 가운데 七十五歲를 一期로 세상을 떠나셨다.

博士는 幼少年時節 富裕한 家庭에서 父兄의 도움으로 아무 구김 없이 中等敎育을 받고 나아가 大學에 進學하였다. 京城第一高普를 거쳐 日本 慶應大學 史學科를 卒業한 것이 一九四一年 三월인데 그 해 五월 三友産業에 入社하여 中國 北京에 派遣되기도 했으나 원래 學問에 뜻을 둔 그는 祖國解放과 더불어 學界에 돌아와 서울大學校 文理科大學 史學科의 講師 兼 助敎로 있다가 二年 뒤에 同學科 助 敎授에 就任하였다. 一九五零年 六二五戰爭을 契機로 서울大學을 辭任하고 故鄕 가까운 釜山에서 東亞大學 文理學部 副敎授로 눌러 앉았다. 以來 同大學 敎授로서 文理大學長의 職責을 맡고 있었으나 四一九革命 중 學園民主化運動에 적극 참가하면서 學校當局과 뜻이 맞지 않아 釜山을 떠나 다시 서울로 올라왔다. 한때 淑明大學에 奉 職하다가 다시 高麗大學으로 옮겨 거기에서 定年退任 때까지 敎授 生活을 하였다. 淑大圖書館長, 高大博物館長 등 補職을 지냈으나 博士의 一念은 오직 學問 硏究에 있었다. 博士가 高麗土地制度 硏 究에 첫鍤을 넣은 것은 釜山時節이었으나 本格的 活動에 들어간 것 은 서울에서 金成俊·李基白·李佑成 등과 함께 高麗史硏究會를 조직하여 食貨志를 다루면서부터였다. 이리하여 數十篇의 論文과 함께 『韓國土地制度史』『高麗土地制度史研究』『韓國中世土地所有研究』등 묵직한 單行本의 著書가 차례로 나왔고 이에 대한 포상으로 月峰著作賞・韓國日報出版文化賞 등을 받게 되었다. 博士의 世代에서 土地制度를 專攻하는 國史學者가 거의 없었던 것을 생각하면 博士는 그 分野의 희귀한 存在일 뿐 아니라 歷史의 研究視角이나 研究方法이 항상 進步的 性向을 지녔던 點은 앞으로 우리나라 史學史에서 뚜렷한 先驅者의 한분으로 記錄될 것이다.

　博士가 가신 지 一周年이 되는 올해 봄 夫人 金女史의 요청으로 同學弟 李佑成이 碑文을 짓고 長男 英中 以下 五男妹가 힘을 모아 이 碑石을 무덤 앞에 세우게 되었다.

一九九二년 三월

# 金龍德博士墓碑

中原郡 仰城面 龍浦里 진달래公園에 자리잡은 이 무덤은 우리나라 歷史學界의 代表的 學者의 한분인 又仁 金龍德 博士가 永遠히 잠드신 곳이다.

博士는 一九二二년 十一월 五일 開城의 有數한 金海 金氏 家門에서 父親 永煥公과 母親 李得實 女史의 사이에 獨子로 태어났다. 어릴 적부터 天稟이 남달랐던 博士는 京城第一高普를 거쳐 京城大學 法文學部에 籍을 두면서 우리나라 歷史學에 첫걸음을 내디뎠다. 學徒兵으로 日帝軍隊에 강제 동원되기도 하였고 八一五해방 후에 國土分斷과 社會混亂을 겪었으며 六二五戰爭으로 因해 그리운 家山을 休戰線 저쪽에 넘겨주고 失鄕民이 된 기막힌 狀況 속에 處하면서도 오직 祖國愛의 一念을 바탕으로 民族의 歷程에 對한 끊임없는 探求에 生涯를 바쳤다.

高麗史의 硏究에서 出發한 博士는 高麗一代의 重要 문제인 鄕所部曲과 署經에 關한 것을 다루었고 朝鮮王朝에 들어와서는 黨爭의 한 結節點인 鄭汝立獄事와 西潮東漸을 앞둔 昭顯世子의 事件을 파헤치는 한편 朴貞蕤·丁茶山 등의 實學思想의 分析을 通해 歷史의 方向을 提示해주기도 하였다. 晩年에는 鄕村社會의 硏究에 精力을 기울여, 鄕廳의 構造와 아울러 鄕規·洞契 등 夥多한 成果를 내놓았다. 이러한 硏究論文 外에 一般論說의 形式으로 歷史에 관한 各種 문제들을 檢討 敍述한 것이 또한 광범한 범위에 걸쳐 있다. 그중에서 日帝侵略에 대한 엄정한 批判과 植民史觀의 淸算을 爲한 강력한 提議들은 특히 注目할 만하다. 그의 著書는 『韓國史의 探求』 『朝鮮後期思想史硏究』 『鄕廳硏究』 『韓國制度史硏究』 『韓國史隨錄』

등이 있고 그의 責任下에 編纂된 책으로는 『人物韓國史』 『韓國文化史新論』 등이 있다. 이와같은 學術活動의 業績과 함께 敎育을 通해 後進養成에 情熱을 쏟았다. 특히 中央大學에 一生 동안 奉職하면서 많은 弟子를 길러내어, 그의 學風을 이어받은 젊은 學究들이 各方面에 활약하고 있는 중이다.

博士는 일찍이 趙鎭淑 女史와 結婚하여 長男 寬浩, 次男 明俊과 딸 賢嬉를 두었고 中年에 喪配하여 閔福基 女史와 再婚하였다. 平素에 健康을 잘 管理하고 安定된 家庭環境에서 幸福한 삶을 누리고 있었는데 불행히도 겨우 七十이 되는 해에 세상을 떠났다. 이것이 一九九二년 월 일이었다. 家族의 뜻과 여러 弟子의 정성으로 墓碑를 세울 것을 계획하면서 金浩一・朴京夏 두 교수가 나에게 碑文을 請해왔다. 이에 위와 같이 사실을 기록하고 끝에 銘辭를 대신하여 짧은 한토막을 달아둔다.

세상은 變하지만 歷史家의 조촐한 遺香은 길이 이 겨레 體溫 속에 배어 있사오리.

　　　　　　　　　　　　　　　　　　　一九九三년 九월

제 4 부

# 雜 文

# 古代詩와 現代詩의 교차점

## 1. 詩史斷想

편집자가 나에게 준 제목이 「고대시와 현대시의 교차점」이다.

나는 이 제목을 두고 상당히 망설이게 되었다.

첫째, 고대와 현대의 시대개념을 나는 알 수가 없었다. 시대구분론을 까다롭게 적용시키지 않더라도 적어도 현대에 선행하는 시대가 바로 '고대'일 수 없다면 오늘의 현대시가 역사적·전통적인 것과 어떤 관련을 가지는 데 있어서는 '고대'의 것이 아니라 중세 또는 근대라는 이름의 것으로 연관을 지어야 하겠기 때문이요, 둘째설사 고대라는 용어를 통속적으로 해석하여 마치 신소설(新小說) 이전의 것을 모두 고대소설(古代小說)이라고 하는 것처럼 신시(新詩) 이전의 시를 고대시로 일괄해 부른다 치더라도 이 소위 「고대시와 현대시의 교차점」이라는 생소한 문학사의 지리(地理)에 대하여 나는 평소에 아무런 이정표도 가지고 있지 못했기 때문이다.

그런 대로 나는 여기에서 일단의 흥미를 느꼈다. 이 제목 속에 나타난 편집자의 의도가 매우 귀중한 것이다. 그것은 현대시의 성립을 우리 고전과의 연관에서 이해해보려는 역사의식 —— 민족주체의식의 발로이기 때문이다.

시(詩)에 대해 문외한인 내가, 더욱이 현대시에 관해서 백지에 가까운 내가 사양치 않고 펜을 든 것은 오직 편집자의 귀중한 의도에 사소한 보답이나마 드리게 될까 해서다.

종래 현대시와 우리 고전과의 사이에는 그 형식에 있어서나 내용에 있어서 전혀 교섭이 없는 이질의 것으로 생각해왔다. 그러나 우리가 민족생활의 연면성(連綿性)과 역사의 계기적 변동법칙을 부정하지 못한다면 이 커다란 문학사의 단층을 그대로 시인해둘 것이 아니라 민족문학의 적극적인 창조의욕과 발전적인 역사전망에 의하여 이 단층을 극복하고 주체적인 국민문학사의 성립을 뒷받침해야 할 것이 아닌가.

이런 의미에서 나는 편집자가 설정한 '교차점'을 내멋대로 구획하고 거기에 서서 우리 시의 과거와 그 미래에의 지향을 거시적으로 일고(一考)해보려 한다. 구체적인 분석도 체계적인 서술도 겨를치 못하여 무잡(蕪雜)과 소탈(疏脫)을 면할 길 없다. 우리 시사(詩史)에 대한 하나의 단상(斷想)이라고나 해둘까.


## 2. 詩와 민족

시는 민족과 더불어 성장한다.

시는 아득한 옛날 민족의 형성기로부터 시작하여 민족문화의 운율, 민족정신의 결정으로 민족의 고뇌와 환희를 표현하는 훌륭한 수단이 되어왔다. 희랍의 서사시가 그러했고 중국의 『시경(詩經)』 『초사(楚辭)』가 그러했었다. 따라서 시인들은 언제고 그 민족공동체에 소속되어 있는 것이다.

그러나 민족이 주체적 의식을 가지고 뚜렷이 세계사에 등장한 것은 근대에 들어오면서부터다. 종전의 '민족'이란 소위 폴크(volk)의 의미이고 '나치온'은 아닌 것이다. '나치온(nation)이란 말할 것도 없이 언어·지역·경제생활·문화의 공통성 속에 나타나는 심리적 성격의 공통을 기반으로 하여 발생하는 것이다. 그런데 이와같은 조건에 이(利)롭게 되어 있지 않고 대단히 분산성이 강하게 되어 있던 폴크에 있어서는 한 공동체로서의 주체적 의식의 역사적 작용이 불가능했던 것이다.

이 때문에 종래의 시도 객관적으로는 민족의 그것을 표현해왔음에도 불구하고 시인 자신이 주체적으로 민족을 파악하고 민족에의 관심을 실천 속에 고조시킬 수는 없었던 것이다.

근대, 특히 오늘(현대라 불러도 좋다)에 이르러 민족은 각 민족의 문제로서가 아니라 세계사적인 문제로 대두해가고 있다. 세계 여러 민족은 민족의 억압과 거기에 따르는 민족간의 증오로부터 해방되려고 하고 있으며, 민족지배를 일삼는 '세계주의'에 대항하여 애국심을 고양하고 여러 민족의 평화와 우애를 전취하려고 애쓰고 있다. 역사를 추진하는 현실적인 힘의 소유자인 대중은 지금까지의 역사적 성과를 이어받고 거기에다 새로운 것을 창조하여 다시 다음 세대에 전한다. 이리하여 세대는 세대에, 시대는 시대에 연결되고 한개의 사회구성은 다음의 사회구성으로 계승된다. 이것은 민족의 고난에 찬 성장의 길이다. 대중은 억눌리고 짓밟히면서 부단히 역사를 추진하고 민족을 성장시켜 나가고 있다. 여기에서 민족의 언어도 문자도, 민요·민화도, 수많은 이언(俚諺)도 모두 대중의 창의를 보여주게 되는 것이다.

시인은 민족의 고난을 몸으로 체험하고 대중의 창의를 바탕으로 하여 시를 생산해야 하는 것이다. 현대라는 시점에 서서 역사적 존재로서의 자기 의의를 몰각시키지 못한다면 현대의 시는 스스로 대중의 시, 민족의 시가 되어 마땅할 것이 아닌가.

20세기는 실로 우리에게 있어서 용감한 저항과 뼈저린 고통과 피나는 인내로 현실을 극복해온 시기이다. 이러한 시기에 있어서 우리의 시는 어느 피압박민족의 경우에서도 보기 드문 빛나는 성과를 내었다고 할 수가 있다. 그러나 우리 시의 전통의 취약성과 현실적 조건의 지나친 제약 때문에 우리는 우리 시의 성과를 가지고 만족하게 여길 수만은 없다. 더욱이 오늘, 민족이 처한 역사적 환경은 좀더 고차적인 시정신의 전진을 강력하게 요구하는 실정임에랴! 창조력과 저항정신에 차 있는 위대한 민족의 시는 우리의 현대시로서, 우리 시의 앞날의 과제로서 적극적으로 기대되는 바이다.


### 3. 교차점의 地帶

'민족의 시'의 적극적인 전진을 우리 시의 당면의 과제라고 말했거니와 우리의 시정신의 주류를 더듬어 올라가면 과거의 모든 시는 실로 이 '민족의 시'를 준비하고 지향해온 것 같다.

우리 고전의 시(소위 古代詩)들은 풍월과 산수를 읊조린 '강호(江湖)의 시'로서 그 대부분을 이루었다. 유장한 고전적 격조로 엮어진 강호의 시는 현대의 벅찬 젊음 속에 약동할 민족의 시에 비하여 너무나 대조적이었다. 이러한 두 개의 대조적인 시의 세계는 과도적인 계단을 통하여 일맥의 정신적 연계를 가능케 하였다. 이 정신적 연계 —— 교차점의 지대가 바로 '향토(鄕土)의 시'였던 것이다.

나의 독단일는지 모르지만, 신시(新詩) 이래 일제치하의 대부분의 시들이 그 유파의 상이함에도 불구하고 공통된 기반을 향토 위에 두었던 것이다. 향토의 파악(把握), 향토에의 미련이 조국을 상실한 그 당시 시인들의 의식의 기조를 이루었다고 생각되는 것이다.

흔히들 말하기를, 이조 양반사대부의 강호의 시는 자연미를 발견한 것에 그 가치가 있다고 한다. 나는 이 자연미의 발견을 구체적인 의미에 있어서 국토미(國土美)의 발견이라고 생각한다. 여기 번거로운 설명을 피하기 위하여 한두 개의 예를 들기로 한다.

농암(聾巖)에 올라보니
노안(老眼)이 유명(猶明)이로다.
인사(人事)ㅣ 변(變)호들
산천(山川)이쏜 가싈가

　　암전(巖前)에 모수모구(某水某丘)이
　　어제본듯 하예라. ──「聾巖歌」

　　구버는 천심녹수(千尋綠水)
　　도라보니 만첩청산(萬疊靑山)
　　십장홍진(十丈紅塵)이
　　언매나 ㄱ렛는고
　　강호(江湖)에 월백(月白)ㅎ거든
　　더옥 무심(無心)ㅎ예라. ──「漁父詞」

　　두류산(頭流山) 양단수(兩端水)를
　　예듣고 이제보니
　　도화(桃花)뜬 믉근 물에
　　산영(山影)조차 잠겻세라.
　　아히야 무릉(武陵)이 어디메뇨
　　나는 옌가 하노라.

　　위의 두 수는 농암(聾巖) 이현보(李賢輔), 밑의 한 수는 남명(南冥) 조식(曺植)의 작(作)이다. 풍진을 멀리 떠나 산수자연 속에 쇄락한 심경을 피력한 이 단가를 음미해보면 농암의 녹수청산이나, 남명의 지리산 경치가 다름아닌 우리 국토의 본래의 미 그것의 표현이라는 것을 깨닫게 된다. 그들이 혹시 불행하게 고국을 떠나게 될 경우에는 삼각산아 한강수야 하고 애절하게 부르짖는 예를 볼 수가 있거니와, 이것도 국토미에 대한 전래의 집념의 발작(發作)이라고 보아 그릇되지는 않을 것이다.

　　그런데 이들 사대부는 막연한 자연미를 통하여 국토미를 발견했을 뿐, 이 국토의 실체를 파악하기에 이르지는 못했던 것이다. 기실 국토는 자연적인 존재가 아니고 대중의 실천·노동에 의하여 변혁된 역사적 존재이며 생활을 매개로 하여 친해지는 자연인 것이

다. 근대 개화 초기에 지어진 잡가형의 노래 가운데

> 깨갱맥 캥캥 캥맥캥
> 얼널널널 상사디야
> 천생 길다 우리 조선
> 편편 옥토가 이 아니냐
> 높은데 갈면 밭이 되고
> 낮은데 갈면 논이 되네
> 세계에 유명한 농산국일세
> 얼널널널 상사디야.  —— 李秉岐 『國文學全史』에서

라고 한 것이 있다. 여기에는 국토가 단순한 자연이 아니고 대중의
생활 활동의 모체로서 찬미의 대상이 되었던 것이다. 다시 말하면
이조 강호시에 의하여 발견된 자연미 —— 국토미가 잡가에 이르러
국토의 실체를 이해할 만큼, 국토 인식의 진보를 보았던 것이다.
　이러한 국토미의 발견과 그 실체의 인식이 근대 계몽사상의 도입
과 더불어 점차 선명해질 무렵, 드디어 일제의 침략으로 조국을 상
실하게 되었고 우리 시의 방향은 위에 말한 바와 같이 향토의 파
악, 향토에의 미련을 그 기조로 하였다. 자연미 —— 국토미의 발견
으로부터 향토 파악에 이르게 된 것은 객관적·역사적 현실의 전변
에 대응하는 우리 시정신의 주체적인 자세와 그 전진을 의미하는
것이며, 이 향토의 시는 한걸음 나아가 다음의 민족의 시에로 자기
를 지양하기 위하여 줄기찬 흐름을 이룩하였다.

### 4. 향토의 시

　드을〔野〕로 가사이다 ——

조고만 다리를 지나서
바람 부는 드을로

풀로 덮인 길에 여름밤이
벗은 몸으로 맞아주는 곳
수수잎의 속삭이는 소리밖에
우리의 귀를 어즈러일 것 없는 곳

드을로 가사이다——
영혼과 영혼이 '따'의 향기 위에
하나이 되는 드을로

이것은 주요한(朱耀翰)의 시 「드을로 가사이다」의 일부분이다. 수숫잎의 속삭이는 소리밖에 우리의 귀를 어지럽힐 다른 소리가 전혀 없는 곳이 이 들이며, 땅 즉 대지의 향기는 민족의 영혼을 감싸주는 것이라 하였다. 이 시인에게는 모든 소리가 귀찮게 여겨진 것이다. 근대문명은 소리의 문명이라 하여 이광수(李光洙)가 『무정(無情)』의 한 장면에서 서울의 소음을 찬미한 바 있었거니와, 알고 보면 서울의 소음은 우리 민족을 위한 소리가 아니라 일본 제국주의식 식민지 통치를 위한 도시시설의 소음이었던 것이다. 이 도시의 소음에 귀를 외면하고 들로 나아가 전원(田園)=향토(鄕土)의 정서 속에 영혼의 융합을 구하려고 하였다. 땅의 향기를 느낄 만큼 이 민족의 모체인 대지의 모성애에의 귀의를 갈구한 것이었다.
그러나 이 땅도 지금은 우리의 것이 아니다. 이 땅을 부둥켜안고, 통곡을 해봐도 신통치 않다.

지금은 남의 땅, 빼앗긴 들에도 봄은 오는가.

나는 온몸에 햇살을 받고
푸른 하늘 푸른 들이 맞붙은 곳으로
가르마 같은 논길을 따라 꿈속을 가듯 걸어만 간다.

입술을 다문 하늘아 들아
내 맘에는 나 혼자 온 것 같지를 않구나.
네가 끌었느냐 누가·부르더냐 답답워라 말을 해다오.

　이것은 이상화(李相和)의 「빼앗긴 들에도 봄은 오는가」라는 유명
한 시의 몇 구절이다. 빼앗긴 들을 꿈속처럼 향방없이 걸어가는 그
는 하늘도 들도 그의 비통한 호소에 말이 없음을 안타까이 여겼다.
하늘도 들도 원망스러운 존재지만 그렇다고 이 들을 버리고 달리
갈 곳도 없다.

　아주까리 기름을 바른 이가 지심 매던 그 들이라 다 보고 싶다.

내 손에 호미를 쥐어다오.
살진 젖가슴과 같은 부드러운 이 흙을
발목이 시도록 밟아도 보고 좋은 땀조차 흘리고 싶다.

　이리하여 비록 남에게 빼앗긴 땅이나마 끝까지 이 땅에 매달려
그의 정열을 바치려는 것이다. "그러나 지금은, 들을 빼앗겨 봄조
차 빼앗기겠네"라고 하여 이 시의 끝을 맺었다. 주요한에 있어서는
도시의 소음, 즉 일본적 문물을 증오하고 순수한 우리 향토의 고유
한 정서 속에 영혼을 귀의할 수 있는 듯이 보였다. 그러나 이것은
일시적 자위에 불과한 것이요 향토 이 땅마저 남의 것이 되어버렸
으므로 이상화에게는 들도 빼앗기고 봄조차 빼앗기게 된 침통한 현
실이 더욱 중압해왔던 것이다. 여기에서 향토의 파악은 내면적으로

더욱 심화되고 시의 시야는 그만큼 넓혀져갔다.

향토 파악의 내면적 심화와 시의 시야의 확대는 조국의 전영역을 동심원을 확대하는 것 같은 수법으로 펼쳐볼 수 있었다.

오상순(吳相淳)의 「아시아의 밤」은 이러한 의미에서 중시될 수 있는 작품이다. 「아시아의 진리는 밤의 진리이다」라는 부제를 붙인 이 시는 이렇게 시작된다.

아시아는 밤이 지배한다 그리고 밤을 다스린다.
밤은 아시아의 마음의 상징(象徵)이요 아시아는 밤의 실현(實現)이다.
아시아의 밤은 영원의 밤이다. 아시아는 밤의 수태자(受胎者)이다.
밤은 아시아의 산모(産母)요 산파(産婆)이다.

이 시는 제국주의적 침략의 장으로 화해버린 아시아의 어두운 현실을 '밤'으로 나타내고 있다.

조국의 운명적 침체를 아시아의 밤의 세계 속에 의식한 오상순은 아시아의 몰락과 적막 위에 정반대로 융성 번창하는 서양세계를 태양으로 비유하였다.

이 운명적 대조하에 오상순은 자기패배를 철저히 의식하였다. 그러나 이 패배에 대한 철저한 의식은 비굴과 복종을 의미하는 것이 아니다. 묵묵하게 어둠의 속에 방유(放遊)하지 않을 수 없는 운명에 대하여 그의 끓어오르는 마음은 침울한 생각이 되어 응집해 있을 뿐이다. 이 시가 장대하고도 웅혼한 격조를 잃지 않고 있음은 여기에 그 이유가 있는 것이다. (藤間成大, 『民族の詩』 108~110면, 東京大學出版會版)

향토의 시가 한국적 향토의 동심원적 확대로서 아시아 전체에까지 시의 시야를 넓힌 것은 우리 시의 무시할 수 없는 성과이며 조국의 운명을 아시아의 세계 속에 의식한 것은 또한 그만치 우리 시의 내면적 심도를 더해준 것이기도 하다.

'밤의 진리'의 신봉자가 아닌 오상순은 그러나 밤을 극복하고 태양을 맞이할 방도를 말하지는 않았다. 아시아와 서양을 평면적으로 대조하여 그것을 운명적인 것으로 체득하였고 세계사 발전의 필연적 귀결이라는 법칙성의 추구에 착목(着目)할 줄을 몰랐던 것이다. 역사적인 태도의 결여—— 여기 오상순의 시대적 한계가 있는 것이다.

주요한·이상화 그리고 오상순은 이러한 한계 때문에 그들이 성취한 시가 향토의 시에 그쳤을 뿐이요, 그 이상의 전진은 못했던 것이다.


## 5. 민족의 詩와 詩정신의 전개

강호의 시에 나타난 자연미—— 국토미가 향토의 시에 이르러 좀 더 심화된 '향토의 내면적 파악'에로, 나아가 향토의식의 아시아적 규모로의 확대를 성취한 셈이었다. 그런데 일제 치하의 객관적 현실은 2차대전이 끝날 때까지 근본적 변화가 없었고, 따라서 새로운 시의 조건이 성립될 수도 없었다. 그러나 여기 우리는 한용운(韓龍雲)이 보여준 역사적인 태도를 한번 살펴볼 필요가 있다.

「당신을 보았습니다」라는 시는 『님의 침묵(沈默)』에 실린 전편의 시 가운데 한용운의 역사의식이 가장 강렬하게 부각된 작품이다.

　　당신이 가신 뒤로 나는 당신을 잊을 수 없습니다.
　　까닭은 당신을 위하느니보다 나를 위함이 많습니다.

　　나는 갈고 심을 땅이 없으므로 추수가 없습니다.
　　저녁거리가 없어서 조나 감자를 꾸러 이웃집에 갔더니, 주인은 "거지는 인격이 없다. 인격이 없는 사람은 생명이 없다. 너를 도와주는 것은 죄악이다"고 말하였습니다.

그 말을 듣고 돌아 나올 때에 쏟아지는 눈물 속에서 당신을 보았습니다.


나는 집도 없고 다른 까닭을 겸하여 민적(民籍)이 없습니다.

"민적이 없는 자는 인권이 없다. 인권이 없는 너에게 무슨 정조냐" 하고 능욕하려는 장군이 있었습니다.

그를 항거한 뒤에 남에게 대한 격분이 스스로의 슬픔으로 화하는 찰나에 당신을 보았습니다.

아아, 온갖 윤리, 도덕, 법률은 칼과 황금을 제사지내는 연기인 줄을 알았습니다.

영원의 사랑을 받을까 인간역사의 첫 페이지에 잉크칠을 할까 술을 마실까 망설일 때에 당신을 보았습니다.


"당신이 가신 뒤"로 시작되는 이 시의 나머지 세 연은 "당신을 보았습니다"로 끝나고 있다. 그의 다른 시에서와 마찬가지로 이 시에서도 이별은 님〔당신〕을 발견하는 계기가 된다. 다른 시에서 그는 이별이 없는 것은 님이 아니라고까지 말한다. 세상이 온통 거짓과 부패 속에 빠져 있을 때 그것을 부정하지 않고는 좀더 고양된 현실과 만날 수 없다는 역설적인 논리가 이 시를 이끌어가는 것이다.

당신과의 이별은 진정한 당신의 모습을 발견하는 계기가 될 뿐만 아니라, 자기 존재를 확인할 수 있는 계기가 된다는 점에서도 중요하다. 자신의 사회적 존재에 대한 자각이 없이는 진정한 역사발전의 추진력이 생겨날 수가 없는 것이리라.

그러면 여기서 '나'는 어떤 존재인가? 나는 '갈고 심을 땅'이 없고 '집'도 없고 다른 까닭을 겸하여 '민적'까지도 박탈당한 사람이다. 주인으로부터 거지 취급을 받고 장군으로부터 능욕을 당하는 등의 비인간적인 대우는 바로 이 '없음'에 기인한다. 이러한 나의 처지는 말할 것도 없이 식민지 하에서 송두리째 뿌리뽑힌 대중, 즉 우리 민족의 삶의 현실을 뜻하는 것이리라. 그러므로 '나'의 자각은 비단 나 개인의 문제에 그치는 것이 아니라 바로 그가 속해 있는 민족공동체 전체의 문제로 확대되는 것이다. 여기서 '나'는 부당한 사회의 지배원리를 발견한다. "아아, 온갖 윤리, 도덕, 법률은 칼과 황금을 제사지내는 연기인 줄을 알았습니다"라는 깨달음은 이 시의 가장 빛나는 부분이다. '황금'은 나를 거지 취급하는 '주인'의 상징이며 '칼'은 나를 능욕하려는 '장군'의 상징이다. 내가 '없음'으로 해서 억압을 당하는 식민지 대중이라면, 그들은 '있음'으로 해서 이 민족을 지배하는 사람들이다. 그러한 억압의 원리가 보편화된 상황에서는 온갖 윤리·도덕·법률은 한낱 효과적인 지배를 위한 제도적 장치일 따름이다. 그것은 나에게 '없음'을 강조하는 것임에 반해 그들에게는 '있음'을 정당화시켜주는 원리가 된다. 한용운은 그러한 바탕 위에 세워진 윤리·도덕·법률이 진실한 것일 수 없음을 간파하고 이를 과감히 거부한다.

　그런데 중요한 것은, 그가 윤리·도덕·법률 따위를 일정한 사회적 바탕의 반영으로 보는 데 그치지 않고, 그것을 "칼과 황금을 제사지내는 연기"로 본 점이다. 이것은 어떤 뜻에서 풀이될 수 있을까? 제사지낸다는 말은 죽음을 암시한다. 이러한 사회적 모순이 한때는 그 지배를 유지해가는 원동력이 되기도 하지만, 멀지않아 바로 그 모순 때문에 멸망하게 되리라는 것을 만해(萬海)는 믿고 있다. 모순은 바로 새로운 사회를 약속하는 씨앗이 되는 셈이다. 증오할 것을 증오하는 데서 새로운 사랑이 싹튼다. 그러므로 "남에 대한 격분이 스스로의 슬픔으로 화하는 순간에 당신을 보았습니다"라는 표현이 가능해진다. '당신'은 바로 참다운 역사의 발전을 믿는 사람에게나 보이는 것이다.

　그래서 나는 "영원의 사랑을 받을까 인간역사의 첫 페이지에 잉크칠을 할까 술을 마실까" 하는 망설임을 떨쳐버리고 끝내 역사적인 태도를 취하게 된다. 영원의 사랑을 받는다는 것은 세상 저 너머에 존재하리라고 생각되는 초월적인 진리 속으로 은퇴하는 것을 의미한다. 그리고 인간역사의 첫 페이지에 잉크칠을 한다는 것은 역사를 그 근본에서부터 부정하는 것이다. 그리고 술을 마신다는 것은 깨어 있는 의식으로 살기보다는 몽롱한 상태로 현실에 영합한다는 뜻이다.

그러나 식민지 현실 속에 매몰되어버린 이런 세 가지 인간 유형이 보여주는 비역사적 태도는 한용운에게는 참을 수 없는 것이다. 그는 끝내 인간 역사의 발전을 믿고 역사 속에 자신의 몸을 던짐으로써 우리의 가슴에 부활하고 있다.

이와같은 한용운의 역사적인 태도, 특히 역사의 법칙을 터득하고 대중을 바탕으로 민족에의 관심을 실천 속에 고조시키려 한 것은 분명 당시의 향토시 위에 새로운 요소를 더하게 되는 것이며 많은 은유 속에 자기를 감싸둔 선(禪)의 화두와도 같은 시는 그것의 질적 비약을 다음날로 대기하고 있었던 셈이었다.

2차대전 이후에 새로운 현실은 바로 제국민의 세계사적 등장이며 특히 그것은 아시아에 있어서 현저한 것 같았다. 오상순이 노래한 것과 같이 아시아의 밤이 영원한 것은 아니었다. 아시아의 구석구석에도 이제 태양이 비치고 있다. 현대의 벅찬 생명의 약동은 바로 이 신흥민족의 맥박인 것이다. 우리의 시도 이제 향토의 좁은 테두리를 벗어나, 향토조(鄕土調)의 소극적 영탄에서 지양되어 약동하는 민족의 맥박을 그 리듬으로 삼아야 할 것이다.

우리나라에 있어서 근대 또는 현대의 시작을 어디서부터 잡아야 할 것인가. 나의 견해로서는 적어도 현대라는 말에 관한 한, 2차대전 이후에 비로소 사용이 가능하다고 본다. 따라서 현대시의 성립도 2차대전 이후의 현실적 뒷받침으로서만 가능하다고 본다. 나의 이 논리가 허용된다면 앞서 말한 바 향토의 시가 고대시와 현대시의 교차점이 된다는 주장이 하나의 타당성을 가지게 될 것이다.

강호의 시로부터 향토의 시, 그리고 민족의 시로의 발전은 외형상의 어떤 차이에도 불구하고 우리 민족의 시정신의 일관된 전개를 의미하는 것이다.

□ 附　記　이 小稿는 1962년 『成大文學』 9집에 실었던 꼭 20년 전의 낡은 글이다. 젊은 벗들의 권유에 따라 여기 옮겨 싣는다. 이 중 오상순과 한용운에 관한 부분은 鄭喜成씨의 손을 빌려 수정하고 보완하였다. 씨에게 사의를 표해둔다.

<韓國近代文學史論, 1982>

# 동아시아 지역과 資本主義 萌芽論

서구 자본주의(西歐資本主義) 물결이 들어오기 이전에는 동아시아 지역의 대부분이 중세 봉건적 사회 그대로 있었다. 적어도 표면적 형태에 있어서 그러했다고 말할 수 있다.

서구의 충격이 없었더라면 동아시아 지역은 계속 전근대사회(前近代社會)의 깊은 잠 속에서 깨어나지 못하고 있었을 것이며 근대를 지향하는 세계사의 진운(進運)에 더욱 뒤떨어져서 영영 침몰되고 말았을 것이라는 견해가 일찍부터 일반 사람들의 인식으로 되어 왔다. 그러니까 아시아 사회 그 자체로서는 중세에서 근대로 나아갈 주체적·내재적 요인을 갖지 못하고 오직 외부세력에 의해 피동적으로 근대세계에 떠밀려왔다는 것이다.

이리하여 봉건체제(封建體制)·봉건의식(封建意識)을 제대로 극복하지도 못한 채 근대세계에 떠밀려 들어온 아시아, 특히 인도·중국과 한국은 선진 자본주의 국가에 의하여 식민지 내지 반식민지로 전락되는 것이 필연적이었다는 것이다. 이러한 인식은 일반 사람들만이 아니고 학자 지식인 특히 역사가들 가운데도 널리 퍼져 있었다.

청말(淸末)이나 구한말(舊韓末) 이래 서양을 숭배하는 개화론자(開化論者)와 '근대지상주의(近代至上主義)'자들은 말할 것도 없고 그후 이른바 과학적 역사관을 신봉한다는 인사들까지도 이 점에 있어서는 다를 바 없었다. 아시아 사회의 특질은 정체적 성격(停滯的性格)을 가진 곳에 있다고 말하면서 아시아의 사회경제와 문화에 관한 연구는 정체적 성격 그것의 구조와 필연성을 이론화시키는 것이 목적처럼 되어 있었다.

이와같은 정체성이론(停滯性理論)의 연원(淵源)은 멀리 서구 계몽주의 시대에 있어서의 동양관(東洋觀) 특히 중국관(中國觀)의 역전(逆轉)에서 찾아야 할 것 같다. 처음 그들은 절대군주제(絶對君主制)를 옹호하는 입장에서 당시 선교사들의 보고를 토대로 중국의 광대한 토지와 인민을 일원적(一元的)으로 지배하는 관료제적(官僚制的) 군주지배체제(君主支配體制)를 예찬해오다가 계몽주의 시대에 와서는 일전(一轉)하여, 그러한 지배체제는 인간의 자유를 억압하는 것이며 개인의 존엄성을 부정하는 것이라 하여, 그것을 지적함으로써 근대 시민사회에 있어서의 개아(個我)의 확립과 더불어 당면한 절대주의를 비판하려고 하였다.

여기 중국관의 가치의 전도(顚倒)가 이루어지고 나아가 아시아 사회에 대하여 동양적 전제주의론(專制主義論)과 표리(表裏)가 되는 정체성이론(停滯性理論)이 움트게 된 것이다. 근대 사회과학의 진전과 더불어 아시아 사회의 특질론이 고정화되고 세계사에 있어서의 서구 근대국가의 침략 행위의 정당성이 검증되어오기도 하였다.

"아시아의 산업혁명 없이는 인류가 그 사명을 다할 수 없다"라는 논리 아래 영국의 침략이 인도의 전통을 파괴하고 중국의 봉건주의를 깨뜨리기 시작했다는 점에서 용서될 수도 있다는 말이 나오기까지 하였다. 한국의 근대화를 위해서 일본의 한국 통치가 필요했다는 설명을 공공연히 하고 있는 것도 이러한 논리를 바닥에 깔고 있는 것이다.

그러나 역사는 발전하는 것이다. 정체성이론이 시효를 상실하지 않을 수 없는 것이다. 2차대전이 끝나고 아시아 지역에서는 많은 신생국가들이 세계무대에 등장하였다. 이에 따라 아시아적 봉건제론 또는 아시아적 생산양식론(生産樣式論)에 대한 새로운 검토와 아울러 아시아인의 주체적 자각이 선명하게 떠올랐다. 특히 동아시아 지역에서 그러하였다. 1960년대초로부터 중국 역사학계에 있어

서의 '자본주의 맹아(資本主義萌芽)'의 연구와 그 활발한 논쟁은 단
적으로 이를 증명하는 것이다.

다시 말하면 아편전쟁(阿片戰爭) 이전에, 더 올라가 16·17세기
명말 청초(明末淸初)에 이미 중국사회 자체의 내부에서 상업자본
(商業資本)의 축적과 농민층의 분해 그리고 자유스러운 임노동(賃
勞動)이 생기고 공장제 수공업 경영과 상품경제의 발전이 있었다는
것이다. 중국에 뒤이어 우리나라에도 1960년대 중반으로부터 자본
주의 맹아론이 차차 도입되어 학계 일각에 새로운 활기를 불어넣었
다. 그 무렵 나는 1년간 외지(外地)에서의 체류를 마치고 귀국하여
여러 동학(同學)들과 만날 적마다 맹아론(萌芽論)에 관한 연구작업
을 적극화할 것을 의논하였다.

이리하여 1969년에 19세기 전반기의 한국사회에 대한 공동연구의
계획을 세우고 연구진을 구성하여 농업·수공업·광업·상업·사회
신분 등 각 분야에 걸쳐 1년 남짓 연구와 토론을 거듭하면서 각기
논문을 작성하였다. 개항 전(開港前)에 우리 사회 내부에서 자본주
의 맹아가 어느만큼 이루어져 있었는가를 밝히는 데 촛점을 두었
다.

1972년 성균관대학교 대동문화연구원(大東文化硏究院)에서 출판
된 『19세기의 한국사회』라는 책자는 곧 이 때의 논문을 엮어낸 것
이다. 유감스럽게도 나는 그 당시 신양(身恙)으로 담당부문인 사상
분야(思想分野)의 집필을 유보하고 책머리에 서문으로 취지만을 적
어내는 데 그쳤지만 다른 5편의 논문들은 모두 각기 그 분야에 무
게 있고 참신한 업적을 남긴 것들이다.

아시아 지역에 있어서 봉건사회의 태내(胎內)에서 이미 자본주의
맹아가 자생적으로 있어왔다는 것은 내재적(內在的) 역사발전 법칙
을 밝히는 학문의 문제에 그치지 않고 오늘의 아시아 여러 민족의
주체적 자각과 세계와의 대응에 있어서 커다란 정신적 자원이 될
수 있는 것이다.

끝으로 부언할 것은 자본주의 맹아와 표리를 이루는 '근대적 사유 (思惟)의 맹아'에 관한 것이다. 근대적 사유의 맹아는 각국의 '실학 (實學)' 속에서 나타나고 있거니와 실학의 연구는 중국이나 일본보 다도 우리 한국이 훨씬 먼저 시작한 것으로 되어 있다. 중국 학자 들은 한국을 실학 연구의 중심지라고 말하기도 한다.

금년 10월에 중국 제남(濟南)에서 제2회 실학국제회의가 열린다. (제1회는 한국 서울, 1990년) 여기에는 한·중·일 3국 외에 월 남·싱가포르도 참가를 희망한다고 한다.

그 회의의 성과가 기대된다.

<한국양회공업협회 회보 제128권, 1992.9>

# 나의 讀書遍歷

찌는 듯한 한여름 더위 속에 산에도 바다에도 바람 한번 쐬지 못하고 매일 문채(文債)에만 쪼들리면서 그렇다고 썩썩 써내지도 못하는 형편인데, 게다가 독서에 관한 이야기를 쓰려고 하니 따분한 마음 한결 더하다. 그러나 조금 게으름을 피우는 동안에 어느덧 입추(立秋)가 지나가고 한두 차례 호우(豪雨)가 퍼붓고 나더니 이제 아침저녁으로 제법 쌀쌀한 기운이 느껴진다. 우물가 오동나무에 이미 일엽(一葉)이 졌는지는 모르지만 뜰 앞의 벌레소리가 차차 높아가기 시작하고 멀지않아 신량(新凉)이 교허(郊墟)에 들어올 것만 같다.

그러면 또 등화가친(燈火可親)이라는 낡은 문자(文字)가 시골 친구의 편지 속에 예투(例套)로 등장하고 서울의 도서관이나 대학가에는 독서주간이라는 현수막이 연중행사로 으레 나붙게 될 것이다. 그러니까 다소 성급한 수작 같기는 하지만 내가 지금 독서 이야기를 한다고 해서 계절감각이 없다고 욕할 사람은 아마 없을 성싶다.

독서(讀書)라는 말처럼 운치(韻致) 있고 고상(高尙)해 보이는 말이 드물 것도 같지만 사람에 따라 직업에 따라 그 말의 의미는 상당히 다를 것이다. 이력서나 신원증명서의 취미 난에 '독서(讀書)'라는 두 글자를 써넣는 인사(人士)들은 독서를 등산이나 낚시처럼 취미삼아 즐기고 있는가 하면, 신문광고면을 독차지하는 주먹 같은 활자(活字)로 『토꾸가와 이에야스(德川家康)』이니 『손자병법(孫子兵法)』이니 하는 것들을 거금(?)으로 사들여서 밤을 새워가며 열심히 공부하는 분들은 경영의 비결을 체득하고 출세의 야망에 부풀어 있기도 하는 모양이다.

그런데 취미로 즐기는 것도, 야망에 부푼 것도 아니면서, 다만 매미는 울어야 하고 개미는 노동을 하게 마련이듯이 독서(讀書)를 선천적·숙명적인 것으로 하게 되어 있는 불운(?)한 사람들이 있다. 세상에서 말하는 소위 학자·지식인의 부류(部類)가 그것이다.

무슨 전공이랍시고 자기 분야를 표방해야 행세를 할 수 있고 그러기 위해서는 그 분야의 전문적 저술이나, 그 숱하게 쏟아져 나오는 논문(論文)들을 빠짐없이 읽어야 하는 것은 물론이고 자기와 관련이 있는 인접분야의 것이나 자기가 필요로 하는 보조과학의 책들을 잠시라도 이완(弛緩)하다가는 일일삼사(一日三舍)의 낙후(落後)된 지점(地點)에서 멍하니 혼자 서 있는 기분이다.

우리나라를 세계 소식에 통하지 않는 은둔국(隱遁國)으로 착각(錯覺)하고 있었던 19세기의 외국인을 군이 비평할 필요야 없지만 다산(茶山) 정약용(丁若鏞)이나 혜강(惠岡) 최한기(崔漢綺)와 같은 과거 우리나라 석학(碩學)들을 보면 세계의 진운(進運)에 뒤지지 않을 만큼, 어찌 그렇게도 많은 책들을 읽고 연구하고 소개하기에 혼신(渾身)의 정력을 바칠 수 있었던가 하는 감사(感謝)와 존경(尊敬)을 새삼 금할 수 없게 된다.

다산(茶山)이나 혜강(惠岡)을 기준으로 본다면 당시 동아시아 사회의 수평선(水平線)에서 확실히 우리나라의 지적 수준이 상회하고 있었던 느낌이지만 문제는 국민적 계몽운동이 뒤따라주지 않았던 데에 있다.

매미가 울듯이, 개미가 노동하듯이 오직 독서(讀書)를 선천적·숙명적으로 주어진 임무처럼 여기고 있던 다산(茶山)과 혜강(惠岡)은 두 개의 당간(幢竿)과 같이 까마득하게 높이 솟아 있을 뿐이다. 그만큼 불운(不運)하기도 했던 분들이다.

누구나 소년시절에는 꿈과 낭만이 있었다고 한다. 그러나 내게는 그런 것이 있었던 것 같지 않다. 엄격한 가정교육 속에 9세 전에 사서(四書)를 재차(再次) 독파했고 10세에 『시경(詩經)』, 11세에

『서경(書經)』, 12세에 『주역(周易)』을 통독(通讀)하고 13세에는
『예기(禮記)』를 다 읽었다.

물론 그 사이에 곁들여 읽은 것도 많다. 『고문진보(古文眞寶)』
『십구사략(十九史略)』 따위는 들어 말할 것도 없고 당송(唐宋)의
팔가(八家)를 골고루 읽었다. 모두 내가 읽고 싶어서 읽었던 것은
아니다. 가정의 명령에 의해서 선생의 지도에 의해서 읽었을 뿐이
다. 글뜻을 옳게 알고 읽었던 것도 아니다. 그저 무조건하고 송독
(誦讀)에 힘쓰게 되었을 뿐이다.

그러나 지금 기억나는 일인데, 8세가 되던 해 초봄에 『맹자(孟
子)』를 읽기 시작했는데 나도 모르게 구두(句讀)가 떼어져서 문장
이 제대로 읽혀져 내려가는 것이 아닌가. 어린 생각에 약간 스스로
신통하게 느껴지기도 했지만 어른들은 네가 이제 문리(文理)가 틔
어졌다고 칭찬을 해주시는 바람에 그날은 어느날보다 흥이 나서 많
은 회수(回數)로 글을 읽었던 것 같다. 서산(書算)이란 게 있었다.
종이를 까맣게 먹[墨]으로 칠한 뒤에 예쁘장하게 접어서 전면(前
面)에다가 윗부분에 5개의 눈[目]을, 그리고 아래쪽에 10개의 눈을
만들어 가지고 글을 읽을 때엔 반드시 책상 위에 놓아두고 그날의
일과를 1회 읽고 나면 눈 하나를 뒤져서 표를 하고 2회 3회를 거쳐
10회를 읽고 나면 아래쪽의 눈을 일단 모두 뒤덮어버리는 대신 윗
부분의 눈 하나를 뒤쳐둔다. 그것을 되풀이해서 윗부분의 눈 5개가
다 뒤쳐지면 50회를 읽은 셈이 된다. 이렇게 해서 오전에 한 차례,
오후에 한 차례 하면 그날의 일과(日課)는 백독(百讀)을 한 것이
다.

그러나 나는 체질이 허약하고 원래 지구력(持久力)과 인내심(忍
耐心)이 부족한데다가 놀기를 좋아하는 어린 시절이라 매일 백독
(百讀)은커녕 하루 평균 20독(讀)이 고작이었다. 선생이 아침마다
전날의 서산(書算)을 조사해보시지만 그거야 자유로 뒤쳤다 덮었다
하는 것이니까 증거가 될 수 없고 대신 매일 아침 전날의 읽었던

글을 돌아앉아 종두지미(從頭至尾) 외우라고 했는데, 사실은 그때의 총기(聰氣)로 일과(日課) 4장 내지 5장의 80항(行) 또는 100항 정도는 두세 번만 읽어도 곧 외울 수 있는 것이어서 선생이 외출하신 날이면 하루 종일 마을 아이들과 뜀박질이나 하고 놀다가 다음 날 아침에 별로 착오없이 무난히 글을 외어 아무 표없이 넘기곤 하였다.

지금도 영남(嶺南)이라면 유교적(儒敎的) 보수색(保守色)이 짙게 남아 있는 고장으로 알려지고 있지만 사실은 그것은 옛날 이야기고 구한말(舊韓末)에 경부철도(京釜鐵道)가 관통되면서 부산(釜山)·대구(大邱)·마산(馬山) 등 이조 후기(李朝後期) 이래의 기존도시(旣存都市)들이 근대의 물결을 타고 급속히 변모해가는 바람에 철도 연변은 물론이고 약간 들어앉은 내륙 쪽에까지 파급의 영향이 적지 않았다. 특히 나의 고향인 밀양(密陽)은 부산·대구의 중간쯤에 위치해서 신문물(新文物)·신사조(新思潮)의 흡수에 민감한 편이었다.

김종직(金宗直)을 낳은 밀양의 유학전통(儒學傳統)은 영남유림(嶺南儒林)의 한 중심지를 이루고 있었지만 전통과 현대의 조화 속에 신시대에 적응해 나가려는 몇몇 선각자(先覺者)들의 노력이 이 시기를 주도해왔던 사실은 놀라운 일이다.

왜병(倭兵)이 미만(彌滿)한 가운데서 문산(聞山) 손정현(孫貞鉉)이 군민(郡民)을 영남루(嶺南樓) 마당에 모아놓고 난간(欄干)을 치면서 시사(時事)를 연설(演說)하는 한편 읍내에 개창학교(開昌學校)를 세워 젊은 자제들을 신교육(新敎育)으로 끌어들인 것이 이때의 일이지만 향인사(鄕人士)들이 주동이 되어 단연회(斷烟會)의 지부(支部)를 조직하고 국채보상운동(國債報償運動)에 적극 나섰던 것도 높이 평가할 일이다.

이 시기에 우리 집은 신구병진(新舊竝進)이라는 주장으로 지방의 진보세력(進步勢力)에 호응해서, 구태(舊態)를 묵수(墨守)하던 유림(儒林) 쪽에서는 우리집을 '왕패병용(王覇竝用)'의 집이라고 비난했다지만 지금 내가 생각해보면 그때 우리 조상들은 역시 구(舊) 쪽에 더 근거를 둔 분들이었다. 증조부(曾祖父) 항재(恒齋), 조부(祖父) 성헌(省軒) 양대(兩代)가 모두 일생을 이 고장에서 보내셨으면서도 학문의 연원(淵源)은 근기지방(近畿地方)의 실학(實學), 특히 성호학통(星湖學統)에 속한 분들이어서 일찍부터 경세치용(經世致用)에 역점을 두었기 때문에 시대현실을 인식하고 대응해 나가는 데에 남보다 한걸음 앞설 수 있었지만, 그렇기 때문에 반면 전통(傳統)에 대한 자신(自信)도 강하셨던 것 같다.

많은 사재(私財)를 던져 정진의숙(正進義塾 : 正進學校)이라는 학교를 세우고 경향(京鄕)의 '신학지사(新學之士)'를 교사(敎師)로 초빙(招聘)해오고 학생들을 모집해서 당시의 신규(新規) 교과서로 교육을 시키면서도 종래의 가학(家學) —— 유학(儒學)을 견지하고 그것을 자손 대대로 물려주기로 한 데에는 아무 변함이 없었다.

일제치하(日帝治下)에 있어서는 반일감정 때문에 전통에 대한 집착이 더욱 굳어져서 일문(一門)의 많은 자제들에게 국민학교 과정은 반드시 정진의숙(正進義塾)에서, 그리고 중학교 과정은 모두 휘문(徽文)·배재(培材) 등 서울의 사립학교(私立學校)에만 진학을 할 수 있도록 방침을 세우는 한편, 우리 형제는 처음부터 가학(家學) —— 유학(儒學)을 계승하도록 하기 위해 전통적 방식으로 교육을 받게 하였다.

앞에서 이야기했던 나의 소년시절의 독서생활은 이렇게 해서 시작된 것이다. 서고정사(西皐精舍)라는 산장(山莊)이 마을 서쪽에 있었는데 나의 증조부(曾祖父)의 별서(別墅)였다. 나는 10대 시절을 완전히 거기서 보냈는데 중간에 몇가지 변화가 일어났다. 백부(伯父)가 일찍 세상을 떠나시고 사백(舍伯)이 10세종손(十世宗孫)으로 큰집 살림을 맡게 되어 호번(浩煩)한 장래의 소임 때문에 공부를 중단하지 않을 수 없게 된 것이다. 이제 가학 계승(家學繼承)

의 무거운 책임은 오로지 나한테 부과된 셈이다.

팔십융로(八十隆老)이신 조부께서 모든 세념(世念)을 버리고 오직 내가 읽는 책의 진도에 관심을 집중시키고 계시는 터라 당시의 가족질서(家族秩序)로 보아 일문(一門)의 여러 종조부(從祖父)·종숙부(從叔父) 들까지 또한 내게 대한 관심을 보이지 않을 수 없었다. 특히 재종조(再從祖) 퇴수선생(退修先生)은 신구 겸전(新舊兼全)한 석학(碩學)으로 항상 나의 공부를 독려하고 있었다.

나는 아침저녁 집으로 내려와서 조부께 하루의 진도를 점검받고 곧 산장(山莊)으로 올라가 글을 읽었다. 소위 지나사변(支那事變)이 발발하고 태평양전쟁(太平洋戰爭)이 지구를 뒤흔들 무렵 일제의 탄압으로 집안 사정이 점차 어렵게 되어가더니 마침내 정진학교(正進學校)에 대해 폐쇄령이 내려지고 우리 일문(一門)은 부산(釜山)·대구(大邱)·서울로 이사를 갔지만 나의 가친(家親)은 나에 대한 조부의 유지(遺志)를 위해 이사도 가지 않고 나를 산장에 계속 눌러앉아 독서에 전념케 하였다.

그러나 일제의 독아(毒牙)는 날이 갈수록 심해져서 1943년 의령(宜寧)의 수파집사건(守坡集事件)과 같은 시기에 나의 가친과 퇴수선생을 구속하고 조부의 문집(文集)과 역사유초(歷史遺草〔朝鮮史綱目〕)들을 죄다 압수해가는 동시에 산장으로 들이닥쳐 내가 읽던 책 일부와 습작(習作)하던 문고(文稿)를 모조리 가져갔다.

가친이 밀양경찰서(密陽警察署)에서 부산감방(釜山監房:慶南警察部高等課)으로 이송(移送)되던 날 나는 드디어 산장의 문을 걸어 잠그고 독서생활을 중단해버렸다. 이것이 나의 전통적(傳統的) 방식에 의한 글공부를 끝내게 된 계기다.

1943년 가을, 나는 산장으로부터 집으로 거처를 옮기고 그동안 읽어오던 한적(漢籍)들을 일단 묶어서 벽장 속에 넣어버렸다. 가친은 재종조(再從祖) 퇴수선생(退修先生)과 함께 부산감방에서 갖은

고초를 겪으면서 그해 겨울을 지내고 이듬해 봄에 겨우 풀려나왔
다.

원래 구체적 사건 관계도 없었고 다만 지방 유림(儒林)의 반일감
정(反日感情)에 의한 비협조적 태도를 억압하려는 막연한 이유인데
다가 마침 동향인(同鄕人) 중에 친일고관(親日高官)이 있어, 향중
사람들의 주선으로 우선 무사하게 된 셈이다. 조부의 역사유초(歷
史遺草)와 나의 습작하던 문고(文稿)도 추후(追後)해서 돌려받게
되었다.

이 문제는 일단락이 된 것이다. 그러나 전국(戰局)은 날로 가열
해지고 신변의 불안이 가시지 않아 산장의 독서는 이미 태평시절의
고사(故事)로밖에 생각되지 않았다.

나는 집에서 이제 이것 저것 마음 내키는 대로 책을 뒤지면서 시
일을 보냈다. 우선 산장에서처럼 규칙적인 생활을 하는 것도 아니
고 또 선생의 감독 밑에 소정의 일과를 의무적으로 읽어야 하는 것
도 아니었다.

그리고 무엇보다 달라진 것이 책의 종류였다. 이때까지 편중적으
로 읽어왔던 중국고전(中國古典)에서 해방되어 근·현대 서적들을
자유롭게 읽었다. 역사·철학·문학에 관한 책들을 생각이 가는 대
로 펼쳐놓고 읽기 시작한 것이다.

이 책들은 대부분이 일본책들이다. 나는 일본어를 옳게 배운 적
이 없었지만 일본책은 어느정도 읽을 수 있었다. 한문에 토를 단
정도로 한자를 많이 사용한 글일수록 읽기가 쉬웠다. 소급해서 이
야기하지만, 내가 최초로 일본책을 읽기에 맛을 들인 것은『덕부소
봉집(德富蘇峯集)』이었다.

덕부소봉은 일본 명치시대(明治時代)에 활약한 언론인으로 그의
『신일본지청년(新日本之靑年)』『장래지일본(將來之日本)』 등 시국
론(時局論)에 속한 저술들은 그 문장이 한문에 토를 단 정도로 한
문조(漢文調)가 지배적인데다가 내용도 19세기 말의 계몽적인 논조

여서 나에게는 읽기가 쉽고 이해하기도 쉬웠다.

그가 황실(皇室)을 떠받들고 일본 제국주의의 충복(忠僕)으로 전락해서 패전 후에 90노인으로 전범(戰犯)으로 몰리기까지 한 상없는 늙은이였지만 나의 일본어 공부에 많은 도움을 준 까닭으로 나는 지금도 가끔 그를 기억한다. 아마 지금도 그의 문집(文集)이 시골집 다락 속에 어디엔가 끼여 있을 것이다.

내가 그 『소봉집(蘇峯集)』이란 것을 입수한 것은 1942년경 안동(安東) 도산(陶山)에서였다. 그때는 아직 산장에서 글공부를 하고 있을 때인데 무슨 일로 처가에 갔다가 처남의 서가(書架)에 꽂힌 현대일본문학전집(現代日本文學全集) 중에서 우연히 『소봉집』을 뒤져보고 곧 흥미를 느껴 소봉과 함께 노화(蘆花)의 형제문집을 행장속에 넣고 돌아왔다. 처남은 "자네, 그런 책을 읽어도 괜찮은가, 내가 자네한테 그런 잡서(雜書)를 제공한 죄로 사가(査家) 어른들께 꾸중을 듣지 않겠나"라고 농반(弄半) 진반(眞半)으로 말했지만 사실 나는 그것을 산장으로 가져가지는 못했다. 선생의 눈에 띄면 곧 어른들께 알려지기 때문이다. 그래서 집에서 내가 사용하는 방에 따로 두고 간혹 쉬는 날이 있으면 그 책을 재미있게 읽곤 했다.

노화(蘆花)의 글은 처음 읽기에 소봉처럼 수월하지 않았다. 특히 「불여귀(不如歸)」와 같은 소설은 한자어(漢字語)가 아닌 말이 많아서 모르는 구절이 태반이기 때문에 아예 읽을 생각을 하지 않았지만 「자연(自然)과 인생(人生)」을 위시한 그의 수필 소품(小品)과 같은 것에 차차 맛을 알게 되었다.

그러나 나는 그때 노화의 문학적 사색의 세계에 탐닉(耽溺)하고 싶지 않았다. 표현은 다소 새로운 것이고 얼마쯤 매력도 있었지만 그 사색의 세계란 것은 내가 읽었던 중국고전에서 얼마든지 체험했던 것이기 때문이다. 차라리 소봉류(蘇峯類)의 논설문에서 무엇인가 시대에 관한 신지식(新知識)을 섭취하려고 했다.

사상적으로나 문학적으로나 소봉에게서 취할 것이 없다는 것은 진작 알았지만 그의 논설 속에 중국의 고사와 함께 종횡(縱橫)으로 구사(驅使)되는 구미(歐美)의 사실(史實)이나 인물에 관한 이야기는 서양을 알지 못하는 나에게는 그것도 새 지식으로 보탬이 될 수밖에 없었다.

나는 한편으로 중국 근대서적을 읽어보기로 했다. 근 만권의 가장(家藏) 한적(漢籍) 속에 근대(近代)의 것은 극소수였지만 그 대부분이 역사책이었다.

영(英)·법(法∶佛)·덕(德∶獨)·아(俄∶露)의 역사를 위시해서 『애급근세사(埃及近世史)』 『미국독립사(美國獨立史)』 『월남망국사(越南亡國士)』 『보법전기(普法戰紀)』 『중동전기(中東戰紀)』 등이 있고 설초외사(雪樵外史)라는 이의 『서사강목(西史綱目)』은 서양 고대로부터 시작해서 강목체(綱目體)로 엮은 것이었다.

이 밖에 구한말(舊韓末)에 우리나라에서 만든 『만국정표(萬國政表)』와 우리말로 역술(譯述)한 『만국사(萬國史)』 등도 있었다. 아마 조부께서 역사의 기초(起草)를 위해 이런 책들을 모두 참고자료로 구입해두었던 것 같다. 그러나 나는 이런 책들에서 별로 덕을 보지 못했다. 대체로 문장이 졸삽(拙澁)해서 읽기에 불편한데다가 인명(人名)·지명(地名)의 한자표기가 어지러워 도무지 머리에 잘 들지 않기 때문이었다. 그래도 나는 그 뒤 줄곧 읽기는 했다.

그럴 즈음 나에게 한 충격이 생겼다. 그것은 양계초(梁啓超)의 『음빙실집(飮氷室集)』의 발견이었다. 책방[藏書室] 깊숙이 들어 있어서 나는 늦게야 그것을 볼 수 있었다. 물론 그때 양계초의 이름은 들은 바 있었지만 그것은 안중근 의사(安重根義士)를 찬탄(讚歎)한 시(詩)라든가 김택영(金澤榮)의 『여한십가문초(麗韓十家文鈔)』의 서(序) 등 시문 관계로 알고 있었을 뿐이었다.

『음빙실집』(上海版)은 원래 상·하 두 책인데 우리 집에서 내용별로 여러 책으로 분책(分册) 제본(製本)을 하고 책 제목까지 새로 써둔 것을 보면 분명 조부의 수택(手澤)이 많이 입혀진 책으로 짐작되는데(뒤에 알았지만 가친이 少時에 탐독했던 책이기도 했다.)
왜 그렇게도 깊이 치워두셨는지 나는 의아했지만 곧 그 이유를 깨
달았다. 그것은 전통적 학문의 토대(土臺)가 굳어지기도 전에 이런
책들을 읽어선 안된다는 까닭이다. 자손들에 대한 세심한 배려에서
였던 것이다. 나는 우선 권수(卷首)의 목차만을 보고도 기대가 컸
다. 내용이 동서양에 걸쳐 정치·경제·종교·교육·학술 등 백과
사전(百科事典)에 못지않게 다방면으로 서술되어 있을 뿐 아니라
몇줄 읽어보니 문장이 유창(流暢)하고 사지(辭旨)가 명쾌(明快)해
서 일견(一見)에 나의 신지식의 보고(寶庫)임을 알았다.

  양계초는 뒤에 호적(胡適)·진독수(陳獨秀) 등의 백화문학운동
(白話文學運動)에 적극 지원한 사람이지만 『음빙실집』의 문체(文
體)는 백화문(白話文)이 아니기 때문에 나에게는 도리어 읽기에 좋
았다. 그리고 당송고문(唐宋古文)만 읽던 나에게는 그 문장이 너무
나 참신하고 활기에 넘친 것으로 보였다.

  신지식(新知識)이란 말부터 우스운 것이지만 어쨌든 나는 산장시
절의 마지막 무렵에 덕부형제문집(德富兄弟文集)으로 일본어를 익
히고 그리고 『음빙실집』으로 근대 세계를 공부하는 첫 계단을 밟은
셈이다. 그것이 18세 때라고 생각된다. 그러다가 앞에서 말한 대로
산장에서 철귀(撤歸)한 뒤부터 본격적으로 내가 읽고 싶은 것을 읽
을 수 있게 된 것이다.

  먼저 『음빙실집』에서 중국 역사 및 중국 학술사상에 관한 것을
읽었다. 내가 가지고 있는 기존 지식과 얼마나 다른가를 알고 싶어
서다. 그런데 과연 큰 차이가 있었다. 읽어갈수록 중국에 관한 나
의 고전적 인식체계(認識體系)가 송두리째 흔들림을 느꼈다.

  그러나 나는 놀라지 않았다. 반대로 내가 평소 마음 한구석에서
잠재적(潛在的)으로 요구하고 있던 것을 그 책에서 언어가진 것처
럼 흐뭇한 생각이기도 했다. 이어서 그의 시국관(時局觀)이나 정치
론(政治論)을 통해 세계대세를 다소 알게 되는 듯했지만 그는 당시

중국의 형편 때문인지 국가주의를 강조하고, 제국주의를 역사의 필연적 소산이라 해서 긍정적으로 다루는 것 같았다.

뒤에 와서 알았지만, 그가 다윈의 진화론(進化論)을 인류역사에 그대로 적용하고 스펜서의 종합철학(綜合哲學)을 무조건 찬동했던 사실과 바로 연결되었던 것이다.

그러나 진화론에 경도(傾倒)한 것은 양계초 자신뿐이 아니라 독자인 나도 마찬가지였다. 그의 학설편에 「천연학초조달이문지학설(天演學初祖達爾文之學說)」이라는 기괴한 제목의 일편(一篇)이 들어 있는데 천연학(天演學)은 진화론의 중국적 학명(學名)이고 달이문(達爾文)은 다윈의 중국적 표기이다.

제목과는 달리 내용은 아주 평이하고 요령 있게 정리를 해서 생물학이 무엇인지 전혀 몰랐던 나에게도 납득이 가도록 설명되어 있었다. 진화론과 아울러 내가 크게 관심을 가지고 읽었던 것은 「근세제일대철강덕지학설(近世第一大哲康德之學說)」이었다.

강덕(康德)은 칸트였다. 당시의 나의 천학(淺學)으로 칸트를 이해할 수 없었겠지만 진화론과 같이 워낙 정리를 잘해놓았고 특히 송유(宋儒)의 철학과 불교 『화엄경(華嚴經)』과의 대비 서술로 나의 머리에 쏙쏙 들어오는 것 같았다.

이와 때를 같이해서 소위 학병으로 끌려간 나의 자형(姉兄) 조규선(曹圭善)씨가 대학에서 공부하던 자기 서적을 몽땅 나에게 양도하고 떠났는데 문(文)·사(史)·철(哲) 관계 일본책들이 무려 수십종에 달했다.

거기에 『종원론(種源論)』도 『순수이성비판(純粹理性批判)』도 다 들어 있어서 나는 『음빙실집』의 지식을 토대로 성의 있게 읽었다. 잘 모르는 것이 많았다. 그러나 이제 『음빙실집』에 의존하지 않고도 나는 넓은 지식의 바다에 자유로이 노를 저으면서 실컷 충량(充量)할 수 있을 것 같았다.

한가지 고소(苦笑)할 일이지만, 1945년 7월 하순쯤 그러니까 해방 직전이다. 나는 일본 징병을 피해 몇몇 동지(同志)와 함께 지리산(智異山)에 망닉(亡匿)할 계획을 세우고 아내에게 배낭과 건량(乾糧)을 준비시키면서 무슨 책이든 한두 종 가져가야겠는데 하고 생각하다가 결국 『음빙실집』을 택하기로 했다. 거기에는 학술 사상과 아울러 시(詩)·사(詞)·소설(小說) 등 문학작품도 들어 있어서 나의 정서(情緒)에 일정한 위안이 될 수도 있기 때문이다. 곧 해방이 되는 통에 산(山)으로 들어가는 헛고생은 면했지만 그만큼 『음빙실집』은 나에게 인연 깊은 책임을 알 만한 것이다.

해방 후에 대학에 적(籍)을 두었지만 나의 공부에 거의 도움이 되지 않았다. 토지개혁으로 지주층(地主層)의 몰락과 함께 나도 생활기반이 없어지고 동란과 서설(棲屑) 속에 많은 정신적 번민을 겪기도 했으나 과거의 안일주의에서 벗어나 사회현실을 직시하고 학문에 대한 자세 특히 역사에 대한 파악에 내 나름대로 진전이 있는 것도 같았다.

해방 후에 읽어온 책은 처음 철학책을, 그리고 다음에 문학에 관한 것을 주로 하다가 마침내 역사책으로 귀숙(歸宿)하게 되었다.

지금도 그대로이다. 이제 우리나라 문헌 중에 사적(史籍)은 물론이고 사료적 가치가 있는 민간학자(民間學者)들의 문집(文集)들을 광범히 수집해서 읽어보려고 한다. 이것이 나의 앞으로의 과제이다.

<三星文化文庫 신문, 1976. 8. 20, 9. 20>

# 나의 書齋

　오늘을 사는 이 땅의 학자(學者) 지식인(知識人)으로 자기 서재(書齋)나 소개(紹介)하고 앉아 있을 한가로운 행복아(幸福兒)가 많을 까닭이 없다. 난초(蘭草)를 기르고 서화(書畫)를 비축(備蓄)하고 그리고 가끔 이웃의 친구들을 불러 바둑을 두고 술을 들며 청담(淸談)을 즐기곤 했던 옛 문인(文人)들의 서재의 아취(雅趣)는 이미 사라진 지 오래다.

　우선 책이 많이 쌓여 있어야 서재(書齋)일 텐데 나 같은 경우에는 서재라고 내세울 만한 책의 수장(收藏)이 없는데다가 진서(珍書) 이적(異籍)은 더더구나 가진 것이 없으니 사실 무어라고 적어 낼 자료가 없는 것이다. 물론 선대(先代)로부터 물려받은 수천 권의 한서적(漢書籍)이 없는 것도 아니지만 시골 옛집에 적막(寂寞)하게 그대로 쌓여 있고 나는 일 년에 한두 번 들를까말까 하는 정도이니 그것은 서고(書庫)이지 서재라고 할 수는 없는 것이다.

　20세가 채 되기 전의 일이다. 중일전쟁(中日戰爭)·태평양전쟁(太平洋戰爭)이 가열(苛烈)했던 시기인데 나는 시골에서 혼자 산장(山莊)에 파묻혀 독서에 열중하고 있었다. 물론 읽는 책이란 모두 한서적들뿐이었다. 혼자서 박람강기(博覽强記)를 자랑하고자 하던 때라 수(隋)의 최표(崔儦)의 유명한 어구인 "부독오천권서자 무득입차실(不讀五千卷書者 無得入此室)"이라는 12자, 즉 "5천 권의 책을 읽지 못한 자는 이 방에 들어오지 말라"는 것을 졸필(拙筆)로 써서 미두(楣頭)에 붙여놓고 스스로 만족하였다. 그야말로 괴뢰자희(傀儡自喜)다. 최표의 저 어구는 1791년께 박제가(朴齊家)가 북경의 유리창(琉璃廠) 서편(西便)에 있는 손성연(孫星衍)의 문자당

(間字堂)에서 이미 사용했던 것으로, 뒤에 조지겸(趙之謙)이 또한 그것을 써서 오늘에까지 그 글씨가 남아 있기도 하다. 적어도 서재를 말하려면 그 정도의 격조는 있어야 할 성싶다. "5천 권의 책을 읽지 못한 자는 이 방에 들어오지 말라"라는 말이 허세만이 아니었다고 생각되기 때문이다.

그런데 지금의 나는 서재를 잃어버린 지 오래된 것 같다. 학교에 나가면 연구실이 있고 집에 들어오면 내 방이 따로 있기도 하다. 그러나 서재다운 분위기 속에 젖어 있는 생활이 아니다. 앞에서 나는 대단한 책의 수장이 없고 더더구나 진서(珍書) 이적(異籍)은 없다고 했지만 서재다운 분위기를 얻지 못하는 것은 과연 그 때문만일까? 나는 요즘의 일상생활에서 알 수 없는 중압감(重壓感)이 어깨를 누르는 것을 느낀다. 답답하기 이를 데 없다.

역사를 공부한 것이 잘못일까? 동학들 가운데는 아무 사색(辭色) 없이 자기 서재에 틀어박혀 역사논문을 곧잘 써내는 이도 있다. 그러나 나는 고려시대를 다루었던 기존의 논문들을 정리하는 작업조차도 진전(進展)이 되지 않는다.

고려시대의 사료(史料)들을 만지다가도 어쩐지 그것이 너무나 오늘의 상황(狀況)과 거리가 아득한 태평스러운 작업 같아서 도리어 무의미(無意味)를 느끼곤 한다.

이조 후기(李朝後期)의 실학(實學)을 다루어봐도 그렇다. 실학의 성격은 경세치용(經世致用)과 실사구시(實事求是)로써 특징을 삼는다. 그런데 오늘 우리가 하는 학문이 경세치용에 목적을 두고 있는 것인가. 세간사(世間事)가 어찌 되었건간에 내 책임은 아니다라는 처지라면 그것은 벌써 '경세(經世)'는 꿈조차 꾸는 사람이 아니다.

한걸음 물러나서 실사구시(實事求是)에 관해서 생각해보자. 목전(目前)의 현실을 과학적으로 파악하자는 것이 실사구시의 정신인데 오늘 우리가 쓰는 글들이 과연 과학적인 현실파악을 추구하고 있는 것인가. 나는 전혀 자신이 없다고 할 수밖에 없다. 이러한 번민(煩

悶)은 또한 나 혼자만의 것일까?

나는 가끔 지난날의 산장생활을 그리면서 시골 옛집에 대한 향수를 일으킨다. 금년 봄도 이미 저물어간다. 서울과 달라, 남쪽 저 멀리 위치해 있는 우리 산장에는 꽃이 벌써 지기 시작했을 것이다.

花落滿庭吾不去　一春愁殺故山鶯
꽃은 져서 뜰에 가득한데 나는 가지 못하니
올 봄에도 뒷산 꾀꼬리 혼자 울고 있으리.

라는 구작(舊作) 시구를 읊어본다. 다시

寂寂西皋松竹裏　何時重掃案頭塵
적적한 산장, 소나무 숲속에
언제 다시 먼지 쓸고 책상을 대하리.

라는 역시 구작의 시를 잇따라 외어본다.

마침 연구소 직책도 벗고 했으니 이제 생활 자세를 바꾸어 서울 일우(一隅)에서나마 나의 서재(書齋)를 만들어볼 심산(心算)이다. 우선 붉은 장미꽃에 가려졌던 화사(華奢)한 유리창을 버리고 몇백 년의 늙은 괴목나무를 곁에 둔 아늑한 지호(紙戶)로 자리를 옮겨, 먼지 낀 옛 책장들을 차근차근 넘겨보면서 다시 마음을 가다듬고 보람을 찾기로 하자.

<삼성문화문고신문, 1975. 4. 21>

# 看 場 行

"장보러 간다"라는 말은 지금도 시골에서 항용 쓰는 말이다.

장은 물건을 사고 파는 곳이다. 따라서 사러 간다든지 팔러 간다든지 해야 할 것이다. 그런데 보러 간다는 말이 유행하게 된 것은 무슨 까닭이라고 할까.

장은 이조 중엽으로부터 생기기 시작해서 그 말엽에 이르러서는 전국 곳곳에서 장이 열리게 되었다.

서울을 위시한 대구·전주·평양 등 도시와 그 부근 지역에는 말할 것도 없고 지방 향촌에서도 교통이 편리한 곳이나 여러 취락의 중심지 같은 곳에서는 으레 장이 마련되게 되었다.

그러나 이러한 장들은 모두 지금의 상설시장과는 너무나 격차가 있는 것이다. 무슨 일정한 시설이 있는 것도 아니고 그저 도로변이나 공지를 이용해서 파는 사람과 사는 사람들이 모이게 되면 그것이 곧 장이다. 매일 모이는 것도 아니다. 정기적으로 날짜가 정해져 있어서 사람들은 그날로 모이게 되고 장사치들은 그 날짜에 따라 이 장에서 저 장으로 돌아다니면서 상행위(商行爲)를 하는 것이다. 그 지방에 혹시 심한 풍우나 특수사고가 없는 한 장이 열린다. 장날에 장이 성립되는 것을 "장이 선다"라고 한다. "가는 날이 장날이라"는 말이 있듯이 장날은 향촌사회에 있어서 서민들의 일종의 축제일과도 같은 날이다. 장날을 앞두고 하루이틀 전부터 부산하다. 장날에 모여들 사람들과 장사치들을 위해서 주막이나 음식점은 술과 떡을 만들고 촌사람들은 장에 가져갈 약간의 상품들을 준비하느라고 모두 바쁘다.

그러다가 장날이 되어 장이 서게 되면 아낙네들은 새옷을 다려

입고 머리에 무엇을 이고 나오고 남정들은 지게나 소 등에 무엇을 싣고 나온다. 그 중에는 점잖게 갓을 쓰고 두루마기를 걸치고 나오는 영감들도 적지 않다. 이리해서 조용했던 시골 장터는 갑자기 사람들로 붐비고 매매 흥정은 제법 활발해진다. 오후가 되고 파장이 될 무렵이면 더욱 축제 기분에 젖은 듯, 주식(酒食)에 취포(醉飽)한 사람들이 여기저기 노래로 발산하기도 한다. 석양에 거나해진 얼굴들이 혹은 걸어서 혹은 소 등에 실려서 각자 자기 마을로 돌아가는 풍경은 우리나라 서민들의 중세기적 정조의 일단면이기도 한 것이다.

이러한 장날마저 없었던들 우리나라의 향촌사회는 얼마나 적막했으며 서민의 생활은 얼마나 따분했을까. 가령 이 장날에 온 이웃 사람들이 모두 장에 가서 축제 기분을 누리는데, 어떤 사람이 혼자서 집을 지키고 있다고 생각해보라. 그 이상 쓸쓸하고 답답한 일이 또 어디 있겠는가. 그래서 장날이 되면 꼭 가야 할 일이 없는데도 가지 않고 못 배기는 것이다. "남이 장에 가는데 지게 지고 따라간다"는 말이 있는 것도 이 때문이다. 다시 말하면 장을 보러 가는 것이다. 사고 팔기 위해서가 아니고 구경하러 가는 것이다.

"장보러 간다"라는 말과 같은 뜻으로 "과거보러 간다"라는 말이 있다. 시골 선비들이 글공부를 해가지고 과거철이 되면 각기 서울로 간다. 이조의 과거는 형식상 공개적인 것이지만 사실은 극히 제한된 범위에서 합격자가 나왔던 것이다. 말엽에 이르를수록 더욱 심해져서 과거 실시 전에 합격자가 이미 내정된 예도 적지 않았다. 이러한 상황 아래 전국 시골 선비들이 모여들었을 때, 각자 합격에 자신을 가졌느냐 하면 결코 그렇지는 않았다. 합격이 되면 물론 그런 영광이 없는 것이지만, 합격이 안되더라도 과거철에 서울로 온다는 것은 자못 의미있는 일이다.

적어도 글공부를 한 선비가 과거에 한번 응시도 못해본다는 것이 안될 말이고 또 그 기회에 서울에 와서 궁궐의 장려(壯麗)함과 인

물의 번성함을 목도함은 물론, 당대에 유명한 사람 누구누구를 만
나봤다는 것으로 보람을 느끼는 것이다.

당시 시골에서는 서울 출입을 '유경(遊京)'이라고 하여, 적어도
시골에서는 '유경'하는 사람을 머리가 깬 사람, 지식이 많은 사람,
사교가 넓은 사람으로 대우를 해주었던 것이다. 그러니까 과거 합
격이 꼭 목표가 아니라, 그저 과거를 보러 가는 것이다. "장보러
가는 것"이 서민층의 일반적인 낙(樂)이라면 "과거보러 가는 것"은
소위 선비들의 특권적인 자랑이라고나 할까.

이 '보러 가는 것'의 습속이 오늘날 우리 주변에 그대로 남아 있
다고 하면 얼마나 우스운 일일까? 그러나 이러한 습속이 우리 자
신에게 그대로 전해오고 있음이 사실일 때 우리 스스로 자기를 조
롱하지 않을 수 없다.

요즘 해외에서 '한국학'의 모임이 가끔 열린다. 어떤 때는 동양학
의 모임 속에 한 부문으로 열리기도 하고 어떤 때는 한국학만을 위
한 모임이 꽤 큰 규모로 열리기도 한다. 그것은 물론 반가운 일이
다. 그리고 그때마다 우리나라의 많은 학자들이 초청의 형식으로
더러는 자진의 형식으로 몰려간다. 물론 그들은 학자로서 그 모임
에 나가 꼭 발표를 하고 또 토론도 해야 할 연구제목을 가진 분들
일 것이다. 그러나 개중에는 평소에 다루고 준비되어 있었던 문제
가 아니고 다만 그 모임에 나가기 위해서 급조적으로 제목을 내놓
는 사람들이 있다. 어떤 사람은 처음부터 발표할 준비는 하지 않고
다만 현지에 가서 발표장보다 그곳의 풍경이나 구경하고 돌아오는
경우도 있다.

'한국학'의 장이 하와이에서, 그리고 동경에서 열리어, 우리나라
에서 적지 않은 사람들이 다녀왔다. 실상 나도 그중에 끼여서 갔다
가 왔다. 문제는 장보러 가는 행각으로 남이 장에 가는데 지게 지
고 따라가는 사람이 있다는 것이다. 지난해 파리에서도 한국학의
장이 섰다고 한다. 앞으로 런던 또는 본에서도 이 장이 서게 될 것

이다. 비록 상설시장이 될 만큼 한국학의 상품적 시세가 대단하지
는 않더라도 우리 시골사람들에게는 역시 장날은 장날이라 또 지게
지고 따라나서는 사람이 나올 것이다.

<月刊中央 제7호, 1974>

# 方과 圓
## 成均館의 一隅에서


확실히 요즘의 인생관(人生觀)들은 그저 "둥글게 살아가자"라는 쪽으로 흐르고 있는 것 같다. 그도 그럴 것이 사화(士禍)・당쟁(黨爭)으로 피비린내를 풍기던 조선왕조 5백년의 쓰라린 기억이 사라지지도 않은데다가 오늘날 또다시 동란(動亂)이니 혁명(革命)이니 하면서 파란을 거듭하는 역사(歷史)의 기복(起伏) 속에 현실적인 생(生)을 유지해가야 하는 형편이니 말이다.

저 중국(中國)의 당말 오대(唐末五代)에 왕조(王朝)의 교체(交替)가 주마등(走馬燈)처럼 전변(轉變)하는 가운데서 하등의 아랑곳없이 계속 원로재상(元老宰相)의 지위를 지키면서 안부존영(安富尊榮)으로 일생을 마친 장락로(長樂老) 풍도(馮道)가 성인(聖人)으로 숭배(崇拜)되었던 그 시대의 상황이 새로이 이해되기도 한다.

"모난 돌이 먼저 정을 맞는다"라는 우리나라의 속담이 이제 하나의 격언(格言)으로 높여지고 대인(對人) 관계에 있어서 팔방미인식(八方美人式) 행세꾼이 원만한 인격자(人格者)로 대우되는 이판에 확실히 "모를 죽이고 둥글게 산다는 것"이 처세철학(處世哲學)의 상승(上乘)일지 모를 일이다.

그런데 유학(儒學)에서는 '모'의 가치를 매우 중시했던 것 같다. "담(膽)은 크고자 하되 마음은 작고자 하고, 뜻은 둥글고자 하되 행실은 모나고자 한다. (膽欲大而心欲小 志欲圓而行欲方)"라는 말이 있고 그리고 '방엄(方嚴)'이니 '방정(方正)'이니 하여 사람의 품격(品格)을 평할 때에 쓰는 말도 있다. "경이직내(敬以直內) 의이방외(義以方外)"라 하여 경의공부(敬義工夫)에 있어서도 '방(方)'의 실천을 필요로 했던 것이다.

하긴 성균관대학(成均館大學)은 건물 구조부터가 모나기로 특색이 있다. 도서관·과학관·법정대학·약학대학 할 것 없이 모두가 둥근 맛이 없고 모나고 딱딱한 건물이다. 그뿐이랴? 명륜당(明倫堂) 앞에 고색을 자랑하는 은행수(銀杏樹)의 기단(基壇)까지 보통이면 둥금직도 하건만 역시 몇개의 각(角)으로 유감없이 모를 짓고 있는 것이 아닌가? 이와 같은 '모'의 감각은 어쩌면 유학(儒學)의 '방(方)'의 정신에 통하는 것인지도 모른다. 어떻든 우리네의 생활환경으로 볼 때에는 '모'가 완전히 죽어 없어진 것은 아닌 셈이다.

그러나 이 '모'의 감각을 생활환경으로부터 받아들이기에 만족하고 말 것인가? 그보다도 생활을 구성하는 우리 주체자(主體者)들의 행동규범에는 '모'의 가치가 재현(再現)될 수 없는 것일까?

타협·비굴·아부의 풍조가 일목(溢目)하는 이 세상에 '모'의 감각이 한없이 아쉽기도 하다.

어느덧 봄도 저물었다. 쓸데없는 비가 내리고 있다. 문득 옛 시조(時調)가 생각난다.

청강(淸江)에 비듣는 소리 긔 무엇이 우읍관대
만산(滿山) 홍록(紅綠)이 휘드러져 웃는고야
두어라 춘풍(春風)이 몇날이리 우을대로 우으라.

그렇다 춘풍(春風)이 몇날이랴! 웃으면서 지켜보리라.
나도 우선 둥글게 살아가리라.

&lt;成大新聞 1962. 5. 1.&gt;

# 木棉業과 鄭天益

우리는 면화(棉花)를 말할 때에 곧 문익점(文益漸) 선생을 생각할 정도로 문익점(文益漸) 선생은 유명하고도 널리 알려진 분이다. 이것은 당연한 일이다. 목면(木棉)의 종자(種子)를 처음으로 우리나라에 가지고 와서 목면업(木棉業)의 발달의 계기를 마련해준 분이 바로 문익점(文益漸) 선생이기 때문이다. 그러나 목면업(木棉業)의 발달은 종자(種子)의 전래(傳來)만으로 되는 것이 아니다. 기후와 토양(土壤)이 다른데다가 재배(栽培)의 방법도 아는 바 없었던 당시에 있어서 목면의 배양번식(培養繁殖)이 매우 힘드는 일이었을 것이고 배양번식이 성공된 후에라도 면씨를 골라내는 것, 실을 뽑아내는 것, 베를 짜내는 것 등의 기구(器具)의 제작 및 기술적 과정이 모두 백지(白紙)에서 시작되어야 하는 지난(至難)의 작업을 거쳐야 했던 것이다.

그런데 재작년 6월 산청군(山淸郡) 단성면(丹城面) 사월리(沙月里) 배양촌(培養村)에 세워진 문익점(文益漸)의 「면화시배사적비(棉花始培事蹟碑)」의 비문(碑文)을 보면 다음과 같이 되어 있다.

목면화(木棉花)를 보고…… 그 종자(種子)를 필관(筆管)에 넣어 휴래(携來)…… 정미(丁未: 1367) 2월에 환국(還國)하여 소거(所居)하신 배양리(培養里)에 수식(手植)하니 처음은 토의(土宜)를 몰라, 조습(燥濕)을 가려 심고 그 영고(榮枯)를 보아 배양(培養)의 묘(妙)를 얻어 3년 만에 번성(蕃盛)하여 드디어 전국에 퍼지니…… 후에 선생(先生)의 손(孫) 정혜공(靖惠公) 내(萊)는 소거(繅車)를 만들어 문래(文萊)라고 이름하고 군수(郡守) 영(英)은 직조(織造)의 요(要)를 얻어 이를 문영(文英)이라 하였는데 지금 와음(訛音)되어 무명이라 부르니……

　즉 이 비문(碑文)에서는 목면(木棉)의 종자의 전래(傳來)는 물론
이고 그 배양(培養)·번식(繁殖)이 모두 문익점(文益漸) 선생의 손
에서 이루어진 것으로 되어 있고, 뿐만 아니라 소거(繅車)·직기
(織機) 등의 기구(器具)의 제작은 문익점(文益漸) 선생의 손자인
문래(文萊)와 문영(文英)에 의해서 이룩된 것으로 말해놓았다. 이
것은 결코 이 비문(碑文)의 찬자(撰者)가 개인적 견해로서 말한 것
이 아닐 것이다. 이 비문(碑文)과 거의 같은 시기에 책자(册子)로
되어 나온 『삼우당문익점선생약사(三憂堂文益漸先生略史)』속의 목
면사적(木棉事蹟)이 꼭같이 기록되어 있는 것으로 보아도 알 수 있
다. 아마 이것은 문(文)씨 가문(家門)에서 상전(相傳)해오던 이야
기인 동시에 지방(地方) 사람들의 전승(傳承)이 되어버린 것인 듯
하다.
　그런데 우리가 신빙해야 할 정사(正史)·실록(實錄) 등의 문헌
(文獻)들은 위의 기록과 전승(傳承)이 역사사실(歷史事實)과 매우
다른 것임을 증명(證明)해준다.
　먼저 『고려사(高麗史)』열전(列傳)에 문익점(文益漸)에 관한 기
사(紀事)를 보면, 문익점(文益漸)이 목면(木棉)의 종자(種子)를 얻
어다가 그의 장인인 정천익(鄭天益)에게 주었는데, 처음에는 정천
익(鄭天益)이 재배(栽培)의 방법을 몰라서 거의 다 말라죽이고 단
한 줄기가 살아나 3년 만에 크게 번성(繁盛)하게 되었다고 한다.
이와같이 목면(木棉)의 배양(培養)이 정천익(鄭天益)의 손으로 되
었을 뿐 아니라 취자거(取子車 : 씨아)와 소사거(繅絲車 : 물레)가
모두 정천익(鄭天益)의 발명인 것으로 되어 있다.
　다음 『조선태조실록(朝鮮太祖實錄)』(卷14 7年 戊寅 6月 丁巳)을 뒤져
보면 한층 더 상세(詳細)히 적혀 있다. 이 기사(紀事)에 의하면,
문익점(文益漸) 자신이 심은 목면종자(木棉種子)는 다 제대로 자라

나지 못했고 오직 정천익(鄭天益)의 것이 한 개가 득생(得生)하여 그해 가을에 백(百)여 개의 열매를 얻었고 그 뒤 해마다 가종(加種)하여 향리(鄉里)에 나누어주고 심어 기르게 했다는 것이다. 목면(木棉)의 종자(種子)를 가져온 것은 물론 문익점(文益漸)이지만, 그 배양(培養)에 있어서 오직 정천익(鄭天益)의 손에서 번식(繁殖)과 보급이 성공되었던 것이다.

그리고 소거(繰車)·직기(織機) 등의 기구(器具) 제작의 경로(經路)도 밝혀지고 있다. 정천익(鄭天益)이 지나가는 호승(胡僧: 元僧 혹은 印度僧)을 만류하여 수일 동안이나 대접한 뒤에 그에게서 기구(器具)의 제작과 조직(繰織)의 기술을 습득하고 자기 가비(家婢)에게 가르쳐서 1필(疋)의 베를 짜내게 되었는데, 이것이 향리에 전수(傳授)되고 10년이 채 못되어 전국에 보급되었다는 것이다.

여기에서 우리는 목면(木棉)의 배양·번식에서부터 직조(織造)의 보급에 이르기까지 모두가 정천익의 공로임을 명백히 알 수 있는 것이다. 무명베의 '무명'이 문영(文英)이라는 이름의 와전(訛傳)이라는 것도 믿을 수 없다. 무명은 목면(木棉)의 중국 발음 '무미엔(mu mian)'에서 온 것임이 거의 확실하기 때문이다.

말라죽어서 없어지게 된 목면의 종자를 정천익(鄭天益)이 그 번식에 성공해낸 것이라든지, 지나가는 호승에게 성관(誠款)을 다하여 기구 제작(器具製作)의 방법을 알아낸 것이라든지, 가비(家婢)에게 가르쳐 베를 짜내는 데 성공한 것 등은 모두 정천익의 뛰어난 지혜와 참담한 고심(苦心)에서 나온 것이다. 더욱이 그는 사리사욕에서가 아니고, 오직 목면업(木棉業)의 보급에 힘을 써서 그와같이 빠른 시일 안에 전국에 혜택을 입히게 했으니 그는 정말 국리민복(國利民福)에 헌신적 희생심을 가진 인인군자(仁人君子)가 아니면 안될 것이다.

정천익(鄭天益)은 문익점(文益漸)의 장인으로 그의 생거지(生居地)는 진주(晉州) 소남리(召南里)였다. 그는 전객령(典客令)으로 치사(致仕)한 후에 고향에 돌아와 호를 퇴헌(退軒)이라 하고 송죽 (松竹) 속에 청한(淸閑)한 여생(餘生)을 보냈다고 한다. 그의 사적 (事蹟)은 그의 후손(後孫：晋陽鄭氏)들이 편찬(編纂)한 『청계지(淸 溪誌)』에 수록되어 있다. 지방 인사들은 그의 인품과 그의 공적을 기념하기 위하여 진주(晋州) 서쪽 마동리(馬通里)에 청계서원(淸溪 書院)을 세우고〔純祖 癸巳·1833〕향사(享祀)를 지내기도 하였다.

오늘날 우리는 문익점(文益漸) 선생을 잊을 수 없는 것과 같이 정천익(鄭天益)도 망각(忘却)된 인물이 되도록 해서는 안된다. 더욱이 정천익의 갸륵한 업적이 타인의 업적으로 오인되어 있는 것을 그대로 덮어두어서는 안될 것이다.

〈東亞日報 1967. 3. 25〉

# 佛國寺·海印寺 紀行

신라 천년의 푸른 하늘이 그리웠다.

막상 불국사(佛國寺)에 도착했을 땐 찌푸린 날씨가 비를 내리기 시작했다. 여관에서 행장을 풀고 잠깐 휴식을 취하는데 봄비도 아닌 비가 제법 청승스러웠다. 아까 충청도 어디서든가 철로가에 우거진 아카시아숲들이 짙은 꽃향기를 차창 안으로 풍겨보내고 있더니 이제 그 아카시아꽃들이 어떻게 될까 아까운 생각이 든다. 학생들을 재촉해서 우산을 받쳐 들고 불국사로 들어갔다. 아까 내렸던 합승정류장(合乘停留場)을 다시 지나가는데 '근대화'의 바람은 이곳에도 찾아들어 당구장·전시장·다방 들이 늘어섰다. 고찰(古刹)의 주변이 매우 속화(俗化)된 느낌이다. 그러나 사원(寺院) 입구에서부터는 풍광(風光)이 일전(一轉)이다. 송림(松林)이 꽤 울창해진 것도 좋지만 그전과 달리 다리로 계곡을 건너 절에 들어가는 것도 운치(韻致)가 한결 더하다. 청운교(靑雲橋)·백운교(白雲橋)는 언제 보아도 감동을 준다.

고개를 드니 석축(石築) 위 왼편 높은 건물에 그전에 본 기억이 없는 '범영루(泛影樓)'라는 현판(懸板)이 눈에 띈다. 어째서 '범영루'일까 하면서도 청운교·백운교와 조화를 이루는 명칭이라고 생각했다.

현빙허(玄憑虛)의 기행문에서든가 신라의 성시(盛時)에 청운교·백운교의 밑으로 물이 흐르고 거기에 용주(龍舟)를 띄워 놓았다는 이야기를 읽은 것 같다. '범영루'는 그 옛날의 번화를 말해주는 유물이라고 생각되면서 도리어 그 현판이 쓸쓸해 보인다.

비가 조금 멎었다. 갑자기 무영탑(無影塔)이 보고 싶었다. 학생들과 함께 석축(石築) 위로 올라갔다. 모든 건물이 그전보다 깨끗해 보이고 대웅전(大雄殿) 앞마당도 한결 넓어진 듯이 보였다. 그전에는 다보탑(多寶塔)이 훨씬 아름답다고 여겼는데, 웬일인지 이번에는 무영탑이 정답게 마음에 스며든다. 석가탑(釋迦塔)이라고 하면 딱딱하고 모나고 너무 정제되어 있어 염증(厭症)이 나기 쉽지만 무영탑으로 이름을 바꾸어 부르면 그렇지 않은 것 같다. 빙허의 작품에서보다도 그 애틋한 전설에서 받은 감상(感傷) 때문이라고 할까?

벌써 저녁인지 목탁소리가 들려온다. 경내(境內)는 갑자기 정적(靜寂)에 싸여진다. 대웅전 안에서 조용히 치는 목탁이 어째 이렇게 울려오는가 했더니 범영루(泛影樓) 추녀 끝에 확성기가 달려 있는 것이 아닌가. 원경(源卿)은 웃으면서 '고전미(古典味)'가 없다고 한다. 그러나 탓할 것이 없다. 목탁소리가 높아지면 그만큼 정적도 깊어지기 때문이다.

비는 밤에 계속 내린다. 학생들은 자정(子正)이 넘도록 바깥에서 쏘다니는 모양이다. 아마 부근 주막에서 통음(痛飮)을 하고 있을지도 모른다. 학사주점(學士酒店)에서 맛보지 못하던 법주(法酒)인데다가 통행금지조차 없는 고장이고 보면 학생들의 기염(氣焰)은 불문가지(不問可知)이다.

여관은 화랑여관(花郎旅館)이다. 나는 누워서 신라의 역사를 그러보았다. 내일 경주시(慶州市)에 들러서 신라의 문화를 다시 손으로 더듬어보겠지만 삼국(三國)을 병합하고 이 나라 최초의 통일국가를 건설한 신라의 귀족들은 굳세고도 밝은 세계를 가지고 있었으리라! 그들이 남긴 눈부신 예술은 이 굳세고도 밝은 세계 그것의 표상(表象)이리라!

적을 물리치고 조국을 키우기 위하여 민중의 선두에서 용감하게 싸우던 신라의 귀족들, 나라의 꽃이요 귀족의 청영(菁英)으로 진두(陣頭)에서 활약하던 어린 화랑들——신라정신은 곧 귀족정신이요 귀족정신은 화랑의 행동에 집약되어 있었던 것이리라.

　경주로부터 대구를 거쳐 당일 해인사(海印寺)에 도착한 것은 좀 무리한 일정이다. 해가 이미 저물었다. 해인사에 가까워지면서부터 전등들이 띄엄띄엄 계곡 양편에 켜져 있더니 버스정류장에 이르러서는 신흥한 '산중도시(山中都市)'의 기분이 든다. 온갖 상점과 여관들이 내객(來客)을 서로 끌어들이기에 바쁜가 하면 다방에서는 축음기에서 최신 유행가가 흘러나온다.

　여관을 정하고 석반(夕飯)을 들었다. 가야산(伽倻山)의 산채(山菜)가 퍽 향기로웠다. 학생들에게 자유시간을 주고 나는 원경(源卿)과 함께 다방으로 가서 차를 마셨다. 내일 팔만대장경(八萬大藏經)을 보는 것도 중요하지만 최고운(崔孤雲)의 유적을 다시 살피고 싶다고 말했다. 내일 오후에는 대구로 되돌아가야 할 터인데 오전 중에 홍류동(紅流洞)으로 갔다올 기회가 있을까 염려되었다.

　밤새도록 이웃 여관에서 떠들고 노래하던 젊은 군인의 일단(一團)이 아침에 학생들의 소개로 나한테 정중한 인사를 한다. 전주(全州)에 있는 군인이라고 한다. 작년 여름 우리 학생들이 전주에서 훈련을 받을 때 이 군인들이 교관 노릇을 했던 관계로 구면(舊面)을 반겨서 찾아온 것이다. 군인들은 차를 가지고 우리에게 일정한 편의를 제공해주겠다고 한다. 나는 그 호의를 받아들여 아침 식사를 끝낸 후 곧 그 차를 타고 사원(寺院) 경내로 들어갔다. 대적광전(大寂光殿)을 지나 팔만대장경의 장판각(藏板閣)을 두루 보았다. 젊은 스님의 상세한 설명을 들을 것도 없이 이 대장경의 각성(刻成)의 역사적 의의는 우리가 너무나 잘 알고 있는 바이다. 나는 학생들에게 이규보(李奎報)의 「대장경각성군신기고문(大藏經刻成君臣祈告文)」을 예로 들어 몽고의 대구(大寇)와 대치하여 27·8년 동안 장기항전(長期抗戰)을 수행한 고려 무인정권(武人政權)의 강력한 지원하에 이 호국위족(護國衞族)의 대각경사업(大刻經事業)이 추진되었던 것을 이야기하였다. 지금 눈앞에 있는 각판(刻板)의 자획(字劃) 하나하나에 민족의 신경(神經)이 샅샅이 펼쳐져 있는 것으로 느껴지기도 한다.

장판각(藏板閣) 한편에서 방금 대장경의 인쇄에 몰두하고 있는 사람들이 보인다. 이 거대한 민족의 문화재를 정성들여 만지는 거룩한 손〔手〕들이라고 생각되기도 한다. 나는 인쇄한 종이 한 장을 사정하여 얻었다. 「황언론(況言論)」의 첫면이다.

장판각을 나와서 왼쪽 언덕으로 오르니 그것이 곧 학사대(學士臺)다. 물을 것도 없이 최고운(崔孤雲)의 유적이다. 큰 고목(古木)이 연륜을 자랑하면서 넓은 그늘을 이루고 있다.

안내판에 고목은 원래 최고운의 지팡이로서 땅에 꽂아둔 것이 이렇게 불운(拂雲)의 노간(老幹)이 되었다라고 기록되어 있다. 이 기록의 사실 여부를 따질 필요는 없다. 그만큼 최고운이 후세 사람들의 존모(尊慕)를 받아 여러가지 전설이 만들어져 나온 것이라 생각하면 이러한 전설이 도리어 값진 것이기 때문이다.

『삼국사기(三國史記)』 열전(列傳)에 의하면 최고운이 당(唐)에서 돌아와 자기의 포부를 실천해보려 했으나 벌써 쇠망의 비탈길에 서 있는 신라의 귀족들은 그를 환영하기는커녕 도리어 시기의 눈으로 대하게 되어 그의 환로(宦路)가 순탄치 못하였고 가는 곳마다 중상(中傷)을 입어 어찌할 도리가 없게 되자 그는 고독과 불우(不遇)에 견디다 못하여 드디어 세상을 단념하고 신라 서울을 떠나 강해산수간(江海山水間)으로 방랑생활을 하다가 마지막에 가족을 이끌고 이곳 해인사로 들어와 여생을 마쳤다고 한다. 나는 학사대 위에 배회하면서 최고운에 관한 생각에 잠겼다. 그의 시대는 9세기 말이라 대당제국(大唐帝國)이 멸망의 길을 걷고 그 주변의 여러 민족국가가 연쇄적으로 멸망 과정에 있었다. 발해(渤海)가 그러했고 신라가 또한 같은 운명에 있었다. 9세기 말은 동아시아에 있어서 고전문명(古典文明)의 몰락을 가져온 역사상의 대전환기였다. 최고운은 이

와같은 고뇌에 찬 시대 속의 인물이었다. 그는 다정다감(多情多感)
한 천재소년(天才少年)으로 멀리 당토(唐土)에 유학하여 장차 조국
에 큰 공헌이 되어지기를 누구보다 자신이 더 열망했을 것이다. 이
러한 열망이 완전히 좌절되었을 때 그의 가슴은 얼마나 아팠을까?
그의 생애는 얼마나 암담했을까? 그가 모든 것을 포기하고 이 가
야산 속으로 들어온 심정을 나는 십분 이해할 수가 있었다. 고려
시대의 문헌에, 해인사에 그의 독서당(讀書堂)이 있다고 했는데 지
금 그곳이 어디일까? 알아볼 곳이 없다.

　나는 최고운에 관한 생각에 잠긴 채 군인차를 편승하여 홍류동
(紅流洞)으로 갔다. 홍류동의 물소리는 예나 지금이나 사람의 마음
을 사로잡는다. 왼편 암벽(巖壁)에 고운의 시가 새겨져 있는 것(宋
尤菴의 글씨라고 함)을 알고 있지만, 나는 그것을 찾아볼 필요도 느끼
지 않고 그대로 고운의 시를 소리 높여 읊어보았다.

　　狂奔疊石吼重巒,
　　人語難分咫尺間.
　　或恐是非聲到耳,
　　故敎流水盡籠山.
　　쌓인 바윗돌 미친 듯 내닫고
　　겹겹의 산봉우리 부르짖게 하니
　　사람의 말은 지척에서도 분간하기 어렵구나.
　　혹시나 세상 귀찮은 소식 내 귀에 닿아 올까봐
　　짐짓 흐르는 물을 시켜 온 산을 눌러 덮게 했노라.

　이 시가 우리나라 사람들에게 얼마나 널리 그리고 오래도록 전송
되어왔던 것인가. 홍류동을 못본 사람도 이 시를 모르는 사람은 없
을 것이지만, 또한 이 시를 외우면서 홍류동을 보고 싶은 충동을
안 느낄 사람도 없었을 것이다. 하고많은 사람들이 이곳에 자기의

발자취를 남기기 위하여 석면(石面)마다 이름을 새겨놓았고, 그리
고 또 얼마나 많은 시인들이 고운의 시를 차운하여 그들의 문집 속
에 남기게 되었던가? 10년 전 이곳을 처음 찾아왔을 때 나도 이를
효빈(效嚬)한 적이 있었다.

　이제 여기 기억되는 대로 적어본다.

　　慣聞疊石與重巒,
　　十載依稀夢寐間.
　　試入孤雲詩境裏,
　　宛其流水宛其山.
　　쌓인 바윗돌〔疊石〕 겹겹의 산봉우리〔重巒〕 귀에 익어,
　　오랜 세월 꿈속에서 그려보았네.
　　이제 고운(孤雲)의 시(詩)세계에 들어와 보니
　　완연하구나, 흐르는 그 물에 그 산이 ──.

　　天邊龍翥幾層巒,
　　洞裏翬飛亭一間.
　　欲問崔仙當日事,
　　孤雲無跡過前山.
　　하늘가엔 용이 춤추듯 층층의 봉우리,
　　동구(洞口) 안엔 꿩이 나는 듯 정자(亭子) 한 채.
　　고운(孤雲)의 지난 일 물어보고자 하나,
　　외로운 구름〔孤雲〕 앞산을 지날 뿐일세.


　고운의 시의 세계는 물소리의 세계다. 맑은 물소리로 가득차 있
는 이 산속에 외부로부터 어떠한 세상의 소음〔是非聲〕도 침입해올
수가 없다. 그의 시의 세계는 완전히 자연에 몰입해서 자신의 존재
까지 의식하지 않으려는 세계다.

　신라가 낳은 천재적 문인, 세기(世紀)의 고뇌를 한몸에 안고 있

는 불우의 기인(畸人)인 그가 현실을 포기하고 역사를 저버리고 이 가야산의 물소리 속으로 도피해버린 곳에 신라의 비극이 있었던 것이 아닐까? 과거에 그처럼 명랑하고 진취적이었던 신라 귀족의 정신이 이제 현실적인 역사에서 빗나온 향방으로, 그리고 이 자연의 속으로 그 운명의 종착지를 삼았던 것이 아닐까? 역사의 무대는 벌써 중앙귀족(中央貴族)으로부터 지방호족(地方豪族)에게 주역을 넘겨주었던 것이다.

나는 최고운의 고뇌 속에서 그 시대상을, 그리고 이 가야산의 물소리 속에서 신라 귀족정신의 마지막 행방을 추적해보았다.

<成大新聞 1965. 5. 3>

# 民族文化와 嶺南文化

　오늘, 나의 강연은 제목 자체가 말해주듯이 어떤 특별한 내용을 담은 것은 아닙니다. 그저 우리 민족문화의 발전과정에 있어서 민족문화의 한 부분인 영남지방의 문화가 어떠한 특색을 지니고 있었으며, 또 그것이 민족문화에 있어서 얼마만한 비중을 차지하고 있었는가를 개괄적으로 한번 살펴보는 것에 불과한 지극히 평범한 이야기입니다.

　게다가 영남문화의 특색을 말하려면 다른 지방의 문화와 비교 검토를 거쳐 그 특색을 밝혀야 하는데, 지금 그러한 준비가 되어 있지 못하고 민족문화에 있어서의 비중에 대해서도 그 용량(容量)과 적층(積層)을 과학적으로 파악한 것이 아닌 단순한 상식적 이해에서 말씀드린다는 점을 먼저 양지(諒知)해주시기 바랍니다.

　한 나라의 역사와 문화를 연구함에 있어서 시대에 따라 상황을 범론(汎論)할 것이 아니라, '연구의 지역화'를 통하여 좀더 구체적으로 분석하고 고찰하는 작업이 필요하다는 것은 우리가 함께 느끼는 바입니다. 그러나 자칫 향토사가 빠지기 쉬운 과오——자기미화(自己美化)·자기도취(自己陶醉)에 흐르는 것을 아주 경계해야 하겠습니다. 요즘 민감한 지역감정 문제는 본질적으로 우리의 학술연구와 차원이 다른 것이지만 우리는 더욱 자성(自省)하면서 어디까지나 객관적 입장에서 문제시각을 견지(堅持)할 것입니다.

　나는 이 강연에서 나 자신의 견해는 삽입(插入)하지 않고 옛날 선현들의 영남에 관한 견해를 소개하도록 하겠습니다. 나 자신이 영남 사람이기 때문에 영남에 관한 내 견해는 아무래도 주관적인 것이 될 수밖에 없기 때문입니다. 따라서 선현 중에도 영남 선현의 말씀은 인용하지 않고, 영남이 아닌 다른 지역, 예를 들면 기호지방(畿湖地方)의 선현들의 말씀을 빌려, 영남의 문물(文物)을 일별(一瞥)하겠습니다.

기실, 영남의 선배학자들의 문집 가운데 영남문물을 서술한 글들이 적지 않게 있고 또 그 글들은 영남을 이해하는 데 대단히 중요한 자료가 되는 것이기도 합니다. 그중에서도 강재(剛齋) 이승연(李承延 : 영·정조 때 息山 李萬敷의 孫, 居 尙州)의 「영대(嶺對)」와 같은 글은 영남의 산천·물산·인물·요속(謠俗)을 문답체로 설명한 것으로, 영남을 알게 해주는 일편의 대문장이라 할 만한 것입니다. 영남의 찬란한 과거의 문물을 자랑할 뿐 아니라 이조 후기로 내려올수록 인심(人心)과 풍기(風氣)가 나빠져서 개탄을 금할 수 없음을 말하고 그 원인을 이조 집권층의 소외정책 때문으로 돌리기도 한 것입니다. 그러나 역시 영남인사로서의 자기과시·자기옹호의 면을 드러내고 있음을 부인할 수 없는 것입니다.

이러한 경우와는 달리, 기호 특히 근기지방(近畿地方)의 학자들, 성호학파(星湖學派)에 속한 인사들로서 영남에 대한 관심이 유달리 높으면서도 실학적 사고와 논리에 입각하여 상당히 합리적으로 설명하고 있음은 우리가 주목할 만한 것입니다. 우선 청화산인(靑華山人) 이중환(李重煥)의 『택리지(擇里志)』 경상도편에 '지리최가(地理最佳)'라 한 후에

신라시에 북으로 대막(大漠)과 거란(契丹)에 막혔지만 해로(海路)로 당나라에 왕래하여 관개(冠蓋)가 서로 이어지고 성명문물(聲明文物)이 중국을 본받아 비연가상(斐然可尙)이었다. 고려를 거쳐 아조(我朝)에 이르기까지 상하수천년간 일도지내(一道之內)에 장상공경(將相公卿)·문장덕행지사(文章德行之士)와 공훈을 세우고 절의(節義)를 이룩한 사람, 선석도류(仙釋道流)가 배출하여 인재의 부고(府庫)가 되었으며 아조에 선조 이전까지는 국병(國柄)을 잡은 사람이 다 이 도의 출신인데다가 문묘(文廟)

에 종사(從祀)한 사현(四賢) 또한 이 도의 사람이었다. 인조반정 후에 경
성세가(京城世家)들만을 중용하기 시작하여 영남에 사환이 크게 줄었지만
고선배의 유풍여택(流風餘澤)이 남아 있어 예양(禮讓) 문물(文物)을 숭상
하고 과제(科第)의 많음이 제로(諸路)의 으뜸이다……

라고 찬양하였습니다. 문묘에 종사한 사현이 모두 경상도 사람이고
예양문물이 숭상되고 있는 영남문화는 한마디로 유교문화 그것입니
다. 신라 이래 고승대덕(高僧大德)이 영남에서 많이 나왔고 불교의
대사원(大寺院)이 경내에 상망(相望)하고 있었지만 이조로부터 유
교문화의 본거지가 된 영남에서 문화라면 곧 유교의 철학·문학·
예속 등을 뜻하게 된 것입니다. 물론 다른 지방에도 유교가 국교적
세력을 가지고 있었지만 영남은 그중에서 가장 유교문화의 농도가
짙게 깔려 있었던 곳입니다. 성호(星湖) 이익(李瀷)은 좀더 구체적
으로 말했습니다. 그는 백두산맥과 동방의 지리를 논하면서

　　퇴계는 대소백산(大小白山) 아래에 나서 동방의 유종(儒宗)이 되었는데
　그 흐름이 심함농욱(深涵濃郁)하고 읍손퇴양(揖遜退讓)하여 문채표영(文
　彩彪映)에 수사지풍(洙泗之風)이 있고, 남명은 지리산 아래에 나서 동방
　기절(東方氣節)의 제일인자가 되었는데 그 흐름이 고심역행(苦心力行)하
　고 낙의경생(樂義輕生)하여 이불능굴(利不能屈)하고 해불능이(害不能移)
　함으로써 특립지조(特立之操)가 있다. 이것이 영남 상도(上道)와 하도(下
　道)의 구별이다. (「白頭正幹」, 『僿說』卷1 天地門)

라고 했습니다. 그는 다시 동방의 인문(人文)을 논하면서

　　성조(聖朝)가 건극(建極)하매 인문이 비로소 천명(闡明)되었다. 중세
　이후에 퇴계는 소백산 아래에서 탄생하고 남명은 지리산 아래에서 탄생했
　는데 모두 영남땅이다. 상도는 인(仁)을 주로 삼고 하도는 의(義)를 주로
　삼아, 유화(儒化)와 기절(氣節)이 해활(海闊)과 산고(山高)에 비길 만하

다. 이에 문명은 정점에 달하였다. (「東方人文」, 同上)

라고 하여, 퇴계에 의하여 상도는 인(仁)으로 주를 삼고 남명에 의
하여 하도는 의(義)로써 주를 삼았는데 퇴계의 유화를 해활에 견줄
수 있는 반면 남명의 기절은 산고(山高)와 비슷하다는 것입니다.

여기 우리가 유의할 것은 문명이 정점에 달했다는 구절입니다.
영남의 두 학통에 의하여 우리나라 문명이 최고도로 발달했다는 것
입니다. 성호에게 있어서 영남문화는 한 지방의 문화가 아니고 우
리나라 문명을 최고수준으로 끌어올려놓았다고 인식되었던 것입니
다. 민족문화에 있어서 영남문화의 비중이 크게 높아진 것입니다.

성호는 난리(亂離)를 만나 갈 곳이 없을 경우에 영남으로 갈 수
밖에 없다고 하였습니다. 이것은 개인의 피난을 위해서가 아니고
외침(예를 들면 北虜의 남침)을 당해서 버티기 어려울 때에 종묘사
직을 모시고 영남으로 간다는 것입니다. 영남은 산악의 장벽이 있
어, 삼국시대에 가야와 같이 미미한 나라가 오랫동안 존속될 수 있
고 신라 천년 동안 도성이 이동된 적이 없어, 고구려・백제와 같이
환난을 자주 당한 바 없었다는 것입니다. 영남에는 중수(衆水)가
한 곳으로 회합(匯合)하고 구역이 별개(別開)하여 대소백으로부터
남으로 지리(智異)에 이르기까지 천성(天成)의 강계(疆界)이니 어
찌 하늘의 뜻이 국가에 대한 보장을 주지 않겠느냐라고 했습니다.
다시 말하면 영남은 국가의 조운(祚運)을 연장시킬 수 있는 고장이
라는 것입니다. (「蜀漢似東魯」, 同上)

문명이 정점에 이르렀다는 말은 바꾸어 생각하면 한계에 왔다는
뜻도 됩니다. 위 이승연의 「영대」에서 이미 영남이 옛날과 같지 않
다고 말하면서 객의 말을 빌려 "우리나라 팔도 중에 영남이 맨 윗
자리에 위치했는데 지금은 다른 도보다 더 타락되었다"고 하여 "석
지추로(昔之鄒魯)  금언호향(今焉互鄉)"이라고 혹평하기도 했습니
다. 표현은 다소 다르지만, 성호(星湖)도 청화산인(靑華山人)도 다

영남의 기풍이 차차 못해져가고 있음을 애석히 여기는 말씀들을 남겼습니다. 유림들 상호간에 알력이 자주 일어났습니다. 예를 들면 낙동강 상류(洛東江上流)의 '병호시비(屛虎是非)', 그 중류(中流)의 '한려시비(寒旅是非)', 그 밖에 '무슨 시비' '무슨 시비' 하는 시비 소리가 이조 말엽의 쇠운 속에 끊임없이 확산되었고, 왕조가 망하여 남의 식민지로 전락한 뒤에도 그 풍습이 청산되지 못했습니다.

이러한 말폐(末弊)의 부정적 경향에도 불구하고 퇴계·남명의 학통을 중심으로 한 영남문화 —— 유교문화는 뿌리 깊이 남아 있어서 우리의 전통으로 굳건히 작용하고 있는 것이 사실입니다. 근대화 과정 속에서 역기능을 한다는 이유로 비판을 받는 경우가 많았습니다만 지나친 '근대주의자'들의 일방적 부정론은 받아들일 수 없는 것입니다.

근대 초기에 평안도는 기독교에, 함경도는 사회주의에 의하여 계몽된 바가 컸다고 합니다. 이 두 지역은 동시에 유교사상이 일반화·생활화되지 못했던 곳입니다. 기독교와 사회주의의 계몽적 역할을 인정하고 그 지역의 특색을 운위(云謂)하듯이, 영남(嶺南)의 유교문화(儒敎文化)의 전통을 이 지역의 특색으로, 그리고 한걸음 나아가 민족문화(民族文化)의 차원에서 새롭게 정립해야 할 것입니다. 물론 부정적인 부분은 청산하고 긍정적인 것을 지켜나간다는 전제하(前提下)에서 말입니다.

<民族文化論叢 제11집 별책, 嶺南大, 1990>

■ 제1회 全國漢文學大會 基調講演

# 韓國漢文學研究의 回顧와 展望

오늘 제1회 전국한문학대회(全國漢文學大會)라는 이름으로 열리고 있는 이 자리 이 행사는 우리나라 한문학(漢文學)의 새로운 좌표를 마련하는 동시에 장차 우리나라 문학연구사(文學研究史)에서 하나의 특별한 의미를 가진 기념일(紀念日)이 될 것입니다.

요즘 동아시아 문화권(文化圈)이란 말을 자주 쓰고 있습니다만, 그것은 곧 한자·한문(漢字漢文)의 문화권을 뜻합니다. 한자·한문의 모국인 중국은 말할 필요도 없고 한자·한문을 수입해서 한국에는 한국의 한문학, 일본에는 일본의 한문학, 그리고 베트남에는 베트남의 한문학이 이루어졌습니다. 이들 한문학은 각기 민족의 생활과 사상·감정을 '한문적(漢文的) 양식(樣式)'으로 표현한 것입니다. 다시 말하면 공통된 '한문적 양식(漢文的樣式)'을 빌려, 독특한 '민족적(民族的) 내용'을 담아놓은 것입니다. 문학에 있어서 양식(樣式)이 물론 중요합니다만 우리는 좀더 그 내용을 중시하는 것입니다. 따라서 공통(共通) 속에 '독특(獨特)' 그것을 지닌 각 나라의 한문학은 결코 중국문학과 동일시할 수 없는 것입니다. 좁혀 말해서, 한국의 한문학(漢文學)은 곧 한국문학(韓國文學)이라는 것입니다.

이 너무나 당연한 사실을 두고 여기 새삼 고언(苦言)을 하는 데는 그만한 배경이 있습니다.

근대적·민족적 자각과 더불어, '국어(國語)'의 운동이 확산되고 '국민적 문학'이 형성되면서 내용은 물론 양식까지도 민족적인 것이 요구되었습니다. 이것 또한 너무나 당연한 것입니다. 따라서 근대 이후 창작분야에 있어서 한문적 양식(漢文的樣式)은 배제될 수밖에 없었던 것입니다. 그러나 창작분야에 있어서의 한문적 양식의 배제와는 관계 없이, 우리 조상들이 남긴 한문의 작품들은 우리의 고전문학으로 민족문화유산으로 귀중한 가치를 지니고 있는 것입니다. 이제 한문적 양식에 의한 문예적 창작은 무의미해졌지만 고전문학으로서의 한문학에 대한 학술적 연구는 대단히 의미 있는 일입니다. 한문학의 창작사(創作史)는 종결되었지만, 한문학의 연구사(硏究史)는 계속해서 우리 민족문화 연구에 중요한 부분을 차지하게 될 것입니다.

　그런데 국어국문학의 초창기에 우리 선배들은 이에 대해서 어떠한 태도를 취했던가? 중국문화의 지나친 영향에 대한 반발과 일제 통치에 대한 저항의식 때문에 남달리 우리말 우리글에 대한 애착이 강하였고, 이에 따른 국수주의적(國粹主義的) 편견은 한문학에 대한 외면과 몰이해로 시종하게 되었습니다. 춘원(春園) 이광수(李光洙)가 한문학은 우리 문학의 울타리 밖으로 내쳐버려야 한다고 말했는가 하면 천태산인(天台山人)은 우리나라 한문학을 중국문학의 한 방계(傍系)로 보자고 말하기도 했습니다. 이러한 잘못된 인식은 그 뒤에 차차 수정되어오고 있습니다. 그러나 한문학에 대한 학문적 파악이 계속 분명치 못하고 있습니다. 천태산인이 『조선소설사(朝鮮小說史)』에서 한문소설들을 국문소설과 구별 없이 수록하는 반면 『조선한문학사(朝鮮漢文學史)』에서는 한문소설을 완전히 빼어버렸습니다. 도남(陶南) 조윤제(趙潤濟) 선생은 "소설은 한문이라도 일반 국문학사에서 다루고 한시(漢詩)와 서(序)·기(記)·발(跋) 등 산문들은 한문학으로 다루기로 하자"고 주장했습니다. 위의 천태산인의 저서의 체재가 바로 이러한 주장과 일치한 것입니다. 이것은 논리의 모순이라고 하지 않을 수 없습니다.

　그런데 다행하게도 조윤제 선생은 그의 『국문학사(國文學史)』와 『한국문학사(韓國文學史)』 속에 한문소설·한시 및 산문들을 모두

포괄해서 서술함으로써 한문학을 한국문학으로 정립시키는 데 결정
적 역할을 했습니다. 한문소설은 일반 국문학, 한시·기·서·발
등은 한문학이라는 분류는 아직 문제로 남아 있지만 그의 문학사의
업적은 불멸(不滅)의 금자탑(金字塔)으로 남을 것입니다. 이에 이
어서 우리가 주목할 것은 이가원(李家源) 교수의 『한국한문학사(韓
國漢文學史)』입니다. 풍부한 자료를 발굴해서 본격적인 한국 한문
학의 역사를 엮어놓았고, 또 거기에는 소설·시·산문 들을 다 함
께 다루어서 앞으로 우리나라 한문학사(漢文學史)의 한 전범(典範)
이 되는 것이라 하겠습니다. 적어도 형식상으로 천태산인의 체재의
모순과 도남선생의 논리의 모순이 이가원 교수에 이르러 일단 해결
된 것으로 보여집니다.

    우리나라 한문학이 한국문학으로 정립되고 일반 국문학도들 가운
데서 한문학 속에서 소재를 찾아 논문을 쓰는 사람이 나오기 시작
하였지만, 한문학의 전공을 표방하는 극소수의 기성 인사들은 사상
(思想)의 빈곤(貧困)과 문제의식(問題意識)의 결핍(缺乏) 때문에
별로 연구수준을 높이지 못하였고, 또 한문학은 일반 국문학에서와
같이 양식(樣式) 등을 문제삼을 수 없기 때문에 더욱 무미하고 단
조로워져서, 마침내 한문학의 문학성을 오직 해학조(諧謔調)의 패
설류(稗說類)에서 찾아내려는 지경으로 흐르게 되었습니다.

    1970년대로 접어들면서 이러한 사정은 많이 달라졌습니다. 이 시
기에 오면 국내 각 대학에 한문학과(漢文學科)가 설치되어 한문학
(漢文學)을 전공(專攻)하는 신진학도(新進學徒)가 상당히 늘어나고
이에 발맞추어 전문적 연구단체인 한국한문학연구회(韓國漢文學研
究會)가 발족함으로써 한문학 연구가 새 국면을 맞이하게 되었습니
다.

    첫째, 한문학 연구의 방법론이 활발하게 논의되고 그것을 새로이
적용하는 방향으로 나갔습니다. 역사과학적 방법론은 그중에서도
두드러지게 나타났습니다. 한문으로 된 모든 작품을 일정한 시대의

역사적 소산으로 보고 그 시대의 정치·경제·사회적 사정에 밀착시켜 고찰하면서 작자 자신의 사회계급적 성격(社會階級的性格)과 그 의식작용(意識作用)을 면밀히 분석하여 그 작품의 사회성(社會性) 내지 역사성(歷史性)을 파악하는 것으로 결론을 도출하는 것입니다. 이에 의하여 참신한 논문들이 쏟아져 나왔습니다. 천년, 백년 숨쉬지 않는 화석(化石)으로 되어버린 듯이 보여졌던 한문학 유산들이 이제 생명력 넘치는 작품으로 우리 눈앞에 약동하는 것입니다.

둘째, 한문학의 작가 및 작품을 새로 발굴하여 그 수와 양을 크게 늘리게 된 것입니다. 우리나라 문학사상의 저명한 시인문사들이 많지만 대체로 시인문사로 행세하지 않고 '경명행수(經明行修)'로 알려진 유학자(儒學者)인 분들이 대부분입니다. 이규보(李奎報)·신위(申緯)의 시나 김시습(金時習)·박지원(朴趾源)의 소설은 누구나 알지만 그 밖의 수없이 많은 시와 소설을 남긴 유학자들은 그의 학자로서의 존재 때문에 그를 시인·소설작가로 알지 못했던 경우가 허다합니다. 요즘 젊은 학도들에 의해서 계속 발굴되고 있음은 흔쾌한 일입니다. 나는 지금 이 시기를 '발굴시대(發掘時代)'라고 해서 후배들을 격려해오기도 했습니다.

이제 한문학에 대한 이러한 학문적 공작이 어느덧 10년의 세월을 지냈습니다. 10년이면 강산도 변한다는 것은 완전히 달라지거나 후퇴하는 것이 절대로 아닙니다. 오직 진보(進步)와 발전(發展)을 의미할 뿐입니다. 그러기 위해, 우리는 이 싯점에서 몇가지 반성이 필요합니다.

첫째, 연구방법론의 반성입니다. 위에서 말했듯이 역사과학적 방법론으로 우리는 많은 성과를 내었습니다. 그러나 그중에는 작품외적 사상(事象)에 지나치게 이끌려, 작품 자체의 문학성(文學性)·예술성(藝術性)에 소홀하게 됨으로써 역사논문(歷史論文)인지 문학논문(文學論文)인지 구분하기 어려운 논문들이 있기도 합니다. 한

문학이 가지고 있는 제약 때문에 문제가 없지도 않습니다만 우리는
역사과학적 방법에 기본을 두면서도 앞으로 미학(美學)에 대한 관
심을 높이고, 미학의 관점에서 문학의 본령에 좀더 유의해야 할 것
입니다. 작자의 의식문제도 그렇습니다. 작자의 의식을 다루는 구
절에는 으레 "민중이 어떻다", "현실인식이 어떻다"라는 말들이 나
옵니다. 작품 자체의 구조적 논리에서 필연적으로 도출된 것이라기
보다는 연구자 자신의 과잉의식에서 나오는 경우가 적지 않습니다.
이것은 마치 허공에 향한 외침 같아 공허를 느낄 뿐입니다. 우리는
작자와 그 작품에 대해 좀더 냉철하게 그 시대현실과의 관계를 객
관적으로 살피면서 모든 연구를 작품 그 자체에 즉(卽)해서 작자의
의식을 파악해야 하겠습니다.

   둘째, 발굴작업의 반성입니다. 역시 위에서 말했듯이 작가 및 작
품의 발굴은 매우 중요하고 또 앞으로도 계속되어야 합니다. 그런
데 발굴작업에 의해 씌어진 논문들을 보면 대개 같은 방식입니다.
처음에 으레 '생애(生涯)'가 나오고 '사상(思想)'이 나오고 다음에
작품(作品)이 소개되고 다음에 작품에 대한 나름대로의 분석(分析)
이 나옵니다. 작품의 이해에 그 생애와 사상이 결코 무관한 것은
아니지만 논문의 비중이 작품에 비해 생애와 사상이 비등하거나 더
많은 경우가 또한 적지 않습니다. 이것은 새로 발굴된 작가인 데서
오는 사정인 것으로 압니다만 이것이 무작정 지속되어서는 곤란합
니다. 이제 우리는 발굴작업을 계속하는 한편, 작가 중심의 작품
소개식 논문을 지양하고 이미 발굴된 작품을 가지고 주제(主題) 본
위의 연구로 나아가도록 노력해야 하겠습니다.

   그동안 우리는 우리나라의 방대한 문학유산의 연구와 발굴에 급
급했고 국제적 시야(國際的 視野)로 눈을 돌리지 못했습니다. 그러
나 지난 9월, 성균관대학교(成均館大學校) 대동문화연구원(大東文
化研究院)에서 '동(東)아시아 삼국(三國) 고전문학(古典文學)의 특
징(特徵)과 교류(交流)'라는 제목하에 국제학술회의(國際學術會議)

를 개최한 바 있었습니다. 우리는 여기 참가하면서 이미 우리의 문학연구가 국제화시대에 들어섰음을 느꼈습니다. 지금 세계는 체제와 이데올로기의 차이에 상관없이 개방과 접촉의 범위가 날로 넓혀져가는 것이 역사적 추세(歷史的 趨勢)입니다. 동아시아문화권――한문문화권(漢文文化圈)에 있어서 우리 민족의 위치의 중요성은 새삼 말할 것이 없거니와 민족문화의 교류에 있어서 한문학의 그것이 더욱 근친성(近親性)을 가지고 상호 만남의 광장이 마련되게 될 것으로 봅니다.

오늘 이 전국대회는 한국한문학의 방법론적 검토를 주제로 했습니다. 우리의 방법에 의한 우리 문학의 특징을 부각시키고 나아가 국제사회에의 교류를 준비해야 하겠습니다.

오늘 이 모임을 제1회라고 한 것은 이후에 계속 이런 모임을 갖는다는 뜻입니다. 한국한문학연구회 이외에 다른 연구단체에서 다시 이후에 이런 모임을 열어주신다면 더욱 환영하는 바입니다.

여러분의 열성적인 참여를 바랍니다. 감사합니다.

<韓國漢文學硏究 제8집, 1985>

# '傳'의 樣式的 特性과 文學史的 展開

지난 1985년 10월에 제1회 전국 한문학대회(漢文學大會)가 열린 바 있었습니다. 이제 꼭 3년 만에 제2회 대회가 다시 열리게 되었습니다.

이 3년 동안에 세상은 많이도 달라졌습니다. 국내에서는 지금 정치·경제·사회 제방면에 변화가 촉진되면서 국민은 진정한 민주주의의 쟁취를 위해, 구시대의 과감한 청산을 위해, 끊임없는 투쟁을 전개하는 중입니다. 그리고 국제적으로는 각국간의 체제와 이데올로기의 상이(相異)에도 불구하고 개방과 교류가 더욱 활발해져서 중국·소련 및 동구권과의 인적·물적 거래가 자못 빈번한 형편입니다. 따라서 우리의 문화도 구태(舊態)를 벗고 새로운 시대정신을 담은 재발견·재창조에 적극 노력할 때입니다.

이러한 시기에 전국의 수많은 연구자들이 한자리에 모여, 우리나라 한문학(漢文學)에 관한 발표와 토론을 갖게 된 것은 결코 작은 일이 아니며 동시에 일정한 의미부여를 가능케 해야겠습니다.

흔히 한문학(漢文學)이라면 낡은 것으로, 시대성(時代性)이 없는 것으로 생각되어왔습니다. 아직 옛날 서당(書堂) 시절의 글공부를 연상하는 사람들이 있는 것이 사실입니다. 그러나 지금 우리나라의 한문학의 위치는 일반 인문과학(人文科學) 부문에 있어서 다른 어떠한 분야에 비해서도 현대적인 학문으로 뒤지지 않고 있는 실정입니다. 그만큼 우리 한문학의 연구에 새로운 과학방법이 도입되고 새로운 학풍이 형성 발전되고 있다는 것입니다.

모든 학문(學問)은 연구자의 의식에 달렸습니다. 새로운 의식은 새로운 시각을 열어주고 새로운 시각은 그 대상에 대한 파악을 남달리 할 수 있는 것입니다. 한문학이 낡은 것으로, 시대성이 없는 것으로 여겨져 왔지만 이제 새로운 시각에 의해 조명됨으로써 그 역사성(歷史性)·사회성(社會性)과 아울러 문학성(文學性)이 약여(躍如)하게 나타납니다. 천년 백년 전 옛책에서 신선한 감각을 일으키고 오늘의 고뇌에 상통하는 문제가 거기에서 숨쉬고 있는 것을 알게 됩니다. 노신(魯迅)은 한때 중국청년들에게 신지식(新知識)을 주기 위해, 당분간 선장서(線裝書) 즉 전통적 한문책을 읽지 말기를 권한 바가 있었습니다만, 지금 나는 그것과 반대로 선장서를 한 권이라도 더 읽으라고 권하고 싶습니다. 공자(孔子)의 온고지신(溫故知新)이라는 말씀에서 한걸음 더 나아가 적극적으로 고전을 개발하자는 것입니다. 물론 여기에는 위에서 말한 새로운 의식, 새로운 시각이 전제가 되는 것입니다.

우리가 3년 전 제1회 대회 때에는 주제를 '한국(韓國) 한문학(漢文學) 연구(研究)의 제문제(諸問題) —— 그 방법론적(方法論的) 검토(檢討)'라고 했습니다. 뜻있는 기획이었습니다만 보기에 따라서는 다소 막연한 느낌이 없지 않았습니다. 그런데 이번에는 주제가 '전(傳)의 양식적(樣式的) 특성(特性)과 문학사적(文學史的) 전개(展開)'로 되었습니다. 한결 구체적이고 전문적인 것이 되었습니다. 그 동안의 연구 축적에 대한 정리인 동시에 다시 어떤 방향의 정립을 노리는 것으로 볼 수 있을 것 같습니다.

그런데 전(傳)이란 결국 인물(人物)을 그리는 것입니다. 그것이 실재(實在)이든 허구(虛構)이든 관계없이 요는 인물을 그리는 작품입니다. 허구일 경우에는 더 말할 필요가 없고 실재의 인물이라 하더라도 일단 작품화되었을 때 그것은 창조에 속한다고 보아야 할 것입니다.

어떤 인물을 어떻게 창조하느냐 하는 것은 작가의 취향에 달린 것이지만 또한 시대의 요구가 중요합니다. 시대의 요구를 제대로 반영시키지 못한 것은 그 작가의 역량 또는 처지 때문입니다만, 얼핏 보아 시대와 별관계가 없는 것 같은 작품도 자세히 살펴보면 시대가 투영되어 있습니다. 『삼국사기(三國史記)』의 준수한 인물들은 대체로 국토통일에 성공하여 밝은 장래를 바라보던 고려 초기의 역사가가 그린 것이고 『고려사(高麗史)』에 나타난 평범하고도 몰매력(沒魅力)한 인물들은 이조 초기의 정도전(鄭道傳)·정인지(鄭麟趾) 등 곡학아세(曲學阿世)의 변절자(變節者)들이 중심이 되어 그려놓은 것입니다.

실학시대(實學時代)에 이르러 민간(民間)의 걸출한 인물들이 작품 속에 상당히 등장합니다만 허생(許生)은 그 대표적인 것입니다. 허생은 그 당시의 정치·경제적 현실을 뚫어보고 나라의 장래를 걱정한 위인(偉人)이었습니다. 연암(燕巖)의 탁월한 창작력이 시대의 요구를 훌륭히 형상화시킨 것입니다. 그 당시에 서민세계에서도 뛰어난 인물들을 갈망한 것 같습니다만 한문학과 달리 국문소설의 무슨 전 무슨 전 하는 작품 속에는 비현실적인 인물이 대부분이었습니다. 서민의식의 한계 때문입니다.

우리가 전을 주제로 택한 이면에는 의식적이든 무의식적이든 오늘을 사는 이땅의 사람들이 한결같이 바라고 있는 올바른 인물의 출현 그것과 관련이 있는 줄 압니다. 따라서 문학사(文學史)의 전개과정에서 전이 차지하는 의의를 밝히는 작업은 양식 문제에 그치지 않고, 좀더 그 역사적·사회적 배경 아래 '인간(人間)을 그린 작품(作品)의, 문학(文學)으로서의 달성(達成)'을 점검하는 것이 주된 목표로 설정된 줄 압니다.

오늘날 우리가 처한 국내적·국제적 상황은 실로 높은 발돋움과 넓은 시야에서 민족문화를 한 차원 격상시켜야 하겠습니다. 한문학의 모국인 중국이 이제 천애비린(天涯比鄰)으로 가까이 오고 있고, 같은 문화권인 일본의 문물이 거침없이 우리 땅에 흘러들어옵니다. 나는 제1회 때에 이미 한문학의 국제화시대(國際化時代)를 말한 바 있습니다만 지금 생각 같아서는 불원(不遠)한 장래에 우리는 중국·일본과 함께 이 대회를 개최하여 국제화시대의 주도적 역할을 수행하고자 합니다. 이에 대비하여 여러분의 알찬 연구의 진전이 있으시기를 부탁하는 바입니다. 감사합니다.

<韓國漢文學硏究 제12집, 1989>

■ 基調講演

# 韓·日關係史 연구의 한 局面

근년 한·일 문화교류를 표방하면서 양국 상호간에 개최하는 강연회·발표회가 빈번히 열리고 있습니다. 일시에 발표·토론자 수십 명과 일반 참가자 수백 명에 달하는 대규모의 집회도 흔하게 볼 수 있습니다. 이러한 집회들은 여러가지 성과를 거두고 있다고 봅니다. 그러나 그중에는 개최 주체의 배경과 관련하여 생각할 때에 다분히 정치성(政治性)·흥행성(興行性)을 내포한 것도 부인할 수 없습니다.

오늘 이 모임은 그러한 성향이 전혀 배제된 것입니다. 오직 소수의 연구자들이 두 나라 관계의 특정된 주제를 가지고 함께 공부하는 자리입니다. 대외적으로 많은 사람에게 알리기 전에 먼저 연구자들 자신이 주제에 대한 심도 있는 접근에 노력하는 것입니다. 나는 이러한 모임을 시도한 발상자(發想者)의 한 사람으로서 책임을 느끼는 한편 기대도 적지 않습니다.

새삼스러운 말이지만 한·일 양국은 지리적(地理的)으로 가장 가까운 이웃나라로서, 역사적(歷史的)으로 가장 복잡하게 얽히고설켜 있는 나라입니다. 오늘날 우리 한국인들의 머리 속에 떠올려지는 한·일 관계의 역사상(歷史像)은 오직 전쟁(戰爭)과 침략(侵略)에 대한 저항(抵抗)과 투쟁(鬪爭)으로 점철(點綴)되어 있을 뿐입니다. 그것은 1592년 히데요시(秀吉)의 군대의 침입과 금세기(今世紀) 전반의 식민통치(植民統治)에 우리 한국의 피해가 너무나 컸기 때문입니다. 그러나 이것과는 반대로 선린우호(善鄰友好)의 관계에서 평화스러운 사절(使節)의 왕래와 유익한 문화의 교류·전파가 지속적으로 진행되기도 했습니다.

　조선왕조 건국 이래 즉 무로마찌 시대(室町時代)에 조선에 온 '일본국왕사(日本國王使)'가 무려 60여 회에 이르렀고, 일본국왕사의 귀국시에 조선에서 회례사(回禮使)가 동행하기도 했는데, 15세기 전반에 와서 일본측의 내란(內亂)으로 중단되었지만 선린관계(善鄰關係)는 한동안 유지되었습니다. 그리고 임진왜란(壬辰倭亂)이 끝나고 도꾸가와 막부(德川幕府)의 성의 있는 교섭에 의해 다시 국교가 회복되어 에도 시대(江戶時代) 260여 년간 양국의 선린관계는 가일층(加一層) 돈독해졌습니다. 이 양국의 선린관계를 상징하는 것이 조선통신사(朝鮮通信使)의 도일(渡日)인데, 그것이 12회에 걸쳐 행해졌습니다. 이 때, 통신사(通信使) 일행에는 당시 조선의 학자(學者)·문인(文人)·의자(醫者)·화가(畫家) 들이 참가하여 화려한 문화교류의 장(場)을 이룩했습니다.

　우리는 불행한 관계의 역사를 정당하게 기록하고 전해야 하겠습니다만 선린관계의 좋았던 역사사실도 잊어서는 안됩니다. 그런데 지금 양국의 지식인들은 이 점에 대해 별반 관심을 갖고 있는 것 같지 않습니다. 우선 이세국민(二世國民)을 위한 양국 교과서에서조차 선린관계는 거의 다루어지지 않고 있는 실정입니다.

　오늘, 이 모임은 위와 같은 결함을 메우기 위한 것입니다. 말하자면 한일관계 연구의 새로운 한 국면을 열어보자는 것입니다. 오늘의 주제는 '18세기 한·일 양국의 문학교류'입니다. 통신사의 실상과 통신사의 배경으로서의 당시 양국의 전반적 문제를 대상으로 하는 것이 아니고, 통신사 일행과 일본문사(日本文士)들과의 접촉을 중심으로 그 시문학 작품(詩文學作品)들을 검토해보는 것입니다. 왜 하필 시문학 작품들을 검토하려 하는가 하면, 시문학 작품들은 당시 양국 지식인들을 사고(思考)와 정감(情感)의 교류를 가장 구체적으로 남겨놓은 소중한 유산(遺産)이기 때문입니다.

　양국간의 선린관계의 역사는 조선왕조의 전기로부터 있어왔는데,

왜 하필 후기에 와서 문제를 끄집어내는가 하는 물음이 있음직합니다. 무로마찌 시대의 일본국왕사가 서울에 왔을 때, 집현전(集賢殿) 등 관각(館閣)의 학자들과 접촉이 있었습니다만 일본국왕사의 정사(正使)·부사(副使)는 경도(京都) 오산(五山)의 승려(僧侶)였습니다. 그들이 시(詩)를 할 줄 알아, 간혹 접대하는 인사들과 한두 수(首)씩 시의 수응(酬應)이 있었습니다만 극히 드문 일이었습니다. 조선왕조의 사대부(士大夫)들이 일본의 사자(使者)에 대해 아주 의례적(儀禮的)으로 대해주었을 뿐, 이 승려들과 더불어 교환(交歡)할 생각은 별로 갖지 않았기 때문입니다. 그러나 후기의 통신사로 도일(渡日)했을 때는 사정이 달라져 있었습니다. 일본에도 주자학(朱子學)이 수입되어 관학(官學)이 되고 에도(江戶)를 위시한 각 번(藩)에 유자(儒者) 문사(文士)들이 족출(簇出)해 있었습니다. 따라서 조선사절단은 이제 일본인들 가운데서 시문의 증답(贈答)이 가능한 대상자가 생겨난 것을 인정하고 기꺼이 상대를 해주었던 것입니다.

조선왕조는 중국 청(淸)나라에 대해서는 매년 '동지사(冬至使)' 등 사신(使臣)을 파견(派遣)할 때, 상류관인(上流官人)으로 정사(正使)·부사(副使)를 삼고 특히 서장관(書狀官)은 일류(一流) 명환문인(名宦文人)을 선발해 보냈습니다. 그러나 일본에 대해서는 정·부사의 관계(官階)가 낮고 서장관 대신 제술관(製述官)이라 하여 서족 출신(庶族出身)의 문사(文士)를 보냈습니다. 그런데도 일본 쪽의 유자 문사들이 조선의 제술관은 물론, 그 수행원(隨行員)과의 시문(詩文)의 창수(唱酬)를 큰 즐거움으로 삼았습니다. 그도 그럴 것이, 당시 일본의 유자 문사들이 쇄국정책하(鎖國政策下)에서 직접 중국의 인사들과 왕래할 수 없었고, 유교의 동일문화권(同一文化圈)에서 외국문인과 접촉할 수 있는 유일의 기회가 조선통신사 일행이었습니다. 그것도 매년 있는 것이 아니고, 몇해 만에 한번 있을까말까 하는 기회이기 때문입니다. 도꾸가와 막부는 매회

막대한 재정 부담을 감수(甘受)하면서 조선통신사 일행을 융숭(隆崇)하게 영접했습니다. 그것은 다른 까닭도 있겠지만, 당시 일본의 유자 문사들의 지식욕(知識欲)·명예욕(名譽欲)을 해소(解消)시켜 주는 것이 중요한 이유의 하나가 아니었을까 합니다.

반대로 조선사절단은 유교문화(儒敎文化)·한문문화(漢文文化)의 선진국이라는 자긍심(自矜心)을 가지고 일본에 와서 '화외(化外)의 나라'에 풍류문채(風流文采)를 보여주고 국가의 위신(威信)을 높인다는 취지(趣旨)에서 일본인들의 요구를 조금도 거절하지 않고 너그러이 응해주었습니다.

어쨌든, 이리하여 양국 지식인들 사이에서 많은 시문학 작품들이 나오게 되었습니다. 이 시문학 작품들은 지금껏 양국의 문학 연구자들의 시야에 별로 떠오르지 않았습니다. 그러나 앞으로 이 분야는 반드시 개척되어야 할 과제입니다. 오늘 이 주제는 1719년의 것으로 한정했습니다만, 이러한 모임이 횟수를 거듭함에 따라 점차 범위를 넓혀가게 될 것으로 믿습니다. 여러분의 알찬 업적을 기대합니다. (1992. 12. 1)

# 心山賞 제4회 施賞式 致辭

바쁘신 가운데 이렇게 많이 와주신 내빈 여러분께 먼저 감사의 말씀을 드립니다.

금년 5월 10일은 심산(心山) 김창숙(金昌淑) 선생이 세상을 떠나신 지 27주년이 되는 날입니다. 매년 이 기일(忌日)을 앞두고 심산선생의 정신을 되새기기 위해서 심산상을 수여하고 있습니다만 오늘 이 시상식은 그 4회째에 해당되는 것입니다.

심산선생의 정신을 요약해서 말씀드린다면 첫째 투철한 선비정신이고 둘째 불요불굴하는 위대한 저항정신이고 셋째 과감하게 실천하는 행동주의(行動主義) 정신입니다.

선생은 선비정신으로 자기 개인의 생활 자체부터 글자 그대로 청렴결백하게 닦으신 분입니다. 대학 총장을 지내고서도 서울에서 집 한칸 마련하지 못하고 셋집에서 여생을 보냈습니다. 그리하여 부정부패가 범람하는 이 사회풍토에 한줌의 청량제(淸凉劑)가 되었고 나아가 모든 인간의 모범으로 구원(久遠)의 사표상(師表像)을 남겼습니다.

선생의 저항정신은 처절하리만큼 철저한 것이었습니다. 일제(日帝)와 싸운 독립운동에 있어서나 해방후의 독재정권(獨裁政權)에 대한 투쟁에 있어서 한치의 양보도 한순간의 타협도 한 적이 없었습니다. 일제 때 옥중(獄中)에서 변호사를 사절(謝絶)하면서 일본법(日本法)에 의한 변호를 거부한다고 한 것이 그 예입니다.

그리고 선생의 행동주의 정신은 소년 시절부터 임종(臨終) 직전까지 변함이 없었습니다. 조선 500년 유학(儒學)의 전통 속에 자라난 선생은 전형적인 유교인이십니다만 형식주의적 예교(禮敎)에서

벗어나, 그리고 성리학(性理學) 이론(理論)의 스콜라적 논쟁에서/
탈피하여 민족과 국가의 대의(大義)를 위해 행동하는 인물이 되었
습니다. 알면서도 행동하지 못하는 지식인들이 흔히 지니고 있는
약점을 선생에게서는 전혀 찾아볼 수 없었습니다.

지금 우리가 처한 이 땅의 상황은 선생이 살고 계시던 시기에 비
해 차이가 있는 듯이 보이지만 실은 본질적으로 달라진 것이 없습
니다. 민주화를 부르짖고 민족통일을 외치는 피맺힌 절규가 뚜렷한
성과를 거두지 못한 채 작금의 사태는 다시 역코스를 향할 우려가
짙어지고 있습니다. 엎친데 덮친 격으로 내우(內憂)에 외환(外患)
까지 겹쳐서 강대국의 오만한 경제적 압력은 우리 가난한 대다수
국민의 생활을 위협하고 있는 실정입니다. 이러한 때일수록 우리는
심산정신을 생각하며 오늘의 이 심산상 수여식이 일정한 의미를 갖
게 되기를 바랍니다. 불행한 한 시대를 살았던 이 땅의 노혁명가
(老革命家)로서 반(反)침략·반독재·반분단으로 일관된 생애를 마
친 심산선생이 우리에게 무엇인가를 일깨워주실 것이기 때문입니
다.

오늘 제4회 심산상을 받는 장을병(張乙炳) 교수는 새삼 소개할
필요조차 없이 이 자리에 모이신 여러분께서 너무도 잘 아실 것입
니다. 그리고 장교수의 저서(著書) 가운데 이 『인물로 본 한국 민
족주의』의 내용도 여러분께서 이미 대강 알고 계실 것입니다. 또다
른 식순에서 차기벽(車基璧) 교수가 심사경위에 대한 자세한 보고
를 해주시겠고 김정균(金正均) 교수가 책의 내용에 대한 논평을 해
주실 예정입니다. 따라서 나는 여기 누누이 췌언(贅言)을 하지 않
기로 하겠습니다.

다만 한가지 부언(附言)할 것은 장교수에게 드리는 이 심산상은
결코 그의 학술적 업적만에 대해서가 아니라는 점입니다. 학술적
업적이라는 면만을 따질 때에는 장교수의 저서에 못지않은 업적들

이 얼마든지 있습니다. 문제는 실천입니다. 장교수는 한 사람의 대학교수로서 상아탑적 분위기 속에 자신을 안주시키지 않고 잘못된 시대 현실에 저항하면서 그의 이념을 과감하게 실천에 옮겼습니다. 마침내 박해(迫害)를 받아 한때 영어(囹圄)의 몸이 되기도 하고 이어서 대학 강단에서 추방(追放)을 당하는 역경(逆境) 속에 빠지기도 했습니다. 그러나 그는 조금도 후회하지 않았습니다.

이번 이 저서는 단순히 그가 존경하는 선배들을 서술하는 데 그치는 것이 아니고 이 선각적(先覺的) 지도자들에게서 자기 신념을 새삼 확인하고 역사 속에서 자기 위치를 살리고자 하는 충정에서 나온 것으로 봅니다.

누구보다 가장 심산선생을 숭배하고 또 직접 학술적으로 심산선생에 대한 연구를 거듭해온 장교수에게 오늘의 이 심산상이 그의 앞날에 더욱 큰 힘과 용기를 주는 원천이 될 것을 믿습니다. 오늘 여러분께서 힘찬 박수로 더욱 격려해주시기를 부탁합니다. 감사합니다.

1989년 5월 성균관 명륜당 앞뜰에서

# 定年退職 紀念辭

먼저 오늘 이 자리에 바쁜 시간을 할애해서 나와주신 내빈 여러분께 감사를 드립니다. 그리고 오늘 이렇게 나오시도록 만든 데 대해 결과적으로 제가 책임을 느끼고 미안한 생각을 금할 수 없습니다.

사람은 누구나 늙게 마련이고 늙으면 또 정년퇴직을 하게 마련입니다. 저도 지난 8월 말 40년의 강단생활을 끝내고 물러나왔습니다. 그러나 저는 오늘 이 자리에 나와서 비로소 정년퇴직이 되었구나 하는 생각을 할 정도로 그동안 생활의 변화를 실감해본 적이 없었습니다. 대학에 재직하고 있을 때도 주로 연구실에서 시간을 보냈던 탓으로, 지금 강남에 조그만 연구실을 마련해서 대학 연구실에 있던 책들을 그곳으로 옮겨놓고 매일 나가서 지내고 있노라면 그저 지난날의 계속으로 여겨질 뿐입니다. 달라진 것이 있다면 월말이 되어도 월급이 나오지 않는다는 것뿐입니다. 몇해 전 군사정권으로부터 해직을 강요당해서 4년 동안 무직으로 살아왔습니다만 그때도 사생활에 있어서는 그런 대로 그냥 나날을 지내올 수 있었습니다.

그러니까 오늘 저에게 정년퇴직이라고 위로를 주실 필요는 없습니다. 정작 위로를 주시고 격려해주실 것은 다른 곳에 있습니다. 저는 요즘 잠못 이루는 밤을 종종 겪게 됩니다. 그리고 지금까지의 살아온 과정을 결산해보게 됩니다. 결론적으로 저는 제 스스로 한 인생으로 실패한 생애였다고 자인(自認)합니다.

첫째, 학문적으로 실패를 한 것입니다. 해방 당시 20대의 젊은 의욕으로 국문학·국사학 등 한국학 전부를 내가 다 해야겠다고 생각하면서, 게다가 또 항상 남보다 앞서서 새로운 분야를 개척하려는 욕심에서 한 문제에 오래 집착할 수 없었습니다. 몇 마리의 토끼를 동시에 쫓는 격이었습니다. 그래서 결국 많은 문제를 건드려놓기만 하고 지금 머리가 희끗희끗한 이 나이에 제 스스로 결실을 보지 못해 고심하고 있는 것들이 적지 않습니다.

둘째, 한 사회인으로 실패를 한 것입니다. 조상과 가정의 내림, 그리고 천성의 탓으로 불의(不義)와 비리(非理)에 잘 타협이 되지 않았습니다. 따라서 해방 후 분단된 민족현실, 그리고 군사독재정치에 대해 항상 비판적 입장을 취하게 되었습니다. 그러나 중소지주층(中小地主層)의 출신으로 체질적인 허약 때문에 과감한 투쟁에 시종하지를 못했습니다. 게다가 학구(學究) 생활, 아카데믹한 분위기에 대해 끊임없는 동경을 가지고 있었기 때문에 거리의 대중들과 행동을 같이할 수 없었습니다.

셋째, 한 대학인(大學人)으로 실패를 한 것입니다. 제가 몸담아왔던 성균관대학은 그 역사적 배경으로 보아 저에게는 단순한 직장이 아니고 저의 정신적 태반(胎盤)이라고 해도 과언이 아닙니다. 그곳에서 학교에 대한 남다른 애착과 의무감을 가지고 힘이 닿는대로 공헌을 해보려고 했지만 그것이 불가능했습니다. 29년 4개월이라는 긴 세월 동안 학교 행정과 운영면에 한번도 참여된 바 없었고, 마지막 2년 동안 대학원장이라는 외견상(外見上) 중책이 주어지기는 했습니다만 창의적이고 개혁적인 일은 한가지도 제대로 하지 못하고 말았습니다. 여러가지 현실적 제약이 일을 할 수 없게 되어 있었습니다만 결국 제 자신의 역량 부족이 그 이유라고 해야하겠습니다.

이와같이 한 사람의 학구로서, 그리고 사회인 내지 대학인으로서 모두 실패를 한 것입니다. 이렇게 제 자신에 대해 솔직히 고백함으로써 다른 친구나 후배들에게 조그만 참고가 되어 전철(前轍)을 밟지 않게 되기를 바라는 바입니다.

　그러나 저는 아직도 한가닥의 희망을 가지고 있습니다. 이제 욕심을 줄이고 능력을 생각해서, 자기 분수에 맞게 살아갈 생각입니다. 사회인으로 대학인으로 실패한 것은 이제 도리가 없습니다만 한 사람의 학구(學究)로서 여생을 알차게 살아나갈 계획을 다짐하고 있습니다.

　오늘 여러분께서는 저의 실패한 점에 대해서 위로해주시고 앞으로의 계획에 대해 격려해주시면 참으로 고맙겠습니다. 감사합니다. (1990. 9. 인터콘티넨탈호텔 會場에서)

■ 『창작과비평』 창간 25주년에의 寄言

# 激流를 헤쳐온 25년

  역사의 격류 속에 이땅의 지성(知性)과 양식(良識)을 굳건히 대
변하면서 이제 25주년을 맞이한 『창작과비평』을 충심으로 축하한
다.

  나는 평생 옛 문헌을 뒤적이는 것이 주업(主業)으로, 현대문학에
관해서는 쓸 줄도 평할 줄도 모른다. 그렇다고 새로 나온 작품들을
열심히 읽는 축도 못된다. 그러면서도 『창작과비평』을 항상 소중히
여기고 창작과비평사의 여러 신간들을 좋아한다. 나의 좌우 서가에
는 경사자집(經史子集)의 낡은 책자들과 함께 '창비신서'가 자리를
나란히하고 있다. 그것은 『창작과비평』이 오늘의 상황 오늘의 문제
를 가장 진지하게 다루어주기 때문이다.

  혼란과 정체(停滯), 갈등과 살벌(殺伐) 속에 조국의 강토가 반
세기에 가깝도록 분단 그대로 있을 뿐 아니라, 이 분단의 현실을
바탕으로 성립된 정치권력은 온갖 발상, 온갖 주장을 펴고 있으면
서 그 귀착점은 언제나 각기 권력 자체의 자기 유지, 자기 신장을
추구하는 것일 뿐, 진정한 민족적 입장에 일치하지 않는다.

  진정한 민족적 입장이란 무엇인가. 오늘의 세계 속에 있는 우리
민족의 처지(處地)에서 민족 전체의 이익을 도모하는 입장이다. 이
는 극히 소박한 말이지만 또한 명백한 말이기도 하다. 복잡한 이론
(理論)이 필요치 않은 것이다.

  요즘의 남북관계를 보노라면 다시 옛적 '남북국시대(南北國時代)'
가 생각난다. 남에는 신라, 북에는 발해(渤海)가 대립하고 있으면
서 시종 당제국(唐帝國)의 동방정책(東方政策)에 이용되고 있었는

데, 결국 지난날의 연고(緣故) 때문에 신라와 당나라가 더욱 밀착 (密着)하게 되자 발해는 바다 건너 일본에 자진 교섭하여 일본 궁정(宮廷)의 불손(不遜)한 태도를 감수(甘受)하면서 사절(使節)을 파견하고 물자의 교역을 트게 되었다. 다시 말하면 신라와 당이 한 패라고 보았던 발해는 고립(孤立)을 면하기 위해 일본에 손을 내밀었던 것이다. 그것도 아주 불리한 위치에서 말이다.

만약 신라와 발해가 허심탄회하게 서로를 이해하고 한겨레의 입장에서 공동보조를 취했더라면 당나라와 일본의 외세(外勢)에 얼마든지 주체적으로 대처해나갈 수 있었을 것이 아닌가.

그런데 당시의 남북 양쪽의 식자층(識字層), 예를 들면 발해의 오씨 일족(烏氏一族)이나 신라의 최치원(崔致遠)과 같은 이는 각자 소속 정권의 편에 서서 상대방에 대한 비방(非謗)을 일삼아왔다. 그들이 남긴 글 ── 시문(詩文)은 대체로 그러한 것들이다.

오늘의 『창작과비평』은 어떠한가. 『창작과비평』의 필자들은 물론 최치원과 같은 글을 쓰는 사람은 없다. 최치원과는 정반대로, 몸담고 있는 이땅의 현실을 신랄하게 비판한다. 현실의 부조리를 고발하고 폭로하는 데 가차가 없다. 이땅의 민중의 고뇌와 분노를 표현하는 데 앞장서 왔다. 참으로 보람있는 일이다.

그러나 머리를 들어 조국의 산하(山河)를 바라볼 때, 『창작과비평』의 문학세계는 한쪽에 국한되어 있다고 느껴진다. 민족현실은 민족 전체의 것이다. 한쪽의 현실을 다루는 데 진지한 반면, 나른 한쪽에 대해서는 함구불언(緘口不言)의 상태다. 휴전선 저쪽의 사정은 아랑곳할 수 없단 말인가. 아니면 진리와 정의가 지배하고 있기 때문에 건드릴 필요조차 없다는 것일까. 어느 쪽이든 민족의 이성(理性)이 결코 만족할 수 없는 것이다.

정치에 절대적 가치기준이 있을 수 없듯이 문학예술에서도 절대화된 가치 기준이 존재하지 않을 것이다. 어떤 일정(一定)한 이념(理念)을 전제(前提)로 삼는다 하더라도 모든 사고(思考)와 행위를

기계적으로 거기에 적용시킬 것이 아니라 객관적으로 자기의 양지
(良知)에 의하여 지금 이 싯점에서 무엇이 가장 우리에게 올바른
것인가를 발견하고 판단해야 할 것이다. 이것이 실시(實是), 즉 '실
사구시(實事求是)'의 정신이다.

   항일운동·통일운동을 통하여 얼룩진 20세기 전후반기(前後半期)
는 우리에게 있어서 실로 용감한 대결과 피나는 인내와 값비싼 체
험 속에 새로운 비약적 계기를 내포한 위대한 민족의 수난기이다.
이제 신세기(新世紀)의 개막(開幕)을 앞두고 우리는 민족의 에네르
기를 더욱 긴장시켜, 창조적·능동적으로 현실을 타개해나감으로써
세기의 영광을 누릴 것이다.

   '민족문학'의 기수(旗手)인 『창작과비평』이 다시 차원을 높여, 시
대의 요구 민족의 요구를 구현하는 숭고한 사명을 달성해주기를 바
라 마지않는다.  (1991. 1. 16)

&lt;創作과批評 71호, 1991&gt;

# 韓國中世史硏究 創刊號 卷頭에

이땅의 역사학이 8·15 해방을 기점으로 새로운 출발을 시작하여 6·25전쟁과 5·16 군사 쿠데타 이후 정치사회적 격동과 사상 이념의 억압 등 온갖 역경(逆境) 속에서도 꾸준히 성장을 지속해왔다. 이제 반세기의 연륜(年輪)을 쌓아오면서 더욱 다양한 모습을 보이고 있다. 우선 두 가지 현상을 지적할 만하다. 첫째, 연구자들이 종래에 동양사학(東洋史學)·서양사학(西洋史學) 또는 경제사학(經濟史學)·미술사학(美術史學) 하는 식으로 학회를 조직하여 지역별·분야별로 활동해왔는데 요즈음은 고대사연구(古代史硏究)·근대사연구(近代史硏究)라는 식으로 시대별 연구단체가 생겨나오고 있다. 특히 한국사 쪽에서 그러하다. 지역별·분야별 연구로부터 시대별 연구단체가 독자적으로 생겨나는 추세는 그만큼 우리 역사학이 전문화의 경지에 들어간 것을 뜻한다고 하겠다. 둘째, 학회와 연구단체들이 종래는 서울에 집중되어 있었는데 요즈음 지방에서 독자성을 띤 연구모임이 활발하게 움직이고 있다. 행정·경제 및 일반문화가 지방으로 분산돼야 한다는 '지방화(地方化) 시대(時代)'의 요구가 거세게 외쳐지고 있는 오늘의 상황 속에 이러한 학술적인 운동이 지방에서 일어난다는 것은 필연적이고도 당연한 일이다.

근년에 '한국중세사연구회'라는 이름의 연구모임이 결성되었다. 부산·대구의 연구자들을 중심으로, 영남지방 각 대학에서 공부하는 분들이 공동의 장(場)을 마련키 위해 모인 것이다. 현재 고려시대를 연구하는 회원들이 주축을 이루고 있지만 명실(名實)의 상부(相符)를 위해, 앞으로 중세사 전 영역의 연구자들의 참가를 바란다고 한다.

　그동안 각 회원들의 갈고 닦은 논고(論稿)들을 정리 편집하여
『한국중세사연구』의 창간호를 펴게 되었다. 회를 대표하는 영남대
학교 김윤곤(金潤坤) 교수가 나에게 그 취지(趣旨)를 설명하면서
창간호의 권두(卷頭)에 몇마디 적어달라고 하기에 나는 사양치 않
고 이 무사(蕪辭)를 초(草)하기로 하였다.

　회고해보면 나는 이 창간호의 모습을 앞에 두고 말할 수 없는 감
개를 맛보게 된다. 1950년대의 일이다. 전쟁의 포연(砲煙)이 채 가
라앉기도 전이지만 나는 부산에서 강진철(姜晋哲) 교수와 함께 역
사연구에 정열을 쏟았다. 그때 부산·대구에서 통틀어 역사 연구자
가 몇 사람 되지 않았지만 특히 고려사 연구자는 강진철 교수와 나
두 사람뿐이었다. 뒤에 서울에 올라와 우리는 이기백(李基白)·김
성준(金成俊) 두 분과 함께 '고려사연구회(高麗史硏究會)'를 만들었
지만 아마 같은 세대(世代)에 있어서는 이 네 사람이 당시 경향(京
鄕)을 통해 고려사 연구자의 핵심인 동시에 그 전부라고 해도 과언
(過言)이 아니었다고 여겨진다. 그런데 지금은 전국 각처에서 고려
사의 연구논문들이 부단히 나오는 것은 불문에 부치고라도 지방에
서 이렇게 단독으로 연구회가 결성될 수 있다는 것과 아울러 연구
지가 나오게 되었다는 사실은 그야말로 격세지감(隔世之感)이 없을
수 없는 것이다.

　끝으로 노파심(老婆心)에서 하는 말이지만 지방의 연구단체들이
흔히 범하기 쉬운 할거주의(割據主義)의 오류에 빠지지 말고 각 회
원들은 공평(公平)·성실(誠實)·정직(正直)의 덕성을 바탕으로 하
여 다른 연구단체들과 허심탄회(虛心坦懷)로 교류 협조하면서 학문
적 성과를 계속 축적해주기를 빌어 마지않는다. (1994. 立春에)

# 索 引

저자 약력

1925년 경남 밀양 출생

성균관대학교 교수와 대학원장 역임

대한민국학술원 회원, 민족문화추진회 회장

중국 산동대학 객좌교수

저　서 : 『한국의 역사상』『한국중세사회연구』『한국고전의 발견』등

편역서 : 『이조한문단편집』(공편역) 『교역신라사산비명(校譯新羅四山碑銘)』

　　　　『서벽외사 해외수일본총서(栖碧外史海外蒐佚本叢書)』외 다수

實是學舍散藁　　　　　ⓒ 이우성 1995

───────────────────────────

1995년　5월 20일　초판 인쇄

1995년　5월 30일　초판 발행

지은이 이　　우　　성

펴낸이 김　　윤　　수

펴낸곳 ㈜창작과비평사

121-070 서울 마포구 용강동 50-1

전화 718-0541・0542 (영업)

718-0543・0544 (편집)

716-7876・7877 (독자관리)

FAX. 713-2403

지로번호 3002568

대체구좌 010041-31-0518274

등록 1986. 8. 5 제10-145호

조판 동국전산주식회사／인쇄 삼신인쇄

───────────────────────────

ISBN 89-364-7023-X　　　　값 15,000원